思索
사색은 나라를 생각하고(思) 나를 찾자(索)라는 뜻이다.

화엄경강해 3

김홍호

사색

화엄경강해 3

김흥호

김흥호 전집

화엄경 강해 3

지은이 | 김흥호
발행인 | 임우식
기획 편집 | 이경희

1판 1쇄 발행 | 2006년 3월 13일
1판 4쇄 발행 | 2025년 4월 15일

발행처 | 사색 출판사
전화 | 010-4226-0926 팩스 02-6442-9873
홈페이지 | www.hyunjae.org
이메일 | gabeim@hanmail.net
인쇄 | InDefine

Copyright © 김흥호 2025, Printed in Korea.
값 19,000원

ISBN 89-957856-2-4

*저자와의 협의에 따라 인지는 생략합니다.
*잘못된 책은 바꿔드립니다.

【머리말】

화엄경華嚴經을 보면 높은 히말라야 산을 연상하게 된다. 하얀 만년설에 뒤덮인 높고 큰 히말라야의 설산은 숭엄하기가 짝이 없다. 아침 해와 저녁놀에 붉게 물들어 금빛으로 빛나는 봉우리들은 이제 막 피어나는 연꽃이라고나 할까. 그리고 산을 뒤덮은 눈과 얼음이 녹아내려 흘러가는 수많은 강물들은 드넓은 대륙을 푸른 물결로 수놓아 간다. 그 속에는 수없이 많은 생명들이 뛰놀고 있다. 빛과 힘과 숨, 이것이 화엄의 모습이다.

의상義湘은 화엄 80권을 210자로 간추리고 원효元曉는 "일도출생사一道出生死 일체무애인一切無碍人"이라는 한마디로 덮어버린다. "일도一道"는 "화華"요 "출생사出生死"는 "엄嚴"이요 "일체무애인一切無碍人"은 "경經"이라는 것이다. 일도는 유심연기唯心緣起요, 출생사는 불佛이요, 일체무애인은 이실법계理實法界를 말한다. 선禪에서는 이것을 간단히 심불물心佛物이라 한다.

화엄경은 세주묘엄품으로 시작한다. 눈 덮인 수많은 봉우리들이 불타인 에베레스트를 찬양하는 장엄한 히말라야의 모습이 세주묘엄이다. 히말라야에서 흘러내리는 수많은 강물은 대지를 적시어 푸른 초원으로 탈바꿈하여 연꽃이 만발하는 화장세계로 만들어 간다. 그리고 절대자를 찾아가는 구도자의 모습은 선재동자로 그려진다. 구도자의 얼은 십신十信 · 십주十住 · 십행十行 · 십회향十廻向 · 십지十地 · 등각等覺 · 묘각妙覺 등으로 그 얼을 단련해 간다. 그것이 유심연기唯心緣起다. 하늘의 수많은 수증기가 눈과 얼음으로 굳어가는 얼의 빛나는 모습이다.

화엄경은 대부분이 그렇게 얼음이 얼어가는 얼의 이야기다. 그래서 화엄경을 얼의 경전, 지혜의 경전, 자각의 경전이라 부르기도 한다. 심불물의 화엄경은 심학心學이 주가 된다. 그런 의미에서 심종心宗인 선과 통하기도 한다. 화엄종의 제5조인 종밀宗密이 또한 선종禪宗의 제11조가 되지 않았는가. 우리나라는 화엄종의 제2조를 계승한 의상 덕분에 화엄 9찰이 전국에 세워져 그 웅장한 모습을 드러내고 있다.

불도佛道를 탐구하기 위하여 53선지식을 찾아 헤매며 칼산에 오르기도 하고 불구덩이로 뛰어내리기도 하는 선재동자처럼 우리나라의 많은 젊은이들이 진리를 탐구하기 위하여 정성을 쏟아 붓는 그 열정에 조금이라도 도움이 되기를 바라면서 화엄경의 주요 줄거리를 쉬운 우리말로 풀어본다. 80권을 해설하는 일도 쉬운 것이 아니었지만 이것을 책으로 작품화하는 것도 쉬운 일은 아니다. 이 일을 해낸 심중식 선생에게 깊은 사의를 표하며 변정자 선생을 비롯하여 이 일에 동참해주신 차현실 선생, 이경희 선생, 임우식 선생, 양옥남 선생 등 여러분들의 수고에 고마운 마음을 금할 길 없다.

2005년 겨울

김흥호

화엄경 강해 3

머리말 · 5
일러두기 · 10

제38. 이세간품 離世間品
    이세간품 강해(1) · · · · · · · · · · · · · · · 11
    이세간품 강해(2) · · · · · · · · · · · · · · · 30
    이세간품 강해(3) · · · · · · · · · · · · · · · 42
    이세간품 강해(4) · · · · · · · · · · · · · · · 60
    이세간품 강해(5) · · · · · · · · · · · · · · · 70
    이세간품 강해(6) · · · · · · · · · · · · · · · 89
    이세간품 강해(7) · · · · · · · · · · · · · · · 111
    이세간품 강해(8) · · · · · · · · · · · · · · · 122
    이세간품 강해(9) · · · · · · · · · · · · · · · 146

제39. 입법계품 入法界品
    입법계품 강해(1) · · · · · · · · · · · · · · · 171
    입법계품 강해(2) · · · · · · · · · · · · · · · 192
    입법계품 강해(3) · · · · · · · · · · · · · · · 211
    입법계품 강해(4) · · · · · · · · · · · · · · · 229
    입법계품 강해(5) · · · · · · · · · · · · · · · 250
    입법계품 강해(6) · · · · · · · · · · · · · · · 281
    입법계품 강해(7) · · · · · · · · · · · · · · · 302
    입법계품 강해(8) · · · · · · · · · · · · · · · 329
    입법계품 강해(9) · · · · · · · · · · · · · · · 334
    입법계품 강해(10) · · · · · · · · · · · · · · 353
    입법계품 강해(11) · · · · · · · · · · · · · · 383
    입법계품 강해(12) · · · · · · · · · · · · · · 405

제40. 보현행원품 普賢行願品 · · · · · · · · · · · 439

    부록 : 제3권 원문요약 · · · · · · · · · · · · · 449
    찾아보기 · · · · · · · · · · · · · · · · · · · 537

화엄경 강해 1 목차(참고용)

머리말
일러두기
화엄경에 대하여
제1. 세주묘엄품世主妙嚴品
제2. 여래현상품如來現相品
제3. 보현삼매품普賢三昧品
제4. 세계성취품世界成就品
제5. 화장세계품華藏世界品
제6. 비로자나품毘盧遮那品
제7. 여래명호품如來名號品
제8. 사성제품四聖諦品
제9. 광명각품光明覺品
제10. 보살문명품菩薩問明品
제11. 정행품淨行品
제12. 현수품賢首品

제13. 승수미산정품昇須彌山頂品
제14. 수미정상게찬품須彌頂上偈讚品
제15. 십주품十住品
제16. 범행품梵行品
제17. 초발심공덕품初發心功德品
제18. 명법품明法品
제19. 승야마천궁품昇夜摩天宮品
제20. 야마궁중게찬품夜摩宮中偈讚品
제21. 십행품十行品
제22. 십무진장품十無盡藏品
제23. 승도솔천궁품昇兜率天宮品
제24. 도솔궁중게찬품兜率宮中偈讚品

부록 : 제1권 원문요약
찾아보기

화엄경 강해 2 목차(참고용)

제25. 십회향품十廻向品

제26. 십지품十地品

제27. 십정품十定品

제28. 십통품十通品

제29. 십인품十忍品

제30. 아승지품阿僧祇品

제31. 여래수량품如來壽量品

제32. 보살주처품菩薩住處品

제33. 불부사의법품佛不思議法品

제34. 여래십신상해품如來十身相海品

제35. 여래수호광명공덕품如來隨好光明功德品

제36. 보현행품普賢行品

제37. 여래출현품如來出現品

부록 : 제2권 원문요약

【일러두기】

1. 이 책은 현재鉉齋 김홍호 선생님께서 2001년 11월부터 2003년 3월까지 매주 일요일 이화여자대학교 대학교회 연경반에서 강의한 내용을 글로 옮겨 정리한 것이다.

2. 강의 교재는 80화엄경을 기본으로 하여 편집한 연경반 교재를 사용하였다.

3. 화엄경 원문은 별도의 글자폰트를 사용하여 구별되도록 하였다.

4. 한자에 익숙하지 않은 독자를 위하여 한자 앞에 한글 음을 병기하였다. 이때 한글맞춤법에 따르면서 가능한 한 불교식으로 표기하였으나 몇 가지 예외도 있다. 예를 들어 아뇩다라삼막삼보리는 아누다라삼막삼보리, 도량은 도장, 바라밀은 파라밀, 정변지는 정편지로 표기하였다.

5. 책명에 대한 기호는 『 』, 편명에 대한 기호는 「 」을 사용하였다.

6. 독자의 편의를 위해 본문에 번호 매김을 하고 단락을 구분하였다.

7. 표지디자인은 조정현선생님, 인쇄교정은 차현실선생님, 내용편집은 변정자선생님, 강의녹음은 김성준님이 담당하였다.

제38. 이세간품離世間品

이세간품 강해(1)

 석가모니가 적멸도장寂滅道場에서 부처가 되었는데 많은 사람들이 그를 찬양했다는 것이 맨 처음의 이야기였다. 어떻게 하면 부처가 될 수 있는가? 부처가 되는 방법은 십신十信, 십주十住, 십행十行, 십지十地다. 성문·연각·보살·불타라는 것이다. 결국 성문에서 연각으로 가고 연각에서 보살로 가고 이렇게 가는 것이 다.『장자莊子』에 말한 대로 귀가 뚫리고, 눈이 뚫리고, 코가 뚫리고, 입이 뚫리는 것이다. 귀가 뚫려야지 지식이 많아도 소용없다. 모든 종교가 마찬가지다. 백 번 설교를 들어도 귀가 뚫리지 않으면 지식은 늘어나지만 아무 것도 안 된다. 도道에 통한다, 뚫린다, 깨닫는다, 믿는다, 어떻게 말해도 그것이 구체적인 현실이 되어야 한다. 요새 말로 하면 실존實存이 되어야 한다. 그래야 그것이 종교의 세계지 그렇지 않으면 종교의 세계라 말할 수 없다. 안심입명安心立命이다. 뚫려야 마음이 가라앉게 되고 우리의 목숨이 일어서게 된다. 그러니까 무엇을 많이 안다고 해서 마음이 가라앉게 되는 것은 아니다. 요는 이것들이 구체적이고 현실적인 삶의 내용이라야지 무슨 신학이니 철학이니 그런 지식이 아니라는 것이다.

하여튼 부처가 되는 방법은 이 네 가지가 전부인데 여기 나오는 「이세간품」도 그것을 다시 복습하는 것이다. 귀가 뚫리고, 눈이 뚫리고, 코가 뚫리고, 입이 뚫려야 된다는 것이다. 『화엄경』에서는 같은 소리를 세 번씩 겹쳐서 말한다. 「입법계품」에서 말한 것을 여기서 다시 말하고 또 나중에 다시 한 번 나온다.

'이離'라는 글자에는 두 가지 뜻이 있다. 먼저 이 세상을 초월했다는 뜻이 있다. 초월했다는 말은 욕심이 없어졌다는 것이다. 맨 처음에는 이 세상에 대한 애착이 굉장히 많았는데 차츰 애착이 줄어들게 되었다는 것이다. 그리고 또 다른 뜻은 이 세상을 이롭게 한다는 것이다. 어떻게 하면 이 세상을 이롭게 해줄까. 이 세상을 초월한 사람이라야 세상을 이롭게 해줄 수 있지 않는가. 눈을 뜬 사람이라야 물에 빠진 사람을 구원해 줄 수 있다. 물에서 떠야 다른 사람을 구해주지 그렇지 않으면 안 된다. 이렇게 이離에는 두 가지 뜻이 들어있다. 전체가 또 이것이지 다른 것이 아니다. 석가가 부처가 되었다는 말은 물에 떴다는 것이요 물에 떴으니까 구원해 주겠다고 하지 뜨지 못했으면 어떻게 구원하겠다고 하겠는가?

본문을 읽어본다.

38.1 이시爾時 세존世尊 재마갈제국在摩竭提國 아란야법阿蘭若法 보리장중菩提場中 보광명전普光明殿 좌연화장坐蓮華藏 사자지좌師子之座.

이때 세존께서는 마갈제국 아란야법이라는 지역의 공부하는 곳인 보광명전에서 연화장의 사자좌에 앉아계셨다.

아란야법阿蘭若法은 산림이라는 뜻이다. 산에 들어가 공부했는데 산 속에 수도하는 곳이 있었다는 것이다. 그 가운데 보광명전普光明殿

이라는 집에서 오늘의 설교를 했다는 말이다.

연화장蓮華藏이란 제5「화장세계품」에서 이미 나왔다. 아래는 바람이 있고 위에는 향수해香水海 바다가 있고 그 위에는 큰 연꽃이 있고 그 연꽃 위에 20층 되는 세계종世界種이라는 세계가 있다. 불교도가 생각하는 세계가 이렇게 되어 있다는 것이다. 그런 이상세계라 할까 하늘나라 할까 그런 연화장이라는 세계에 수많은 보살 중생들이 행복하게 살고 있는데 거기에 사자좌師子座라는 자리가 있다. 사자는 짐승 가운데 가장 강한 짐승으로 석가가 앉는 자리를 언제나 사자좌라 하는데 세상을 이겼다는 것을 나타낸다. 세상을 이긴 그런 자리에 앉아서 강의를 한다는 말이다.

묘오개만妙悟皆滿 이행영절二行永絶 달무상법達無相法 요일체행了一切行 진일체의盡一切疑 구족여래평등해탈具足如來平等解脫.

석가는 어떤 사람인가. "묘오개만妙悟皆滿", 언제나 신비한 깨달음으로 충만해 있는 사람이다. 기독교로 말하면 언제나 기쁨으로 충만해 있다는 것이다. 깨달음이라는 말이나 기쁨이라는 말은 결국 같은 말이다.

"이행영절二行永絶", 상대세계를 영원히 끊었다. 상대세계인 이 세상을 초월했다는 말이다. '이행二行'이란 생사生死를 말한다. 이 사람들은 윤회설輪廻說 때문에 언제나 생사를 문제라 한다. 났다가 죽고 또 났다가 죽는 윤회에서 어떻게 벗어나는가. 윤회의 바퀴에서 벗어나는 것을 도道라고 한다. "일도출생사一道出生死"라 한다. 부처가 되었다는 말은 다시는 윤회의 바퀴에 빠지지 않는다는 것이다. 윤회의 바퀴에서 벗어나 자유의 세계에 살게 되는데 이것이 연화장 세계라는 것이다.

생사니 유무有無니 단상斷常이니 여러 가지, 이런 것을 소위 '양변지심兩邊之心'이라 한다. 이럴까 저럴까 결단을 못하는 것이다. 그런데 양변을 떠나면 중도中道가 된다. 길이란 언제나 가운데로 가야 된다. 그런데 사람들은 가운데로 가지 못하고 자꾸 이럴까 저럴까 하고 옆으로 가다가 그만 길에서 떨어져 죽기도 한다. 유교에서는 중도를 '중정지도中正之道'라 한다. 복판 가운데로 바로 가야 된다. 술 취한 사람처럼 자꾸 비틀거리며 삐뚜로 가는 것을 생사라 한다. "일도출생사", 삐뚤삐뚤 가지 않고 가운데로 똑바로 가야 한다. 그러면 "일체무애인一切無碍人", 아무 것도 걸리는 것이 없다. 그래서 중도라 한다. 이런 중도를 가는 사람이 석가다. 술 취한 듯 비틀거리는 것이 일체 없다는 것이 "이행영절"이다.

"달무상법達無相法", 무상법無相法이라 할 때는 유상有相과 무상無相을 초월한 무상이다. 유상이니 무상이니 하는 것을 초월한 최고의 경지에 도달했다는 것이다. 그래서 "요일체행了一切行", 사람이 어떻게 가는 것이 제대로 가는 것인지 그런 것을 확실히 안 사람이다. "진일체의盡一切疑", 인생의 모든 의심을 다 끝냈다. 이제 인생이 어떤 것인지 확실히 알았다는 것이다. "구족여래평등해탈具足如來平等解脫", 여래의 평등해탈을 구족했다.

여래如來, 우리가 어디서 왔나 하면 하늘에서 왔다. 나무는 땅에서 왔지만 사람은 하늘에서 왔다. 『중용中庸』에서 말하는 "천명지위성天命之謂性"이다. 하늘에서 온 증거가 무엇인가. 우리가 생각한다는 것이다. 사람은 떡으로만 사는 것이 아니라 말씀으로 산다는 것이다. 우리가 땅에서 온 것이 아니라 하늘에서 왔기 때문이다. 우리가 여기 온 이유는 무엇인가. 우리는 떡을 먹기 위해서 온 것이 아니라 말씀을 생각해보기 위해서 온 것이다. "나는 생각한다, 고로 나는 있다." 내 존재 이유가 어디 있는가 하면 생각하는데 있다. 살았다는 것은 생각한다는 것이다. 밥 먹는 것이 아니라 생각하는 것이 산 것이다. 천명天命이다. 하늘에서 온 것이다. 하늘에서 왔다는 것이 살았다는 것이요 생명이란 것이다. 살았다는 증거는 무엇인가. "천명지위성"이다. '성性'이란 마음 심心 변에 날 생生이다. 정신적으로 산다는 말이다. 정신적으로 산다는 말은 생각한다는 말이다. 생각하는 민족은 산 민족이요, 생각하지 못하는 민족은 죽은 민족이다. 하늘에서 왔다는 말은 무엇이 하늘에서 떨어졌다는 그런 것이 아니라 결국 생각한다는 말이다. 우리가 하늘에서 왔기에 생각하는 것이지 땅에서 왔다면 생각할 필요가 없다. 먹기만 하면 된다. 하늘에서 왔다는 말은 결국 우리가 생각한다는 말이다.

그런데 평등平等이다. 이런 생각 저런 생각을 다 해보면 일체가 다 평등하다는 것이다. 남자도 생각하고, 여자도 생각한다. 남자와 여자가 평등이다. 남자만 생각하고 여자는 생각을 못한다면 평등이 아니지만 여자도 생각하고 남자도 생각하니까 남녀가 평등이다. 그러니까 생각한다고 하는 인간의 본성을 발견하면 그것을 우리는 견성성불見性成佛이라 한다. 부처란 별것이 아니다. 인간의 본성을 발견한 것이다.

여래, 하늘에서 왔다는 것인데 무슨 말인가 하면 결국 생각한다는 것이다. 그래서 평등이다. 이런저런 생각을 다 해보면 일체가 다 평등하다는 것이다. 남녀도 평등이다. 남자도 생각할 줄 알고, 여자도 생각할 줄 안다. 이렇게 생각한다고 하는 인간의 그 본성을 발견하면 우리는 그것을 부처라 한다. 석가도 별것이 아니다. 인간의 본성을 발견한 것이다. 본성을 발견해서 무엇을 했는가. 많이 생각한 것이다.『화엄경』을 읽어보아도 석가가 얼마나 많이 생각했는지 알 수 있지 않는가. 그래서 성불이다. 사람이 되었다는 말이다.

여래, 다 생각을 해 보면 어떻게 되는가. 평등, 다 같다는 것을 알게 된다. 인간이 평등하다고 하는데 무엇이 평등한가. 생각한다고 하는 것이 평등하다. 사람은 누구나 다 생각하는 소질을 가지고 있다. 사람은 누구나 불성을 가지고 있다는 말이다. 그래서 생각할 줄 알면 땅에 속한 사람이 되지 않고 하늘에 속한 사람이 된다. 해탈解脫이다.「빌립보서」3장 20절에 우리는 모두 하늘의 시민이라 했다. 우리는 하늘의 시민권을 가진 사람이다. 살기는 이 세상에서 살지만 속하기는 하늘에 속해 있다는 말이다. 그러니까 시민권을 가졌다는 말은 별다른 것이 아니라, 생각한다는 말이다. 자꾸 생각하게 되면 해탈을 하게 된다. 우리는 이 땅에 붙어사는 나무가 아니라 사람이다. 땅에 붙으면 나무가 되고 만다. 그런데 하늘에 속하면 사람이 된다. 하늘에 속하는 것을 우

제38. 이세간품離世間品 15

리는 해탈이라 한다. '해解'는 땅에 매어있던 것을 풀어놓았다는 말이요, '탈脫'은 땅에 갇혀있던 것을 벗어났다는 말이다. 풀 해, 벗을 탈이다.

여래, 평등, 해탈, 이것을 다 구족했다. 이것은 석가만이 아니다. 우리도 다 구족한 것이다. 우리는 누구나 하늘에서 왔고, 우리는 누구나 생각할 소질을 가지고 있고, 우리는 모두 다 땅에서 벗어나서 하늘에 속해있는 것이다. 여러분이 지금 여기 왔다는 것이 하늘에 속했다는 증거다. 여기가 어디인가 하면 여기가 하늘이다. 하나님의 집이니까 여기가 하늘나라다. 누구나 다 "구족여래평등해탈"이다.

등허공계等虛空界 여불가설백천억보살與不可說百千億菩薩 구구 개일생개一生 당득아누다라삼막삼보리當得阿耨多羅三藐三菩提

"등허공계等虛空界", 우리 마음이 허공과 같아졌다. 자유롭게 되었다는 말이다. 생각이란 자유로운 것이다. 아무리 생각해도 어디 걸리는 데는 없다. 사람은 다른 자유는 없어도 생각할 자유는 있다. 내가 생각해서 라디오를 발명했다거나 내가 생각해서 기차를 발명했다, 그런 것을 누가 뭐라 하겠는가. 사람에게 과학, 철학, 종교, 예술, 이것만은 자유다. 맹자孟子도 이 네 가지는 자유라 했다. 맹자는 우리 마음대로 할 수 있는 것은 성성이요, 마음대로 할 수 없는 것은 명命이라 했다. 맹자는 이렇게 갈라놓았는데 하여튼 생각하는 것만은 자유다. 과학도 자유요, 철학도 자유요, 종교도 자유요, 예술도 자유다. 자유가 없으면 그것은 종교도 아니고, 철학도 아니고, 예술도 아니고, 과학도 아니고 아무 것도 아니다.

허공계, 자유로운 세계다. 거기에는 친구들이 많이 있다. "여불가설백천억보살與不可說百千億菩薩", 셀 수 없이 많은 친구들이 모여 있다. 보살菩薩은 보리살타菩提薩陀의 준말인데 보리는 진리라는 말이고 살타는 사람이다. 진리를 찾아가는 사람이 보살이다. 진리를 깨달은 사람은 불타佛陀라 한다. 그러니까 선생만 와서 있는 것이 아니라 학생들이 많이 와 있다는 것이다. 많이 왔다고 하는데 얼마나 왔는지 모르지만 한 백여 명 왔을 것이다. 수염이 조금만 길어도 삼천 척이라 하듯 중국인이나 인도 사람은 허황되게 과장하는 버릇이 있다. 수염이 삼천 척이라 그렇게 말해야 좀 긴 것처럼 느껴지지 그렇지 않으면 긴 것 같지가 않은 것이다. 문장을 그렇게 만드는 것이다. 그래야 사람들에게 느낌을 주기 때문이다. 그래서 많이 왔다고 "불가설백천억不可說百千億"이라 한다. "구구 개일생개一生 당득아누다라삼막삼보리當得阿耨多羅三藐三菩提", 그들은 모두 진리를 찾아가고 있는 사람들이다. "아누다라삼막삼보리"는 무상정편지無上正遍知라 한다. 최고의 바르고 넓은 지혜라는 것이다.

기명왈其名曰 보현普賢 보안등普眼等.

보현, 보안 등 많은 보살이 와서 앉았다는 것이다.

38.2 이시爾時 보현보살普賢菩薩 입광대삼매入廣大三昧 명불화장엄名佛華莊嚴

이때 보현보살이 광대삼매廣大三昧에 들어갔으니 그 이름이 불화장엄佛華莊嚴이다.

기독교에서는 기도라 하는데 여기서는 삼매라 한다. 깊은 생각 속에 들어갔다는 말이다. 그 생각의 이름이 불화장엄이다. 부처님의 연화장세계의 장엄한 모습을 깊이 생각하는 삼매다. 쉽게 말하면 하늘나라를 생각하는 깊은 생각 속에 들어갔다는 것이다.

보혜보살普慧菩薩 문보현언問普賢言 불자佛子 원위연설願爲演說.

보혜보살이 보현보살에게 말하기를 "우리를 위해 가르쳐 주세요." 하고 물었다. 무엇을 물었는가 하면 다음과 같은 질문이다.

(1) 하등何等 위보살마하살의 爲菩薩摩訶薩依

보살마하살은 무엇을 믿는 사람들인가? '의依'는 귀의歸依한다는 뜻이다. 인도말로 '나무'인데 한문으로 귀의라 번역한다. 기독교로 말하면 믿는다는 것이다. "나무아미타불南無阿彌陀佛", 아미타불에게 귀의한다. 기독교로 말하면 하나님을 믿는다는 말이다. 하나님께 돌아간다는 것이다. 아미타불阿彌陀佛의 뜻은 무량수불無量壽佛이다. 기독교로 말해서 영원한 생명이다. 하나님은 어떤 분인가. 생사가 없는 영원한 생명이다. 보살마하살은 무엇에 귀의하느냐는 물음이다.

(2) 하등何等 위력지 爲力持

무엇에 힘을 쓰는 사람들인가.

(3) 하등何等 위여보주 爲如寶住

어떤 행복 속에 살고 있는가.

(4) 하등何等 위신업 爲身業

그 사람들의 하는 일은 무엇인가.

(5) 하등何等 위관찰 爲觀察

그 사람들이 보는 세계는 어떤 세계인가.

여기서 다섯 가지 예를 들었는데 사실은 200개의 질문이다. 200개의 질문에 대해 하나에 10개씩 2,000개의 답을 한다. 그래서 2천개의 답이 나오는데 이것이 「이세간품」의 내용이다. 먼저 십신이다.

38.3 십신十信

이시爾時 보현보살普賢菩薩 고보혜언告普慧言 불자佛子 보살마하살菩薩摩訶薩.

이때 보현보살이 보혜보살에게 대답했다. 보살마하살은 어떤 사람인가.

먼저 십신十信인데 십신에서는 믿음이라는 것이 중요하다. 그래서 "신만성불信滿成佛", 믿음이 꽉 차면 부처가 된다는 이런 말이 나올 정도로 십신이 중요한데 십신의 핵심은 성문聲聞이다. 귀가 뚫리는 것이다. 장자는 이철위총耳徹爲聰이라 했다. 또 전에 십신의 핵심은 고집멸도苦集滅道라는 사제四諦라 했다. 그리고 십신에서 제일 중요한 것이 대승大乘이다. 믿음이 어디서 나오는가. 대승기신大乘起信이다. 대승, 큰 선생님을 만나야 믿음이 나온다. 예수님을 왜 믿는가 하면 큰 선생님이기 때문이다. 세계에서 최고의 선생님이니까 믿지 않을 수 없는 것이다. 그러니까 불교식으로 하면 예수님이 대승이다. 이렇게 십신에서 중요한 것이 성문, 사제, 대승이다.

보혜보살이 무엇에 귀의하느냐는 질문에 대해서 보현이 "유십종의有十種依", 열 가지 귀의하는 데가 있다고 한다. 즉 하나의 질문에 열 가지로 대답을 하는 것이다. 이렇게 질문마다 열 가지씩 십종十種으로 대답해서 2천 가지가 된다. 우리가 2천개를 보기는 시간이 너무 많이 걸리니까 한 개씩만 보기로 한다. 10종 가운데 하나만 썼다.

(1) 유십종의有十種依
이보리심以菩提心 항불망실恒不忘失

열 가지 귀의하는 데가 있다. 보리심으로 귀의한다. 보리심이란 진리를 깨닫고자 하는 마음이다. 진리를 깨닫고자 하는 마음을 언제나 잊지 않는다. 유교에서는 이것을 입지立志라 한다. 성인聖人이 되겠다는 마음을 언제나 잊지 않는 것이다. 성인이 되겠다는 뜻을 세운 것이다. 부처가 되겠다는 마음을 잊지 않는다. 진리를 깨닫겠다는 말이나 부처가 되겠다는 말이나 같은 말이다. 기독교로 말하면 믿음을 가져야겠다는 것이다. 이것이 하나의 대답인데 그 밖에 아홉 개의 답이 있다. 두 번째 질문에 대한 답을 본다.

(2) 유십종기특상有十種奇特想
어일체법於一切法 생출리상生出離想

열 가지의 기특한 생각을 한다. 이 세상을 초월해야겠다는 그런 생각을 한다. 이 세상에 갇혀있으면 안 되겠다, 이 세상을 초월해야겠다는 그런 생각을 한다. 옛날 인도 사람들은 생각하기를 어렸을 적에는 공부하고 젊었을 적에는 살림하고 그래서 먹을 것을 어느 정도 벌어놓았으면 모두 부인에게 맡기고 자기는 산으로 들어가는 것이다. 산에 들어가서 한 십 년 공부하는 것이다. 그것이 그들의 세계다. 그래서 소위 진리를 깨달으면 다시 세상에 나와서 세상 사람들을 도와주고 사는 것이다. 인생을 사 등분 해서 어려서는 공부하고 젊어서는 일하고 그래서 돈을 벌어 가족들에게 남겨 주고 자기는 산으로 들어가서 공부하고 공부해서 깨달음이 있으면 그 공부한 것을 가지고 세상에 나와서 남을 도와준다는 것이다. 이것이 불타라는 것이다. 이 세상을 초월해야겠다는 생각을 했다.

(3) 유십종행有十種行
일체중생행一切衆生行 보령성숙普令成熟

모든 중생들이 살아가는데 그 사람들로 하여금 좀 성숙한 사람이 되도록 만들어 주어야겠다는 것이다.

(4) 유십종선지식有十種善知識
영주보리심선지식令住菩提心善知識

언제나 진리를 탐구하는 마음으로 가득 차 있게 하는 그런 선생님을 만나면 좋겠다는 것이다. 선지식이란 좋은 선생님이라는 말이다. 선생님은 어떤 선생님이라야 좋은가 하면 학생들로 하여금 진리탐구의 열정을 일으켜주는 선생님이 좋은 선생님이다. 학점이나 따게 만드는 선생님은 좋은 선생님이 아니다.

(5) 유십종근정진有十種勤精進
교화일체중생근정진教化一切衆生勤精進

근정진勤精進은 열심히 해야 된다는 것이다. 모든 사람을 가르치겠다는 그런 생각으로 열심히 나가고 있다.

(6) 유십종심득안은有十種心得安隱
자주보리심自住菩提心 타주보리심他住菩提心

어느 때 사람의 마음이 가장 편안한가. 나도 진리를 탐구하고 다른 사람도 진리를 탐구한다. 그런 좋은 친구들과 같이 사귀는 것, 그런 것이 참 편안한 것 가운데 하나다.

(7) 유십종성취중생有十種成就衆生
이설법以說法 성취중생成就衆生

무엇으로 '성취중생' 할 것인가. 과학이나 철학이나 예술이나 종교를 가르쳐서 중생을 성숙하게 만들어 간다.

(8) 유십종계有十種戒

불사보리심계不捨菩提心戒

진리를 탐구하겠다는 자기의 의지를 계속 유지해 간다.

(9) 유십종수기법有十種受記法
영불염사제보살행永不厭捨諸菩薩行 자지수기自知受記

진리탐구의 길을 영원히 싫어하거나 버리지 않는다. 그래서 "자지수기自知受記", 진리를 깨달았는지 못 깨달았는지 자기가 스스로 안다. 수기受記란 선생님께 졸업장을 받는 것이다. 이만 하면 됐다 하고 선생님께 졸업장을 받는 것인데 그렇게 졸업장을 받기 전에 자기가 먼저 안다. 그래서 자기가 자기에게 졸업장을 먼저 주는 것이다. 대개 그렇게 된다.

내가 전에 난곡蘭谷 김응섭金應燮 선생에게 붓글씨를 배울 때 해서楷書니 행서行書니 한 학기씩 배웠다. 그런데 한 학기 내에 하나를 끝내지 못하면 그 다음 학기로 연기가 된다. 그래도 또 안 되면 그 다음 학기로 또 연기가 된다. 그러니까 졸업장을 받아야지 그렇지 못하면 밤낮 같은 것만 한다. 그래서 어떤 사람은 7년 동안 졸업장을 못 받고 계속해서 해서만 쓰는 사람도 있다. 그래서 어떻게든 이 한 학기에 선생님께 졸업장을 받아야겠다고 열심히 썼다. 처음에는 한두 장 쓰다가 나중에는 한 시간 두 시간씩 쓰다가 나중에는 7시간 8시간씩 쓰게 된다. 그렇게 자꾸 쓰다가 한 학기 마지막 주간이 다가오면 그때부터는 굉장히 열심히 쓴다. 그래서 마지막 주에는 월요일부터 종일 쓰는데 그렇게 하면 수요일이나 목요일쯤에 말하자면 득도得道를 하게 된다. 서도書道라고 하는 붓글씨의 요령이랄까 비결을 알게 되는 것이다. 그러면 스스로 내가 '됐다' 하고 토요일에 써서 가면 선생님도 보고 '됐다'고 한다. 그런데 내가 '안 됐다' 하면 선생님도 '안 됐다' 한다.

줄탁동시啐啄同時. 속에서 병아리가 쪼는 것과 밖에서 어미닭이 쪼는 것이 언제나 같다. 병아리인 내가 속에서 탁탁 하고 쪼면 선생님도 토요일에 탁탁 하고 쫀다. 그래서 선생님 것과 내 것이 언제나 같다. 이런 것을 소위 "자지수기"라 한다. 내가 '됐다' 하고 알게 되어야 선생님께 수기를 받지 내가 나를 보면서 '안 됐다' 그러면 선생님도 역시 '안 됐다' 한다.

이렇게 수기를 받으려면 몰두하는 때가 있어야 된다. 하루 7시간 8시간씩 몰두하다보면 붕 뜨게 된다. 붕 뜨게 된다는 말이 소위 깨달았다는 말이다. 요령을 잡게 되는 것이다. 내가 필법을 잡게 되는 것인데 이것은 체득이지 무슨 지식이 아니다. 그래서 내가 체득을 하면 선생님도 '됐다'고 한다. 그것이 수기라는 것이다. 그러니까 수기라는 것이 상당히 중요하다.

"영불염사永不厭捨", 언제나 싫어하지도 않고 버리지도 않는다. 열심히 한다는 말이다. 무엇을 열심히 하는가. 보살행이다. 보살행이란 붓글씨 쓰는 사람에게는 붓글씨 쓰는 것이 보살행이고, 과학 하는 사람에게는 과학 하는 것이 보살행이고, 철학 하는 사람에게는 철학 하는 것이 보살행이고, 신학 하는 사람에게는 신학 하는 것이 보살행이다. 무엇이나 몰두해야 된다. 몰두해서 붕 떴다는 것을 "자지수기", 자기가 알아야 된다.

(10) 유십종입보살有十種入菩薩
입제파라밀入諸波羅蜜

파라밀에 들어갔다는 말이다. 성문의 핵심은 사제四諦, 연각의 핵심은 12인연, 보살의 핵심은 파라밀이다.

(11) 유십종입여래有十種入如來
입무변성정각入無邊成正覺

여래라는 대승大乘의 세계에 들어가야, 대승이라는 큰 스승을 만나야 믿음이 생긴다. 그래야 한없는 깨달음에 들어간다.

(12) 유십종입중생행有十種入衆生行
입일체중생교화조복入一切衆生教化調伏

중생행衆生行이란 많은 중생들이 있는 곳에 가서 그들을 가르치고 그들을 깨닫게 하는 것이다.

(13) 유십종입세계有十種入世界
입염세계入染世界

아주 오염된 세계에 들어가서 그들을 구원한다.

(14) 유십종입겁有十種入劫
입일체겁즉일념入一切劫卽一念

영원은 어디에서 찾아야 되는가 하면 찰나 속에서 영원을 찾아야 된다. 찰나 즉 영원이다. '일념一念'이란 찰나다.

(15) 유십종설삼세有十種說三世
설삼세즉일념說三世卽一念

삼세를 말하려 해도 깨달음이 있어야 된다. 삼세란 과거, 현재, 미래를 말하는 것이다. 여기서 일념은 깨달음이라 해 둔다.

(16) 유십종지삼세有十種知三世
지제어언知諸語言

삼세를 아는 것이다. 과거의 언어를 알고 현재, 미래를 안다.

(17) 유십종무피염심有十種無疲厭心

공양일체제불供養一切諸佛

피곤하고 싫증난다거나 하는 마음이 없다. 모든 부처님을 공양하는데 피곤을 느끼거나 싫증을 내면 안 된다. 이것이 제일 중요하다. 십신의 핵심은 성문이니까 선생님을 만나는 것이 제일 중요하다는 말이다.

(18) 유십종차별지有十種差別智
지중생차별지知衆生差別智

무엇을 분석해서 알아야 되는가. 중생이 어떤 중생인지 차별해서 알아야 된다. 유치원 학생들에게 세익스피어를 말해야 쓸데 없는 것이다.

(19) 유십종다라니有十種陀羅尼
문지다라니聞持陀羅尼 불망실不忘失

다라니陀羅尼란 총지總持라 한다. 전체를 한마디로 딱 말하는 것이다. 달리 말하면 공자가 "시詩란 무엇인가"에 대해서 "일언이폐지一言以蔽之 하면 사무사思無邪라" 하는 그런 것이다. 우리가 『성경』을 죽 읽어가는데 그 가운데 가장 중요한 한마디를 뽑아 가지면 그것이 무엇일까. 사람마다 다 다르겠지만 그런 한마디를 딱 붙잡아야 된다. 그것이 소위 "문지다라니聞持陀羅尼"다. "문지다라니聞持陀羅尼 불망실不忘失." 십신의 내용은 성문이다. 성문이란 선생님께 강의를 많이 듣는 것이다. 선생님께 많이 듣고 듣다가 그 가운데 가장 중요한 한마디를 뽑아 가져야 그것이 아는 것이지 다 따로 외는 것이 아니다. 우리가 듣는 것은 자꾸 잊어먹고 또 잊어먹고 그래야 한다. "득의망어得意忘語", 뜻을 얻었으면 그것들은 다 잊어먹어야지 뭐 기억하고 할 것은 없다. 그러니까 모를 것만 기억해 가야 된다. 그래서 맨 나중에는 모르겠다는 한마디가 남으면 그것이 다라니다. 그것이 깨져야 우리는 진리를 깨달았다 한다. 맨 마지막에 남은 한마디 그것이 진리라는 것이다. 그것이 깨져야지 그것이 깨지지 않으면 아무리 또 듣고 또 들어야 소용없다.

기독교로 말하면 가장 중요한 말은 십자가, 부활, 성육신이다. 이 세 마디가 가장 중요하다. 그것이 깨져야 기독교를 아는 것이지 그것을 모르면 기독교를 모르는 것이다. 또 그것을 알게 되어야 기독교를 믿는 것이지 그것을 모르고는 기독교를 믿는다 할 수가 없다. 그러니까 믿음 속에서 제일 중요한 것이 다라니라는 것이다.

우리가 왜 이렇게 자꾸 강의를 들어야 되는가. 맨 처음에는 그런 모를 말들이 많이 있는데 강의를 들어가다 보면 조금씩 조금씩 풀린다. 맨 처음에는 설교를 들어도 무슨 말인지 모르다가 자꾸 들으면 자꾸 알아지고 알아져서 나중에는 그 소리가 그 소리로구나 하게 된다. 그 소리가 그 소리로구나 하면 다 알아졌다는 것이다. 그렇게 다 알아지고 알아지다가 맨 마지막에는 모를 말이 세 마디가 나온다. 그 모를 말 세 마디가 나오기까지 알면 성문이 된 것이다. 귀가 뚫렸다고 본다. 그러면 그 세 마디는 언제 알게 되는가. 십주十住에 가서야 알게 된다.

마지막 세 마디 그것은 잊어먹지 말아야 된다. 이런 성문이 되기까지 대개 6년이 걸린다. 내가 다석多夕 유영모柳永模(1890-1981) 선생님을 6년간 따라다녔다. 물론 그 전에 여러 목사님들을 많이 따라다녔다. 내가 어렸을 때는 부흥회가 많았는데 부흥사라 해서 특별히 힘있게 말하는 사람들이 있어 많이 좇아다녔다. 지금도 잊혀지지 않는 목사는 정동교회의 김종우 목사인데 부흥회에서 정말 나에게 많은 감명을 주었다. 그 밖에도 많은 부흥사가 있는데 외국 사람으로는 스탠리 존스Eli Stanley Jones(1884-1973)라는 사람이다. 인도에 가서 선교하며 간디의 친구였던 사람이다. 그 사람 부흥회에 가서 또 많이 배웠다. 그러니까 목사님들 부흥사들 이런 사람들에게 많이 배우는 것이다. 또 일본에서는 내촌감삼內村鑑三(Uchimura Kanzo, 1861-1930) 계통의 무교회無敎會 사람들이다. 내가 일본에 갔을 때는 총본塚本이라는 사람이 중심인물이었다. 그러니까 우리가 일생을 살면서 많은 선생님을 사귀게 되는 것이다. 그리고 일본에서 돌아와서는 유영모 선생을 만나게 되었다. 내게는 맨 마지막 선생이 유영모다. 『화엄경』을 말하면 52번째를 지나서 53번째 선생이다. 많은 선생님들에게 들으면서 풀리고 풀리고 해서 결국 유영모 선생에게까지 와서 세 마디를 남겨 놓고는 다 풀리게 되었다. 맨 처음 유영모 선생님을 만나서 질문했던 내용이 "하나·둘·셋이 무엇입니까?" 하는 것이다. 그리고 6년 만에 그 하나·둘·셋만 남겨 놓고는 다 풀렸다. 결국 우리는 많이 들어서 풀어야 된다.

그래서 맨 마지막까지 남는 것, 그것을 개념槪念이라 한다. 내 마음 속에 맨 마지막까지 걸려있는 것이다. 무엇인가 그런 것이 걸려 있어야지 그런 것이 없으면 무엇을 풀어야 될지 모른다. 요는 자기에게 하나의 문제가 있어야 된다. 나에게 고통이 있어야 된다. 사제四諦, 고집멸도苦集滅道라 할 때의 고통이다. 청춘에게 고민이 있어야 된다. 고통이 있다, 고민이 있다는 말은 자기에게 문제가 있다는 말이다. 그 문제가 풀려야지 그 문제가 풀리지 않으면 도저히 살 수 없는 그런 문제가 있어야 한다. 그런 문제가 있다는 것이 고집멸도다. 그 문제의 원인은 무엇인가, 그 문제는 어떻게 풀어야 되나, 어떻게 하면 그 문제가 풀리는 것인가. 이것이 소위 고집멸도라는 것이다. 그런데 이런 문제의식이 없으면 풀고 싶은 생각도 아무 것도 없다. 10년, 20년 교회에 다녀도 문제의식 없이 다니면 그저 조는 것뿐이지 남는 것은 아무 것도 없다. 그러니까 문제의식이 있어야 된다. 병을 가지고 의사를 찾아야지 병이 없이 의사에게 진찰해 달라고 하면 아무 쓸데없다. 의사에게 갈 때는 꼭 병을 가지고 찾아야 되듯 우리가 예수님께 갈 때는 죄를 가지고 가야 된다. 죄 없이 예수님께 간다는 것은 말이 안 된다. 죄가 없는데 예수님께 갈 필요는 무엇인가. 죄니 병이니 하는 것이 다 문제라는 말이다. 나에게 어떤 문제가 있을 때 그 문제를 풀기 위해 선생을 찾아가는 것이다. 문제가 없으면 선생을 찾을 필요가 없다. 그러니까 그 문제의식이 중요하다. 그리고 문제를 가지고, 병을 가지고 의사를 찾을 때는 될 수 있으면 명의를 찾아야 된다. 명의를 찾아야 문제가 해결되지 돌팔이에게 찾아가면 안 된다. 그러니까 사제라는 것은 문제의식이요 대승이란 명의를 말한다. 반드시 문제의식을 가지고 교회도 다녀야 된다. 우리가 성경공부를 한다 해도 그저 온다 하면 말이 안 된다. 내가 유영모에게 갈 때는 꼭 문제의식을 가지고 가고, 문제의식을 풀려고 가는 것이지 유영모의 강의를 다 들으려고 가는 것은 아니다. 그 사람은 그 문제를 어떻게 풀었나 해서 내 문제가 나올 때는 정신을 바짝 차리고 듣지만 다른 말 나올 때는 졸아도 그만이지 들을 필요도 없다. 언제나 자기의 문제를 푸는 그것이 필요한 것이지, 나에게 있는 병을 고치는 그것이 필요한 것이지 다른 것은 필요 없다. 내가 위병이다, 그러면 위병을 어떻게 고치는가 하는 것이 중요하지 팔다리는 어떻게 고친다 하는 그런 것은 들을 필요도 없다. 그렇지만 위병에 대한 이야기가 나올 때는 정신을 바짝 차리고 들어야 한다. 유영모에게 갈 때 하나·둘·셋이 무엇인가 하는 이런 문제의식을 가지고 가야지 그저 가면 안 된다. 또 갈 필요도 없다. 자기에게 고품가 있어야지 고가 없으면 갈 필요가 어디 있는가. 문제의식이 꼭 있어야 된다. 문제의식이 있으면 가서 들어야 된다. 영어를 듣는다 해도 5, 6년 들어야지 그렇지 않으면 들리지 않는다. 대개 한 십 년을 들어야 귀가 좀 들리지 그렇지 않으면 들리지도 않는다. 그런데 요새 아이들이 영어 배운다고 해외연수를 가는데 어떻게 한두 주일 가서 듣는다고 귀가 뚫리겠는가. 말도 안 된다. 영어 배우라고 아이들을 보내는 이 나라가 불쌍한 나라다. 왜 이렇게 되었는지 모르겠다. 왜 우리가 자꾸 영어를 해야 되는가. 왜 유치원 아이들이 영어를 해야 되는가. 정말 기막힌 일이다.

(20) 유십종불有十種佛

부처님을 만나야 된다. 대승기신이다. 큰 선생님을 만나야 믿음이 생긴다. 그래서 귀가 뚫려야 된다. 이것이 십신十信에서 가장 중요하다. 다 이해하고 모르는 것 셋만 남겨두라는 것이다. 여기까지가 성문이다. 그런데 그 문제가 무엇인가 하면 사제四諦요 그 문제를 풀기 위해 누구에게 들어야 하는가 하면 대승大乘이다. 대승에게 가서 들어야 한다. 그래야 믿음이 생긴다는 것이다.

2002. 9. 1.

이세간품 강해(2)

"신만성불信滿成佛"

「세주묘엄품世主妙嚴品」은 부처가 나타났다는 내용인데 장소는 적멸도장寂滅道場이다. 그 다음 보광명전普光明殿에서 강의한 여섯 가지 즉「명호품名號品」, 「사제품四諦品」, 「광명품光明品」, 「명난품明亂品」, 「정행품淨行品」, 「현수품賢首品」까지 6개가 십신十信에 대한 이야기다. 십신품의 내용은 "신만성불信滿成佛", 믿음이 가득하면 성불하게 된다는 것이다.

십신의 「현수품」에 있는 믿음이란 무엇인가에 대한 말들을 읽어본다.

"신위도원信爲道元 공덕모功德母 증장일체增長一切 제선법諸善法
제멸일체除滅一切 제의혹諸疑惑 시현개발示現開發 무상도無上道
정신이구淨信離垢 심견고心堅固 멸제교만滅除驕慢 공경본恭敬本
신시보장信是寶藏 제일법第一法 위청정수爲淸淨手 수중행受衆行
신능사리信能捨離 제염착諸染着 신해미묘信解微妙 심심법甚深法
신능전승信能轉勝 성중선成衆善 구의필지究意必至 여래처如來處
약신공경若信恭敬 일체불一切佛 즉지정계則持淨戒 순정교順正敎."

"신위도원信爲道元 공덕모功德母 증장일체增長一切 제선법諸善法"

믿음이란 무엇인가. "도원道元", 도의 근원이다. 기독교로 말하면 진리의 근원이 믿음이라는 것이다. 그리고 "공덕모功德母", 모든 행복의 어머니다. 진리의 근원이요 모든 행복의 어머니가 믿음이다. 기독교에서만 믿음이라는 말을 강조하는 것이 아니고 여기서도 믿음이라는 것을 이렇게 깊이 생각하고 있다. 그리고 "증장일체增長一切 제선법諸善法", 이 세상의 모든 선한 세계를 늘려가는 것이 믿음이다.

"제멸일체除滅一切 제의혹諸疑惑 시현개발示現開發 무상도無上道"

모든 의혹을, 모든 악을 제거해 가는 것이 믿음이다. 그래서 최고의 진리를 개발해 가는 그것이 믿음이다. 최고의 진리를 개발해서 나타냈다는 것이다.

"정신이구淨信離垢 심견고心堅固 멸제교만滅除驕慢 공경본恭敬本"

깨끗한 믿음은 더러운 것을 떠나서 마음을 견고하게 만든다. 더러움을 떠나야 마음이 견고해지지 더러운 것이 있으면 마음이 견고해지지 않는다는 말이다. "멸제교만滅除驕慢 공경본恭敬本", 교만을 없이해서 사람을 겸손하게 만들고 선생님을 공경하는 근본이 되게 한다. 하나님을 공경하는 근본이 된다는 것이다.

"신시보장信是寶藏 제일법第一法 위청정수爲淸淨手 수중행受衆行"

믿음은 한없는 보배를, 한없는 행복을 가져다주는 최고의 법이다. 깨끗한 손이 되어야 모든 중생들을 받아들일 수 있다.

"신능사리信能捨離 제염착諸染着 신해미묘信解微妙 심심법甚深法"

믿음이란 능히 모든 더러움과 애착을 버리게 할 수 있다. 믿음은 미묘하고 심심한 법을 이해할 수 있게 한다.

"신능전승信能轉勝 성중선成衆善 구의필지究意必至 여래처如來處"

믿음이란 모든 것을 이기게 해서 모든 선을 성취하게 한다. 그래서 하늘나라에까지 도달하게 한다.

"약신공경若信恭敬 일체불一切佛 즉지정계則持淨戒 순정교順正敎."

모든 부처님을 진짜로 공경하게 되면 깨끗한 계명을 지키고 올바른 가르침에 순종하게 된다. 이상이 믿음에 대한 해석이다. 이제 십신을 마치고 십주를 본다.

38.4 십주十住

십주는 연각緣覺이다. 연각이란 목철위명目徹爲明이라는 것이다 눈이 뚫리는 것이다. 연각에서 제일 중요한 것은 십이지인연十二支因緣이다. 연각이 되려면 제일 중요한 것이 무엇인가. 여래가 나타났다는 것이다. 「성기품性起品」에 말한 것인데 꽃이 피어서 봄이 오는 것이 아니라 봄이 와서 꽃이 핀다는 것이다. 성기性起다. 요새로 말하면 시간성時間性이다. 하이데거Martin Heidegger(1889-1976)가 말한 시간성이다. 시간성의 내용은 여러 가지로 말할 수 있지만 하이데거는 '죽음에의 존재'라 했다. 죽음의 체험이라는 것인데 그것이 무엇인가 하면 기독교로 말해서 하나님을 만나는 것이다. 옛날 사람들은 하나님을 만나면 죽는다 했다. 하나님을 만나서 죽은 사람도 많을 것이다. 죽음의 체험이란 하나님을 만나는 체험이다. 십신에서는 대승이라 했는데 여기서는 기독교로 말해서 하나님이다. 하나님을 만나는 체험인데 그 하나님을 만나는 체험이 없으면 각覺이라는 것이 이뤄지지 않는다. 연각이다. 더 쉽게 말하면 어미닭 품속에 들어가지 않으면 계란이 병아리로 될 수 없는 것이다. 어미닭이라는 것을 기독교에서는 신神이라 한다. 그런데 불교에서는 심心이라 한다. 그래서 유심연기唯心緣起다. 어미닭 품에 들지 않으면 깨닫지 못하는 것이다. 눈을 뜨지 못하는 것이다. 병아리가 되어야 눈을 뜨지 계란이 어떻게 눈을 뜨겠는가. 그리고 그저 어미닭 품속에 있다고 눈이 떠지는가 하면 그것은 아니다. 21일이라는 시간이 지나야 된다. 그 시간이라는 것이 중요하다. 봄이 와야 꽃이 핀다. 어미닭 품속에 들어가야 병아리가 된다. 유심연기다. 하나님을 만날 때 눈이 떠지지 하나님을 만나기 전에는 눈이 떠지지 못한다.

하나님을 만난다는 것을 철학에서는 우주관이라 한다. 우주를 창조하신 이가 하나님이다. '관觀'이라는 말이 눈이 뚫렸다는 소리다. 그리스도를 만나는 것을 철학에서는 세계관이라 한다. 세계를 섭리하는 분이 누구인가 하면 기독교에서는 그리스도라 하기 때문이다. 또 인생관이라 하는데 인생을 주관하는 이가 누구인가 하면 성령이다. 그러니까 성부를 만나고 성자를 만나고 성령을 만나는 것을 철학적으로 말하면 우주관, 세계관, 인생관이라 한다.

세 가지를 남겨둬야 된다고 했는데 하나·둘·셋이다. 하나란 무엇인가 하면 우주요, 둘이 무엇인가 하면 세계요, 셋이 무엇인가 하면 인생이다. 기독교로 말하면 하나란 하나님이요, 둘은 예수 그리스도요, 셋은 성령이다. 이런 것을 기독교로 말할 때는 '깨닫는다' 하기보다는 '체득한다'고 한다. 죽음을 깨닫는다 해도 되지만 죽음을 체득한다는 것이다. 체득한다고 해서 삼위일체라 한다. 하나님을 만나는 것인데 하나님을 만난 사람이 모세다. 그리스도를 만난 사람이 누구인가 하면 바울이다. 성령을 만난 사람은 많이 있다. 요한 웨슬레John Wesley(1703-96)도 성령을 만난 사람이다. 가슴에 뜨거움을 느꼈다고 하는데 성령을 만난 것이다. 문제는 세 가지를 남겨두라 했는데 기독교로 말하면 그 세 가지란 하나님과 그리스도와 성령이다. 그 셋을 우리가 보는 것, 또는 체득하는 것이다.

그러니까 십신이 과학적이라 한다면 십주는 철학적이다. 과학이란 다 듣는 세계인데 십주의 철학은 깨닫는 세계다. 과학이 끝나고 철학으로 가야 된다. 그래서 성기, 십이지인연, 연각이라 하는데 다 같은 말들이다. 연각, 눈이 열려야 된다. 그래서 십이지인연을 본다. 십이지인연이란 무엇인가. 전에 다 했지만 복습을 해 본다. 그리고 성기는 시간성 또는 기독교로 말해서 하나님을 만난다는 것이다.

도리천忉利天

십주十住를 강의한 장소는 도리천이다. 도리천에서 강의한 내용은 「수미품須彌品」, 「운집품雲集品」, 「십주품十住品」, 「범행품梵行品」, 「발심품發心品」, 「명법품明法品」이다. 이전에 십신은 보광명전에서 강의했는데 이제는 도리천이라는 하늘나라에 올라가서 강의를 한다. 물론 보광명전에 앉아서 올라간 것이다. 보광명전을 떠나지 않고 도리천이라 했다. 보광명전은 과학의 세계라면 이것은 철학의 세계다. 생각 속에서, 관념 속에서 돌아가는 형이상이다. 하나님, 그리스도, 성령, 모두 형이상의 세계지 형이하의 세계는 아니다.

도리천에서 강의한 내용의 제목들이 수미須彌, 운집雲集, 십주十住, 범행梵行, 발심發心, 명법明法인데 이것들은 전에 모두 했던 내용이다. 그 가운데 십주가 들어있다.

불고비구佛告比丘 연기법자緣起法者 비아소작非我所作 역비여인작亦非餘人作.

부처님이 비구에게 말했다. 연기법이란 내가 만든 것도 아니고 또한 다른 사람들이 만든 것도 아니다.

비구比丘는 결혼하지 않은 중이다. 연기緣起를 십이지인연十二支因緣이라 하기도 하고 십이연기十二緣起라 하기도 한다. 인연因緣을 과학적으로 말할 때는 인과因果다. 어떤 원인이 있으면 결과가 있다는 것이다. 그래서 원인을 자꾸 캐가는 것이다. 그래서 인연소생因緣所生이라 한다. 씨가 있고 땅이 있어야 나무가 자라지 씨만 가지고 어떻게 나무가 자라는가? 이럴 때 인연소생이라는 말을 한다. 이렇게 여러 가지로 쓰이는데 제일 중요한 것이 인과다. 그러니까 연기라는 말이 맨 처음에는 과학적으로 쓰여지는 것이다. 그 다음에 철학적으로 쓰여질 때는 십이지인연 또는 십이연기라 한다. 인과나 인연이나 공통적으로 쓰일 때는 그냥 연기라는 말을 쓴다. 인과연기다. 또 종교적으로 말할 때는 법계연기法界緣起라 한다.

『화엄경』의 핵심은 심心, 불佛, 이실법계理實法界라는 것이다. 기독교로 말하면 심이란 하나님이요, 불은 그리스도, 그리고 법계란 결국 성령이 충만한 곳이다. 『화엄경華嚴經』이 무엇인가 설명할 때 '화華'는 심이고, '엄嚴'은 불이고, '경經'은 이실법계라 했다. 그러니까 법계라 할 때 이것은 종교적인 말이다. 법계연기다. 그리고 십이연기는 철학적인 말이다. 인과는 과학적인 말이다. 이렇게 꼭 구별해서 쓰는 것은 아니지만 우리 현대인의 눈으로 볼 때 그렇다는 말이다. 과학적이고 철학적이고 종교적인 것인데 오늘 말하는 연각은 철학적인 세계다. 눈이 뜨는 것을 말한다. "너 자신을 알라" 하는데 그저 아는 것이 아니라 나 자신을 보아야 된다. 이데아Idea란 안다는 말도 되지만 본다는 것이 핵심이다. 이데아치온ideation이라는 직관直觀이다. 순수직관. 보아야 된다.

"연기법자緣起法者", 연기라는 것인데 인과, 십이지인연, 또는 법계를 말하는 것이다. "연기법자緣起法者 비아소작非我所作", 연기라는 것은 나 석가가 만들어 낸 것이 아니다. 자연의 인과법칙을 무슨 석가가 만들었겠는가. 십이지인연을 무슨 석가가 만들었겠는가. 법계를 어떻게 석가가 만들었겠는가. "역비여인작亦非餘人作", 또한 다른 사람들이 만들어 낸 것도 아니다. 연기라는 것은 사람이 만들어낸 것이 아니라는 것이다.

연然 피여래彼如來 출세급미출세出世及未出世 법계상주法界常主.

그리고 여래는 세상에 나타났을 때나 아직 안 나타났을 때나 법계에 상주한다.

여래如來는 본각本覺과 시각始覺이 합해진 사람이다. 물은 본래가 깨끗하다 하는 것이 본각이다. 시각이란 더러워졌던 물이 다시 깨끗해지는 것이다. 그러니까 여래란 이 세상에 와서 다시 수도修道를 해 가지고 깨끗하게 된 사람이다. 여래가 세상에 나타났다는 말은 선생이 되었다는 것이다. 여래의 핵심은 무엇인가. 법계다. 법계를 철학적으로 말하면 이상국가라는 것이다. 이상국가가 되려면 어떻게 해야 하는

가. 불佛이라는 철인이 나와야 된다. 철인이 나와야 이상국가가 된다. 철인이 왕이 되거나 왕이 철학을 배워야 된다. 왕에게 철학을 배워줘서 왕으로 하여금 철인이 되게 해야 한다. 철인이 되면 이상국가가 된다.

철인이란 무엇인가. 하나님을 만난 사람이 철인이다. 소크라테스 Socrates(469-399 B.C.)에 의하면 절대자에 부딪힌 사람이 철인이라는 것이다. 오늘 나온 말로 하면 연각이다. 하나님의 품속에 들어가서 계란이 병아리가 되어 나와야 철인이다. 그러니까 철인이란 한없는 고통을 겪고 나서 철인이 되지 그저 되는 것이 아니다. 고통을 겪는다는 것이 무슨 말인가. 그 나라에서 가장 어려운 일을 하는 사람들, 탄광 속에 들어가 일을 한다거나 바다에 나가 고기잡이를 한다거나 그렇게 제일 어려운 일을 하는 사람들에게 가서 15년을 지내야 그 사람을 왕으로 세우지 그렇지 않으면 왕으로 안 세운다는 것이다. 이것이 소크라테스의 생각이다. 젊어서의 고생은 금주고도 못산다고 한다. 고생을 해야 철이 들기 때문이다. 고생을 해봐야 가난한 사람이 어떻게 사는지 알고, 어려운 사람이 어떻게 사는지, 그것을 알아야 철이 든 것이다. 눈이 떴다는 것은 철이 들었다는 말이다. 철이 드니까 철인이다. 철이 들었다는 것은 시간을 안다는 말이다. 철이 곧 시간이다. 봄철, 여름철, 가을철, 겨울철이 시간이다.

여래는 법계에 상주한다. 여래가 있는 곳이 법계다.

피여래彼如來 자각차법自覺此法 성등정각成等正覺.

그 여래가 깨닫는다. 무엇을 깨닫는가. 연기법을 깨닫는 것이다. 그래서 등정각等正覺을 이룬다.

위제중생爲諸衆生 분별연설分別演說 개발현시開發現示.

그래서 중생들을 위해 십이지인연이라는 분별연설을 한다. 그래서 지금까지 아무도 모르던 세계를 개발해서 숨어있던 것을 찾아내 나타내 보인다.
  십이지인연이라는 것이 불교의 아주 독특한 것이다. 다음 내용이 중요한 것들이다.

소위所謂 차유고피유此有故彼有

  이것이 있으니까 저것이 있다.
  연기의 핵심이 이것이다. 시간이 있으니까 공간이 있다. 이것을 요새 철학으로 말하면 사차원이다. 시간과 공간이 곱해졌다는 것이다. 우리는 그저 시간을 생각할 때 시간만 있고, 공간을 생각할 땐 공간만 있고 시간은 없다. '시간 즉 공간'이라는 이것을 생각하지 못한다. '색즉공色卽空'이라는 이것을 생각하지 못한다. '생즉사生卽死'라는 생각을 못한다. 생은 시간이요 사는 공간이다. 그래서 생즉사인데 이것을 "차유고피유此有故彼有"라 했다. 어떻게 표현해도 마찬가지인데 나는 쉽게 말해서 사차원이라 한다. 무극無極(0), 태극太極(·), 양의兩儀(∞), 또는 공(0), 하나(1), 둘(2)이다. "차유고피유", 눈이 있으면 코가 있다. 이렇게 말할 때 그것을 철학에서는 유기체有機體라 한다.
  화이트헤드Alfred N. Whitehead(1861-1947)의 철학이다. 하이데거Martin Heidegger처럼 시간성時間性으로 말하면 실존철학이 되고 화이트헤드식으로 말하면 유기체 철학이 된다.

차기고피기此起故彼起

  이것이 일어나기 때문에 저것이 일어난다.
  "차유고피유此有故彼有", 이것이 '연緣'이고 "차기고피기此起故彼起", 이것은 '기起'라는 것이다. 이것이 연기의 핵심이다.

위연무명謂緣無明 행내지노생사行乃至老生死 순대고취집純大苦聚集

무명無明에 연緣해서, 즉 무명이 있기 때문에 행行에서부터 노사老死에 이르는 한없는 고통이 나온다. 어머니의 진통으로부터 시작해서 늙고 병들고 죽기까지의 한없는 고통이다. '취聚'는 모일 취다. 취로만 끝나는 것이 아니라 '집集'이다. 고집멸도苦集滅道라는 것인데 여기서 고집苦集까지 나온 것이다. 한없는 고통이 나오는데 어디서 나오는가 하면 무명에서 나온다. 이것이 불교의 핵심이다. 불교에서는 무명이라 하는데 기독교에서는 죄라고 한다. 죄 때문에 모든 고통이 나온다. 기독교는 뭐랄까, 말하자면 의지적인 종교니까 죄라는 말을 쓰지만 불교는 철학적인 종교니까 무지無知라는 말을 쓴다. 무명이나 무지나 같은 것이다. 그러니까 무지에서부터 모든 고통이 나온다는 것이다. 문화국보다 문화가 없는 나라에 고통이 더 많다.

무명멸無明滅 고행멸내지苦行滅乃至 순대고취멸純大苦聚滅.

무명이 멸하면, 무명이 없어지면, 눈을 뜨면, 일체의 고통이 없어진다.

이시爾時 보살菩薩 역 순역순逆順 십이인연十二因緣

'순順'이란 무명에서 모든 고통이 나온다는 것이요 '역逆'이란 무명이 없어지면 모든 고통이 사라진다는 것이다.

여실지如實知 여실견이如實見已

진짜로 알아야 된다. 그저 안다 하는 것이 아니다. 내 고통이 무엇인지 "여실지如實知", 진짜로 알아야 한다. 그런데 진짜로 아는 정도 가지고도 안 된다. "여실견如實見"이다. 그것을 꿰뚫어 보아야 된다. 체득體得이라 하기도 하고 관관觀이라 하기도 각覺이라 하기도 했다. 그것이 무엇인가 하면 꿰뚫어보는 것이다. 그저 아는 것이 아니다. 진짜로 알고 또 꿰뚫어 알아야 된다. 우리는 그저 대충대충 알기가 쉬운데 아는 것이 진짜로 알아야 되고 또 꿰뚫어봐야 된다. "여실지 여실견"이다.

즉어좌상성卽於座上成 아누다라삼막삼보리阿耨多羅三藐三菩提

앉은 자리에서, 즉 순간에, 최고의 지혜를 깨닫게 된다.
"아누다라삼막삼보리"는 무상정편지無上正遍知라 했다. 최고의 똑바르고 보편적인 지혜, 쉽게 말해서 진리라는 말이다. 진리를 깨닫게 된다는 것이다. 무명이란 무엇인가.

부지진체不知眞諦 명지무명名之無明.

무명無明이란 무엇인가. 진리를 깨닫지 못한 그것을 무명이라 한다.
지금까지 십이지인연의 순順과 역逆 두 가지를 했다. '순順'이란 무명에서 모든 고통이 나온다는 것이고 '역逆'이란 무명이 멸하면 다 없어진다는 것이다. 그러니까 무명을 달리 말하자면 눈을 감았다는 것이다. 눈을 감으면 여기가 지옥이라는 것이다. 눈을 감으면 책상에도 걸리고 기둥에도 걸리고 벽에도 걸리고 다 걸려서 쓰러지고 만다. 그런데 "무명멸無明滅", 눈을 뜨면, 여기가 천국이다. 눈을 감으면 여기가 지옥이고 눈을 뜨면 여기가 천국이다. 그러니까 눈을 감았느냐, 눈을 떴느냐, 이것이 연각緣覺의 핵심이다. 이것이 가장 중요하다. 연각이란 눈을 뜨는 것이다. 목철위명目徹爲明이다. 눈을 뜨면 여기가 천국이다. 아누다라삼막삼보리라 해 보았자 그것은 여기가 천국이라는 소리다.

38.4.1 발심주發心住

"초발심시편성정각初發心時便成正覺"이다. 발심한 순간 벌써 부처가 된다. 십신十信에서는 신만성불信滿成佛이라 했다. 신만성불, 믿음이 있으면 벌써 부처다. "초발심시初發心時", 무엇인가 하려고 시작하는 것이다. 유교에서는 입지立志라 한다. 내가 무엇이 되어야겠다고 하는 순간, 벌써 부처다. "초발심즉初發心卽 편성정각便成正覺"이다. 발심發心이 가장 중요하다. 내 문제가 무엇인지 알고, 내가 이것을 꼭 풀어야겠다는 그런 결의가 있어야 된다. 내 문제가 무엇인지 알기만 해도 안 되고 꼭 풀어야겠다는 결의가 있어야 한다.

(1) 불자佛子 보살마하살菩薩摩訶薩 발십종보현심發十種普賢心
발대자심發大慈心 구호일체중생救護一切衆生

보현의 마음이 무엇인가. 큰 자비의 마음을 일으켜서 모든 중생을 구호하겠다는 이것이 보현의 마음이다. 이것이 발심이다. 의사가 되어 모든 병자를 살려주겠다. 그래서 나는 꼭 의사가 되어야겠다. 이것이 발심주發心住라는 것이다.

(2) 유십종보현행법有十種普賢行法
원입일체願入一切 파라밀보현행법波羅蜜普賢行法

보현행법은 무엇인가. 행에 대해서는 다음에 다시 또 나온다. 십행十行의 내용은 파라밀이다. 십행에 가서 말하기로 한다.

(3) 이십종관중생以十種觀衆生
몰생사해沒生死海 기대비起大悲

중생들, 보통 사람들을 어떻게 보는가. 모든 고통 속에 빠져 있는 중생들을 구원해 주겠다는 마음을 일으킨다.

(4) 유십종발보리심인연有十種發菩提心因緣
제멸일체중생고취除滅一切衆生苦聚

선지식을 왜 만나야 되는가. 일체 중생의 고취를 없이해 주기 때문에 선지식을 만나야 된다.

이상 네 가지가 발심주에 속하는 것이다.

2002. 9. 8.

이세간품 강해(3)

38.4.2 치지주治持住

발심주發心住는 내가 꼭 진리를 깨닫고야 말겠다는 것이고, 치지주治持住는 자기의 마음을 자기가 다스리겠다는 것이다.

(1) 발무상보리심發無上菩提心 위오입일체지지고爲悟入一切智智故 친근공양선지식시親近供養善知識時 응기십종심應起十種心
　일향심一向心

보리심을 발해야 되는데 왜 그런가 하면 진리를 깨닫기 위해서다. 그렇게 하기 위해서는 선생님을 가까이 해야 되는데 선생님을 가까이 하기 위해서 어떤 마음을 가져야 되는가? "기십종심起十種心", 열 가지 마음을 가져야 된다. 열 가지 마음 가운데 하나가 일향심一向心이다. 일향심이란 한결같은 마음이다. 언제나 한결같은 마음으로 진리를 찾아가는 것이다. 소위 향상일로向上一路, 한결같은 마음으로 진리를 찾아 올라가는 것이다. 그것이 일향심이다.

(2) 기여시심起如是心 즉득십종청정則得十種清淨
　지혜청정智慧清淨 사리일체우치암捨離一切愚痴闇

이런 마음을 일으키면 열 가지의 청정을 얻게 된다. 그 열 가지의 청정 가운데 하나가 지혜청정이다. 깨끗한 지혜다. 그래서 어리석고 난잡하고 어두운 마음을 전부 버리고 떠난다. 이것이 청정이다. 이런 청정이 열 가지가 있는데 그 가운데 한 가지만 쓴 것이다.

38.4.3 수행주修行住
(1) 유십종파라밀有十種波羅蜜

시파라밀施波羅蜜 실사일체제소유悉捨一切諸所有

파라밀이 열 가지인데 그 가운데 하나가 보시파라밀이다. 보시파라밀은 어떻게 해야 하는가. 자기가 가진 모든 것을 내놓고 보시한다. 행의 핵심이 파라밀이니까 이것은 다시 십행에서 나온다.

(2) 유십종지수각有十種智隨覺
삼세제불三世諸佛 개동일행이득출리皆同一行而得出離

열 가지 지수각智隨覺이 무엇인가. 지수각이란 부처를 좇아가는 것을 안다는 것이다. 그러니까 삼세제불의 부처님과 같이 가서 죄악 세상을 벗어나게 하는 것이다.

38.4.4 생귀주生貴住

생귀주란 부처님의 집안에 태어난다는 것인데 말하자면 진리를 깨닫게 되었다는 것이다.

(1) 유십종증지有十種證知
지일체법재일념知一切法在一念

증지證知란 부처가 되었을 때 자기가 부처라는 것을 증거하는 것이다. "지일체법知一切法", 모든 진리를 아는데 어떻게 아는가 하면 "재일념在一念"이다. 한 순간에 아는 것이다. 한 순간에 안다는 말은 깨달아서 안다는 소리다. 진리는 순간에 깨닫는 것이지 오래 끄는 것이 아니라는 말이다. 찰나 속에 영원이 있다는 말이나 같은 말이다. 영원이 어디 있는가 하면 찰나 속에 있지 긴 시간 속에 있는 것이 아니다.

38.4.5 구족방편주具足方便住

"구족방편주具足方便住", 방편이 있어야 된다. 무엇을 하든지 힘이 있어야 된다. 무엇이나 실력이 있어야 되지 실력이 없으면 안 된다.

(1) 유십종력有十種力
어일체선지식於一切善知識 항불사리존중심력恒不捨離尊重心力

힘 가운데는 열 가지 힘이 있다. 그 가운데 하나가 무엇인가. 선생님에 대해서 언제나 존중하는 마음을 떠나지 않고 섬기는 마음의 힘, 정신적인 힘이다. 그것이 중요하다. 우리로 말하면 예수님에 대해서 언제나 존중하는 마음을 떠나지 않고 섬기는 그런 마음의 힘을 가져야 된다는 것이다.

38.4.6 정심주淨心住

(1) 유십종평등有十種平等
어일체중생평등於一切衆生平等

평등이라는 것을 알아야 된다. 부처님이 평등하다든가 하는 열 가지 평등이 있는데 그 가운데 하나가 모든 중생이 평등하다는 것이다. 그러니까 선생님이 되었으면 모든 학생이 다 똑 같다는 것을 알아야지 어떤 학생이 더 좋다 그렇게 생각하면 안 된다. 학생들을 편애하는 그런 선생님이 되면 안 된다. 하나님은 모든 사람을 다 같이 사랑하신다는 것이 중생평등이다.

(2) 유십종불법실의구有十種佛法實義句
일체법一切法 단연기但緣起

불법의 핵심이 무엇인가. 법의 핵심은 연기다. 지난번에 연기를 세 가지로 말했다. 자연과학의 법칙인 인과연기, 그리고 철학의 법칙인 십이지인연인데 십이지인연이란 눈을 떠야 된다는 것이다. 눈을 뜨면 천국이고 눈을 감으면 지옥이다. 그래서 철학의 핵심은 관觀, 눈을 뜨는 것이다. 그리고 종교의 핵심은 법계연기, 하늘나라라고 했다. 이렇게 연기라는 말에도 과학적인 연기, 철학적인 연기, 종교적인 연기가 있다. 그런데 여기는 지금 십주十住니까 철학적인 연기, 즉 십이연기다.

38.4.7 불퇴주不退住

(1) 설십종법說十種法
설일체보살說一切菩薩 학일체불평등學一切佛平等 일체여래 一切如來 경계상응법境界相應法

무엇을 설하는가. 보살들이 부처님을 배우고, 또한 부처님이 모든 세상을 상대하는 그 방법도 배우는 그런 것을 설한다.

(2) 유십종지有十種持
지일체여래소설법持一切如來所說法

무엇을 지키는가. 모든 여래가 설법한 것을 보관한다. 『화엄경』이니 하는 모든 경이 다 그것이다. 여래가 설법한 것이다.

38.4.8 동진주童眞住

(1) 유십종변재有十種辯才
어일체법於一切法 무의암변재無疑闇辯才

변재辯才란 쉽게 말하는 것이다. 모든 법에 있어서 의심나지 않게 모를 것이 없게 쉽게 잘 말하는 것이 "무의암변재無疑闇辯才"다. 그렇게 되려면 자기가 확실히 알아야지 확실히 알지 못 하면 그렇게 될 수 없다. 언제나 깊이 생각해서 쉽게 말해야 된다.

(2) 유십종자재有十種自在
교화조복일체중생자재教化調伏一切衆生自在

열 가지의 자재가 있는데 그 가운데 하나가 "교화조복일체중생자재教化調伏一切衆生自在"다. 모든 사람들이 잘 알 수 있게 가르치는데 아주 쉽게 가르칠 수 있다는 것이다. 모든 중생들을 가르치고 감화시켜서 그 사람들로 하여금 마음으로 심복하게 만드는 데 자유자재의 힘을 가졌다는 것이다.

38.4.9 법왕자주法王子住

(1) 유십종무착有十種無着
어일체중생於一切衆生 무착無着

무착無着, 집착이 없다는 것이다. 모든 중생에 대해서 특별한 애착을 가지면 안 된다. 다 평등이다. 다 꼭 같이 대해야지 특별히 어떤 사람에게만 애착을 가지면 안 된다.

(2) 유십종평등심有十種平等心
어일체여래지혜於一切如來智慧

모든 여래의 지혜는 다 꼭 같다. 쉽게 말하자면 공자님의 지혜나 예수님의 지혜나 소크라테스의 지혜나 지혜는 다 같다는 것이다.

38.4.10 관정주灌頂住

(1) 유십종출생지혜有十種出生智慧
지삼세일체중생知三世一切衆生 불종부단출생지혜佛種不斷出生智慧

일체 중생의 불종佛種이 끊어지지 않고 이 세상에 나오는 것을 아는 지혜다. 쉽게 말하면 착한 사람은 이 세상에 언제나 있지 착한 사람이 없어지는 법은 없다는 것이다. 불종佛種은 부단不斷이다. 착한 사람은 없어지지 않고 계속 있다. 그것을 아는 지혜가 있어야 된다. 우리가 세상이 악하다 하지만 세상에 착한 사람들이 대부분이다. 사실이 그렇다. 어제밤에 도적질 한 사람이 몇이나 되겠는가. 서울의 천만 명 가운데 한두 사람이다. 그러니까 악한 사람이란 별로 많은 것이 아니다. "불종부단"이다. 착한 사람은 언제나 있다.

(2) 유십종변화有十種變化
일체성정각一切成正覺

부처님이란 말에도 원불願佛이니 업불業佛이니 많이 있다. 열 가지가 있는데 그 가운데 가장 많이 쓰는 말이 정각正覺이다. 진리를 깨달았다는 말을 가장 많이 쓴다.

38.5 십행十行

십주는 도리천忉利天이었는데 십행은 야마천궁夜摩天宮이다. 야마는 시간이라는 말이다. 행에서 제일 중요한 것이 시간이라는 것이다. 야마천궁에서의 일인데 여기에서 강의한 것이 자재自在, 설게說偈, 십행十行, 십장十藏 등 여러 장이 있다. 이 네 개의 장 가운데 가장 중요한 것이 십행이다. 십행은 코가 뚫리는 것, 장자의 말로 비철위전鼻徹爲顚이다.

어학으로 말하면 십신은 귀가 뚫리는 것이고 십주는 눈이 뚫려 읽을 수 있는 것이고 십행은 코가 뚫리는 것인데 작문을 할 수 있다는 것이다. 다음에 십지가 되면 말하는 세계가 된다.

행의 세계는 올라가는 것이다. 행의 세계에서는 파라밀이라는 것이 가장 중요하다. 열 개의 파라밀이 십행이다. 그래서 결론은 맨 꼭대기에 올라가서 서는 것이다. 맨 꼭대기가 심心이라는 것이다. 중심이다. 산꼭대기에 서면 거기는 동도 아니요 서도 아니고 남도 북도 아니다. 생사生死, 유무有無, 일체 상대의 세계를 초월한 도道라는 세계다. "일도출생사一道出生死"다. 모든 상대가 끝난 절대의 세계가 도라는 것이다. 기독교로 말하면 하나님이 계신 곳이다. 불교에서는 하나님이라 하지 않고 심心이라 한다.

광명무한량光明無限量 세간무능수世間無能數 유한상부지有限尚不知 하황맹명자何況盲冥者

빛은 한없이 많다. 세간에는 힘이 한없이 많다. 빛과 힘이다. 그런데 세상에는 눈이 있는 사람도 이것을 알기가 어렵다. 하물며 눈 없는 사람이야 어떻게 알겠는가.

여래역여시如來亦如是 공덕광무량功德光無量 무량무수겁無量無數劫 막능분별지莫能分別智.

여래 또한 이와 같이 빛과 힘이 무량하고 오랜 세월 노력을 해서 분별 못하는 지가 없게 되었다.

그러니까 여래도 맨 처음부터 눈을 뜬 것이 아니라 한없는 노력 끝에 산꼭대기에 올라간 것이다. 여래도 성문을 거치고 연각을 거치고 보살을 거쳐서 불타가 된 것이다. 『법화경』에서 보신불報身佛은 4억 8천 년 동안 노력해서 부처가 되었지 하루 이틀에 된 것이 아니라 했다. 행이란 올라가는 것인데 올라가는 기간이 상당히 길다는 것이다. 사람으로 말하면 일생 올라가야 된다. 일생 올라가서 맨 마지막에 하늘나라에 올라가 하나님을 만나는 것이다. 하나님을 만나기까지 계속 올라가야 된다. 요한 웨슬레John Wesley도 죽는 순간까지 계속 올라간 사람이었다. 맨 꼭대기에 올라가야 진짜 자유자재의 세계가 된다. 그러니까 계속 노력해서 부처가 되는 것이지 쉽게 부처가 되는 것은 아니다.

보살작여시념菩薩作如是念 중생장야衆生長夜 유전생사流轉生死

보살은 이런 생각을 했다. 모든 사람들은 오랜 동안 눈을 뜨지 못하고 고통의 세계를 유전流轉하고 있다.
'장야長夜'는 긴 밤이다. 눈을 떠야 낮이다. '장야', 긴 밤이다. '유전流轉'이다. 이 사람들의 말로 하면 윤회輪廻다. 몇 번이고 윤회하면서 죽었다 태어나고 죽었다 태어난다는 것이다. 이런 것을 벗어나자는 것이 부처다.

동몽범부童蒙凡夫 부지수도不知修道

세상의 어린 사람과 범부들은 어떻게 도를 닦아야 될지 도 닦는 법을 알지 못한다.
행이란 도를 닦는 것이다. 길을 가야 된다. 기독교에서도 제일 어려운 것이 어떻게 해야 천국에 가는지 그 길을 가르치기가 참 어렵다.

아당주야我當晝夜 정근학문精勤學問

나도 마땅히 밤낮으로 노력을 하고 학문을 해서

수지일체受持一切 제불법장諸佛法藏

비로소 그 방법을 알게 되었다. 부처님이 가지고 있는 모든 법을 가지게 되었다.

구경성취究竟成就 무상보리심無上菩提心

그 법을 안 후에야 결국 구경에 가서 성취했다. 무엇을 성취했는가. "무상보리심無上菩提心", 최고의 진리를 성취하게 되었다. 부처가 되었다는 말이다.

광위중생廣爲衆生 설진실법說眞實法

이제부터 넓게 중생을 위해서 진짜 방법을 말해주고 싶다.
이것이 보살의 마음이다. 보현보살의 마음이다.

보령일체普令一切 성취무상도成就無上道.

모든 사람들로 하여금 무상도를 성취하게끔 노력하겠다.

결국 법을 알아야 된다는 것이다. 파라밀이다. 보통 육파라밀六波羅蜜이라 하는데 거기에 방편方便·원願·력力·지智, 네 가지를 더해서 열 가지로 해 십종파라밀十種波羅蜜이라 했다. 십종파라밀을 해서 결국 꼭대기에 올라가자는 것이다. 그 꼭대기가 어디인가 하면 하늘나라다. 하늘나라에는 하나님이 계시는 곳이다. 그런데 불교에서는 하나님이라는 말이 없으니까 심心이라 한다. 그래서 우리 가슴 속에 있는 심인가, 위에 밖에 있는 심인가 자꾸 문제가 된다.

다음은 유명한 "유심게唯心偈"라는 것이다.

"심여공화사心如工畵師 화종종오음畵種種五陰

일체세계중一切世界中 무법이부조無法而不造
여심불역연如心佛亦然 여불중생연如佛衆生然
심불급중생心佛及衆生 시삼무차별是三無差別
제불실료지諸佛悉了知 일체종심전一切從心轉
약능여시해若能如是解 피인견진불彼人見眞佛."

"심여공화사心如工畵師 화종종오음畵種種五陰"

마음은 재간 좋은 화백과 같다. 가지가지의 오음五陰을 그려낸다. '공화工畵'란 아주 공교롭게 그림을 그리는 화백이다. 심心이란 그림을 잘 그리는 화백과 같아 오색의 여러 그림들을 그려 놓는다.

"일체세계중一切世界中 무법이부조無法而不造"

모든 세계 가운데서 어떤 법이든지 이렇게 만들어지지 않은 것이 없다. 창조하지 않은 만물이 없다. 법이란 여기서 만물이다. 기독교에서는 우주 만물을 하나님이 창조했다고 하는데 불교에서는 심心이 창조했다고 한다. 이 세상 만물치고 창조되지 않은 것은 하나도 없다. 하나님이 만물을 창조했다는 말은 쉽게 말해서 하나님은 창조적 지성이라는 것이다.

"여심불역연如心佛亦然"

마음과 같이 불도 또 그러하다. 하나님만 창조적 지성이 아니라 부처님도 또한 창조적 지성이다. 기독교로 말하면 하나님만 우주를 창조한 것이 아니라 예수님도 우주를 창조했다. 「요한복음」에 말씀이 태초부터 하나님과 함께 계셨다고 한다. 그리고 하나님이 말씀과 같이 모든 만물을 창조했다고 한다. 그러니까 우리에게는 예수 그리스도인데 불교에서는 부처라 한다. 그러니까 "여심如心"이란 '하나님과 같이'라 말이고 불佛은 말씀, 로고스Logos라는 것이다. 플라톤Plato(427-347 B.C.)에게 창조주는 데미우르고스Demiurgos다. 데미우르고스가 이데아Idea를 보고서 우주를 창조했다고 한다. 이데아, 로고스, 불佛, 그런 것들이 언제나 들어간다. "여심如心", 하나님과 같이 "불역연佛亦然", 부처님도 창조적 지성이다. 하나님만 창조적 지성이 아니고 부처님도 창조적 지성이다.

"여불중생연如佛衆生然"

불佛과 같이 중생도 또 그러하다. 부처님과 같이 중생도 또한 창조적 지성이다. 사람들, 우리들도 모두 창조적 지성이다. 예술도 창조하고 문학도 창조하고 모두 창조하고 있다.

"심불급중생心佛及衆生 시삼무차별是三無差別"

마음과 불과 중생 이 셋에는 차별이 없다. 하나님과 그리스도와 우리 모든 사람들이 다 같이 창조적 지성이라는 데는 아무 차별이 없다.

"제불실료지諸佛悉了知 일체종심전一切從心轉"

제불諸佛이 다 요지了知하신 것이 무엇인가. 일체가 마음 따라 움직이는 것이다. 부처님이 알고 있는 것은 무엇인가. "일체종심전一切從心轉"이다. 이 세상에서 제일 귀한 것이 "종심전從心轉"이다. "종심전", 하나님을 좇아서, 하나님을 믿고 새 사람으로 변화되는 것이다. 누구든지 그리스도 안에 있으면 새로운 피조물이다. 그래서 "종심전", 이 세 글자가 중요하다. 『주역』으로 말하면 궁신지화窮神知化다. 하나님을 깊이 파고 들어가서 나 자신이 변화할 줄을 알아야 된다. 예수를 믿는다는 것이 무엇인가 하면 나 자신이 변화를 하는 것이다. 변화하지 않으면 십 년을 믿는다 해도 헛일이다. 변해야 된다. 내가 악한 사

람이었다 하면 선한 사람으로 변해야 된다. "종심전", 종심을 해서 변
화해야, 바뀌어야 된다. 그렇게 바꾼 것이 부처라는 말이다. 바뀌면 부
처요 바뀌지 않으면 중생이다.

"약능여시해若能如是解 피인견진불彼人見眞佛."

만약 이와 같이 깨닫는다면 그 사람은 진불眞佛을 보게 된다. "종심
전從心轉", 바뀌는 이것을 확실히 알게 되면 그는 진불, 진짜 부처를
볼 수 있다. 그런 사람이 부처가 될 수 있다는 말이다. 그러니까 부처
가 되는 방법이 무엇인가 하면 "종심전"이다. 공자는 70에 "종심소욕
불유구從心所欲不踰矩"라 했다. 공자는 70에 부처가 된 것이다. 부처
가 되었다는 말은 깨달았다는 말이요 깨달았다는 말은 "진리가 너희를
자유롭게 하리라", 즉 자유를 얻었다는 말이다. 공자도 70이 되어서야
자유를 얻은 것이다.

계란이라면 어미닭 품속에 들어가서 데굴데굴 굴다가 21일이 지나
깨 나와야 그것이 진불이다. 어머니 품속에 들어가 데굴데굴 굴지 않
으면 병아리가 될 수 없다.
그래서 이 "유심게唯心偈"라는 것이 불교에서 굉장히 중요한 핵심이
다. 『주역』에서의 핵심은 궁신지화窮神知化다. 소크라테스의 핵심도
그것이다. 절대자와 부딪혀서 철인이 되는 것이다. 그 철인이 나와야
이상세계지 철인이 나오지 않으면 이상세계가 아니다. 그래서 궁신지
화가 가장 중요하다. 하나님 품속에 들어가서 그 속에서 깨어나야 그
것이 하나님의 아들이다. 그런 것이 없으면 하나님의 아들이 될 수 없
다. 기독교에서는 그것을 거듭난다고 한다. 거듭나야 되지 그렇지 않
으면 안 된다.
오늘 제일 중요한 것은 올라가는 파라밀과 올라가서 맨 꼭대기에서
계란이 병아리로 변화되는 것이다. 진불을 볼 수 있게 된다. 계속 올라
가서 맨 꼭대기에 올라 깨나야 병아리가 된다. 계란은 올라가는데 21

일 걸리는데 사람으로 말하면 일생이 걸린다. 모세도 80이 되어서야 하나님을 만나게 된다. 하나님을 만나는 그 순간까지 가는 것, 그것을 십행이라 한다. 올라가려면 숨이 차니까 코가 뚫려야 올라가지 그렇지 않으면 올라갈 수가 없다. 그러니까 열심히 숨을 쉬어야 된다. 숨이 부족하면 산소마스크라도 하고 올라가야 된다. 그래야 에베레스트까지 올라갈 수 있다. 에베레스트 꼭대기, 거기가 하나님이 내려오는 곳이다. 꼭대기 거기가 하나님을 만나는 장소다. 거기에 서면 그가 진불이다.

그러니까 궁신지화도 좋고 종심전도 좋다. 어떻게 말하든지 그런 것을 체험하는 그것이 제일 중요하다.

이상이 십행十行의 내용이다. 십행이란 코가 뚫리는 것이다. 그래서 파라밀이 제일 중요하다. 그래서 결론은 "유심게"다. 하나님에게까지 도달해서 부처가 되는 것이다. "종심전從心轉", 그래서 "피인견진불彼人見眞佛"이다.

38.5.1 환희행歡喜行

불자佛子 보살마하살菩薩摩訶薩 유십종력지有十種力持 유십종대흔위有十種大欣慰 유십종심입불법有十種深入佛法.

불자여, 보살마하살은 열 가지 힘과 열 가지 기쁨과 열 가지 길을 가지고 있다.

(1) 유십종력지有十種力持
불력지佛力持

환희행에서 처음 1번이 열 가지 힘을 가져야 된다는 것이다. 어떤 힘인가. 부처님의 힘이다. 부처님의 힘을 받아야 된다. 달리 말하면 선생님의 도움을 받아야 된다는 것이다. 내 힘으로 깨나기는 어렵다. 그러니까 선생님의 도움을 받아야 된다.

환희는 어디에서 나오는가. 보시파라밀이다. 우리가 남을 도와줄 수 있을 때 그때가 가장 즐겁다. 어머니는 어린애가 젖빠는 것을 볼 때 가장 기쁘다. 그래서 이것을 환희행이라 한다.

(2) 유십종대흔위有十種大欣慰
아당어불가설불가설겁我當於不可說不可說劫 행보살행行菩薩行 상여일체제불보살常與一切諸佛菩薩 이득공구而得共俱 여시사유如是思惟 심대흔위心大欣慰

'흔欣' 이란 기쁘다는 뜻이다. 기쁘고 위로를 받는다. "불가설겁不可說劫"이란 말할 수 없이 한없는 오랜 세월이다. 내가 한없는 오랜 세월 동안 진리를 깨닫겠다고 열심히 노력하는 그런 보살행을 실천했다. 그래서 언제나 일체의 선생님들과 학생들이 같이 지내게 된다. 우리가 일요일마다 교회에 오는데 이렇게 언제나 같이 지내게 된다. 일요일이면 이렇게 갈 데가 있다. 이런 생각을 하면 마음이 한없이 기쁘고 위로를 받는다. 그러니까 이렇게 갈 데가 있다는 것이 여간 좋은 게 아니다. 갈 데가 없는 사람은 어떻게 하는가. 우리는 죽어서도 하늘나라에 간다고 하니까 마음놓고 죽지 갈 데가 없다면 어떻게 죽겠는가. 우리는 갈 데가 있어야 된다. 그런데 6.25 때 보니까 갈 데 없는 갈대다. 제주도에까지 가니까 더 이상 갈 데가 없었다. 하여튼 사람이란 갈 데가 있어야지 갈 데가 없으면 안 된다. 나는 요새 산에 가는 것이 최고의 기쁨이다. 나이가 많아지면 눈이 뻑뻑해지는데 산에 가서 푸른 나무를 보고 있으면 눈이 깨끗해진다. 나무의 푸른 색은 정말 평화의 빛이다. 내 눈이 평화를 회복하는 것이다. 초록이 그렇게 좋은 줄 몰랐다. 산에 가서 초록색을 보고 나면 눈이 뻑뻑한 것, 텁텁한 것들이 다 없어지고 만다.

⑶ 유십종심입불법有十種深入佛法
입일체보살종종행入一切菩薩種種行

보살이 찾아가는 여러 가지 길을 같이 간다.

38.5.2 요익행饒益行

⑴ 유십종의지有十種依止
의지심입일체依止深入一切 파라밀波羅蜜 행보살행行菩薩行

2번 행은 요익행饒益行이라 했다. "의지심입일체依止深入一切 파라밀波羅蜜 행보살행行菩薩行." '의지依止'라는 것은 의지한다는 것이다. 파라밀에 깊이 들어가서 의지한다.

38.5.3 무위역행無違逆行

⑴ 유십종발무외심有十種發無畏心
발무외심發無畏心 항복일체마降伏一切魔

3번 행은 무위역행無違逆行이다. 틀리지도 않고 역행하지도 않는다는 것이다. 두려움이 없다는 것이다. 일체의 마魔를 항복시킨 것이다.

38.5.4 무굴요행無屈撓行

⑴ 발십종무의심發十種無疑心
어일체불법於一切佛法 십무의혹심無疑惑

진리에 대해 의심하지 말라는 것이다.

(2) 유십종불가사의有十種不可思議
수보살도修菩薩道 이시현강신而示現降神 입태탄생入胎誕生 출가고행出家苦行 왕예도장往詣道場 항복중마降伏衆魔 성최정각成最正覺 전정법륜轉正法輪 입반열반入般涅槃 신변자재神變自在 무유휴식無有休息 불사비원不捨悲願 구호중생求護衆生 불가사의不可思議

수보살도修菩薩道 이시현강신而示現降神 입태탄생入胎誕生

세상에는 이상한 것이 많다는 말이다. 보살도를 닦는데 아주 신비한 일이 일어난다. 기독교로 말하면 성신이 강림한 것이다. 성신이 강림해서 "입태탄생入胎誕生", 마리아에게 예수님이 탄생하셨다는 것이다. 불교에서도 비슷한 이야기를 하는 것이다. 석가는 옆구리에서 태어났다고 한다. 마음에서 나온 것이 석가지 배에서 나온 것이 석가가 아니라는 말이다. 석가는 마음에서 태어난 사람이니까 그저 태어날 수 없고 성신이 강림해서 태어난 것이다. "강신降神 입태탄생入胎誕生", 성령이 내려와 잉태하여 태어났다. 마야부인이 잉태하여 어린애를 가지게 되었다. 그런데 세상에 나와서는 무엇을 했는가.

출가고행出家苦行 왕예도장往詣道場 항복중마降伏衆魔 성최정각成最正覺 전정법륜轉正法輪 입반열반入般涅槃 신변자재神變自在 무유휴식無有休息 불사비원不捨悲願 구호중생求護衆生 불가사의不可思議

쉽게 말하면 석가의 일생이라는 것이 불가사의不可思議하다는 말이다. 석가의 일생이 태어나서 죽기까지 모두 신비한 것뿐이지 신비하지 않은 것이 없다는 것이다.
"출가고행出家苦行", 세상에 나와서는 출가 고행이다. 예수님으로 말하면 삼십에 출가, 40일 고행이다. "왕예도장往詣道場 항복중마降伏衆魔", 한적한 곳에 가서 마귀를 이겼다. 예수님은 광야로 가서 마귀를 이겼다. "성최정각成最正覺 전정법륜轉正法輪", 진리를 깨닫고 복음을 전하게 되었다. "입반열반入般涅槃 신변자재神變自在", 반열반에 들어가서 신변자재다. 기독교에서는 십자가와 부활이라 하는데 여기서는 "입반열반 신변자재"라 했다. "무유휴식無有休息", 지금까지도 쉬지 않고 활동한다. "불사비원不捨悲願 구호중생求護衆生", 중생을 구원하겠다는 비원悲願을 버리지 않는다. 그래서 다시 세상에 재림한다. "불가사의不可思議", 이런 부처님의 일생은 한없이 불가사의하다. 정말 신비하다는 것이다.

(3) 유십종교밀어有十種巧蜜語
어일체보살於一切菩薩 신통변현神通變現 성등정각成等正覺

모든 보살이 신통神通하고 변현變現을 해서 등정각等正覺을 이룬다. 보살이 부처가 되기 위해서는 반드시 "신통변현神通現變"을 해야 된다. 신통변현을 한다는 교밀어巧蜜語다. 교밀어란 요새로 말해서 노하우 know-how다. 어떻게 그렇게 되는지 알 수도 없고 말할 수도 없지만 하여튼 그렇게 되는 것이다. 그래서 교밀어라 한다. 교밀巧蜜에서 '교巧'는 선교善巧요 '밀蜜'은 비밀秘密이다. 어떻게 부처가 되는지 그 방법이란 말하기가 참 어렵다는 것이다. 아무리 말해도 모른다. 붓글씨를 쓸 때 선생님이 아무리 이렇게 쓴다 하고 보여주며 말해도 보이지도 않고 들리지도 않는다. 그렇게 할 수 없으니까 신통변현이라 한다. 세밀하게 가르쳐 줘도 알기 어려운 그런 것이다. 그것을 교밀어라 한다. 아무리 가르쳐도 모르고 아무리 보여줘도 안 보이는 것이다. 그러나 선생은 애를 써서 가르치고 보여주는 것이다. 선교善巧, 아주 교묘하게 아주 세밀하게 가르쳐준다. 아주 잘 세밀하게 가르쳐 주는 것인데 그 말을 듣고도 알 수가 없는 것이다. 결국 자기가 그렇게 되어야지 다른 길은 없다. 그것이 소위 노하우라는 것이다. 그렇게 되어야지 어떻게 할 수가 없다. 우리가 물건을 만들 때 오래 기술을 축적해서 만들어 내는 것이지 남이 만든 것을 한번 보고 만들어 내는 것은 아니다.

(4) 유십종교분별지有十種巧分別智
일체중생행교분별지一切衆生行巧分別智

일체 중생의 행동을 교묘하게 알아내는 그런 지혜다. 우리가 사람을 척 보면 벌써 그 사람의 속을 들여다보곤 한다. 앞으로 그 사람이 어떻게 할 것이다 하고 대충 짐작을 한다. 그 사람의 행동 태도를 보면 대충 짐작이 간다.

2002. 9. 15.

이세간품 강해(4)

38.5.5 이치란행離癡亂行

(1) 유십종입삼매有十種入三昧
견일체불見一切佛

삼매 가운데 무엇을 보는가 하면 부처님을 상상해 보는 것이다. 삼매란 깊이 생각하는 것인데 그 생각 속에서 부처님이 어떻게 생겼을까 생각해 본다.

(2) 유십종편입有十種遍入
일체여래종종공양편입一切如來種種供養遍入

모든 여래에게 여러 가지로 공양을 하는데 거기에 자기도 들어가서 공양을 한다.

(3) 유십종해탈문有十種解脫門
어자신중於自身中 견일체세계해탈문見一切世界解脫門

내 속에서 해탈하는 그 방법을 발견해 낸다. 방법은 자기 속에서 발견해야 다른데서 발견할 수는 없다.

(4) 유십종신통有十種神通
일념一念 편입불가설불가설세계방편지통遍入不可說不可說世界方便智通

한 순간에, 한 생각에 한없이 많은 이 세계에 들어가는 방편을 아는 신통이다. 영국도 가볼 수 있고 미국도 가볼 수 있고 일본도 가볼 수 있고, 한없이 많은 세계에 들어가는 그 방법을 아는 신통력이다.

38.5.6 보현행普賢行

(1) 유십종명有十種明
지혜광대智慧廣大 불가경동不可傾動 당성정각當成正覺 어생사해
於生死海 평등제도平等濟度 일체중생一切衆生 선교지명善巧智明

지혜가 광대해서 조금도 흔들림이 없다. 그래서 결국 진리를 깨달아 가지고 이 괴로운 세상 속에서 일체 중생을 꼭 같이 제도하는 아주 교묘하고 밝은 지혜를 가진다.

(2) 유십종해탈有十種解脫
번뇌해탈煩惱解脫

번뇌에서 벗어난다. 열 가지 해탈 가운데 번뇌해탈이라는 예를 하나 든 것이다.

38.5.7 무착행無着行

(1) 유십종원림有十種園林
생사시원림生死是園林 무염사고無厭捨故

원림園林이란 아름다운 정원이다. 무엇이 아름다운 정원인가. 생사生死가 아름다운 정원이다. 우리가 생사를 벗어나야 되지만 그 생사 없이는 우리는 사람이 못된다. 생사라는 것이 부처의 핵심이다. 생사라는 말 대신에 고苦라고 해도 된다. 고는 벗어나야 되지만, 고에서 해탈해야 되지만 이 고가 없이는 부처가 되지 못한다. 그러니까 고를 극복해 가는 데서 나라는 것이 되어 가는 것이지 이 고라는 것이 없으면

나라는 것이 될 수 없다. 소크라테스는 고민이 젊은이의 핵심이라 했다. 젊은이에게 고민이 없으면 그는 사람 구실을 못하는 것이다. 고민을 해야 이 세상의 악에 대해서 싸울 생각도 나오고 자기를 길러갈 생각도 나온다. 그러니까 고라고 하는 것이 부처님의 핵심이라 한다. 일체개고一切皆苦, 제행무상諸行無常, 제법무아諸法無我, 열반적정涅槃寂靜. 일체개고, 모두가 다 고통이라는 그런 뜻도 있지만 제일 중요한 것이 고라는 말이다. 여러분이 여기 나온 것도 고라는 것이 있으니까 나왔지 그렇지 않으면 왜 나오겠는가. 그러니까 사람을 사람으로 길러가는데 가장 중요한 것이 고라는 것이다. 기독교에서는 십자가라 한다. 기독교에서는 십자가가 핵심이라 하는데 불교는 부처의 핵심이 고라고 한다. 공자에게 가장 중요한 글자 하나가 무슨 글자인가 할 때 어려울 '난難'이라 했다. 인생이란 어려운 것이지 쉬운 것이 아니라는 말이다. 사람으로서 한 번 살아간다는 것이 쉬운 일이 아니다. 사람 되는 것처럼 어려운 일이 없다. 강아지는 가만히 있어도 강아지가 되지만 사람은 한없는 고통을 겪고야 사람이 된다. 그래서 "각각 제 십자가를 지고 나를 따르라" 한다. 십자가를 지지 않고는 무엇이 되겠는가. 그러니까 공자의 난이라는 것, 석가의 고라는 것, 기독교의 고난이라는 것, 이런 것들이 우리에게 가장 싫은 것이지만 싫은 그것이 없이는 내가 나라 하는 내가 될 수 없는 것이다. 나를 나 되게 하는 것이 무엇인가 하면 고난이다. 고난에 지면 멸망이지만 고난을 이기면 천국이다. 고에 지는가, 아니면 고를 극복하고 넘어서는가, 여기에 인생이 달려있다. 아무리 어려워도 우리는 그것을 극복하는데서 차차 나라는 것이 사람이 되지 그것 없이는 안 된다. 그래서 불교에서도 고란 무엇인가 하면 부처님의 핵심이라. 부처님의 생명이라 한다. 고가 없이는 안 된다. 그래서 일체개고, 제행무상, 제법무아, 열반적정이라는 사법인四法印이다.

생사, 그것이 원림이다. 생사라는 것이 우리에게 꼭 필요한 것이다. 그러니까 그것을 싫어하면 안 된다. 그것을 극복해야 된다. 그것을 이기고 넘어가는데서 위대해지는 것이지 그것을 이기지 못하면 안 된다.

(2) 유십종궁전有十種宮殿
보리심菩提心 시보살궁전是菩薩宮殿 항불망실고恒不忘失故

우리에게 제일 중요한 것이 부처가 되겠다는 보리심이다. 이 마음이 없으면 또 사람 구실을 못한다. 불교에서는 모두 부처가 되어야겠다고 한다. 그런데 기독교에서는 그런 말이 없다. 불교에서는 부처가 되겠다고 말하는 것이 자연스러운데 우리는 그리스도가 되겠다고 하면 미친놈이 된다. 그러니까 우리는 무엇이 되겠다고 해야 되는가. 기독교에서는 하나님의 아들이 되어야겠다고 말해야지 그리스도가 되겠다고 하면 안 된다. 그리스도는 예수 하나만 그리스도가 되어야지 우리는 그리스도가 되면 안 된다는 것이다. 그래서 할 수 없이 크리스천이라 한다. 이것들이 말장난인데 말 한마디에 우리의 운명이 걸리게 된다. 보리심이란 부처가 되겠다는 것이다. 공자로 말하면 성인聖人이 되겠다는 것이다. 이 마음이 상당히 중요한 것이다. 그것이 보살궁전菩薩宮殿이다. 그것이 우리 집보다 중요한 것이다. 그것은 "항불망실恒不忘失", 언제나 없어서는 안 된다. 집이 중요한데 집보다 더 중요한 것이 부처가 되겠다는 보리심이다.

38.5.8 난득행難得行

(1) 유십종소락有十種所樂
낙전법륜樂轉法輪 최멸일체이도법고摧滅一切異道法故

세상에서 제일 즐거운 것은 무엇인가. 전법륜轉法輪이다. 가르치는 일이다. "학이시습지學而時習之 불역열호不亦說乎"하는 것은 배우는 즐거움이요, "유붕이자원방래有朋而自遠方來 불역락호不亦樂乎"하는 것은 가르치는 즐거움이다. 배우는 것도 즐겁지만 가르치는 것도 즐거운 것이다. 우리가 물도 주고 하면서 꽃을 길러보면 상당히 즐겁다. 가르친다고 하는 것도 그런 즐거움이다. 어린애를 길러서 꽃도 피게 하고 열매도 맺게 하는 그런 과정이다. 그래서 전법륜, 가르치는 그것이 낙이다. 그러니까 잘못된 법은 아주 깨뜨려 없이해야 된다. 그리고 올바른 법으로 가르쳐 줘야 된다.

(2) 유십종장엄有十種莊嚴
역장엄力莊嚴 불가괴고不可壞故

무엇이 장엄한가. 힘이 장엄하다. 금강산이니 백두산이니 모두 힘의 덩어리다. 힘이 뭉쳐 있는 그것이 장엄한 것이다. 미국 같은 나라는 돈이 많아 돈 덩어리가 되었는데 그것도 장엄한 것이다. 무엇이나 뭉치면 장엄하다.

38.5.9 선법행善法行

(1) 발십종부동심發十種不動心
어일체소유於一切所有 실개능사부동심悉皆能捨不動心

내가 가진 모든 것을 다 버려 중생을 구원하는데 쓰겠다는 그런 마음이 부동심不動心, 즉 강한 마음이다.

얼마 전에 어떤 사람이 자기가 번 돈을 모두 학교에 냈다고 하는데 정말 대단한 사람이다. 내가 가진 모든 것을 능히 버릴 수 있다 할 때 보통 희사喜捨라 한다. 기뻐서 버리는 것이다. 아깝지 않게 버린다는 것이다. 교회 와서 돈을 낼 때 희사를 해야 된다. 아깝지 않게 버리는 것이다. 그것에 대해 복 받겠다느니 하는 그런 생각이 일체 없어야 된다. 버릴 때 그것이 어떻게 쓰이건 어떻게 되건 문제 할 것 없다. 그냥 버려야 된다. 기뻐서 버려야 된다. 교회에 헌금을 얼마나 해야 되나. 내가 기뻐서 버릴 만큼 해야 된다.

(2) 유십종불사심대심有十種不捨深大心

불사친근일체선지식심대심不捨親近一切善知識深大心

어떤 마음이 깊고 큰 마음인가. 선지식善知識에 친근하는 마음이다. 선지식이란 많이 아는 사람, 선생님이다. 친근하다는 것은 배운다는 말이다. 언제나 선생님께 배우겠다는 마음을 버리지 않아야 한다. 우리는 일생 배워야 된다. 사람은 죽는 순간까지 배우는 것이다. 그러니까 선지식에 친근하겠다는 그런 마음을 버리면 안 된다.

38.5.10 진실행眞實行

(1) 유십종지혜관찰有十種智慧觀察
지일체불법지혜광명무유장애知一切佛法智慧光明無有障碍

일체 불법의 지혜광명을 아는데 거리낌이 없다.

(2) 유십종설법有十種說法
설일체법설일체법說一切法 개실출리皆悉出離

일체법을 설해서 모든 사람으로 하여금 다 번뇌에서 떠날 수 있게 한다.

(3) 유십종청정有十種淸淨
단의청정斷疑淸淨

의심을 끊어버리는 그것처럼 깨끗한 마음이 없다.

(4) 유십종인有十種印
지知 고고苦苦 괴고壞苦 행고行苦 전구불법專求佛法 불생해태不生懈怠 행보살행行菩薩行 무유피해無有疲解 불경불외不驚不畏 불공불포不

恐不怖 불사대원不捨大願 구일체지求一切智 견고불퇴堅固不退 구경아
누다라삼막삼보리究竟阿耨多羅三藐三菩提 시위제일인是爲第一印

"고고苦苦 괴고壞苦 행고行苦"는 십이지인연十二支因緣을 말할 때 나온 것이다. 그런데 보통은 보기 싫은 사람을 만나는 그것을 '고고苦苦'라 한다. 세상에 보기 싫은 사람도 많은데 원수는 꼭 외나무다리에서 만나듯 보기 싫은 사람들과 피할 수 없으면 그것처럼 괴로운 것도 없다는 것이다. 이것이 소위 팔고八苦 가운데 하나다. 그리고 '괴고壞苦'란 자기가 가장 사랑하는 사람이 죽는 것이다. 다른 사람은 다 죽어도 자기가 사랑하는 사람은 안 죽어야 되는데 꼭 그 사랑하는 사람이 죽는다는 괴로움이다. '행고行苦'란 자기의 늙음이 괴롭다는 것이다. 다른 이들은 다 늙어도 나는 안 늙어야 되는데 내가 자꾸 늙어가는 이것을 행고라 한다. '행行', 모든 것이 변천되는데서 느끼는 고통이다. 이 셋을 삼고三苦라 한다.

그러면 어떻게 해야 이런 고통에서 벗어날 수 있는가. 오로지 불법을 구해야 한다. 불법이란 별 게 아니라 고통을 벗어나게 해주는 것이 불법이다. 그러니까 공부하는데서 게으르면 안 된다. 그리고 언제나 보살행을 해야 된다. 그러면서 피곤하다는 그런 소리를 하지 말아야 된다. 놀라지도 말고 두려워하지도 말라. 무서워하지도 말고 두려워하지도 말라. 언제나 우리의 원願을 가져야 된다. 그 원을 버리면 안 된다. 일체지를 구해서 절대 후퇴하면 안 된다. 결국 "아누다라삼막삼보리阿耨多羅三藐三菩提", 진리를 깨달아야 된다. 최고의 올바른 지혜, 즉 진리를 깨달아야 된다. 그것이 '인印'이다. 인가認可라 하는 말을 한다. 진리를 깨달은 사람에게 도장을 찍어준다는 말이다.

(5) 유십종지광조有十種智光照
지정당성아누다라삼막삼보리지광조知定當成阿耨多羅三藐三菩提智光照

정定이란 선정禪定이다. 선정을 해서 진리를 깨닫게 된다. 참선을 해서 진리를 깨닫는 것인데 달마는 9년을 참선했고 조주는 20년을 참선했다고 한다. 참선이란 요새로 말하면 연구하고 공부하는 것이다. 공부하고 연구해서 결국 자기가 목적한 바를 달성하는 것이다. 그러니까 정定이 중요한 것이다. 오래 공부하고 연구해서 진리를 깨달음으로 그 지혜가 빛나게 되어야 한다.

(6) 유십종무등주有十種無等住
보살마하살菩薩摩訶薩 수수행원만雖修行圓滿 이부증보리而不證菩提 하이고何以故 보살菩薩 작여시념作如是念 아지소작我之所作 본위중생本爲衆生 시고是故 아응구처생사我應久處生死 방편이익方便利益 개령안주무상불도皆令安住無上佛道 시위제십무등주是爲第十無等住

보살마하살菩薩摩訶薩 수수행원만雖修行圓滿 이부증보리而不證菩提 하이고何以故

'마하摩訶'는 크다는 뜻이고 '살薩'은 사람이라는 뜻이다. '마하살摩訶薩'은 큰 사람이다. 보살菩薩은 보리살타菩提薩陀의 준말인데 진리를 찾아가는 사람이라는 뜻이다. 진리를 깨달은 사람은 불타佛陀라 한다. 보살 마하살이 수행을 해서 원만하게 되었다. 수행이 끝나게 되었다는 것이다. 비록 수행이 끝났어도 "부증보리不證菩提"다. 수행이 끝났지만 자기는 끝났다고 하지 않는다. 부처가 되었어도 부처라 하지 않는다는 것이다. 부처가 되었지만 자기는 아직 보살이라 한다. 박사가 되었어도 선생을 하지 않고 그냥 연구하는 연구원으로 있겠다는 것이다. "수행원만修行圓滿", 모두 졸업을 했어도 "부증보리", 자기는 진리를 깨달았다, 자기는 부처가 되었다, 그렇게 하지 않는다. 왜 그런가.

보살菩薩 작여시념作如是念 아지소작我之所作 본위중생本爲衆生

보살은 이렇게 생각한다. 내가 하려고 하는 것은 무엇인가. 나는 중생을 위해서 나를 바치겠다.

시고是故 아응구처생사我應久處生死 방편이익方便利益 개령안주무상불도皆令安住無上佛道 시위제십무등주是爲第十無等住

그렇기 때문에 나는 언제나 생사에 처해서 중생들에게 이익되도록 해서 그 사람들이 최고의 불도에 안주할 수 있게끔 하는 것이다. 그것이 열 번째 무등주無等住다. 무등주란 최고의 삶이라는 말이다. 나는 대통령이 되는 것이 아니라 고아원에 찾아가 불쌍한 사람들을 돌보는 일을 하겠다는 것이다. 테레사 수녀 같은 사람이 이런 사람이다. 나는 교황이 되지 않고 인도에 가서 죽어가는 사람들을 돌봐주겠다고 그렇게 생각한다. 그것이 소위 보살행이다. 나는 교황이 될 수 있는 자격이 있지만 그렇다고 로마에 가서 교황이 되어 삼층관을 쓰고 앉아 있는 것이 아니라 인도로 내려가서 죽어가는 사람들을 돌봐주겠다는 그런 것을 소위 보살행 또는 보현행이라 한다.

(7) 발십종무하열심發十種無下劣心
아당항복我當降伏 일체천마一切天魔 급기권속及其眷屬

'항降'은 비가 내린다 할 때는 '강'이라 읽고, 원수를 이겼다 할 때는 '항'이라 읽는다. "아당항복我當降伏", 나는 항복을 시켰다. 모든 악마들과 그 권속들을 항복시켰다. 그것이 "무하열심無下劣心"이다. 지지 않는 마음이다. 남의 밑에 떨어지는 마음, 열등한 마음이 없다는 것이다.

(8) 유십종여산증상심有十種如山增上心
상작의권수일체지법常作意勸修一切智法

이번에는 떨어지는 마음이 아니라 자꾸 올라가는 마음이다. '작의作

意'는 결심하는 것이다. 자기가 결심을 한다. 모든 것을 알아야겠다고 결심하고 수양을 해서 지식이나 인격이 자꾸 올라간다는 것이다. 향상일로向上一路다. 자꾸 올라가는 것이다.

(9) 유십종입보리여해지有十種入菩提如海智
입일체무량중생入一切無量衆生

일체 무량중생에 들어간다. 무량중생에 들어가기 위해서 바다 같은 지혜를 가지고 들어간다. "입보리여해지入菩提如海智", 바다 같은 지혜의 보리에 들어간다. 그런 지혜를 가지고 한없이 많은 중생에 들어가 구원한다. 무량중생을 구원하기 위해서 바다 같은 지혜의 보리에 들어간다는 것이다.

이상으로 십행十行이 끝났다. 아직 십회향十廻向, 십지十地 등 몇 개가 남아 있다. 그러니까 십신十信, 십주十住, 십행, 십지가 있으면 다 된다. 귀가 뚫리고 눈이 뚫리고 코가 뚫리고 입이 뚫리면 다 된다. 그런데 중국 사람들은 오행五行 사상이 있어서 다섯으로 한다. 춘하추동春夏秋冬이면 되는데 이것을 오행으로 맞추기 위해서 초복初伏, 중복中伏, 말복末伏이라는 것을 하나 더 넣는다. 동서남북에 중앙 하나가 더 들어간다. 금金, 목木, 수水, 화火에 중앙 토土를 넣는 것이다. 그래서 다섯이 된다. 십회향이란 하나를 더 넣어서 오십으로 만든 것이다.

2002. 9. 22.

이세간품 강해(5)

38.6 십회향十廻向

십회향이란 무엇인가? 심心, 불佛, 중생衆生이 무차별인데 제일 중요한 것이 부처다. 철인哲人이다. 왜 부처가 중요한가. 중생들을 잘살게 해주기 위해서다. 중생이 없으면 부처라는 것이 필요가 없다. 중생을 잘살게 해준다고 그럴 때 그것을 법계法界라 한다. 법이 통하는 세계가 법계다. 우리처럼 법이 통하지 않는 세계가 되면 안 된다. 법이 통해서 죄를 지은 사람은 누구든지 제거해버리고 깨끗한 세계를 만들어야 된다. 선진국에 가서 보면 법이 통하는 사회다. 그런데 후진국이 되면 될수록 법은 없어지고 주먹이 통하게 된다. 우리나라는 깡패조직이 800개가 넘는다고 한다. 이렇게 되면 후진국이다. 법이 통해서 누구나 마음 놓고 살아야 되는데 깡패가 사람들을 죽이는데도 그들이 누군지 잡지도 못하면 야단이다. 법이 통하는 사회가 법계다.

법계를 만드는 사람이 부처인데 불이 되려면 반드시 심心이 있어야 된다. 심이라는 것을 기독교로 말하면 하나님이다. 심心을 마음이라 한다면 마음에 변화가 있어야 부처가 된다.『주역周易』에서 말하는 "궁신窮神 지화知化 성덕盛德"이다. 성덕盛德이란 법계를 말한다. 지화知化라는 것이 불佛이다. 그리고 궁신窮神이라는 것이 심心이다. 과학이라면 과학을 깊이 연구하고 철학이라면 철학을 깊이 연구하는 그것이 궁신이다. 종교나 예술이나 다 마찬가지다. 무엇이나 깊이 연구해야 된다. 그래서 지화, 철학이라 하면 철인이 되어야 한다. 종교라 하면 예수 같은 사람이 나와야 되고 예술이라 하면 베토벤 같은 사람이 나와야 된다. 지화, 변화할 줄 아는 사람이다. 변해야, 거듭나야 철인이다. 변화가 없으면 그냥 속인俗人이다. 속인으로서는 안 된다. 과학이면 과학을 깊이 연구해서 정말 과학자가 되어 새로운 세계를 창조해 내야 된다. 우리가 이처럼 편리한 세계를 사는 것은 모두 과학자들이 열심히 연구해서 새로운 세계를 열었기 때문이다. 그렇지 않다면 기차가 어디 있고 자동차가 어디 있겠는가. 철학도 마찬가지다. 반드시 궁신을 해서 지화가 되어 가지고 성덕이 되어야 한다. 그래서 언제나 심心, 불佛, 중생衆生, 이 셋은 무차별이다. 언제나 심이 있어야 되고 불이 있어야 되고 중생이 있어야 된다. 과학이건 철학이건 종교이건 예술이건 무엇이나 궁신이 되어야 한다. 깊이 파고들어야 한다. 그래서 내가 의사라면 명의가 되어야지 돌팔이가 되면 안 된다. 명의가 되어야 많은 병을 고칠 수 있지 그렇지 않으면 고칠 수 없다.

언제나 이 세 가지가 중요하다. 불교의 핵심이 이 셋이다.『화엄경』의 핵심이 그것이다. 유심연기唯心緣起, 불佛, 이실법계理實法界다. 그것이『화엄경』의 내용이다. 기독교도 마찬가지다. 예수가 나와서 모든 사람을 구원해 준다. 예수는 어떤 사람인가. 하나님을 만난 사람이다. 바울이라면 바울이 부처다. 바울은 누구를 만났는가. 부활하신 그리스도를 만났다. 그래서 유럽에 새로운 로마 교회가 세워지게 되었다. 다 같은 얘기다. "심불중생心佛衆生 시삼무차별是三無差別"이다.

심과 불과 중생은 어떤 관계인가. 해가 져서 암혹이 되었다. 그런데 달이 떠서 빛을 비춘다. 그래서 암혹이 빛의 세계가 되었다. 달이 높이 떠서 태양의 빛을 받아 비춘 것이다. 이것이 소위 회향廻向이라는 것이다. 그러니까 노자老子의 말로 하면 회광반조廻光返照라는 말이다. 빛을 받아 가지고 돌려서 이 세상을 밝게 비추는 것이다.

여래如來 불출세不出世 무유열반無有涅槃

여래를 태양이라 하면 태양은 이 세상에 태어나는 것도 아니고 죽는 것도 아니다. 태양이란 우리 지구에 가려져 있는 것뿐이지 무슨 있었다가 없었다가 하는 것이 아니다. 태양은 왔다가 가고 왔다가 가고 언제나 있는 것이다. 생사生死가 아니다. 생도 아니고 사도 아니다. 가려져 보이지 않을 뿐이다. 아버지는 돌아가신 분이지 없어진 분이 아니다. 추석에 성묘를 하는 이유는 돌아가신 분이기 때문이다. 보이진 않지만, 어디 계신지 모르지만, 계시는 그분에게 절하는 것이다. 모두 영원한 생명이지 났다가 죽는 게 아니다. 여래는 난 것도 아니고 죽은 것도 아니다.

이본대원력以本大願力 현현자재법顯現自在法 시법난사의是法難思義 비심지경계非心之境界

여래는, 태양은 모든 중생을 밝혀주려는 큰 소원이 있다. 모든 중생을 밝혀주고 살려주려는 소원이 있다. "현현자재법顯現自在法", 빛을 비추는데, "시법난사의是法難思義", 이 세상에 사는 사람들은 그 빛을 볼 수가 없다. 그리고 마음에 생각할 수도 없다. 볼 수도 없고 생각할 수도 없다. 보통 중생들은 하나님을 볼 수도 없고 생각할 수도 없다.

그러니까 하나님의 빛을 보려면 반드시 달이 하나 있어야 된다. 기독교로 말하면 그리스도가 있어야 된다. 그리스도가 있어야 우리가 하나님도 생각할 수가 있고 볼 수도 있지 그리스도가 없으면 생각할 수도 없고 볼 수도 없다. 노자식으로 말하면 즉유증무卽有証無다. 달에 즉해서 태양을 본다. 그리스도에 즉해서 하나님을 본다는 말이다. 그리스도 없이는 하나님을 볼 수가 없다. 이런 것을 즉유증무라 한다.

구경피안지究竟彼岸智 내견제불경乃見諸佛境.

결국 하늘에까지 도달한 지혜란 무엇인가. 달이다. 달도 하나의 흙덩이인데 45만 km를 올라갔다. 달이 올라간 자취가 태평양이다. 태평양만한 흙덩이가 떨어져서 하늘로 올라갔다. 45만km를 올라가니까 결국 달이 되었다. 그래서 결국 태양의 세계를 볼 수가 있게 되었다.

우리는 심心을 볼 수가 없지만 결국 불佛을 통해서 알 수가 있다는 것이다. 하늘에까지 올라간 불이 없으면 불경佛境을 알 수가 없는 것이다. 달이 없으면 빛을 볼 수가 없는 것이다. 그럼 달은 몇 개가 있는가.

비여정만월譬如淨滿月 보현일체수普現一切水 영상수무량影像數無量 본월미증익本月未增益.

비유해서 말하면 깨끗한 보름달 같다. 모든 강물에 다 비친다. 그래서 달 그림자가 한없이 많다. 그러나 본래의 달은 하나뿐이다. 그리스도는 하나인데 크리스천은 10억이나 된다. 한없이 많다. 달은 둘이 아니라 하나뿐이다. 이것은 말하자면 일즉일체一卽一切라는 것이다.

여시무애지如是無㝵智 성취등정각成就等正覺 응현일체자應現一切者 불심초무이佛心初無二

이렇게 되어야 아무 것도 걸림이 없는 지짐가 나타나게 된다. 그리고 등정각等正覺을 이루게 된다. 그래서 온 세계에 나타나는데 부처는 하나뿐이다. 달이 하나밖에 없듯이 부처도 하나밖에 없다는 것이다. 그러니까 불교에서도 진짜 부처는 하나뿐이다. 기독교에서도 그리스도는 하나지 둘이란 없다. 이것은 불에 대한 이야기다. 이렇게 심에 대해서 불에 대해서 이야기 했다. 다음은 중생에 대한 이야기다.

무량생사중無量生死中 미증발도심未曾發道心

중생이란 낳다가 죽고 낳다가 죽는다. 소위 윤회설輪廻說이다. 한 번도 부처가 되겠다는 마음을 일으킨 적이 없다. 그래서 끊임없이 윤회한다는 것이다.

약문견여래若聞見如來 구족불보살具足佛菩薩

그런데 이번에 정말 선생님의 강의를 듣고 선생님을 만나 뵈면 이번만은 보살도 될 수 있고 부처도 될 수 있다.
그러니까 제일 중요한 것이 "문견여래聞見如來"다. 선생님을 만나야 된다.

총달명혜자聰達明慧者 약발이도심若發爾道心 여막생의혹汝莫生疑惑.

총명하고 지혜가 밝은 사람은 한 번 부처가 되겠다고 결심을 하면 절대 의심하지 마라. 나는 안 된다는 이런 생각은 절대 하지 마라. 꼭 된다는 말이다.
그러니까 도심道心이 제일 중요하고 또 하나는 여래如來가 제일 중요한 것이다.

십신十信은 귀가 뚫리는 것이고, 십주十住는 눈이 뚫리는 것이고, 십행十行은 코가 뚫리는 것이고, 십지十地는 입이 뚫리는 것이다. 그런데 그 중간에 십회향十廻向이 있다. 그래서 십회향은 중간에 눈이 뚫리고 코가 뚫리고 입이 뚫리는 경험이다. 그러니까 십회향의 내용은 심心, 불佛, 중생衆生이다. 달이 높이 떠서 태양빛을 받아서 그 달빛을 만물에게 되돌리는 것이다. 햇빛을 받아서 달빛을 가지게 되고 그 달빛을 모든 만물에게 주게 된다. 받고 주고 가지는 이 셋이다. 1번의 구호일체중생救護一切衆生 하는 것은 주는 것이고 2번의 불괴회향不壞廻向은 받는 것이라면 3번의 등일체불회향等一切佛廻向 하는 말은 자기가 가지는 것이다. 4번의 지일체처회향至一切處廻向 하는 것은 모든 곳에 임하는 것이니까 주는 것이고 5번의 무진공덕장회향無盡功德藏廻向이란 받는 것이다. 6번의 수순견고일체선근회향隨順堅固一切善根廻向은 주는 것이라면 7번의 등수순일체중생회향等隨順一切衆生廻向은 가지는 것이다. 그리고 8번의 진여상회향眞如相廻向은 받는 것이고 9번의 무박무착해탈회향無縛無着解脫廻向은 가지는 것이다. 마지막 10번의 등법계무량회향等法界無量廻向은 주는 것이다. 이렇게 받는 것 셋, 가지는 것 셋, 주는 것 넷, 이렇게 생각하면 된다. 꼭 그런 것은 아니지만 대충 이렇게 하면 우리가 알기 쉽다. 이 열 가지를 다시 읽어

본다.

38.6.1 구호일체중생救護一切衆生 이중생상리중생상離衆生相 회향廻向

모든 중생을 구원해 주면서도 자기가 중생을 구원한다는 그런 생각이 없다. 희사喜捨다. 요새 수재의연금을 받고 있는데 돈을 내면서도 내가 냈다는 생각을 안 한다는 것이다. 내가 돈을 내지만 내가 도와주었다는 그런 생각이 없다. 그런 집착을 갖지 않는 것이다. 그래야 깨끗하다. 누가 돈을 꾸어달라고 해도 형식적으로는 꾸어줄지라도 속으로는 그냥 주라는 것이다. 돌려주면 받지만 돌려 안 주면 그냥 모른 척 하고 마는 것이다. 그런 식으로 모든 중생을 구해주면서도 중생을 구해준다는 그런 생각을 하지 말라는 것이다.

불자佛子 보살마하살菩薩摩訶薩 어아누다라삼먁삼보리於阿 多羅三 三菩提

불자여, 보살들의 아누다라삼먁삼보리에는 다음과 같은 것들이 있다.

(1) 유십종여보주有十種如寶住

지염리번뇌知厭離煩惱 지지식번뇌知止息煩惱 지방호번뇌知防護煩惱 지제단번뇌知除斷煩惱 수보살행修菩薩行 부증실제不證實際 구경도어실제피안究竟到於實除彼岸 방편선교方便善巧 선학소학善學所學 영주석원행令住昔願行 개득성만皆得成滿 신불피권시제오身不疲倦是第五

지염리번뇌知厭離煩惱 지지식번뇌知止息煩惱 지방호번뇌知防護煩惱 지제단번뇌知除斷煩惱 수보살행修菩薩行 부증실제不證實際

첫째 열 가지 여보주如寶住가 있다. 여보주란 무슨 뜻인가. 번뇌를 싫어할 줄 알아야 된다는 것이다. 죄를 싫어할 줄 알아야 된다. 무식을 싫어할 줄 알아야 된다. 무식함을 싫어할 줄 알아야지 무식이 좋다 하면 유식해질 수 없다. 또 번뇌를 멈출 줄도 알아야 된다. 번뇌를 막아낼 줄도 알아야 된다. 번뇌를 제거할 줄도 알아야 된다. 그리고 보살행을 닦는다. 보살행은 닦지만 자기가 부처가 된다는 생각은 없다. "부증실제不證實際"다. 모든 중생을 다 구원하기까지 자기는 부처가 안 되겠다는 것이다.

구경도어실제피안究竟到於實除彼岸 방편선교方便善巧 선학소학善學所學 영주석원행令住昔願行 개득성만皆得成滿 신불피권시제오身不疲倦是第五

실제로는 피안에 도달해서 부처가 된 것이다. 그러나 좋은 방편을 가지고 좋은 학문을 자꾸 공부해서 보살행을 닦는다. 옛날부터 가지고 있는 소원에 주住하게끔 한다. 그래서 그 소원을 다 이루게끔 한다. 모든 중생을 다 구원한다는 말이다. 그래서 모든 중생을 다 구원하기까지 자기는 몸에 피로를 느끼지 않고 계속 노력한다. 이렇게 모든 중생을 위해서 노력하지만 자기는 자기가 중생을 구원한다는 그런 생각을 갖지 않는다는 것이 "구호일체중생救護一切衆生 이중생상회향離衆生相廻向"이다. 그것이 "여보주如寶住", 보배와 같은 궁전에 산다는 것이다. 부처가 되었지만 부처가 되지 않고 보살행을 계속하겠다는 그것이 가장 고귀한 생각이라는 말이다. 그런 보배로운 생각 속에 산다는 것이다.

(2) 발십종여금강대승서원심發十種如金剛大乘誓願心
일체제법一切諸法 무유변제無有邊際 불가궁진不可窮盡 아당이진삼세지我當以盡三世智 보개각료普皆覺了 무유유여無有遺餘 시위제일是爲第一

둘째는 금강과 같은 대승의 서원심을 갖는다. 보살원菩薩願이라는 것이 대승의 특징이다. 부처가 되지 않고 언제나 보살로 살겠다는 이 것이 대승의 특징이다.

모든 법이라는 것이 끝이 없다. 그것들을 다 알기란 한없이 힘들다. 그렇지만 내가 삼세의 모든 지혜를 다해서 그것들을 다 깨달아서 하나도 남김이 없도록 하겠다. 이것이 자기의 가장 큰 소원이라는 것이다.

(3) 유십종대발기有十種大發起
아당공양공경일체제불我當供養恭敬一切諸佛 시위제일是爲第一

셋째는 열 가지 대발기大發起를 가진다. 나는 모든 부처님을 공양하 겠다. 그것이 제일의 대발기다.

(4) 유십종구경대사有十種究竟大事
사유일체불법思惟一切佛法 구경대사究竟大事

넷째는 열 가지 구경의 큰 일을 가지는 것이다. 모든 불법을 생각하는 그것이 가장 큰 일이다.

38.6.2 불괴회향不壞廻向

(1) 유십종불괴신有十種不壞信
어일체불於一切佛 불괴신不壞信

불괴회향은 무엇인가. 첫째는 열 가지 무너지지 않는 믿음을 가지는 것이다. 모든 부처님에 대해서 무너지지 않는 믿음을 가진다.

(2) 유십종득수기有十種得授記
일체보살행一切菩薩行 자재득수기自在得授記

둘째는 열 가지 수기授記를 얻는 것이다. 보살행을 닦아서 나 스스로 졸업장을 받겠다는 것이다.

38.6.3 등일체불회향等一切佛廻向

(1) 유십종선근회향有十種善根廻向
이아선근以我善根 동선지식성만同善知識成滿 여시성취如是成就 막별성취莫別成就

등일체불회향이란 무엇인가. 첫째는 열 가지 선근회향善根廻向을 가지는 것이다. 내 좋은 뿌리를 가지고 아주 훌륭한 선생님과 같이 나도 충만하게 되어 자꾸 성숙해 가서 성취되지 않은 것이 없다. 나 자신을 선생님처럼 자꾸 만들어간다는 말이다.

(2) 유십종득지혜有十種得智慧
어일념중於一念中 실능왕예불가설불찰悉能往詣不可說佛刹 득지혜得智慧

둘째는 열 가지 지혜를 얻는 것이다. 한 생각 속에 온 세계, 온 우주에까지 갈 수 있는 그런 지혜를 얻고 싶다. 한 순간에 온 우주를 돌아다닐 수 있는 그런 지혜를 가지고 싶다. 일즉일체一卽一切, 하나 속에 일체가 있다는 말이다.

38.6.4 지일체처회향至一切處廻向

(1) 유십종발무량무변광대심有十種發無量無邊廣大心
관찰일체여래묘음觀察一切如來妙音 발무량무변광대심發無量無邊廣大心

지일체처회향이란 무엇인가. 첫째는 열 가지 무량무변의 광대한 마음을 일으키는 것이다. 여래의 신비한 말씀을 관찰해 보니 그 말씀이 한없이 넓게 땅 끝까지 퍼져간다. 그런 마음을 가졌다.

38.6.5 무진공덕장회향無盡功德藏廻向

(1) 유십종복장有十種伏藏
지일체제불보살지一切諸佛菩薩 시발생환희정신장是發生歡喜淨信藏

무진공덕장회향이란 무엇인가. 열 가지 조복調伏하는 마음을 가지는 것이다. 모든 불보살佛菩薩을 알아서 내 속에 한없는 기쁨이 솟아나와 깨끗한 믿음을 간직하게 된다. 언제나 불보살을 알게 되면 내 속에 기쁨을 얻게 되고 믿음을 가지게 된다.

38.6.6 수순견고일체선근회향隨順堅固一切善根廻向

(1) 유십종율의有十種律儀
어일체불법於一切佛法 불생비방율의不生誹謗律儀

수순견고일체선근회향이란 무엇인가. 열 가지 율의律儀를 가지는 것이다. 모든 불법에 있어서 불법의 규율과 의식을 비방하는 그런 생각을 하지 않는다.

38.6.7 등수순일체중생회향等隨順一切衆生廻向

(1) 유십종자재有十種自在
명자재命自在 어불가설겁於不可說劫 주수명住壽命

등수순일체중생회향이란 무엇인가. 열 가지 자재를 가지는 것이다. 목숨을, 영생을 가지고 싶다. 한없이 오랫동안 살아서 중생을 도와주고 싶다. 달이 한없이 밝아서 모든 중생을 비춰주고 싶다는 말이다. 그렇게 하기 위해서 오래 살아야 된다는 것이다. 그래서 "명자재命自在"다.

38.6.8 진여상회향眞如相廻向

(1) 유십종무애용有十種無碍用
위일체중생爲一切衆生 시현보살행무애용示現菩薩行無碍用

진여상회향이란 무엇인가. 첫째는 열 가지 무애용無碍用을 가지는 것이다. 무애란 걸리는 것이 없다는 말이다. 열 가지 자유인데 하나하나마다 또 열 개가 있으니까 백 가지 자유다. 모든 중생을 위해서 보살행을 보여주는데 자유롭다.

(2) 유십종국토무애용有十種國土無碍用
일체찰입일모공무애용一切刹入一毛孔無碍用

둘째는 열 가지 국토 무애용을 가지는 것이다. 모든 세계를 하나의 털구멍 속으로 집어넣는데 걸림이 없다. 온 세계를 다 안다는 말이다. '찰刹'이란 나라다.

(3) 유십종법무애용有十種法無碍用
이일체법以一切法 실입불법悉入佛法 영제중생令諸衆生 개득오해무애용皆得悟解無碍用

셋째는 열 가지 법法 무애용을 가지는 것이다. 법法에는 크게 만물, 교법, 법칙, 진리, 실재, 이렇게 다섯 가지 뜻이 들어있다. 기독교의 하나님, 그리스도, 또 모든 사람들, 모든 만물도 이 법이라는 말 속에 들어가고 만다. 법이란 말의 범위가 이렇게 한없이 넓다. 그래서 법을 해석할 때는 그때그때마다 다 다르다. 물건의 '물物' 이란 글자도 마찬가지다. 만물도 물이고 사람, 인물도 물이고 하나님도 물이다. 동양철학에서는 이렇게 일체가 물 속에 들어가고 만다. 불교에서는 물이란 글자 대신에 법이란 글자를 쓴 것이다.

모든 만물이 다 불법이 되어 가지고 모든 중생으로 하여금 다 깨닫게 하는데 걸림이 없다.

(4) 유십종신무애용有十種身無㝵用
일불신一佛身 입일체불신무애용入一切佛身無㝵用

넷째는 열 가지 신身 무애용을 가지는 것이다. 한 몸이 온 몸 속에 다 들어갈 수 있다. 온 몸이 한 몸 속에 다 들어갈 수 있다. 한 몸이 모든 몸 속에 다 들어가고, 모든 몸이 한 몸 속에 다 들어간다. 달 속에 모든 이슬이 다 들어가 있고, 모든 이슬 속에 달이 다 들어가 있다. 일즉일체一卽一切요 일체즉일一切卽一이다. 지금 내 눈 속에 여러분이 다 들어가 있고 여러분의 눈 속에는 다 내가 들어가 있다. 그래서 모두가 한 몸이 된다.

(5) 유십종원무애용有十種願無㝵用
설일구법說一句法 편일체법계遍一切法界 흥대정법운興大正法雲 요해탈전광耀解脫電光 진실법뢰음震實法雷音 우감고미우雨甘露味雨 이대원력以大願力 충흡일체제중생계무애용充洽一切諸衆生界無㝵用

다섯째는 열 가지 원願 무애용을 가지는 것이다. 한마디를 하면 그것이 온 우주에 다 퍼진다. 그래서 진리의 구름을 일으키고 진리의 번갯불을 일으키고 진리의 우레 소리를 일으키고 진리의 비를 내리고 그래서 큰 소원과 힘을 가지고 모든 중생계 속에 흡족하게 진리의 비를 내리게 하는데 하나도 걸림이 없다.

(6) 유십종경계무애용有十種境界無㝵用
재열반경계在涅槃境界 이불사생사경계무애용而不捨生死境界無㝵用

여섯째는 열 가지 경계境界 무애용을 가지는 것이다. 언제나 속하기는 열반에, 하늘에 속해 있으면서 살기는 이 세상에서 산다. 고래는 속하기는 물 밖에 속하면서 살기는 물 속에서 산다. 예수 믿는 사람들은 속하기는 하늘나라에 속해 있으면서 살기는 땅 위에서 산다.

(7) 유십종지무애용有十種智無㝵用
어념념중於念念中 현성정각現成正覺 시현중생示現衆生 무유단절無有斷絶 무애용無㝵用

일곱째는 열 가지 지智 무애용을 가지는 것이다. 순간순간마다 깨닫는다. 일생에 크게 한 번 깨닫는 것도 있다. 석가가 35세에 깨달았다는 것은 일생에 한 번 깨닫는 것이다. 그러나 또 순간순간 깨닫는 것도 있다. 존심양성存心養性이다. 순간순간 깨달으면서 내가 커 가는 것이다.

순간순간, 매 시간시간, 하루하루, 계속 깨달아가면서 깨달은 것을 다른 사람에게 보여준다. 내가 계속 발전해 간다는 것이다. 그 발전이 끊어지지 않는다. 계속 발전해 간다. 죽는 순간까지 발전한다. 그러니까 정년퇴직이란 없다. 정년퇴직하면 집에서 노는 줄 알지만 그것은 잘못이다. 사람은 서른까지 공부하고 예순까지 일하고 그 다음부터는 남을 섬기고 남을 가르치고 남을 사랑하는 것이다. 배우고 일하고 섬기는 것이다. 배우는 것이 눈이고, 일하는 것이 코요, 남 섬기는 것이 입이다. 이것이 소위 키엘케골Soren Kierkegaard(1813-55)이 말하는 인생의 삼 단계다. 이 삼 단계 중에서 제일 중요한 것이 세 번째다.

그런데 보통은 1단계, 2단계로 끝나버리는 사람이 많다. 정년퇴직하고는 그것으로 끝이다. 파고다 공원에 가서 앉아있거나 아니면 바둑 장기나 두면서 그만 가장 중요한 때를 흘려버리고 만다.

예수의 1단계는 공부하는 때요, 2단계는 목수로 집 짓는 때요, 3단계는 복음을 세상에 전하는 것이다. 공자의 일생도 마찬가지다. 1단계는 공부하는 것이요, 2단계는 벼슬하는 것이요, 3단계는 온 세상을 돌아다니면서 이상국가를 세워보자고 설명을 하는 것이다. 『논어論語』니 『주역周易』이니 이런 것들이 다 3단계에서 나온 것이다. 공자가 68세부터 73세에 이르기까지 이것들이 다 나온 것이다. 그 전에는 별로 나온 것이 없다. 예수도 만약 서른에 죽었다면 그냥 목수하다 만 것이다. 그런데 마지막 3년을 사는 동안에 복음이 나온 것이다. 이 세 번째 단계가 가장 중요한 것이다. 그러니까 인생의 1단계와 2단계만을 살다 간 사람들은 참 인생을 모르고 산 사람들이다. 3단계를 살아야 진짜 사는 것이다. 성인聖人이라는 사람들은 모두 이 3단계를 산 사람이다. 그러니까 이 3단계를 살아야 기독교인이지 1단계, 2단계는 별로 문제가 아니다.

(8) 유십종신통무애용有十種神通無碍用
어일체중생심념중於一切衆生心念中 성취불가설무상보리成就不可說無上菩提 개오일체중생심무애용開悟一切衆生心無碍用

여덟째는 열 가지 신통神通 무애용을 가지는 것이다. 모든 중생의 마음 속에 있어서 최고의 진리를 체득해서 일체 중생심을 깨닫게 해준다. 이것이 말하자면 3단계다.

(9) 유십종신력무애용有十種神力無碍用
이일모以一毛 격불가수금강위산擊不可數金剛圍山 지이유행일체세계持以遊行一切世界 불령중생不令衆生 생공포심무애용生恐怖心無碍用

아홉째는 열 가지 신력神力 무애용을 가지는 것이다. 털 하나를 가지고 굳은 담벼락을 깨뜨려버린다. 일체의 죄를 깨뜨려버리고 진리의 세계에서 자유롭게 산다는 것이다. 그래서 모든 중생으로 하여금 공포에서 벗어나게 한다. 죄에서 벗어나게 해준다는 말이나 같은 말이다.

(10) 유십종역무애용有十種力無碍用
여래역무애용如來力無碍用 도탈일체중생고度脫一切衆生故

열째는 열 가지 역력 무애용을 가지는 것이다. 여래의 힘은 한없이 강해서 모든 중생을 구원해 준다.

38.6.9 무박무착해탈회향無縛無着解脫廻向

무박무착해탈회향이란 무엇인가? "무박무착해탈無縛無着解脫", 속박도 없어지고 집착도 없어지고 그래서 자유롭게 되는 것이다.

(1) 유십종유희有十種遊戱
어성정각신於成正覺身 시현수보살행신示現修菩薩行身 이역불감성보리신而亦不減成菩提身 시보살유희是菩薩遊戱

첫째는 열 가지 유희遊戱를 가지는 것이다. 부처가 되어 가지고 행하기는 보살행을 한다. 그렇지만 부처의 실력은 조금도 모자라지 않는다. 그렇게 사는 것이 보살의 기쁨이다. 보살로서 기쁘게 사는 길이다. 모든 중생이 다 구원받기까지 자기는 부처가 되지 않겠다는 것이다. 자기 혼자서 천당에 가서 있는 것은 기쁘지 않다는 것이다. 이것이 대승정신인데 기독교의 신교도 대승정신이다. 온 세상 사람들을 다 구원해야지 나 혼자 하늘나라에 가서 있으면 되겠는가 하는 것이다.

(2) 유십종경계有十種境界

시현무변법계문示現無邊法界門 영중생득입令衆生得入 시보살경계
是菩薩境界

둘째는 열 가지 경계境界를 가지는 것이다. 한없이 많은 천국의 문을 보여주어서, 여러 가지 방법으로 설교하는 사람, 자선 사업하는 사람, 여러 방법으로 말하자면 진리의 세계를 열어주어서, 모든 중생으로 하여금 들어가게 하는 그것이 보살의 마음씨다.

(3) 유십종력有十種力
심심력深心力 불잡일체세정고不雜一切世精故

셋째는 열 가지 힘을 가지는 것이다. 이 세상의 속된 생각은 조금도 섞지 않는 가장 순수하고 깊은 마음이다. 그런 마음이 아니면 온 세상 사람들이 구원받기까지 자기는 하늘나라에 가지 않겠다는 그런 마음이 어떻게 나오겠는가. 그런 심심력深心力이다.

38.6.10 등법계무량회향等法界無量廻向

(1) 유십종무외有十種無畏
보살마하살菩薩摩訶薩 실능문지일체언설悉能聞持一切言說 작여시념作如是念 설유중생設有衆生 무량무변無量無邊 종시방래從十方來 이백천대법以百千大法 이문어아而問於我 아어피문我於彼問 불견미소불견미少 난가답상難可答相 이불견고以不見故 심득무외心得無畏

등법계무량회향이란 무엇인가. 첫째는 열 가지 무외無畏를 가지는 것이다. 이런 사람 저런 사람 많은 사람들이 와서 여러 질문을 해도 막히는 것이 없게 그렇게 되어야 한다는 것이다. '무외無畏', 조금도 두려움이 없다는 것이다. 백 가지, 천 가지를 물어도 막히는 것이 없기 때문이다.

(2) 유십종불공법有十種不共法
보살菩薩 불유타교不由他敎 자연 수행 육파라밀自然修行六波羅蜜 상락대시常樂大施 불생간린不生慳悋 항지정계恒持淨戒 무소훼범無所毁犯 구족인욕具足忍辱 심부동요心不動搖 유대정진有大精進 미증퇴전未曾退轉 선입제선善入諸禪 영무산란永無散亂 교수지혜巧修智慧 실제악견悉除惡見 시위제일是爲第一 불유타교不由他敎 수순파라밀도隨順波羅蜜道 수육도불공법修六度不共法

둘째는 열 가지 불공법不共法을 가지는 것이다. 결국 육파라밀六波羅蜜이다. 보살은 다른 종교에 의지하지 않고 육파라밀을 수행한다. 그러니까 십주十住, 십행十行, 십회향十廻向, 십지十地 다 들여다봐도 육파라밀이다. 그런데 『화엄경』에서는 육파라밀이 아니라 언제나 십파라밀十波羅蜜이라 한다. 화엄에서는 무엇이나 열 개로 벌여놓는다. 그러니까 불교의 핵심은 언제나 파라밀波羅蜜이다. "아누다라삼먁삼보리阿耨多羅三藐三菩提"를 얻기 위해서 하는 것이 무엇인가 하면 "마하반야파라밀다摩訶般若波羅蜜多", 파라밀다를 가지고 아누다라삼먁삼보리에 도달하는 것이다.

육파라밀을 수행하는데 맨 처음이 다른 사람들을 도와주는 것이다. 보시布施다. 그래서 "불생간린不生慳悋", 조금도 아끼거나 더럽게 굴지 않는다. '간린慳悋'은 구두쇠로 아끼는 것이다. 그 다음은 지계持戒다. 언제나 계를 지켜서 "무소훼범無所毁犯", 절대 죄를 짓지 않는다.

"구족인욕具足忍辱", 언제나 참고 참아서 "심부동요心不動搖", 마음에 흔들림이 없다. 언제나 발전해서 뒤로 물러서는 법은 없다. "선입제선善入諸禪"은 깊이 생각한다는 것이다. 깊은 생각 속에 들어가서 "영무산란永無散亂", 마음에 산란한 것이 없다. "교수지혜巧修智慧 실제악견悉除惡見", 지혜를 닦아서 모든 잘못된 생각을 버린다. 이것이 다른 교教가 아니라 파라밀도波羅蜜道를 좇는다는 것이다.

불교의 핵심이 파라밀이란 말이다. 파라밀이란 말은 도피안度彼岸,

피안으로 건너간다는 것이다. 기독교로 말하면 하늘나라에 속한 사람이 된다는 것이다.

그래서 "수육도불공법修六度不共法"이다. 불공법不共法이란 무엇인가. 보통 십팔불공법十八不共法이라 한다. 십력十力이라는 열 가지에다 사무애四無碍, 삼무념三無念, 일대비一大悲를 포함해서 십팔불공법이다. 십력十力이란 중생의 마음을 깊이 이해한다는 것이다. 중생이 얼마나 내 말을 이해하는지, 중생의 소질이 어떤 것인지, 이렇게 열 가지로 중생을 잘 안다는 것이다. 사무애四無碍는 중생이 무슨 질문을 해도 조금도 걸림이 없다는 것이다. 나는 진리를 깨달았다 하고 그런 자신감을 가지는 것이 사무애다. 삼무념三無念이란 내게 대해서 어떤 생각을 하건, 나를 좋아하거나 미워하거나 아무 관심이 없는 것이다. 나는 그저 가르칠 뿐이지 나에 대해 어떻게 생각하건 관심이 없고, 대접받겠다거나 무엇을 주겠다는 그런 생각이 조금도 없는 것이다. 그리고 대비大悲다. 대자대비大慈大悲라 하는데 '자慈'는 남을 도와주는 것이고 '비悲'는 남의 고통을 덜어주는 것이다. 대비란 다른 사람들의 고통을 덜어주겠다는 것이다. 대비, 남의 고통을 덜어주겠다는 사랑이 있어야 되고, 자기는 진리에 대해 자신이 있어야 되는 이 둘이 우선 중요하다. 그리고 자기 말을 듣는 사람들에 대해서 잘 이해를 하는 것이 십력이다. 그렇게 잘 아는 것이 열 가지다. 그 다음에는 그 사람들이 어떻게 생각하건 아무 문제가 안 된다는 것이 삼무념이다. 그러니까 불공법이란 다른 보통 사람은 가질 수 없는 그런 경지에 들어갔다는 말이다. 그런 경지에 있는 사람이 부처라는 것이다. 십팔불공법이란 부처의 독특한 특성이라는 것이다. 학교 선생이라면 자기 전공에 대해서 자신을 가져야 된다. 그리고 학생들의 고통을 덜어주겠다는 사랑이 있어야 한다. 그리고 학생들이 자기 강의를 따라오는지 못 따라오는지 학생들의 실력을 잘 이해할 수 있어야 한다. 그리고 학생들이 자기를 어떻게 생각하건 그것은 문제 삼지 않는다. 이렇게 선생이 갖춰야 될 네 가지를 불공법이라 보면 될 것이다.

(3) 유십종업有十種業
일체제불업一切諸佛業 실능공양고悉能供養故

셋째는 열 가지 업業을 가지는 것이다. 부처님의 모든 사업에 대해서 그것들을 받들어 도와준다.

(4) 유십종신有十種身
견고신堅固身 일체중마一切衆魔 불능괴고不能壞故

넷째는 열 가지 몸을 가지는 것이다. 자기의 인격이 아주 강해서 모든 악마의 시험에 무너지지 않는다.
이렇게 십회향이 끝났다.

2002. 9. 29.

이세간품 강해(6)

38.7 십지十地

십지는 마지막 단계이다. 십신十信, 십주十住, 십행十行, 십지十地, 이렇게 올라왔다. 십신, 십주, 십행, 십지, 이 넷은 신해행증信解行證이다. 진리를 믿고, 진리를 이해하고, 진리를 실천하고, 진리를 증거하는 것이다. 결국 믿고, 이해하고, 실천하고, 증거하는 넷이다. 그래서 십지는 증거하는 세계로 맨 마지막이다.

무량겁해 수공덕無量劫海修功德 공양시방일체불供養十方一切佛

한없이 오랜 시간, "수공덕修功德", 열심히 실력을 쌓았다. 그렇게 하기 위해서 제일 중요한 것이 "공양시방일체불供養十方一切佛", 모든 선생님을 한없이 존경했다.

교화무변중생해敎化無邊衆生海 노사나불성정각盧舍那佛成正覺

그러고 나도 이제 다른 사람들을 가르치고 도와주는 그런 사람이 되었다. 그것이 "노사나불성정각盧舍那佛成正覺"이다. 노사나불은 비로자나불毘盧遮那佛이라 하기도 한다. 금강산 맨 꼭대기가 비로봉이다. '성정각成正覺'이란 최고의 진리를 깨달았다는 말이다. 최고의 진리를 깨달으면 비로자나불이 된다. 비로자나불이란 무슨 뜻인가 하면 광명보조光明普照라 한다. 빛을 온 세상 사람들에게 비춰준다는 것이다. 선생님은 진리를 모든 학생들에게 가르친다. 이런 세계를 법신불法身佛이라 한다. 법신法身이 된 것이다. 진리가 내 몸이 된 것이다. 말씀이 육신이 된 것이다. 영어가 내 몸이 된 것이다. 몸이 되었다는 것은 체득體得했다는 말이다. 꿈도 영어로 꿈을 꾼다. 체득이 된 것이다. 자기의 모든 학문이 그만 자기에게 체득이 되어서 저절로 나온다. 피아

노도 체득이 되면 저절로 된다. 음악이 체득이 되어서 피아니스트 pianist가 된 것이다. 법신이다. 법신이란 쉽게 말하면 선생이 되었다는 것이다. 체득된 선생이다. 그것을 소위 루사나불, 노사나불, 또는 비로자나불이라 한다. 그러니까 십지의 핵심이 법신이다. 십지에까지 올라가서 무엇을 하는가 하면 법신이 된다. 진리를 체득한 선생님이 되는 것이다. 그런 사람을 부처라 하는데 기독교로 말하면 그리스도라 한다. 말씀이 육신이 된 것이 그리스도다. 진리가 체득이 되어 진리 자체가 되고 만 것이다. 그것을 법신이라 한다.

불신충만어법계佛身充滿於法界 보현일체중생전普現一切衆生前

불신佛身은 법계에 충만하다. 선생님은 언제나 학계에 충만하다. 그래서 언제나 중생들 앞에, 학생들 앞에 나타난다.

수연부감미부주隨緣赴感靡不周 이항처차보리좌而恒處此菩提座

인연에 따라서 만나게 된다. "부감赴感", 감감에 나아가게 된다는 것으로 만난다는 말이다. 오늘 미국에서 오신 분이 두 분 계신데 오늘 인연에 따라 만난 것이다. 이십 년 전에 클래스에 나오신 분인데 지금까지 한 번도 못 만나다 오늘 한 번 만난 것이다. 인연에 따라서 만나게 되는데 "미부주靡不周", 두루 만나게 된다. 그래서 항상 보리좌에 앉아있다. 언제나 강좌에 앉아있다는 말이다. 20년 전에 만나고 오늘 또 만나게 된 것은 내가 강의를 계속하니까 만나지 그렇지 않으면 못 만난다.

노사나불대지혜盧舍那佛大智慧 광명편조무유량光明遍照無有量

비로자나불은 큰 지혜를 가진 사람이다. 그 속에서 나오는 지혜와 지식은 한없이 밝게 퍼지고 끝없이 퍼진다.

여실관찰진제법如實觀察眞諦法 보조일체제법문普照一切諸法門

　진리의 핵심을 확실하게 붙잡고 있다. "진제眞諦", 진리의 핵심을 "여실如實", 확실하게 "관찰觀察", 붙잡고 있다. 그리고 일체의 법문法門을 널리 비춘다. 우리가『주역』도 하고『화엄경』도 하고 이렇게 여러 가지 법문을 가지고 진리를 비추는 것이다.

여래공덕난사의如來功德難思議 중생견자번뇌멸衆生見者煩惱滅

　선생님의 실력은 "난사의難思議", 생각하기가 참 어렵다. 중생들이, 학생들이 그를 만나게 되면 모든 문제가 해결되고 만다.

득견부동자재존得見不動自在尊 능생무량열락심能生無量悅樂心.

　언제나 움직이지 않는다. 학생들은 입학했다 졸업하고 하지만 선생님은 언제나 학교에 있다. "득견부동자재존得見不動自在尊"이다. 언제나 학교에 가면 선생님을 만나 뵐 수 있다. 그래서 기쁘고 즐거운 마음이 샘솟듯 한없이 나오게 한다. "능생무량열락심能生無量悅樂心"이다. 사도 바울도 늘 기쁨을 말한다. 기쁨이 중요한 것이지 지식은 별로 중요한 것이 아니다. 우리는 기쁨을 주고 기쁨을 받는 것이지 지식을 주고 지식을 받는 것은 아니다. 지식은 혼자서 도서관에 가도 얻을 수 있다. 그런데 기쁨이란 역시 선생님을 만나야 기쁨이 있지 선생을 만남이 없으면 기쁨이란 없는 것이다.

　십지十地에서 (1) 환희지歡喜地, (2) 이구지離垢地, (3) 발광지發光地, (4) 염혜지焰慧地, 이 네 가지의 핵심은 발광發光이라는 것이다. 광명보조光明普照, 빛의 세계다. 그러니까 아는 세계, 지知의 세계다. 선생에게 제일 중요한 것은 먼저 알아야 된다.
　그 다음 (5) 난승지難勝地, (6) 현전지現前地, (7) 원행지遠行地,

(8) 부동지不動地. 네 가지는 행行의 세계다. 아는 것뿐만 아니라 실력이, 힘이 꽉 차야 된다. 눈이 뚫리고 그 다음에는 코가 뚫려야 된다. 코가 뚫린다는 것은 힘이 꽉 찼다는 말이다. 그래서 행의 세계다.

그 다음 (9) 선혜지善慧地, (10) 법운지法雲地. 이것은 가르치는 세계다. 그러니까 알고 힘이 있고 그런 다음에야 가르치는 것이지 알기만 해도 안 된다. 힘이 있고 나서 가르친다. 그래서 맨 마지막이 법운지다. 진리의 구름, 진리의 비를 내리게 되어야 한다. 법운이 맨 마지막인데 법운십덕法雲十德이라 한다.

법운십덕法雲十德
불자비여대해佛子譬如大海 이십상고以十相故

선생은 언제나 바다 같아야 된다. 선생의 모습에는 다음과 같이 열 가지가 있다.

(1) 점차심오漸次深奧
자꾸 생각이 깊어져야 된다.

(2) 불수사시不受死屍
죽은 송장은 받아들이면 안 된다. 산 사람만 받아들여야 된다.

(3) 강하실명江河失名
바다에 가면 개천이라는 것이 없어지고 만다. 모두가 바다다. 양자강도 없고 메콩강도 없다.

(4) 해수일미海水一味
진리의 맛은 언제나 한 맛이다. 바닷물은 언제나 짠 맛이다.

(5) 해저다보海底多寶

학문의 세계에는 보배가 많다.

(6) 극심난입極甚難入
학문의 세계는 들어가기가 한없이 어렵다.

(7) 광대무량廣大無量
학문의 세계는 한없이 넓다.

(8) 다대중생多大衆生
학문의 세계 속에는 배우는 사람들이 많이 있다.

(9) 조불실시潮不失時
물이 들어왔다 나갔다 하는 것은 때를 잘 지킨다. 선생은 꼭 시간을 지켜야지 시간을 안 지키면 안 된다.

(10) 대우무일大雨無溢
비가 아무리 와도 넘치지 않아야 된다. 모든 학문을 다 받아들여야 된다는 것이다.

이상을 법운십덕이라 하는데 이것이 십지의 핵심이다.
지금까지 한 내용은 귀가 뚫리고 눈이 뚫리고 코가 뚫리고 입이 뚫려야 된다는 것이다. 그러니까 십신十信에서는 사제四諦가 제일 중요한 것이고, 십주十住에서는 눈이 뚫린다는 연기緣起가 중요하고, 십행十行에서는 코가 뚫린다는 파라밀波羅蜜이 중요하고, 입이 뚫린다는 십지十地에서는 불공법不共法이 제일 중요한 것이다. 선생이 갖춰야 될 것은 십팔불공법十八不共法이다. 불공법을 가져야 선생이지 불공법을 갖지 못하면 선생이라 할 수가 없다.

38.7.1 환희지歡喜地

(1) 유십종신업有十種身業
어자신중於自身中 보현일체청정불찰普現一切淸淨佛刹 일체중생一切衆生 어중성도신업於中成道身業

청정한 몸을 나타내서 모든 중생이 깨끗해진다. 깨끗하다는 것은 건강하다는 뜻이다. 여래의 깨끗한 몸을 보고서 중생들도 그렇게 깨끗하게, 건강하게 되어야겠다고 생각한다.

(2) 유십종신有十種身
제파라밀신諸波羅蜜身 실정수행고悉正修行故

건강하려면 파라밀을 실천해야 된다. 파라밀이란 무엇인가. 잘 먹고 잘 자고 잘 깨고 잘 활동하는 것이다. 그래서 정수행正修行이다. 올바로 하는 것이다. 잘 먹으려면 올바로 먹어야 된다. 올바로 먹어야 되고 올바로 자야 되고 올바로 깨야 되고 올바로 활동해야 된다. 올바름이 없으면 자도 제대로 자는 것이 아니고 깨도 제대로 깨는 것이 아니다. 그래서 정수正修, 올바르게 하는 것이 중요하다.

(3) 유십종어有十種語
감로어甘露語 영일체중생令一切衆生 실청량고悉淸凉故

감로어甘露語란 모든 중생으로 하여금 기분이 좋아지게 하는 말이다. 그 말을 들으니 기분이 좋다는 것이다.

(4) 유십종정수어업有十種淨修語業
환희용약歡喜踊躍 찬탄여래讚歎如來 정수어업淨修語業

찬송 부르는 것이 기쁜 것이다. 될 수 있으면 우리는 찬송을 부르며 사는 것이 좋다는 말이다.

(5) 득십종수호得十種守護
여래법왕위수如來法王爲首 일체법사一切法師 개실수호皆悉守護

여래는 법왕, 진리의 왕이다. 머리가 되어 모든 법사들을 잘 지켜준다.

(6) 능성변십종대사能成辨十種大事
일체중생一切衆生 개령환희皆令歡喜

말을 잘해서 일체 중생을 다 기쁘게 해 준다.

(7) 유십종심有十種心
여대해심如大海心 일체제불一切諸佛 무량무변無量無邊 대지법수大智法水 실류입고悉流入故

보통 신구의身口意라 하는데 여기서 의意 대신 심心이다. 심이라는 것이나 의라는 것이나 다 생각한다는 것이다. 바다 같은 마음이다. 그래서 모든 부처님이 한없이 많은 말씀을 한다. 지혜의 법의 말을 다 들어도 싫지 않은 그런 마음을 가졌으면 좋겠다. 팔만대장경의 말씀을 다 들어도 싫지 않는 그런 마음을 가졌으면 좋겠다는 것이다.

(8) 유십종발심有十種發心
발아당도탈發我當度脫 일체중생심一切衆生心

모든 중생을 구원하겠다는 그런 마음을 가졌으면 좋겠다.

(9) 유십종주편심有十種周遍心
주편일체자재심周遍一切自在心 일념보현성불고一念普現成佛故

일체 자유에 주편周遍하는 마음, 아무 것에도 걸림이 없는 깨끗한 마음이라야 한 순간에 부처를 이룰 수 있다. 마음이 깨끗해야 하나님을 볼 수 있다는 말이다.

(10) 유십종근有十種根
환희근歡喜根 견일체불見一切佛 신불괴고信不壞故

남을 기쁘게 하는 그런 소질이 있다. 그런 사람들은 부처님을 보면 꼭 믿고 뒤로 물러서지 않는다.

38.7.2 이구지離垢地

(1) 유십종심심有十種深心
수일체제불법심심修一切諸佛法深心

모든 불법을 닦는 깊은 마음이다.

(2) 유십종증상심심有十種增上深心
불퇴전증상심심不退轉增上深心 적집일체 선근고積集一切善根故

절대 물러서지 않고 계속 발전하는 깊은 마음이다. 그래서 좋은 선근善根을 쌓아 올리는 깊은 마음이다.

(3) 유십종근수有十種勤修
보시근수布施勤修 실사일체悉捨一切 불구보고不求報故

보시를 열심히 해서 일체를 버리고도 그것에 대해 갚기를 구하지 않는 마음이다.

(4) 유십종결정해有十種決定解
견고결정해堅固決定解 최파일체마업고摧破一切魔業故

한 번 결심을 했으면 무너지지 않는 그런 결심을 하고 일체 마업魔業을 부셔버리는 마음이다. 결심을 하였으면 다시는 물러서지 않는 마음을 가져야 된다.

(5) 유십종결정해有十種決定解 지제세계知諸世界
지일체세계知一切世界 일음보편一音普遍 영제중생令諸衆生 각별료지各別了知 심생환희心生歡喜

온 세계가 다 아는 아주 고운 목소리가 되어 모든 중생들이 다 각각 그것을 알아듣고서 모든 마음이 다 기뻐한다.

(6) 유십종결정해有十種決定解 지중생계知衆生界
지일체중생知一切衆生 위현여래상호적정위의爲現如來相好寂靜威儀 개오중생開悟衆生

모든 중생이 아는 여래의 아주 잘 생긴 깨끗한 그 모습을 나타내서 모든 중생을 깨게 만든다. 우리의 태도가 깨끗해서 모든 중생이 깨도록 해줘야 된다는 말이다.

38.7.3 발광지發光地

(1) 유십종습기有十種習氣
교화중생습기敎化衆生習氣

습기習氣를 빼야 된다. 장작이 불에 타려면 습기를 제거해야 된다. 사람도 마찬가지로 습기를 빼야 된다. 나쁜 버릇을 없애야 된다. 늦게 자고 늦게 깨는 것이 나쁜 버릇이다. 나쁜 버릇을 버리고 일찍 자고 일찍 깨는 버릇을 가져야 된다.

(2) 유십종취有十種取
취여래取如來 수보살행修菩薩行 위공양고爲供養故

우리가 선생님을 가지는 것은 선생님을 좇아 선생님을 공경하기 위해서다.

(3) 유십종수有十種修
수제파라밀修諸波羅蜜

파라밀을 닦는 것이다.

(4) 유십종성취불법有十種成就佛法
불리선지식不離善知識

언제나 선지식을 떠나면 안 된다.

(5) 유십종퇴실불법有十種退失佛法
경만선지식輕慢善知識 퇴실불법退失佛法

선생님을 가볍게 여기면 불법에서 떨어지고 만다. 선생님과 불법은 언제나 일치하는 것이다. 선생님을 붙잡으면 불법도 붙잡는 것이다.

38.7.4 염혜지焰慧地

(1) 유십종이생도有十種離生道
이세간생離世間生 이사차생피而死此生彼 기보살행起菩薩行

이 세상을 초월해야 된다. 세상을 초월하는 것은 나쁜 버릇을 버린다는 것이다. 집에 가만히 있는데도 갖가지 전화도 오고 광고지도 오고 그래서 사지 않아도 될 것을 사도록 하고, 하여튼 세상이란 어떻게든 지옥으로 끌고 가려고 한다. 그러니까 될 수 있는 대로 이 세상을 좀 초월해야 된다. 그래서 이 세상에는 죽고 저 세상에서 살아나야 된다. 그렇게 해야 보살행이 이뤄진다. 이 세상에 묻어 다니면 보살행이 될 수 없다.

(2) 유십종경정법有十種決定法
결정심입불보리決定深入佛菩提

불보리佛菩提에 결심하고 깊이 들어간다. 진리를 깨닫겠다고 결심하고 깊이 들어가는 것이다.

(3) 유십종출생불법도有十種出生佛法道
심심신해深心信解 시출생불법도是出生佛法道 지불자재고知佛自在故

깊이 믿는 것이다. 이것이 불법도佛法道에 출생하는 것이다. 그래서 불佛의 자유로운 경지까지 도달하는 것이다.

(4) 유십종대장부명호有十種大丈夫名號
명위부사의살타名爲不思議薩埵 일념성불고一念成佛故

세상에 제일 신비한 사람이 어떤 사람인가. 살타薩埵(Sattva)는 사람이다. 살타를 중생衆生이라 번역하기도 하고 유정有情이라 번역하기도 한다. 부처로 깨어난 사람이 가장 신비한 사람이다.

(5) 유십종도有十種道

일도一道 시보살도是菩薩道 불사독일보리심고不捨獨一菩提心故

한 길이 무엇인가. 보살도가 한 길이다. 천국 가는 길이 한 길이다. 그러니까 유일한 보리심을 버리지 않아야 된다. 유일한 보리심을 버리지 않아야 천국에 가지 보리심을 버리면 어떻게 천국에 가겠는가.

38.7.5 난승지難勝地

(1) 유십종무량도有十種無量道
중생계衆生界 무진고無盡故 보살도菩薩道 역무량亦無量

중생의 세계는 끝이 없다. 보살의 세계도 끝이 없다.

(2) 유십종무량조도有十種無量助道
보살승여래력菩薩承如來力 적집조도積集助道 역무량亦無量

보살은 여래의 힘을 받아서 될 수 있는 대로 도를 실천하는데 도움이 되는 그런 일을 쌓아간다. 진리를 깨닫는데 도움이 되는 일에 힘쓴다. 교회에 오는 것도 진리를 깨닫는데 도움되는 일이다. 좋은 친구를 사귄다거나 좋은 선생님을 만난다거나 무엇이건 '조도助道', 도를 깨닫는데 도움이 되는 구체적인 행실이다. 몸을 깨끗이 한다거나 그런 도를 깨닫는데 도움이 되는 일을 쌓아가야 된다. 그리고 '무량無量', 한 없이 그렇게 쌓아가라는 말이다.

38.7.6 현전지現前地
(1) 유십종무량수도有十種無量修道
부증불감수不增不減修 여본성고如本性故

우리의 본성은 더하는 것도 아니고 덜하는 것도 아니고 언제나 꼭 같다. 그런데 자기의 본성을 발견한다는 것이 상당히 어렵다. 내 본성이 무엇인가. 오성悟性, 감성感性, 이성理性, 영성靈性, 이 네 가지를 알아야 된다. 우리가 생각한다 하는 것은 이성이고, 실험 관찰 연구하는 것은 오성이고, 그림을 그린다 할 때는 감성이고, 종교를 믿는다 할 때는 영성이다. 이것은 누구에게나 다 있는 것이다. 자기에게 있는 그 본성을 찾아내는 것이다. 맹자孟子는 '성性'이란 누구나 찾으면 가질 수 있는 것이고 '명命'이란 누구나 가질 수 있는 것이 아니라 했다. 오래 사는 것은 누구나 다 되는 것은 아니다. 오래 살고 싶다고 해서 누구나 다 되는 것이 아니다. 그런 것을 명이라 한다. 그런데 성이란 누구나 다 된다. 생각한다 하는 것은 누구나 할 수 있지 생각 못하는 사람은 없다. 그래서 진성盡性이다. 자기의 소질을 다한다는 것이다.

38.7.7 원행지遠行地

(1) 유십종장엄도有十種莊嚴道
이도일체세간피안已到一切世間彼岸 어제세법於諸世法 실무소착悉無所着 이역불사도중생행而亦不捨度衆生行

이 세상의 저쪽에 있는 이상세계인 피안에 도착했다. 그렇게 도착하면 이 세상의 모든 만물에 대해서 일체 애착이 없어진다. 그래서 중생을 제도하는 것을 버리지 않게 된다. 담배를 먹다가 담배를 끊으면 그것이 도피안이다. 담배를 먹으면 괴로움이고 담배를 끊으면 행복한 세계다. 그렇게 되면 다시 담배에 대한 집착이 없어진다. 그래서 다른 사람들이 그것을 보게 되면 도움을 받게 된다. 중생을 구원하게 되는 것이다.

(2) 유십종족有十種足
낙법족樂法足 문지일체불소설법聞持一切佛所說法 불피해고不疲懈故

법을 즐기는 발이다. 부처님의 설법을 듣고 조금도 피곤을 느끼지 않는다. 여러분이 여기 『화엄경』을 들으러 온 것이 낙법족樂法足이다. 『화엄경』을 즐기는 발이다. 『화엄경』을 오래 했는데도 싫증나거나 피곤함이 없다. 『화엄경』이란 작품이 아주 좋기 때문이다. 『화엄경』을 읽어보니 정말 좋다.

(3) 유십종수有十種手
항지지보수恒持智寶手 개법광명開法光明 파번뇌암고破煩惱闇故

어떤 손을 가지는가. 지혜의 보배로 가득한 손을 가져야 된다. 지혜로운 손을 가져야 된다는 것이다. 법의 광명을 열어서 번뇌의 어둠을 깨치는 손이다. 다시는 담배를 붙잡지 않는 손이다.

38.7.8 부동지不動地

(1) 유십종복有十種腹
청정심복淸淨心腹 이제악고離諸惡故

배는 어떤 배를 가져야 되는가. 아주 깨끗한 마음의 배를 가져야 된다. 언제나 나쁘다 하는 것은 떠나야 된다.

(2) 유십종장有十種藏
부단불종不斷佛種 시보살장是菩薩藏 개시불법開示佛法 무량위덕고無量威德故

불종佛種을 끊으면 안 된다. 좋은 사람은 계속 나와야지 끊어지면 안 된다. 착한 일을 하는 사람이 계속 나와야 된다. 그것이 보살장菩薩藏이다. 보살의 창고다. 종자는 창고 속에 넣어두어야 된다. 한국에 좋은 사람이 끊어지지 않으면 한국이 좋은 나라가 된다. 불법을 열어 보여서 좋은 일을 하는 사람들이 많아지도록 그렇게 해야 된다.

(3) 유십종심有十種心
대용건심大勇健心 최파일체제마군고摧破一切諸魔軍故

용감한 사람들이, 담배니 술이니 딱 끊을 수 있는 그런 사람이 용건심勇健心이다.

38.7.9 선혜지善慧地

(1) 유십종피갑有十種被甲
피대자갑被大慈甲 구호일체중생고救護一切衆生故

어떤 갑옷을 입는가. 사랑의 갑옷을 입어야 된다. 그래서 중생을 구호하는 사랑을 가져야 된다.

(2) 유십종기장有十種器仗
지혜智慧 시보살기장是菩薩器仗 소멸일체번뇌고消滅一切煩惱故

어떤 지팡이를 가져야 되는가. 일체 번뇌를 소멸하는 지팡이를 가져야 된다.

38.7.10 법운지法雲地

(1) 유십종수有十種首
교화일체중생수敎化一切衆生首 이일체중생以一切衆生 위제자고爲弟子故

중생을 교화하는 머리가 되어서 중생으로 하여금 다 제자가 되도록 한다. 남을 가르칠 수 있는 사람이 되라는 것이다.

(2) 유십종안有十種眼
법안法眼 견일체법여실상고見一切法如實相故

눈은 법안이 되어야 한다. 일체의 이치를 알 수 있는 눈이 되어야 한다. 그래서 일체 만물의 이치를 확실히 볼 수 있는 눈이 되어야 한다.

(3) 유십종이有十種耳
문보살도聞菩薩道 환희용약歡喜踊躍

귀는 보살도를 듣고서 기뻐 뛰는 귀라야 한다.

(4) 유십종비有十種鼻
약문일체보살행향若聞一切菩薩行香 이평등혜以平等慧 입여래지入如來地

코는 어떤 코인가. 보살행의 향기를 맡고서 평등한 지혜로 여래지에 들어간다.

(5) 유십종설有十種舌
찬탄제불讚歎諸佛 무진공덕설無盡功德舌

혀는 부처님을 찬양하는 혀가 되어야 한다.

(6) 유십종신有十種身
인신人身 위교화일체제인고爲敎化一切諸人故

어떤 몸이 되어야 하는가. 다른 사람을 교화할 수 있는 몸이라야 된다.

(7) 유십종의有十種意
무난의無亂意 일체번뇌부잡고一切煩惱不雜故

뜻은 일체 번뇌가 섞이지 않는 깨끗한 뜻이라야 된다.

(8) 유십종행有十種行
설법행說法行 이익중생고利益衆生故

중생을 이익되게 하는 설법을 해야 된다.

(9) 유십종주有十種住
아란야주阿蘭若住 증대선정고證大禪定故

"아란야阿蘭若"는 고요한 곳이다. 고요한 곳에 살아야 깊이 생각할 수 있다. 복잡한 곳에서는 깊이 생각하기 어렵다는 것이다.

(10) 유십종좌有十種坐
사자좌師子坐 능설법고能說法故

선생님의 자리에 앉아야 남을 가르칠 수 있다.

(11) 유십종와有十種臥
삼매와三昧臥 신심유연고身心柔軟故

누워서 가만 생각하는 것이 삼매와三昧臥다. 누워 있으면 몸도 마음도 유연해진다. 그래서 데카르트Rene Descartes(1596-1650)는 아침에 가만 누워서 생각을 했다. 누워서 생각하는 것이 가장 편안하다. 일어나 앉아있으면 생각이 벌써 거기에 걸린다. 동남아에 가서 보면 부처님들이 누워있는 부처님들이 많다. 누워서 생각하는 것이 가장 편하게 생각하기 때문이다. 삼매와, 누워서 생각하라는 것이다. 그래야 심신心身이 걸림이 없다.

(12) 유십종소주처有十種所住處
이념혜以念慧 위소주처爲所住處 인법성만고忍法成滿故

언제나 깊이 생각하는 곳이 내가 사는 곳이다. 어디나 생각하는 곳이 내가 사는 곳이다. 산다는 것이 무엇인가. 결국 생각하는 것이 사는 것이다. 물론 과학 하는 사람은 연구하는 곳이 사는 곳이다. 음악 하는 사람은 음악 하는 데가 사는 곳이고 철학 하는 사람은 생각하는 곳이 사는 곳이다. 무엇이나 자기의 소질을 길러가는 데 거기가 자기 사는 곳이다. 생각이 끊어진 데는 사는 곳이 아니다. 그래서 '인법忍法', 진리를 깨닫고 '성만成滿', 부처가 되는 것이다. 어떻게 부처가 되는가 하면 결국 생각하는데서 부처가 된다. 생각하고 생각하다가 더 생각할 것이 없으면 깨닫는 것이다. 생각이다. 생각하고 생각하다가 각覺이 나온다. 생각하고 생각하다가 더 생각할 것이 없으면 그 다음은 각이다. 그러니까 제일 중요한 것이 생각하는 것이다. 이것이 말하자면 철학의 세계, 이성의 세계다. 그런데 과학을 하려면 실험도 해야 되고 그래서 돈이 있어야 된다. 종교라 해도 예배당도 있어야 되고 그래서 하기 힘들다. 음악을 하려 해도 레슨비가 많이 들어 하기 힘들다. 그런데 철학의 세계, 생각하는 것만은 돈이 안 든다. 생각하는 것은 돈이 없어도 되니까 누구나 다 할 수 있는 것이다. 그래서 가장 보편적인 것이다.

(13) 유십종소행처有十種所行處
이파라밀以波羅蜜 위소행처爲所行處 만족일체지지滿足一切智智

불교의 핵심은 파라밀이다. 파라밀이 성불成佛의 방법이다. 바로 먹고, 바로 자고, 바로 깨고, 바로 활동하고 일하는 것이 파라밀이다. 언제나 바로다. 팔정도八正道다. 팔정도나 육파라밀六波羅蜜이나 내용은 같은 것이다.

이상으로 50개가 지났다. 이제 등각等覺과 묘각妙覺 두 가지가 남았다. 그런데「입법계품入法界品」에서 다시 52인을 찾아다니는 이야기가 나온다. 십신十信, 십주十住, 십행十行, 십회향十廻向, 십지十地, 등각, 묘각 52개를 모두 하나하나 사람으로 나타낸 것이다. 그렇게 52인을 만난 다음에야, 그것이 보살도인데, 그러고 나서 53번째 부처를 만난다.

하여튼 이제 50위位가 끝나고 등각, 묘각이 남았다. 새로 비유하자면 등각, 묘각은 날개가 된다. 50은 몸통이고 등각과 묘각이 날개다. 자유라는 말이다. 등각等覺이란 각자覺者, 부처다. 불佛이나 각자나 철인哲人이나 다 같은 말이다. 기독교에서 그리스도라 하는 말은 번역을 하지 않는다. 이처럼 붓다라는 말도 인도말인데 번역하자면 각자라는 뜻이다. 깨달은 사람이다. 등각, 깨달은 사람과 같아졌다. 보현보살, 미륵보살, 문수보살 같은 큰 보살들은 부처나 같은 사람이다. 『화엄경』이라 해도 이것은 모두 그런 보살들의 말이지 석가가 말한 것이 아니다. 석가는 그냥 삼매에 들어가 있는데 보현이니 문수니 이런 보살들이 말하는 것이다. 이런 보살들은 모두 석가와 같은 경지에까지 간 사람들이다. 그래서 등각이라 한다. 그런데 보살원菩薩願, 모든 중생이 다 부처가 되기까지 자기는 부처가 되지 않겠다는 서원 때문에 부처가 안 된 것이다. 그러니까 등각이란 석가의 제자 가운데 석가를 대신할 만큼 큰 제자들이다. 그 다음 묘각妙覺이란 석가 자체를 말한다. 묘각이란 아주 신비한 세계까지 도달했다는 말이다. 쉽게 말하면 신통神通한 사람들이다. 이전에 나온 것인데 다시 한 번 복습한다.

약차보살若此菩薩 동일체불同一切佛 이하의 고以何義故 불명위불不名爲佛 내지불능사乃至不能捨 보살도菩薩道.

만약 이 보살들이 부처님과 꼭 같이 되었는데 왜 불이라 하지 않고 보살이라 하는가? 왜 보살도를 버리지 않는가?

그 이유는 모든 중생들이 다 성불하기까지는 자기는 부처가 되지 않겠다는 소원 때문이다. 그 소원 때문에 자기는 천국에 안 간다는 것이다. 모든 사람을 다 천국에 보내 놓고 맨 마지막에 자기도 천국에 가겠다는 것이다. 그래서 자기는 보살도를 버리지 않는다는 것이다.

차보살且菩薩 이능수습已能修習 거래금세去來今世 일체보살一切菩薩 종종행원種種行願 입지경계入智境界 즉명위불則名爲佛 어여래소於如來所 수보살행修菩薩行 무유휴식無有休息 설명보살說名菩薩.

보살은 이미 모든 수습修習을 끝냈다. 과거, 미래, 현재 일체 보살의 종종행원種種行願으로 지혜의 경계에 들어간즉 부처라 할 수 있다. 그렇지만 보살원 때문에 밤낮 보살행을 실천하고 있다. 그래서 보살이라 한다. 보살이라 하지만 보살은 껍데기요 내용은 부처라는 것이다.

불자佛子 여래지혜如來智慧 무상지혜無相智慧 무애지혜無碍智慧 구족재어具足在於 중생신衆生身中.

여래의 지혜는 무상지혜無相智慧요 무애지혜無碍智慧다. 모습이 없고 걸림이 없는 지혜다. 전지전능全知全能이라는 것이다. 무상이니까 전지요 무애니까 전능이다. 전지전능의 지혜다. 그런데 여래만 그런 것이 아니라 우리 모든 사람들도 다 같다. 우리 모든 사람들에게도 성性이 있지 석가 속에만 성이 있는 것이 아니라는 말이다. 석가 속에 있는 성이나 우리 속에 있는 성이나 다른 것은 아무 것도 없다.

단但 우치중생愚癡衆生 전도상복顚倒想覆 부지불견不知不見 불생신심不生信心.

다만 어리석은 중생은 자기 속에 성이 있다는 것을 모르고 있다. 그러니까 자기 속에 있는 성을 알면 부처다.

아당교피我當教彼 각오성도覺悟聖道 실령영리悉令永離 망상전도妄想顚倒 구박구박垢縛.

그래서 그 사람들로 하여금 자기 속에 성이 있다는 것을 깨닫게 해서 망상 전도 구박 모든 것을 떠나게 한다.

구견具見 여래지혜如來智慧 재기신내在其身內 여불무이與佛無異.

그래서 자기 속에 여래지혜가 있음을 보고 부처와 자기가 다름이 없다는 것을 알게 된다. 부처도 생각할 수 있고 나도 생각할 수 있고 부처도 연구할 수 있고 나도 연구할 수 있다. 부처나 나나 꼭 같다는 그것을 알도록 해주겠다는 것이다. 이런 보살원菩薩願을 사홍서원四弘誓願이라 한다.

"중생무변서원도衆生無邊誓願度", 모든 중생들을 다 구원했으면 좋겠다.
"번뇌무진서원단煩惱無盡誓願斷", 모든 번뇌를 다 끊었으면 좋겠다.
"법문무량서원학法門無量誓願學", 모든 법문을 다 배웠으면 좋겠다.
"불도무상서원성佛道無上誓願成", 모든 불도를 다 완성했으면 좋겠다.

이상의 사홍서원은 절간에서 밤낮 외는 것이다. 기독교의 주기도문 같은 것이다. 간단하지만 그 속에 모든 것이 다 들어있다. 사홍서원의 이 넷은 아까 말한 바로 먹고 바로 자고 바로 깨고 바로 일하는 것이다. 어떻게 그렇게 되는지 여러분이 맞춰보는 것도 좋겠다. 무엇이 중생을 구원하는 것인지 무엇이 번뇌를 끊는 것인지 그것을 잘 생각해

보면 그것들이 다 바로 먹고 바로 자고 바로 깨고 바로 일하는 것이라고 알게 될 것이다. 그러니까 이것들은 우리가 실천해야 되는 것이다. 그래서 보살도라 한다. 말을 하면 서원이지만 그 원이라는 것은 우리가 매일매일 실천하는 것이지 그냥 소원이 아니다. 바로 먹고 바로 자고 바로 깨고 바로 일하면 이것이 완성이 된다. 완성이 되면 그것을 우리는 부처라 한다. 그러니까 바로 먹고 바로 자고 바로 깨고 바로 일하면 그것이 부처지 부처라고 따로 있는 것이 아니다.

2002. 10. 6.

이세간품 강해(7)

38.8 등각等覺

등각인데 각覺이나 관觀이나 같은 말이다. 남이 다 보지 못하는 것을 보는 것이 관이다. 보통 사람들은 모르지만 의사만 혼자서 병을 알 수 있다는 그것이 관이다. 그래서 보통 꿰뚫어 본다고 한다. 과학자니 철학자니 예술가니 그런 사람들은 모두 보통 사람들이 보지 못하는 것을 꿰뚫어 보는 그런 특별한 지혜가 있다는 것이다.

(1) 유십종관찰有十種觀察
득지혜관찰得智慧觀察 여리설법고如理說法故

지혜관찰智慧觀察을 얻어서 이치에 맞는 설법을 한다. 지혜관찰이란 과학적인 지혜, 철학적인 지혜, 종교적인 지혜, 예술적인 지혜, 그런 특별한 지혜를 얻어서 보는 것이다. 이치를 보는 것이다. 그래서 "여리설법如理說法"이다. 이치에 맞게 설법을 하는 것이다. 보통 사람이 보면 지구는 가만히 있고 태양이 도는 것처럼 보이는데 과학자들은 태양이 가만히 있고 지구가 돈다고 한다. 과학이라면 과학적인 이치에 의해서 설명하는 것이다. 철학이라면 철학적인 이치로 설명한다. 종교나 예술도 마찬가지다. 그러니까 전문가들이 보는 것이다. 그것이 지혜관찰이다.

(2) 유십종보관찰有十種普觀察
보관일체普觀一切 제불지법諸佛之法 속득성취速得成就 일체지고一切智故

이것은 종교적인 이야기다. "보관일체普觀一切 제불지법諸佛之法", 종교에서는 모든 선생님들이 말하는 모든 말씀들을 꿰뚫어보는 것이다. 불교라면 결국 밤낮 하는 소리가 유심연기唯心緣起, 불불, 이실법계리實法界라는 것이다. 유교라면 무극無極, 태극太極, 양의兩儀다. 기독교로 말하면 성부, 성자, 성령이다. 이렇게 모든 종교는 말하고자 하는 무엇이 하나 있다는 것이다. 그것을 다 꿰뚫어 보는 것이다. "속득성취速得成就 일체지고一切智故", 그래서 그 하나만 알면 일체를 다 알게 된다. 우리가 기독교를 하나 아니까 『화엄경』도 아는 것이지 기독교를 모르면 『화엄경』을 알 이치가 없다. 하나를 알면 다른 것은 저절로 다 알게 되는 것이다.

(3) 유십종분신有十種奮迅
용건분신勇健奮迅 능어생사대전진중能於生死大戰陣中 최멸일체번뇌원고摧滅一切煩惱怨故

'분신奮迅'이란 사자가 떨치고 일어선다는 것이다. 괴로운 세상에서 어떻게 세상을 벗어나는가 할 때 "용건분신勇健奮迅"이다. 용감하게 사자처럼 떨치고 일어서는 것이다. 그래서 번뇌와 싸워 이기고 마는 것이다. 무엇이나 잘못이다 하면 용감하게 끊어야 한다. 그런데 제일 어려운 것이 의지를 강하게 하는 일이다. 의지를 강하게 하리만큼 아는 것, 그것을 진리라 한다. 의지를 강하게 만들어서 용건분신하게 하는 것이 진리다. 지혜관찰이 진리다. 지혜관찰이 되어야 용건분신이 되지 지혜관찰이 안 되면 용건분신이 안 된다. 지가 보통 지가 되어서는 의지가 움직여지지 않는다. 보통 지를 넘어서야 용건분신이 되는데 그래서 그것을 각覺이라 한다. 의지를 움직이게 하는 보통 지를 넘어선 지, 그것을 각이라 한다. 보통 지를 넘어서야 의지가 움직인다. 쉽게 말하여 지행일치知行一致다. 행을 일으키는 것이 진정한 지다. 진정한 지 그것을 진리라 하기도 하고 각이라 하기도 한다. 행이 나오게 하는, 힘이 나오게 하는 빛이 진리다. 그래서 힘이 나오게 알아야 된다. 자기 의지를 강하게 만드는 지혜, 이치, 그것을 우리는 진리라 한다. 진리가 별다른 것이 아니다. "진리가 너희를 자유롭게 하리라." 진리에서 의지가 나온다는 말이다. 의지, 곧 행동을 일으키는 지혜, 그것이 진리다. 자유라는 것은 행이고 진리라는 것은 지다. 행을 일으키는 지, 그것이 진짜 지다. 그래서 왕양명王陽明(1472-1528)은 그것을 양지良知라 한다. 용건분신해서 일체 번뇌를 없이해야 된다. 그런데 의지박약이 되면 아무리 공부해도 쓸데가 없다. 박사가 된다고 의지가 강해지는 것이 아니다. 조금 알아도 의지를 일으키는 지혜, 이것이 중요하다. 그래서 지행일치라 한다. 그것을 할 수 없이 각이라 하기도 하고 진리라 하기도 하고 여기서는 보관普觀이라 지혜관찰이라 그런 말을 하는 것이다.

(4) 유십종사자후有十種師子吼
창언唱言 아당필정성정등각我當必定成正等覺 시보리심대사자후 是菩提心大師子吼

그래서 나는 꼭 정등각正等覺을 이루겠다고 자신 있게 말하는데 그렇게 큰 소리 치는 것이 사자후라는 것이다.

(5) 유십종청정시有十種淸淨施
평등시平等施 불간중생고不揀衆生故

5번부터 10번까지는 육파라밀이다. 등각이나 묘각이나 다 핵심은 육파라밀이다. 육파라밀이란 건너간다는 것이니까 의지의 세계다. 행의 세계다. 행의 세계가 없이는 아무 것도 안 된다. 그저 알아야 쓸데 없는 것이고 행이 나와야 그것을 우리가 안다고 한다. 행이 안 나오면 안 되니까 자꾸 육파라밀을 말하는 것이다.

청정시淸淨施, 보시인데 누구에게나 다 꼭 같이 하는 평등시平等施다. "불간중생不揀衆生", 중생을 구별하지 않는 것이다.

(6) 유십종청정계有十種淸淨戒

신청정계身淸淨戒 호신삼악고護身三惡故

청정계淸淨戒로 삼악三惡을 멀리한다. 삼악이란 살도음殺盜姪이다. 사람은 삼악에서 벗어나야 사람이다. 이것은 지계持戒다.

(7) 유십종청정인有十種淸淨忍
불생에해청정인不生恚害淸淨忍 기심부동고其心不動故

진에瞋恚는 화내는 것인데 달리 말하면 불평불만이다. 언제나 사람은 자득自得하고 만족해야지 불평불만은 좋지 않은 것이다. 남에게 화를 내는 것도 나쁘고 불평불만을 가지는 것도 나쁘다. 화는 인간관계를 해치는 것이고 불평불만은 자기를 해치는 것이다. 불평불만은 아직도 자기가 덜 되었다는 것이다. 자기가 무르익으면 만족한 것이다. 설익었을 때 불평불만이 많은 것이다. 그러니까 내가 불평불만이 있는가 없는가를 보고 자기가 익었나 설었나를 알 수 있다. 익은 사람이라면 언제나 불평불만이 없이 자득하고 만족한 것이다. 설었으니까 불평하고 다른 사람에게도 해를 끼치는 것이다. 그런데 무르익으면 불평불만이 없어지고 화가 없어진다. "기심부동고其心不動故", 그 마음이 흔들리지 않는 것이다.

(8) 유십종청정정진有十種淸淨精進
신청정정진身淸淨精進 승사공양承事供養 제불보살諸佛菩薩 급제사장及諸師長 존중복전尊重福田 불퇴전고不退轉故

정진精進이다. 자기 하는 일에 열을 내는 것이 정진이다. 자기 하는 일에는 반드시 선생님도 있고 친구도 있다. "제불보살諸佛菩薩"이다. 또 다른 말로 하면 모든 어른들이다. 그런 사람들을 존중하면 저절로 자기가 복을 받게 되는 것이다. 모든 사람들의 도움을 받게 되는 것이다. 그래서 자기의 하는 일에 더욱 열심을 내게 된다. "불퇴전不退轉"

이다.

(9) 유십종청정선有十種淸淨禪
득진선우청정선得眞善友淸淨禪 시교정도고示敎正道故

혼자서 참선하기는 어려우니까 친구들과 함께 한다. 참선을 요새로 말하자면 연구하는 일이다. 공동으로 연구하는 것이다. 동지를 만나서 같이 책도 읽고 연구도 하고 논문도 내고 그렇게 하는 것이 좋다는 것이다. 그렇게 가르침을 받아서 바른 길로 가게 되는 것이다.

(10) 유십종청정혜有十種淸淨慧
일념상응금강지一念相應金剛智 요일체법평등청정혜了一切法平等淸淨慧 득일체법최존지고得一切法最尊智故

지혜다. 결국 금강지金剛智라는 것이다. 의지를, 행을 일으킬 수 있는 지혜가 금강지다. 금강에서 '금金'은 빛난다는 것이요 '강剛'은 강하다는 것이다. 힘을 가진 지혜다. 의지를 일으킬 수 있는 지혜를 가져야 된다. 그러려면 이치에 맞는 지혜를 가져야 된다. 진리를 가져야 자유롭게 되는 것이다. 금강지가 자유라면 평등지平等智는 진리다.
다음은 자비희사慈悲喜捨라는 사무량四無量이다. 사랑도 무량하고 남의 고통을 덜어주는 '비悲'도 무량하고 기쁨도 무량하고 남을 도와주는 것도 무량하다.

(11) 유십종청정자有十種淸淨慈
능지해탈청정자能至解脫淸淨慈 보사중생普使衆生 제멸일체제번뇌고除滅一切諸煩惱故

어떤 사랑이 가장 큰 사랑인가. 다른 사람을 해탈하게 해주는 사랑이 가장 큰 사랑이다. 그래서 보시 가운데 가장 큰 보시가 법보시法布施

라 한다. 올바른 이치를 가르쳐서 다른 사람으로 하여금 고통에서 벗어나게 해주는 것이다. 모든 번뇌, 고통, 고민에서 벗어나게 해주는 것인데 그것이 곧 진리라는 것이다.

(12) 유십종청정비有十種淸淨悲
무피염청정비無疲厭淸淨悲 대일체중생수고代一切衆生受苦 불이위노고不以爲勞故

다른 사람의 고통을 덜어주는 사랑을 '비悲'라 한다. 다른 사람의 고통을 덜어주는 일을 하는 데 조금도 싫어하거나 피로하다는 것이 없다. 다른 사람을 위해서 대신 고통을 받는 것이다. 남의 고통을 덜어주려고 자기가 대신해서 고통을 받는다. 기독교에서는 이것을 십자가라 한다. 그래서 그것을 수고롭게 생각지 않는다. 기뻐서 한다는 말이다.

(13) 유십종청정희有十種淸淨喜
견일체불見一切佛 공경공양恭敬供養 무유염족無有厭足 법계평등청정희法界平等淸淨喜

선생님을 만나서 선생님을 존경하여 조금도 싫어하지 않고 그래서 진리의 세계를 알 수 있게 되어 기쁘다. 기쁨이란 진리를 깨닫는 것이 제일 기쁜 것이다. 진리는 어떻게 깨닫는가 하면 선생님을 만나서 진리를 깨닫는 길밖에 없다. 그래서 "견일체불見一切佛 공경공양恭敬供養"이라 한다.

(14) 유십종청정사有十種淸淨捨
일체중생一切衆生 공경공양恭敬供養 불생애착청정사不生愛着淸淨捨

모든 사람을 다 꼭 같이 사랑하지 누구만 특별히 사랑한다는 그런 것이 없다. 그것이 소위 "불생애착청정사不生愛着淸淨捨"라는 말이다.

(15) 유십종의有十種義
다문의多聞義 견고수행고堅固修行故

올바른 말을 많이 들어야 된다. 듣고 또 듣고 하는 동안에 자꾸 굳어지는 것이지 한두 번 들어서는 잘 안 된다는 것이다. 올바른 말을 자주 들어야 의지가 강하게 된다.

(16) 유십종법有十種法
이욕법離欲法 일체탐욕개단고一切貪欲皆斷苦

법이란 내 욕심을 떠나게 해주는 것이다. 탐욕을 끊게 해주는 것이다.

(17) 유십종복덕조도구有十種福德助道具
권중생기보리심勸衆生起菩提心 시보살복덕조도구是菩薩福德助道具 부단삼보종고不斷三寶種故

모든 중생들에게 자꾸 권해서 좋은 마음을 일으키게 한다. 그래야 모두 복을 받게 된다. 복을 받게 되는데 도움을 주는 도구가 된다. 다른 사람들에게 이렇게 살아야 된다 하고 자꾸 가르쳐 주는 것, 그래서 좋게 살 수 있는 마음을 일으켜 주는 것, 그것이 소위 "기보리심起菩提心"이라는 말이다. 그래서 모든 사람이 복을 받게끔 도움을 주는 것, 그것이 "복덕조도구福德助道具"다. 그래야 "부단삼보종不斷三寶種"이다. 삼보三寶란 불법승佛法僧이다. 그래야 계속 불법승이 되지 그렇지 않으면 계속되지 않는다는 것이다. 불佛은 선생님, 법法은 진리, 승僧은 친구들이다. 선생님도 필요하고 진리도 필요하고 친구도 필요하다. 우리가 『화엄경』을 배운다 하면 『화엄경』이 법이고 『성경』을 배운다

하면 『성경』이 법이다. 우리가 배워야 되는 것이 다 법이다.

(18) 유십종지혜조도구有十種智慧助道具
　친근다문진선지식親近多聞眞善知識 공경공양恭敬供養 존중예배尊重禮拜 종종수순種種隨順 불원기교不遠其敎

언제나 자기보다 많이 아는 사람과 가까이 지내야 된다. 그래서 그 사람을 존경하고 그 사람을 예배하고, 즉 만나면 인사하고, 그래서 "종종수순種種隨順", 그 사람의 말을 잘 좇고, "불원기교不遠其敎", 그 사람의 가르침을 멀리하지 않는다. 열심히 배우자는 말이다.

(19) 유십종명족有十種明足
　이전도견명족離顚倒見明足

"이전도견離顚倒見", 자기의 잘못된 생각을 떠나게 해주는 선생님을 좇아가는 것이 명족明足이다. 발이 선생님을 좇아가야 되는데 즐겁게 좇아가면 그것이 명족이다.

(20) 유십종구법有十種求法
　정진구법精進求法 원리해만고遠離懈慢故

옳은 말을 자꾸 좇아간다. 그래서 태만하지 말고 열심을 내서 좇아가야 된다.

(21) 유십종명료법有十種明了法
　득무애불괴신得無碍不壞信 각법자성覺法自性 시수신행인是隨信行人 명료법明了法

깨뜨릴 수 없는, 걸림이 없는 믿음을 가져야 된다. 그래야 자기의 본성을 깨닫게 된다. 이렇게 되어야 믿음과 행함이 일치하는 사람이 된다. 그것이 진짜 진리를 깨닫는 것이다.

결국 "각법자성覺法自性"으로 "신행인信行人"이 되어야 한다는 말이다.

(22) 유십종수행법有十種修行法
공경존중恭敬尊重 제선지식수행법諸善知識修行法

자기 선생님을 공경하고 좇아서 그 말씀대로 실천한다.

(23) 유십종마有十種魔
삼매마三昧魔 구탐미고久耽味故

악마는 무엇이고 부처는 무엇인가. "삼매마三昧魔", 삼매에 빠져도 안 된다. 삼매에 빠지면 일생 앉아있고만 싶어 한다. 그것이 '마魔'다. 앉아있는 것이 그만 기분이 좋아지면 밤낮 앉아있고 싶어진다. 앉아있는 것은 하나의 수단이다. 조금이라도 앉아있다 깨달음이 있으면 일어서는 것이지 밤낮 앉아있는 것이 아니다. 시골에서 서울로 공부하러 와서 공부하고는 시골로 돌아가지 않고 서울에 눌러 앉는다. 그래서 자꾸 서울만 커진다. 사실은 시골로 돌아가서 시골을 서울처럼 만들어야 된다. 그런데 사람이란 그렇게 안 되고 가서 그만 주저 앉게 되기 싶다. 그런 것을 삼매마라 한다. 참선에 그만 중독이 되는 것이다. 선善에 중독이 되나 악惡에 중독이 되나 마찬가지다. 눈 속에 돌가루가 들어가나 금가루가 들어가나 마찬가지다. 둘 다 나쁜 것이지 금가루라 해서 좋은 것이 아니다. 그런데 보통 잘못 생각하면 금가루가 들어가면 좋은 것이라 생각하게 된다. 가만 참선하기 시작하면 그만 거기에 붙잡혀서 일생 그렇게 산다. 일생 참선만 하다가 마는 사람도 많다. 참선은 하나의 수단이 되어야지 그것이 목적이 되면 안 된다. 삼매마, 좋은 말이다. 공부도 마찬가지다. 공부하는 데 재미를 붙이면 공부만 하다 죽는다. 그것도 하나의 수단에 붙잡혀 죽는 것이나 마찬가지다. 무엇이건 거기에 붙잡히면 안 된다. 빠지면 안 된다. 불교에서 제일 좋은 것이 공空이라 하는데 그 공에도 빠지면 안 된다. 공에 빠지면 그것을 침공沈空이라 한다. 무엇이나 빠지면 안 된다. 거기에서 벗어나야 된다. 삼매에 맛을 붙이면 그만 거기에 붙잡히고 만다. 담배에 맛을 붙이다 보면 거기에 중독이 되고 만다. 무엇이나 중독이 되면 안 되는데 사람은 이렇게 무엇이나 중독이 되는 버릇이 있다. 안주하려는 버릇이 있다. 그런데 거기에 안주하면 안 되고 언제나 다시 목적을 찾아야 된다. 달을 보아야 되는데 달은 보지 않고 손가락만 들여다보는 수가 많다. 그래서 언제나 달을 봐야지 손가락을 보지 말라고 한다. 선생한테도 붙잡히면 안 된다. 선생도 수단이고 손가락이지 목적이 아니다. 교회에 다니는 것도 마찬가지다. 교회다니는 것에 맛을 붙이면 일생 교회에만 다니다 만다. 무엇이건 마찬가지다. 수단에 붙잡히면 목적은 달성하지도 못하고 일생을 마치는 수가 많다. 그래서 언제나 다시 한 번 내 목적이 무엇인지 그것을 찾아보아야 된다. 다음에 나오는 묘각이라는 것이 그것이다. 목적이 무엇인지 그 목적을 다시 한 번 확인하고 살아가는 그것이 묘각이다.

삼매마, 삼매에 빠지면 안 된다. 삼매에 빠지고 말면 일생 깨나지 못하고 만다.

(24) 유십종마업有十種魔業
비방정법誹謗正法 불락청문不樂聽聞 가사득문假使得聞 변생훼자便生毁呰 견인설법見人說法 불생존중不生尊重 언자설시言自說是 여설실비餘說悉非 시위마업是爲魔業

정법을 비방하든지 정법을 듣는 것을 좋아하지 않든지, 듣는다 해도 거기에 또 무슨 조건을 붙인다. 불평을 하는 것이다. 사람이 설법하는 것을 보고도 그것을 별로 존중하지도 않고 자기 말만 옳다고 하고 다른 말은 다 틀렸다 한다. 그것을 마업魔業이라 한다. 악마란 별 것이 아니라 자기만 잘났다고 하는 것이 악마라는 말이다.

(25) 유십종사리마업有十種捨離魔業
귀의시방일체제불歸依十方一切諸佛 기구호상起救護想

모든 부처님에게 귀의해서, 모든 부처님을 믿고 좇아가는 것이다. 그래서 다른 사람들을 일으켜 세워야겠다는 그런 생각을 해야 된다.

(26) 유십종견불有十種見佛
업보불業報佛 심신견深信見

오랫동안 수양을 해서 부처가 되는 것이다. 그래야 큰 믿음에 들어갈 수 있다.

(27) 유십종불업有十種佛業
수시개도隨時開導

때때로 자꾸 인도해 가야 된다는 것이다.

(28) 유십종만업有十種慢業
호기과만好起過慢 자고능물自高陵物 불견기실不見己失 부지자단不知自短

자꾸 자기가 잘났다는 생각이 일어나 자기를 높이고 남을 깔보는 것이다. 그래서 자기의 과실은 보지 않고 자기의 단점은 모른다.

(29) 즉득십종지업則得十種智業
불사보리심不捨菩提心 상념제불常念諸佛

보리심을 버리지 않고 항상 모든 부처님을 생각한다.

(30) 유십종마소섭지有十種魔所攝持
해태심懈怠心

마귀에 잡혀있다는 것이 무엇인가 하면 해태심이다. 자꾸 게으르게 되는 것이다.

(31) 득십종불소섭지得十種佛所攝持
관심심법觀甚深法 득무량과得無量果

심심법甚深法을 알아야 무량과無量果를 얻는다. 무량과를 얻는다는 말은 행의 세계로 들어간다는 것이다. 그것이 "불소섭지佛所攝持"다. 부처님에게 붙잡힌 것이다. 진리를 깨닫고 자유를 얻은 것이 "불소섭지"라는 말이다.

(32) 유십종법소섭지有十種法所攝持
지부정사유고知不正思惟故 기어무명起於無明 무명기고無明起故 내지노사기乃至老死起 부정사유멸고不正思惟滅故 무명멸無明滅 무명멸고無明滅故 내지노사멸乃至老死滅 법소섭지法所攝持

법에게 붙잡혔다는 것은 무엇인가. 생각을 잘못해서 눈이 멀게 되었고 눈이 멀었기 때문에 고통에 빠지게 되었다. 그러니까 생각을 바로 하면 눈을 뜨게 되고 눈을 뜨게 되면 고통에도 빠지지 않게 된다. 그런 것을 법에 안 붙잡혔다고 한다.
　이상으로 등각等覺이 끝나고 이제 묘각妙覺으로 들어간다.

2002. 10. 13.

이세간품 강해(8)

38.9 묘각妙覺

묘각의 내용을 죽 보게 되면 그 내용은 석가에 대한 이야기다. 묘각을 한 사람이 누구인가 하면 석가다. 묘각이란 최고의 깨달음이다. 신비한 깨달음이다. 최고의 깨달음이라 할 때 거기에는 반드시 신비가 달라붙는다. 신비가 없이는 최고의 깨달음이란 없다. 언제나 유심연기唯心緣起라야 불佛이 되지 그렇지 않으면 안 된다. 그래서 최고나 신비라는 말이나 같은 말이다. 『주역周易』으로 말하면 "궁신窮神 지화知化 성덕盛德"이다. 최고의 깨달음이 되어야 행의 세계로 넘어간다. 최고의 '지知'가 되어야 '화化'가 나온다. 이렇게 한 번 거듭난다는 것이 있어야 된다. 거듭난다는 말은 행의 세계로 들어간다는 말이다. 그렇게 되려면 반드시 궁신이 되어야 한다. 깊이 파고 들어가야 된다. 그래서 신비를 느끼게 되어야 한다. 신비를 느낀다거나 영감을 느낀다거나 그런 세계가 나오게 된다. 말하자면 절대 세계가 되는 것이다. 절대에 부딪혀야 내가 변화가 되지 절대에 부딪히지 않으면 내가 변화가 안 된다. 그래서 언제나 최고와 신비가 일치하는 것이다. 그것을 '묘妙'라고 한다.

일가부좌一跏趺坐 편만시방遍滿十方 일체세계一切世界

한 번 가부좌 하고 앉으면 일체 세계에 꽉 찬다. 한 번 앉으면 일즉일체一卽一切가 되는 것이다. 요새 아시안 게임을 하는데 거기서 선수가 금메달을 하나 따면 그것은 개인의 문제가 되지 않고 국민 전체의 금메달이 된다. 한 선수가 금메달을 따면 우리 국민 모두가 기쁜 것이다. 일즉일체다. 그 선수와 내가 유기체有機體가 된다. 금메달을 따야 유기체가 되지 은메달이면 안 된다. 우리가 어렸을 때 손기정孫基禎 선수가 베를린 올림픽에 가서 금메달을 따니까 온 국민이 얼마나 기뻐했는지 모른다. 손기정이 일본 깃발을 달고 마라톤을 했는데 그것을 동아일보에서 태극기로 고쳤다. 신문 조판이 다 된 후 찍기 바로 전에 청전靑田 이상범李象範 화백이 인쇄실에 들어가서 태극기로 그려서 고쳤다. 그래서 다음날 신문에 태극기를 단 손기정 선수가 나왔다. 그것을 본 총독부에서 모든 동아일보 신문을 거두어 불사르고 말았다. 그것 때문에 청전은 2년 동안 감옥살이를 했고 관련 기자들은 모두 쫓겨나고 수난을 당했다. 하여튼 그런 수난을 겪었지만 그때의 기쁨이란 이루 말할 수 없이 기뻤다. 손기정 선수 하나가 국민 전체를 기쁘게 만든 것이다. 이런 것을 일즉일체라 사차원의 세계라 한다. 요새야 금메달이 많으니까 별로 크게 여기지 않지만 그때 손기정 선수의 금메달은 정말 대단한 것이었다. 일즉일체다. 석가가 금메달을 딴 것이다. 그래서 온 세계가 온 인류가 기쁨에 꽉 차게 된 것이다. 예수 한 사람이 십자가에 매달리는 순간에 온 인류의 죄가 다 없어졌다. 이것이 일즉일체라는 사상이다. 그런데 일반의 보통 사람이 십자가에 달렸다 하면 그것은 아무 것도 안 된다. 그리스도가 십자가에 달려야 일즉일체가 되지 다른 사람은 절대 안 된다. 그런 것이 중요하다. 그리스도가 십자가에 달릴 때 "편만시방遍滿十方 일체세계一切世界"가 다 구원을 받게 된다. 석가가 한 번 딱 가부좌를 하고 앉아서 진리를 깨닫게 되니까 "편만시방 일체세계", 온 인류가 깨닫게 되는 것이다.

일발언음一發言音 실능연설悉能演說 일체불법一切佛法

한마디만 하면 모든 불법을 다 말하게 된다. 십자가 하면 그것이 기독교의 다다. 더 말하지 않아도 그 속에 다 들어간다. 한마디 속에 모든 이치가 다 들어간다. 다 같은 이야기다.

방일광명放一光明 실능보조悉能普照 일체세계一切世界

진리니 지혜니 모두 빛으로 비유한다. 한 번 반짝하면 온 세계가 다 밝아진다.

일신실능一身悉能 현일체신現一切身 불리본처不離本處 실편시현 悉遍示現 일체세간一切世間.

예수 하나가 십자가를 지면 온 인류가 다 십자가를 지는 것이다. 근본을 떠나지 않고서 모든 곳에 다 임한다. 뿌리 하나가 든든하면 모든 나뭇가지들이 다 든든하다. 일즉일체다. 석가가 '일一'이라는 것이다. 석가가 일이니까 인류가 '일체一切'다. 석가가 일이 안 되면 일체가 되지 않는다. 이것이 소위 종교의 개조開祖라는 것이다. 유기체라는 한 몸이 되는 것이다. 연기緣起라는 것이 그것이다. 이것이 살면 저것이 살고 이것이 죽으면 저것이 죽는다. 이렇게 한 몸이라는 사상이 연기라는 사상이다. 그러니까 이것은 보통 사람 가지고는 안 된다. 보통 사람을 넘은 특별한 사람 하나가 나와야 전체가 이렇게 된다. 일즉일체다.

비여여의보譬如如意寶 수만일체원隨滿一切願

여의보如意寶는 모든 뜻에 맞는 최고의 보물이다. 최고의 보물이라 할 때 언제나 금강석을 들고 나오는데 여의보, 그것 하나만 있으면 모든 원이 다 풀리게 된다. 집도 사고 논도 사고 밭도 사고 다 풀리게 된다.

약유소구자若有所求者 개실만기의皆悉滿其意

그것을 붙잡는 사람은 다 만족하게 된다. 그렇게 모든 사람을 다 만족할 수 있게 하는 것을 여의보라 한다. 여의보를 또 달리 여의주라 마니주라 하기도 한다.

보왕불생념寶王不生念 아요익세간我饒益世間

그런데 그 보왕寶王은 자기가 세상을 도와준다는 그런 생각을 절대 하지 않는다. 거저 준다는 것이다. 진리는 언제나 거저 주는 것이지 무슨 돈 받고 주는 법은 없다. 태양은 언제나 거저지 돈 받는 법이 없다. 전기 값이나 받지 태양 값은 받지 않는다. 언제나 거저다.

소공덕중생小功德衆生 불견차보왕不見此寶王

자기의 소견이 좁은 사람은 이런 하나님의 사랑을 보지 못한다. 하나님은 다 거저 주는데 마음이 좁은 사람들은 그것을 보지 못한다. 그러니까 그것은 사람의 책임이지 하나님의 책임이 아닌 것이다.

제불여래법신諸佛如來法身 평등편일체처平等遍一切處

제불의 여래법신은 "평등편일체처平等遍一切處", 이것도 같은 말이다.

무유작의고無有作意故 이설자연而說自然

"무유작의無有作意", 작의가 없다. 애쓰고 노력하는 그런 것이 없다. 전에 "무유공덕無有功德"이란 말도 나왔다. 무슨 애쓰고 그런 것이 없다. 애쓰고 노력하는 그런 것이 없으니까 그것을 자연自然이라 한다. '저절로'라 한다. 무슨 공덕이 있다거나 그러면 안 된다. 노자老子는 이런 것을 무위자연無爲自然이라 한다. "무유작의", 『화엄경』의 이런 말 한 마디가 노자와 통하는 말이다. 무위자연이다. 무위란 더할 나위가 없는 것이 무위다. 더할 나위가 없다는 말은 최고라는 말이다. 최고가 무엇인가 하면 그것이 자연이다. 비행기를 어떻게 하면 최고로 만들 수 있는가. 독수리처럼 만들어야 된다. 딱 맞어 있을 수도 있고 올라갈 수도 있고 내려갈 수도 있고 이렇게 되어야 한다. 그런데 지금 아무리 잘 만들어도 독수리처럼 그렇게 되지 않는다. "무공덕無功德", 더할 나위없이 되는 것, 그것이 자연이다. 최고가 되어야 그것이 자연이다. 이 말은 또 "아누다라삼먁삼보리阿耨多羅三藐三菩提"나 같은 말이다. "아누다라阿耨多羅"는 최고라는 뜻이다. "삼먁삼보리三藐三菩提"는 지혜다. 그러니까 최고의 지혜가 "아누다라삼먁삼보리"다. 그것이 자연이다. 최고의 지혜가 자연이다. 석가의 지혜도 최고의 지혜까지 도달했다는 말이다. 그것은 사람의 힘으로 된 것이 아니다. 기독교로 말해서 그것은 하나님의 지혜지 사람의 지혜라고 할 수가 없는 것이다. 불교에서는 하나님이란 말을 하지 않으니까 석가의 지혜, 그것은 자연이지 석가의 인력으로 되는 것이 아니라는 것이다. 달리 말하면 석가란 하나의 신비의 인물이지 무슨 노력해서 그렇게 된 것이 아니라는 말이다. 그러니까 자꾸 '묘妙'라는 말이 붙는다. 최고요 신비라는 것이다.

그래서 석가는 도솔천兜率天에서 나왔지 어머니 뱃속에서 나온 것이 아니라고 한다. 가도 도솔천으로 가지 무덤으로 가는 것이 아니라고 한다. 신비의 세계지 사람의 힘으로 되는 세계가 아니다. 사차원의 세계라는 것이다. 사실 그렇게 되어야지, 사람이 그런 세계에 가야, 절대의 세계에 가야, 궁신이 되어야, 하나님께 부딪혀야 그리스도가 되지 하나님께 부딪히지 않으면 그리스도가 될 이치가 없는 것이다. 반드시 "궁신窮神 지화知化 성덕盛德"이다. 궁신이 없이는 안 되는 것이다. 반드시 절대라고 하는 세계에 부딪혀야 된다. "일도출생사一道出生死"다. 절대에 부딪히지 않으면 출생사가 되지 않는다. 그러니까 '묘妙'라고 하는 것은 궁신이고 궁신이면서 그것이 최고요 또한 자연이고 지혜. 사람의 힘으로 어떻게 할 수 없는 그런 높은 경지가 되는 것을 우리는 사차원이라 한다. 여기서 50킬로를 뛰었느니 60킬로를 뛰었느니 하는 것은 3차원이다. 광속으로 달려야 이것이 사차원의 세계지 몇 십 킬로 이런 것을 가지고는 안 되는 것이다. 사람이 한 번 광속으로 달리는 그 순간에 일가부좌一跏趺坐, 이렇게 되지 그것이 없으면 안 되는 것이다. 하나님께 부딪혀야 일도一道라든가 일좌一坐라든가 그런 것이 되지 그렇지 않으면 안 되는 것이다. 절대의 경지까지 가야지 그렇지 않으면 안 된다. "무유작의고無有作意故 이설자연而說自然", 중요한 말이다. 『화엄경』과 노자가 연결되는 그런 말이다.

단但 의중생심依衆生心 현중생심자現衆生心者 유여어경猶如於鏡

절대의 세계는 절대인데 중생심이라는 상대세계가 중생을 받아들이지 못하고 "의중생심依衆生心"으로 해서 "현중생심現衆生心"이 되는 것이다. 그것은 마치 거울과 같다.

경약유구鏡若有垢 색상불현色像不現 중생심유구衆生心有垢 법신불현法身不現.

거울에 먼지가 꽉 차 있으면 얼굴이 제대로 비치지 않는다. 중생의 마음에 먼지가 꽉 끼면 진리의 세계가 나타나지 않는다. 요는 태양이 문제가 아니라 거울이 문제라는 것이다. 빛은 꼭 같이 나오는 것인데 그 빛을 받아서 비추는 거울에 따라 밝기도 하고 흐리기도 하는 것이다. 중생심이 언제나 문제라는 것이다. 중생심을 보통 망심妄心이라 한다. 석가의 마음은 진심眞心이다. 진심이 되면 환한 거울처럼 되는데 거울에 먼지가 꽉 끼면 문제가 된다. 태양은 하등 문제가 없는 것이다. 중생심이라는 거울이 언제나 문제다. 하나님의 사랑에는 아무 문제가 없는데 사람의 마음은 하나님의 사랑을 전혀 모르기도 하고 조금 알아야 시원치 않게 알고 그래서 사람의 마음이 언제나 문제라는 것이다. 이것이 말하자면 불교의 논리라 할 것이다.

38.9.1 보살菩薩 주도솔천住兜率天 십종소작업十種所作業

주도솔천住兜率天 입삼매入三昧 명광명장엄名光明莊嚴 신방광명

身放光明 편조삼천대천세계遍照三千大千世界. 수중생심隨衆生心 이
종종음以種種音 이위설법而爲說法 중생문이衆生聞已 신심청정信心
淸淨. 명종명終 생어도솔천중生於兜率天中 권기령발보리지심勸其令
發菩提之心.

  도솔천에서 광명장엄光明莊嚴의 삼매에 들었는데 몸에서 빛이 나와
온 세계를 가득 채웠다. 중생심에 따라 여러 가지로 설법을 했는데 중
생들은 그것을 듣고 믿는 마음이 청정하게 되었다. 명命이 끝난 다음
에는 도솔천에 태어나서 그 중생들로 보리심을 일으키도록 권한다.
  도솔천에서 와서 다시 도솔천으로 가는 것이다. 이 사람들의 생각은
죽음이란 없다는 것이다. 도솔천에서 왔다가 도솔천으로 가는 것뿐이
다. 변화가 있는 것뿐이다. 도솔천에서 살다가 이 세상에 와서 살고 이
세상에서 살다가 또 도솔천으로 간다. 죽음이 없다는 것이다. 모든 종
교는 한마디로 죽음이 없다는 것이다. 인도의 『베다Veda』, 『우파니샤
드Upanishad』, 불교, 모두 다 죽음은 없다는 것이다. 왔다 가는 것이
지 났다 죽는 것이 아니라 한다. 났다가 죽는 것은 윤회輪廻라 한다.
죽었다 태어나고 또 죽었다가 태어나는 이것은 윤회다. 그런데 부처가
되면 윤회라는 것이 없다. 그냥 왔다가 가는 것이다. 윤회를 벗어나면
부처다. 윤회는 번뇌에서 나오는 것이니까 번뇌를 벗으면 그것이 부처
다. 힌두교와 불교의 차이가 이것이다. 힌두교는 계속 윤회를 한다는
것인데 거기서 벗어나자는 것이 불교다. 불교는 윤회를 벗어나자는 것
이지 윤회 속에서 좋은 데 살겠다는 것이 아니다. 그래서 출생사出生
死라 한다. 생사에 매달리면 그것은 윤회다. 그 윤회를 벗어나는 것이
출생사다. "일도출생사一道出生死"다. 일도一道란 불도佛道인데 불도
는 생사를 벗어나자는 것이다. 부처가 되면 다시는 윤회를 하지 않는
것이다. 그냥 열반涅槃에 드는 것이다.

38.9.2 보살菩薩 하생시下生時 현십종사現十種事

보살菩薩 어도솔천於兜率天 하생지시下生之時 종어족하從於足下 방대광명放大光明 명안락장엄名安樂莊嚴 보조삼천대천세계普照三千大千世界. 일체악취一切惡趣 제난중생諸難衆生 촉사광자觸斯光者 막불개득莫不皆得 이고안락離苦安樂. 득안락이得安樂已 실지장유悉知將有 기특대인奇特大人 출흥어세出興於世. 시위제일是爲第一 소시현사所示現事.

석가는 이 세상에 내려온 사람이다. 예수도 이 세상에 내려온 사람이지 이 세상에서 태어난 사람이 아니다. 그러니까 예수는 어머니만 있지 아버지가 없다. 내려왔기 때문이다. 다 같은 사상들이다. "구주강생救主降生"이라 한다. 내려왔다는 말이다.

보살이 이 세상에 내려올 때 발바닥에서부터 빛을 발했다. 그 빛의 이름이 안락장엄安樂莊嚴이다. 그 빛이 삼천대천세계를 비추었다.

모든 악과 어려움으로 가는 중생들에게 이 빛을 비추어주면 고통을 떠나 안락安樂에 들어가지 않는 사람이 없다. 빛을 받으면 모두 안락에 들어간다는 것이다. 이 세상에 왜 왔는가 하면 모든 중생들의 고통을 덜어주기 위해서 온 것이다. 이 세상에 그저 온 것이 아니라 모든 중생들을 구원하러 왔다는 말이다.

안락을 얻은 후에는 특별히 큰 사람, 석가라는 큰 사람이 이 세상에 온 것이 가장 큰 사건임을 알게 된다. 석가는 큰 사람이다. 큰 사람 하나가 있으면 온 세상이 다 구원받을 수 있는데 그런 특별한 사람이다. 그런 큰 사람, 특별한 사람이 세상에 나온 것이 "제일第一 소시현사所示現事"다. 제일 큰 사건이다. 예수가 이 세상에 온 것도 제일 큰 사건이다. 그러니까 B.C.와 A.D.가 생긴다. 그 사람 하나가 나왔다는 것이 보통 큰 일이 아니다. 석가가 나온 것도 큰 사건이다. 그래서 거기서는 불기佛紀 몇 년이라 한다. 정말 일대 최고의 큰 사건이다.

38.9.3 보살菩薩 시현처태示現處胎 유십종사有十種事

보살菩薩 입모태시入母胎時 정념정지正念正知 무유미혹無有迷惑. 주모태이住母胎已 심항정념心恒正念 역무착란亦無錯亂 시위제삼사是爲第三事

태 속에서의 열 달은 어떻게 지냈는가. 어머니 뱃 속에 들어갈 때도 정신없이 들어간 것이 아니라 "정념정지正念正知", 정신을 똑바로 차리고 들어갔다. 절대 미혹에 빠지지 않았다. 들어가서도 언제나 올바른 생각을 가지고 있었다. 또한 착란錯亂이 절대 없었다.

38.9.4 유십종심미세취有十種甚微細趣

재모태중在母胎中 시현전법륜示現轉法輪

모태 속에서는 또 무엇을 했는가 하면 거기에서도 또한 설법을 했다.

38.9.5 출생出生

(1) 유십종생有十種生
원리우치遠離愚癡 정념정지생正念正知生

출생시에도 "원리우치遠離愚癡"다. 어리석은 짓은 절대 하지 않았다. 그리고 "정념정지正念正知", 정신 똑바로 차리고 출생했다.

(2) 유십종有十種 시현미소심자서示現微笑心自誓
보살념언菩薩念言 일체세간一切世間 몰재욕니沒在欲泥 제아일인除我一人 무능면제無能勉濟 여시지이如是知已 희흡미소심자서熙恰微笑心自誓

제38. 이세간품離世間品　131

보살은 어떤 생각을 했는가. 웃으면서 이런 맹세를 했다. 온 세상 사람들이 아주 욕심의 진흙 속에 빠져 있다. 우리나라 사람들은 지금 대통령 욕심에 빠져있다. 대통령 하겠다는 사람이 얼마나 많은지 모른다. 그래서 석가 자신을 내 놓고는 그 사람들을 힘써 구제하려는 사람들이 없다. 그렇게 알고 기쁨으로 미소 짓고 자기 마음 속으로 이렇게 맹세를 했다. 중생들을 다 구원하겠다고 맹세를 했다는 것이다.

(3) 유십종有十種 시행칠보示行七步
    현보살력고現菩薩力故

석가는 이 세상에 태어나서 한 손으로 하늘을 가리키고 한 손으로는 땅을 가리키며 "천상천하유아독존天上天下唯我獨尊"이라 했다. 하늘 위나 하늘 아래나 나보다 더 존귀한 존재는 없다. 누구나 다 그렇다. 한 사람 한 사람의 목숨이 한없이 존귀한 것이다. 온 사람이 다 그렇다는 것이지 저 혼자 잘났다는 것이 아니다. 모든 사람이 다 존귀한 것이지 존귀하지 않는 사람이 어디 있는가. 왜 그렇게 존귀한가 하면 "현보살력고現菩薩力故", 보살력을 가지고 있기 때문이다.

38.9.6 보살재가菩薩在家

(1) 십종十種 현처동자지現處童子地
    위현득불가피爲現得佛加被 몽법광명고蒙法光明故

언제나 부처님의 가피加被를 얻고 있다. 하나님의 도우심을 받고 있다, 성령의 도움을 받고 있다 하는 것이나 마찬가지다. 언제나 법을 받아서 빛을 내고 있다.

(2) 십종十種 현처왕궁現處王宮
    욕령부모친척권속欲令父母親戚眷屬 만소원고滿所願故

왕궁에 있었는데 거기에서 부모 친척 권속들의 소원을 만족시키기
위해서 아주 똑똑하게 자랐다.

38.9.7 보살출가菩薩出家

(1) 십종十種 시현출가示現出家
시현출가示現出家 위수순신락성인도爲隨順信樂聖人道

출가를 했는데 왜 출가했는가. 성인의 길을 믿고 즐기면서 따라가기
위해서다. 성인의 길을 좇기 위해서 출가한 것이다. 출가란 결국 선생
님을 찾아가는 것이다. 집에 있다가 선생님을 찾아서 떠나는 것이 출
가다. 옛날 사람들은 다 선생님을 찾아갔지 학교라는 것이 없었다. 독
일 대학은 그렇게 되어 있다. 칸트Immanuel Kant(1724-1804)가
어디에 있다 하면 다 그 대학으로 간다. 그리고 어느 대학생이나 아무
대학에 가서 강의를 들어도 다 학점을 인정한다. 부산 대학생이라도
이화대학에 유명한 선생이 있다 하면 다 이화대학으로 오는 것이다.
그러니까 옛날 사람은 공자가 어디 있다 하면 다 공자를 좇아가는 것
이다. 그것이 소위 출가라는 것이다. 그렇게 나가면 대개 십 년 있다가
돌아온다. 요새로 말하면 유학 가는 것이나 마찬가지다.

(2) 십종十種 시행고행示行苦行
시행고행示行苦行 위령중생爲令衆生 낙구법고樂求法故

고행은 왜 했는가. 중생으로 하여금 법을 구하도록 하기 위해서 고행
을 했다. 결국 가르치기 위해서 학사도 하고 박사도 하고 다 했다는 말
이다. 학사를 하고 박사를 하고 하는 것이 다 고행이라는 것이다. 고행
안 하고 어떻게 하겠는가. 고행은 왜 했는가. 모든 중생으로 하여금 아
주 즐겁게 법을 구하게 하기 위해서, 법을 즐겁게 듣게 하기 위해서 고
행을 했다. 왜 공부를 많이 했는가 하면 학생들을 잘 가르치기 위해서

공부를 많이 했다는 말이다.

38.9.8 보살성도菩薩成道

(1) 유십종有十種 왕예도장往詣道場
예도장시詣道場時 조요일체세계照耀一切世界

도장에 방문할 때 빛이 일체 세계를 비추었다.

(2) 유십종有十種 좌도장시坐道場時
좌도장시坐道場時 제멸일체제악취고除滅一切諸惡趣苦

도장에 앉아 있을 때 모든 악으로 나아가는 고통을 없앴다. 마음 속의 모든 번뇌를 없애고 말았다는 것이다.

(3) 유십종有十種 기특미증유사奇特未曾有事
보살菩薩 좌도장시坐道場時 시방세계일체여래十方世界一切如來 개현기전皆現其前 함거우수咸擧右手 이칭찬언而稱讚言 선재선재善哉善哉 무상도사無上導師

보살이 도장에 앉아 있을 때 시방세계의 모든 부처님들이 나타나서 도와주고 칭찬하며 말했다. 좋고 좋다. 너도 이 다음에 큰 선생이 될 것이다.

(4) 유십종有十種 시현항마示現降魔
소위위탁세중생所謂爲濁世衆生 낙어투전樂於鬪戰 욕원보살위덕력고欲願菩薩威德力故 시현항마示現降魔

탁세중생濁世衆生을 위해서 즐겨 악마와 싸우는데 보살의 힘을 나타내기 위해서다. 그래서 마귀를 항복시켰다. '강마降魔'라 하면 마귀가 떨어지고 말았다는 것이고 '항마'는 마귀를 항복시켰다는 말이다. 항마와 강마 둘 다 있어야 된다. 마귀의 입장에서는 강마고 우리의 입장에서는 항마다. 떨어질 '강', 이길 '항'이다. 마귀와 싸워 이겼다는 말이다.

(5) 유십종有十種 성여래력成如來力
초과일체중마번뇌업고超過一切衆魔煩惱業故

일체 중마 번뇌의 업을 초과했다. 모든 번뇌를 벗어났다는 말이다. 해탈解脫이다. 『원각경圓覺經』에서는 이것을 디야나라 했다. 삼마디 Samadhi, 삼마파티Samapatti, 디야나Dhyana에서 해탈이란 디야나를 말한다.

38.9.9 여래전대법륜如來轉大法輪

(1) 유십종有十種 전대법륜轉大法輪
능령중생能令衆生 심개정신心皆淨信

중생으로 하여금 마음이 다 깨끗한 믿음이 되도록 하기 위해서 설법을 했다.

(2) 십종十種 어중생심於衆生心 종백정법種白淨法
지혜자재智慧自在 수소발언隨所發言 실개오고悉開悟故

백정법白淨法이 무엇인가. 지혜가 무궁무진해서 무슨 말을 하든지 다 사람들을 깨우치게 한다. 그것을 "종백정법種白淨法"이라 한다. 빛나고 깨끗한 말씀, 진리를 심어서 다 깨닫게 만드는 것이다.

38.9.10 여래열반如來涅槃

(1) 유십종有十種 시반열반示般涅槃
여래관십종의如來觀十種義 시대열반시大涅槃 시안은처是安隱處 무포외고無怖畏故

여래는 열 가지 의의를 관찰하여 대열반大涅槃을 보여주었는데 그것은 평안한 곳이요 두려움이 없는 곳이다. 하늘나라로 갔다는 말이다. 아까 도솔천으로 들어가듯 하늘나라로 들어갔다는 말이다.

38.10 법문명칭法門名稱 권학勸學

초제세간超諸世間 이이승도離二乘道 불여일체제중생공不與一切諸衆生共

세상을 초월해서, 성문·연각의 이승二乘의 도를 떠나서, 모든 중생들과는 같이할 수 없다. 석가의 생각은 보통의 중생들이나 성문·연각들은 알 수 없는 말들이다. 그것을 불공법不共法이라 한다. 중생들은 알 수 없는 세계다. 『화엄경』이란 수준이 너무 높아서 보통 사람들은 알아듣기 어렵다고 한다. 좀 아는 사람이라야 알아듣지 모르는 사람은 듣기 어렵다는 것이다. 그래서 불공법이라 한다. 일반 중생들과는 같이할 수 없는 그런 말씀이다. 성문·연각들이 앉아서 들었지만 하나도 알아듣지 못했다는 것이다. 요새 영어로 강의하면 영어 모르는 사람은 하나도 알아듣지 못하듯이 못 알아듣는다는 것이다. 불공법이다. 보통 사람은 알아듣기 어려운 법이다.

또 『화엄경』의 특징은 석가가 말하는 것이 아니라 제자들이 말한다는 것이다. 석가는 그냥 삼매에 들어가 있고 보현이나 문수 같은 제자들이 말하는 것이다.

실능조료일체법문悉能照了一切法門 증장중생출세선근增長衆生出
世善根 이세간법문품離世間法門品.

일체의 법문을 능히 빛내고 밝혔다. 중생으로 하여금 이 세상을 초월
하는 좋은 생각을 더하도록 하기 위한 "이세간법문품離世間法門品"이
다. '이세간離世間'에는 두 가지 뜻이 있다고 했다. 이 세상을 이롭게
한다는 뜻과 이 세상을 초월한다는 뜻이다. 이 세상을 초월하게 하는
법문을 말했다는 것이다.

'이세간', 이 세상을 초월해서 '입법계入法界'다. 법계, 진리의 세계
로 들어가는 것이다. 그래서 「이세간품」 다음에 「입법계품入法界品」이
다. 세상을 초월해서 진리의 세계로 들어가는 것이다.

38.11 상서祥瑞

설차품시說此品時 아승지세계阿僧祇世界 개대진동皆大震動 대광
보조大光普照.

이 「이세간품」을 설할 때 온 세계가 다 진동을 일으키고 빛을 발했
다. 듣는 사람들이 다 감동을 하고 마음 속에 큰 깨달음을 얻고 큰 위
로를 받았다는 말이다. 우리가 좋은 말씀을 들으면 마음에 감동이 많
게 되고 깨닫는 것도 많게 된다. 「이세간품」을 듣고 사람들이 다 감격
을 하고 많은 것을 배웠다는 소리다.

38.12 제불증명諸佛證明

아등제불我等諸佛 실공동심悉共同心 호지차경護持此經 미증문자
未曾聞者 개당득문皆當得聞.

우리 모두는 같은 마음으로 이 경을 지키고 보전하여 듣지 못한 사람들이 다 들을 수 있도록 노력하겠다.

불자佛子 차법문此法門 명보살광대청정행名菩薩廣大淸淨行

이 법문은 "보살광대청정행菩薩廣大淸淨行"이라 하는데 보살들이 깨끗한 행실을 넓히기 위한 법문이라는 말이다.

무량제불無量諸佛 소공선설所共宣說 능령지자能令智者 요무량의 了無量義

모든 부처가 다 같이 생각하고 말하는 것이다. 모든 지자智者로 하여금 한없이 깊은 뜻을 깨닫게 하는 것이다.

개생환희皆生歡喜 영일체보살令一切菩薩 대원대행大願大行 개득 상속皆得相續.

이 법문을 듣고 모두 기쁨을 갖게 되고 모든 보살로 하여금 큰 소원과 큰 행실을 다 상속하게 하는 것이다. '대원大願' 이란 부처가 되겠다는 것이고 '대행大行' 이란 모든 중생을 구원하겠다는 것이다. '상속相續' 이란 몇 천 년이고 계속한다는 말이다.

불자佛子 약유중생若有衆生 득문차법得聞此法 문이신해聞已信解 해이수행解已修行 필득질성아누다라삼막삼보리必得疾成阿耨多羅三藐三菩提.

중생들이 이 법을 들으면 듣는 순간에 믿게 되고 이해하게 되며, 이해하게 되면 그것을 실천하게 되고, 실천해서는 반드시 최고의 진리에 대한 깨달음을 신속히 성취하게 될 것이다. "아누다라삼막삼보리阿耨

多羅三貌三菩提", 무상정편지無上正遍知, 즉 최고의 진리다.

38.13 이시爾時 시방제불十方諸佛 개현보현보살전皆現普賢菩薩前 찬언讚言 선재선재善哉善哉

이때 시방의 모든 부처님들이 보현보살 앞에 나타나서 좋다 좋다 칭찬하며 말했다.

불자佛子 내능설차제보살마하살乃能說此諸菩薩摩訶薩 공덕행처功德行處 결정의화決定義華

보살마하살에게 이와 같은 말을 했다. 그 결과는 사람 마음 속에 결심을 일으키도록 했다. "결정의화決定義華", '의義'는 이치요 '화華'는 꽃이다. 결정하는 깨달음의 꽃이다. 결정적인 깨달음을 일으켰다는 말이다. 결정적인 이치의 꽃, 그러니까 결심을 하도록 했다는 말이다.

보입일체불법普入一切佛法 출세간법문품出世間法門品.

그래서 모든 사람들이 불법의 세계로 들어가게끔 하는 출세간의 법문품이다.

다음은 『화엄경』 본문의 많은 내용 가운데서 두 줄씩만 뽑아서 쓴 것이다. 10여 줄의 본문 가운데 두 줄씩만 뽑아 한 번 죽 읽어가는 것이다. 이것들은 지금까지 나왔던 이야기들을 다시 한 번 이야기하는 것이니까 모를 것은 별로 없다.

38.14 중송重頌

38.14.1 찬탄심광덕讚嘆深廣德
석가의 넓고 깊은 공덕을 찬탄하는 것이다.
시계인진선지혜施戒忍進禪智慧 방편자비희사등方便慈悲喜捨等
백천만겁상수행百千萬劫常修行 피인공덕인응청彼人功德仁應聽

"시계인진선지혜施戒忍進禪智慧", 육파라밀六波羅蜜이다.「이세간품」의 핵심도 결국 육파라밀이다. 육파라밀을 해야 세상을 초월하게 된다. "방편자비희사등方便慈悲喜捨等", 이것은 사무량四無量이다. 자비희사慈悲喜捨를 사무량이라 한다. "백천만겁상수행百千萬劫常修行", 한없이 오랜 세월 언제나 계속 수행을 한다. 부처가 되기 위해서 천 년 이천 년 계속 윤회하면서 수행을 하는 것이다.『법화경法華經』에서는 사억 팔천만 년을 수행하여 보신報身이 되었다는 말을 했다. "피인공덕인응청彼人功德仁應聽", 그 사람의 공덕은 어진 사람이라면 다 받아들일 것이다. 어진 사람이라면 나도 그렇게 해서 부처가 되겠다 하고 다 받아들일 것이다. 불교에서는 공덕功德이라는 말을 많이 쓴다. 기독교에서는 은혜라 하는데 불교에서는 공덕이라 한다.

천만억겁구보리千萬億劫求菩提 소유신명개무린所有身命皆無悋
원익군생불위기願益群生不爲己 피자민행아금설彼慈愍行我今說.

천만 겁 오랜 세월 동안 보리를 구했다. "상구보리上求菩提 하화중생下化衆生"이다. 이것이 보살도다. 기독교로 말하면 "하나님을 사랑하고 이웃을 네 몸과 같이 사랑하라"는 것이다. 기독교의 핵심이 이것이다. 이것을 또 다른 말로 하면 "진리를 깨닫고 생명을 얻으라"는 말이다. "상구보리 하화중생", 진리를 구하고 중생을 교화하라. 가르쳐서 변화하게 해주는 것이 교화다. 그래서 "소유신명개무린所有身命皆無悋", 가지고 있는 신명身命을 다 바치는 것이다. 기독교에서는 이것을 십자가라 한다. 상신실명喪身失命이다. 목숨을 다 바치는 것이다. 아까울 것 없이 바치는 것이다. "원익군생불위기願益群生不爲己", 그것은 모든 중생을 위해서 그러는 것이지 나를 위해서가 아니다. 그의 대자대비大慈大悲한 행실을 내가 지금 말하려는 것이다.

38.14.2 비유譬喩

기심불고하其心不高下 구도무염권求道無厭倦
보사제중생普使諸衆生 주선증정법住善增淨法

"기심불고하其心不高下", 그 마음은 언제나 평등이다. "구도무염권求道無厭倦", 도를 구하는데 싫증이나 권태를 느끼지 않는다. "학이불염學而不厭 교이불권敎而不倦"이다. 배우는데 싫어하지 않고 가르치는데 게으르지 않다. "보사제중생普使諸衆生 주선증정법住善增淨法", 모든 중생으로 하여금 이상세계에 살도록 하는 깨끗한 진리를 자꾸 더하게 만든다.

지혜보요익智慧普饒益 여수여하천如樹如河泉
역여어대지亦如於大地 일체소의처一切所依處.

"지혜보요익智慧普饒益", 지혜는 널리 모든 이를 이롭게 해준다. "여수여하천如樹如河泉", 마치 나무처럼 또 샘물처럼 이롭게 해준다. "역여어대지亦如於大地 일체소의처一切所依處", 또한 모든 식물들, 나무들이 다 의지할 수 있는 그런 대지와 같이 이롭게 해준다.

38.14.3 환희중생歡喜衆生

보살여연화菩薩如蓮華 자근안은경慈根安隱莖
지혜위중예智慧爲衆蘂 계품위향결戒品爲香潔

"보살여연화菩薩如蓮華", 보살은 연꽃과 같다. "자근안은경慈根安隱莖", 사랑의 뿌리요 평안의 줄기다. "지혜위중예智慧爲衆蘂 계품위향결戒品爲香潔", 지혜는 모든 꽃술이 되고 계품은 향기롭고 순결하게 된다.

불방법광명佛放法光明 영피득개부令彼得開敷
불착유위수不着有爲水 견자개흔락見者皆欣樂.

"불방법광명佛放法光明 영피득개부令彼得開敷", 불佛이 법광명을 방출해서 모든 이로 하여금 넓게 문을 열고 마음을 펴도록 한다. "불착유위수不着有爲水 견자개흔락見者皆欣樂", 유위有爲의 물에 집착하지 않고 무위無爲의 세계에 살게 해서 보는 자가 다 기뻐하고 즐거워하도록 한다.

38.14.4 절사인미折邪引迷

보살견중생菩薩見衆生 삼독번뇌병三毒煩惱病
종종제고뇌種種諸苦惱 장야소전박長夜所煎迫

보살은 중생들이 탐진치貪瞋痴라는 삼독三毒의 번뇌병에 걸려 한없이 많은 고통을 겪고 있음을 본다. 긴 밤 번뇌에 시달려 잠도 자지 못한다. '전煎'은 속이 부글부글 끓는다는 말이요 '박迫'은 압박해 온다는 것이다. 걱정 근심이 자꾸 일어나서 밤에 한잠도 못 자는 것이다.

위발대비심爲發大悲心 광설대치문廣說對治門
팔만사천종八萬四千種 멸제중고환滅除衆苦患.

그런 사람들의 고통을 덜어주기 위해서 대비심大悲心을 발한다. 하나하나 치료를 위해서 여러 가지로 말하는데 그 수효가 팔만 사천 종이다. 세상 근심 걱정거리가 팔만 사천 종류가 된다는 말이다. 그래서 약도 팔만 사천 종류가 된다. 팔만 사천 법문이다. 그래서 중생의 모든 걱정과 근심을 덜어준다.

38.14.5 고심견고행 高深堅固行

보살지혜해菩薩智慧海 심광무애제深廣無涯際
정법미영흡正法味盈洽 각분보충만覺分寶充滿

보살의 지혜의 바다는 한없이 깊고 넓어서 한이 없다. 정법의 맛은 한없이 좋다. 각분보覺分寶 또한 충만해 있다. 진리의 맛도 한없이 깊고 깨달음의 행복도 한없이 충만하다.

보살수미산菩薩須彌山 초출어세간超出於世間
신통삼매봉神通三昧峯 대심안부동大心安不動.

보살은 수미산 같아 세간을 초월해 있다. 삼매봉三昧峯 꼭대기에 올라 신통神通에 들어갔다. 큰 마음이 평안해서 움직이지 않는다.

38.14.6 관기여익 觀機與益

보살정법일菩薩正法日 출현어세간出現於世間
계품원만륜戒品圓滿輪 신족속질행神足速疾行

보살은 태양과 같다. 세상에 나타나서 계품戒品이 원만륜圓滿輪이다. 신족神足이 되어 빨리 달아난다.

보살지광월菩薩智光月 법계이위륜法界以爲輪
유어필경공遊於畢竟空 세간무불견世間無不見.

제38. 이세간품離世間品   143

보살은 달과 같다. 법계가 달무리 같다. 허공 속을 날아다니며 온 세상을 다 보고 있다.

38.14.7 자재수치自在修治

보살대법왕菩薩大法王 공덕장엄신功德莊嚴身
상호개구족相好皆具足 인천실첨앙人天悉瞻仰

보살의 대법왕은 그 공덕이 장엄신莊嚴身이다. 잘 생긴 좋은 모습을 다 구족해서 사람이나 천이나 다 우러러 본다.

보살자재천菩薩自在天 초과생사지超過生死地
경계상청정境界常淸淨 지혜무퇴전智慧無退轉

보살의 자재천自在天은 생사의 경지를 초월해서 그 마음의 경계가 언제나 깨끗하다. 지혜는 무퇴전無退轉으로 한없이 발전한다.

38.14.8 청정무구淸淨無垢

보살지혜심菩薩智慧心 청정여허공淸淨如虛空
무성무의처無性無依處 일체불가득一切不可得

보살의 지혜심은 허공과 같이 청정하다. 자기라는 것이 없어서 의지하는 곳도 없다. "일체불가득一切不可得"이다. 허공 같아서 일체 얻을 수가 없다.

유대자재력有大自在力 능성세간사能成世間事
자구청정행自具淸淨行 영중생역연令衆生亦然

큰 자재력自在力이 있어서 세간사를 다 이룰 수 있다. 스스로 청정행을 갖추고 중생들 또한 그렇게 되도록 해준다.

38.14.9 주편요익周遍饒益

보살방편지菩薩方便地 요익제중생饒益諸衆生
보살자비수菩薩慈悲水 완척제번뇌浣滌諸煩惱

보살의 방편지는 모든 중생들을 넉넉하고 유익하게 도와준다. 보살의 자비한 물은 모든 번뇌를 다 씻어준다.

보살지혜화菩薩智慧火 소제혹습신燒諸惑習薪
보살무주풍菩薩無住風 유행삼유공遊行三有空

보살의 지혜의 불은 미혹되고 젖은 장작을 다 태워준다. 보살의 무주無住 바람은 언제나 불어와 삼유三有의 하늘을 날아다닌다. 욕계欲界, 색계色界, 무색계無色界를 삼유라 한다.

38.14.10 속박신체수행束縛身體修行

보살여진보菩薩如珍寶 능제빈궁액能濟貧窮厄
보살여금강菩薩如金剛 능최전도견能摧顚倒見

보살은 진귀한 보배와 같아 가난과 곤궁과 재앙의 불행을 다 구제한다. 보살은 금강과 같아 잘못된 생각을 다 깨뜨린다.

묘행위증채妙行爲繒綵 장엄어지혜莊嚴於智慧
참괴작의복慚愧作衣服 보복제군생普覆諸群生

묘행妙行은 증채繒綵, 머리에 둘둘 감는 긴 터번turban이 되어 지혜를 장엄한다. 의복으로 부끄러움을 감추듯 모든 군생들을 덮어준다.

38.14.11 운재運載

보살무애승菩薩無碍乘 건지출삼계巾之出三界
보살대력상菩薩大力象 기심선조복其心善調伏

보살의 걸림없는 마차는 삼계三界를 초월했다. '건지巾之'도 머리에 쓰는 두건 같은 것이다. 삼계를 초월해 나왔다는 것이다. 보살의 큰 코끼리는 모든 마음을 다 잘 조복케 한다.

보살신족마菩薩神足馬 등보초제유騰步超諸有
보살설법룡菩薩說法龍 보우중생심普雨衆生心

보살의 빠른 말은 모든 유有의 세계를 초월해서 하늘로 뛰어오른다. 보살의 설법은 모든 중생의 마음에 널리 비를 내려준다. 비를 내려주는 용龍이다.

38.14.12 작용作用

보살우담화菩薩優曇華 세간난치우世間難値遇
보살대용장菩薩大勇將 중마실항복衆魔悉降伏

보살의 우담화優曇華는 세상에서 만나기 참 어렵다. 우담화는 삼 천 년에 한 번씩 피는 꽃이다. 보살의 대용장大勇將에 모든 마귀들이 다 항복을 한다.

보살여묘약菩薩如妙藥 멸제번뇌병滅除煩惱病
보살여설산菩薩如雪山 출생지혜약出生智慧藥.

보살은 묘약과 같아 번뇌의 병을 없애준다. 보살은 설산雪山과 같이 지혜의 약초를 많이 내 놓는다.

38.14.13 여불각등如佛覺等

보살등어불菩薩等於佛 각오제군생覺悟諸群生
불심기유타佛心豈有他 정각각세간正覺覺世間

보살은 부처와 같아 모든 중생을 다 깨우친다. 부처의 마음이 어찌 다른 것이겠는가. 자기가 바로 깨닫고 세상을 깨우치는 것이다.

보살무량력菩薩無量力 세간막능괴世間莫能壞
보살무외지菩薩無畏智 지중생급법知衆生及法.

보살의 무량한 힘을 세상은 깨뜨릴 수 없다. 보살의 두려움 없는 지혜는 중생과 법을 다 안다.

38.14.14 초월중생超越衆生

일체제세간一切諸世間 색상각차별色相各差別
음성급명자音聲及名字 실능분별지悉能分別知

일체 모든 세상은 색상이 다 각각 다르다. 음성과 명자名字를 다 분별해서 알 수 있다.

여시등공덕如是等功德 보살실성취菩薩悉成就
요성개무성了性皆無性 유무무소착有無無所着.

 이런 실력을 보살은 다 성취한다. 성성이란 본래 무성無性이라는 것을 안다. 무자성無自性이다. 자기란 없다는 것이다. 제행무상諸行無常이기 때문이다. 자꾸 변하는 것이다. 자꾸 변하는 데 나라는 것이 있을 수 없다. 고정된 나라고 하는 것은 있을 수 없다. 그러니까 제법무아諸法無我다. 나가 없다는 것은 자꾸 변한다는 말이다. 자꾸 변해서 결국 열반적정涅槃寂靜이 된다. 『주역周易』으로 말해서 능변여상能變如常이다. 자꾸 변화해서 그만해 있는 것이다. 물이 자꾸 흘러가니까 한강에 물이 꽉 차 있지 물이 흘러가지 않으면 물은 마르고 만다. 내 몸도 신진대사로 다 변하지 변하지 않는 것이 없다. 자꾸 변하니까 내가 살아서 이렇게 강의를 하지 변하지 않는다 하면 무덤으로 가는 것이다. 능변여상이다.
 "요성개무성了性皆無性"이다. 자기라는 것이 없다는 것을 알아야 된다. 자기가 없는 그것이 자기다. 무아無我라는 그것이 나다. 적멸寂滅 그것이 위락爲樂이다. 자꾸 변하는 그것이 변하지 않는 것이다. 그래서 우리는 불변은 변화 속에서 찾아야 된다. 변화를 떠나서 불변을 찾으려 하는데 그것은 아니다. 불변 속의 불변이라면 그것은 죽은 불변이다. 변화 속의 불변이라야 그것이 살아있는 불변이다. 헤라클레이토스Heraclitus(535-475 B.C.)는 말했다. "물은 흘러간다. 그러나 흘러간다는 사실은 흘러가지 않는다."
 죽는 것이 곧 사는 것이다. 십자가가 곧 부활이다. 능변여상이다. 능변이 곧 여상이다. 이런 것을 알아야 종교를 아는 것이다. 그런데 우리는 불변 속에서 불변을 찾으려 한다. 그렇게 되면 안 된다. 변화 속에서 불변을 찾아야 된다. 헤겔G.W.F. Hegel(1770-1831)의 변증법도 그것이다. 변화 속에서 불변을 찾자는 것이다.
 "요성개무성", 그래야 "유무무소착有無無所着"이다. 유무有無에 걸리지 않는다. 그렇지 않으면 유무에 집착하게 된다. 변·불변에 집착하게 된다. 변에도 집착이 안 되고 불변에도 집착이 안 되고 그래서 "변즉불변變卽不變"이 되어야 한다.

2002. 10. 20.

이세간품 강해(9)

38.14.15 허설권청許說勸聽

여시일체지如是一切智 무진무소의無盡無所依
아금당연설我今當演說 영중생환희令衆生歡喜

이와 같은 일체지一切智가 다함도 없고 의지하는 바도 없다. 석가의 설법을 들어보면 아는 것이 한없이 많고 무궁무진하다는 것이다. 설법이 무궁무진인데 그것들이 누구한테 말을 듣고서 하는 말이 아니라 자기의 독창적인 이야기라는 것이다. 진리란 그렇게 독창적으로 나오는 말이지 누구한테 듣고서 하는 말이 아니다. 유영모柳永模(1890-1981)의 『다석일지多夕日誌』를 보면 다 독창적인 것이지 누가 그런 말을 했겠는가. "여시일체지如是一切智 무진무소의無盡無所依", 다 샘물 같은 말이라는 것이다.

"아금당연설我今當演說", 내가 지금 그것을 연설하는데, "영중생환희令衆生歡喜", 기쁨으로 충만해 있다. 진리와 기쁨은 언제나 일치되어 있다. 「고린도전서」 13장에도 진리와 함께 기뻐한다고 한다. 기쁨은 언제나 진리에서 나와야지 진리 밖에서 나오는 기쁨은 별로 좋은 것이 못된다. 법열法悅이 되어야 한다. 진리에서 나오는 기쁨이라야 진짜 기쁨이지 그 밖의 기쁨은 별로 신통한 것이 못된다. "학이시습지學而時習之 불역열호不亦說乎." 진리의 기쁨, 그것으로 『논어論語』가 시작한다.

일신능시현一身能示現 무량차별신無量差別身
무심무경계無心無境界 보응일체중普應一切衆.

석가가 혼자서 모든 사람을 상대해서 나타나는 것이다. 일즉일체一卽一切다. 석가와 거기 모인 모든 사람이 일체다. 한 몸이라 하기도 하고 한 배를 탔다고 하기도 한다. 하나의 유기체有機體라는 것이다. 그러니까 석가가 깨면 모든 사람이 깨는 것이고 석가가 자면 모든 사람이 자는 것이다. 기독교로 말하면 예수가 구원을 받으면 모두가 구원을 받게 된다. 한 몸이 되는 것이다.

석가는 한 사람이지만 석가를 바라보는 사람들은 무수히 많다. "무심무경계無心無境界", 아무 욕심도 없고 무슨 경계도 없다. 누구는 가르치고 누구는 안 가르친다는 그런 것이 없다. "보응일체중普應一切衆", 석가는 일체 모든 사람에게 응하는 것이지 일부 몇 사람만 응한다거나 그런 것이 없다.

38.14.16 업業

일음중구연一音中具演 일체제언음一切諸言音
중생어언법衆生語言法 수류개능작隨類皆能作

"일음중구연一音中具演", 석가의 말 한마디 속에는 석가의 모든 말이 다 들어가 있을 수 있다. 한마디 속에 모든 말이 다 들어가 있다. 그것을 다라니라 한다. 십자가 속에는 기독교가 다 들어간다. 그래서 부활, 십자가, 그런 말들이 다 중요한 말이다.

"중생어언법衆生語言法", 중생을 대할 때의 말이 중생에 따라 다 달라진다. 초등생을 대할 때 말이 다르고 대학생을 대할 때 말이 달라진다. 종류에 따라 어렵게도 할 수 있고 쉽게도 할 수 있고 능히 마음대로 할 수 있다.

보살신무변菩薩身無邊 보현일체처普現一切處
상공경공양常恭敬供養 최승양족존最勝兩足尊.

"보살신무변菩薩身無邊", 보살신은 한계가 없어 어디나 다 나타난다. "상공경공양常恭敬供養", 부처님을 언제나 공양을 한다. "최승양족존最勝兩足尊." '양족兩足'이란 실천한다는 뜻이다.

38.14.17 무결장엄 無缺莊嚴

향화중기락香華衆妓樂 당번급보개幢幡及寶蓋
항이심정심恒以深淨心 공양어제불供養於諸佛

향기 나는 꽃, 여러 가지 묘기, 여러 즐거움, 그리고 만장輓章과 깃발, 보개寶蓋 언제나 깊고 깨끗한 마음으로 제불을 공양한다.
　'당幢'은 만장이라는 것이고 '번幡'은 태극기처럼 네모진 깃발이다.

불리일불회不離一佛會 보재제불소普在諸佛所
어피대중중於彼大衆中 문난청수법問難聽受法

석가의 강연하는 곳에는 하나도 빠지지 않고 출석한다. 그래서 한 번도 떠나지 않고 언제나 부처님 곁에 가까이 있다. 그 많은 사람 가운데는 어떻게 질문할지 모르는 사람도 많다. 그런 사람들을 위해서 같이 가서 듣고 질문도 한다. 그래서 모르는 사람을 대신해서 해석해 주기도 한다는 것이다.

38.14.18 수행원만 修行圓滿

혹현초발심或現初發心 이익어세간利益於世間
혹현구수행或現久修行 광대무변제廣大無邊際

초발심이 제일 중요하다. 내가 이제 진리를 깨달아야겠다는 그것이 제일 중요하다. 그렇게 해서 이 세상을 이롭게 하는 것이다. 시작이 절반이라는 말이 있듯이 시작이 제일 중요하다.
　시작이 절반이라면 실천하는 것이 또 절반이다. 시작만 하고 실천하

지 않으면 그것도 쓸데없는 것이다. 계속해서 한없이 넓고 한없이 커
지도록 해야 된다.

시계인정진施戒忍精進 선정급지혜禪定及智慧
사범사섭등四梵四攝等 일체최승법一切最勝法.

육파라밀六波羅蜜이다. 이 사람들의 수행이라는 것이 육파라밀이다.
사무량四無量이라는 말이나 같은 것이다. 사무량은 자비희사慈悲喜捨
라는 것이다. 다른 사람을 도와주는 것이 '자慈'요 다른 사람의 고통
을 덜어주는 것이 '비悲'다. 대자대비大慈大悲라 한다. '희喜'는 기쁘
게 해주는 것이고 '사捨'는 모든 사람을 평등하게 대해주는 것이다.
일체의 편견을 버리고 모든 사람들을 평등하게 대해주는 것이다. 또는
아무 걸림이 없이 기쁘게 주는 것을 희사라고도 한다. 받을 생각 없이
거저 버리듯 준다는 것이다.

사섭四攝, 보시布施, 애어愛語, 이행利行, 동사同事를 사섭이라 한
다. 보시布施는 넓게 베푼다는 것이다. 애어愛語는 다른 사람들을 위
로해 주는 말이다. 도와주는 행실이 이행利行이고 다른 사람과 고락을
같이 하는 것이 동사同事다. 이것을 사섭이라 한다. 사범四梵 사섭 등
최고의 법을 실천해 간다는 말이다.

38.14.19 시현제상示現諸相

혹좌보리수或坐菩提樹 자연성정각自然成正覺
혹현전법륜或現轉法輪 혹현시구도或現始求道

어떤 때는 보리수나무 밑에 앉아 있기도 한다. 보리수는 보리수나무
를 말하기도 하지만 보통 나무 아래 앉아 있으면 시원하니까 시원한
나무 밑에 앉아 있으면 생각하기도 쉽고 깨닫기도 쉽다. 그러니까 무
슨 나무거나 생각하기 쉽고 깨닫기 쉽게 해주면 그것이 보리수다. 보

리菩提는 진리라는 뜻이다. 진리를 깨닫기 위해서 생각하는 것이다. 보리수라는 나무가 있지만 꼭 그 나무 밑에 앉아있지 않아도 벚나무나 은행나무나 그 밑에 앉아 깊이 생각하고 있으면 그것이 보리수다. 옛날 사람들은 나무 그늘 밑에 앉아서 가만 생각하는 사람이 많았다. 거기에 가면 자연 깨달음이 많아지는 것이다.

그래서 깨달음이 있으면 반드시 그 깨달음을 다른 사람에게 전해주고 싶은 마음이 나온다. 깨달은 그것을 다른 사람에게 전해주는 것을 전법륜轉法輪이라 한다. 법의 바퀴를 굴린다는 것인데 설법한다는 말이다. 그래서 그 설법을 듣고 나도 이제 시작해야겠다 하고 나오는 사람들이 나오게 된다.

혹현위불신或現爲佛身 연좌무량찰宴坐無量刹
혹수불퇴도或修不退道 적집보리구積集菩提具.

종당은 자기도 부처님 같은 그런 사람이 되겠다는 그런 사람도 나오게 된다. 연좌宴坐는 참선參禪하는 것이나 같은 것이다. 가부좌를 하고 앉아서 생각하는 것이다. 생각하는 것은 누워서 생각해도 된다. 그래서 누워있는 부처님도 많다. 그런데 앉아서 생각하는 것이 하나의 버릇이다. 두 발바닥이 다 나오도록 가부좌를 하고 앉아 있어야 꼼짝 못하도록 죄어진다. 죽을 때 그렇게 가부좌를 하고 앉아서 죽으면 앉은 채 굳게 되니까 관을 네모나게 만든다. 연좌는 이렇게 참선하는 좌선坐禪이나 같은 것이다.

"무량찰無量刹"이다. '찰刹'은 장소를 말한다. "불퇴도不退道", 절대 도에서 물러나지 않는다. 그래서 깨닫는 방법을 여러 가지로 구한다.

38.14.20 시처원융時處圓融

심입무수겁深入無數劫 개실도피안皆悉到彼岸
무량겁일념無量劫一念 일념무량겁一念無量劫

깊이 영원한 겁劫에 들어간다. '찰剎'은 공간인데 '겁'이란 시간이다. 영원한 시간이다. 우리가 몇 천 년 전의 일을 생각할 수 있다. 몇 천 년 전의 예수님을 생각할 수 있다. 몇 만 년 전도 생각할 수 있다.

"개실도피안皆悉到彼岸", 피안에 도달한다. 기독교로 말하면 하늘나라다. 이상세계다. 건넌다는 파라밀波羅蜜은 결국 도피안도피안度彼岸이다. 피안으로 건너가는 것이다. '도渡'가 건너간다는 뜻인데 삼수변(氵)이 없이 '도度'라 해도 건넌다는 뜻이다. 그래서 도피안도피안度彼岸이라 한다. '도度'는 건너간다는 뜻도 되고 또 구원한다는 뜻도 된다. 건너간다, 구원한다 합해서 '도度'라 한다. 도피안이다. 고해의 바다를 건너서 피안에 도달한다. 이것을 파라밀이라 한다. 그래서 『파라밀다심경波羅蜜多心經』이라는 경전이 나오게 된 것이다.

"무량겁일념無量劫一念 일념무량겁一念無量劫", 아무리 긴 시간도 한 순간에 집어넣을 수 있다. 찰나 속에 영원이 있다는 말이다. 아무리 긴 시간도 찰나 속에 집어넣을 수 있다. 또 진리를 깨닫는 순간이 찰나다. 그래서 키엘케골Soren Kierkegaard은 순간이라는 말을 많이 한다. 순간에 시간과 영원이 겹친다. 찰나에 시간과 영원이 부딪히게 된다. 그것을 우리가 깨닫는다고 한다. 깨닫는 순간에 우리는 영원과 일치가 되는 것이다. 그것이 소위 영생永生이다. 찰나와 영원이 부딪히는 것이 영생이다. "무량겁일념이요 일념무량겁"이다. 영원이 찰나 속에 있고 찰나가 영원 속에 있다.

어일미진중於一微塵中 보견일체불普見一切佛
시방일체처十方一切處 무처이불유無處而不有.

"어일미진중於一微塵中 보견일체불普見一切佛", 이것은 공간적으로 말하는 것이다. 조그만 먼지 속에 모든 우주가 들어가 있다. 때로는 모공毛孔이라는 말도 쓴다. 하나의 털구멍 속에 온 우주가 들어가 있다. 털끝 속에 우주가 들어가 있다. 옛날 신학자들은 "털끝 위에 천사가 몇이나 앉아있는가" 하는 그런 말도 쓴다. 다 같은 말이다. 시간적으로 말할 때는 일념一念이라 하고 공간적으로 말할 때는 "일미진중一微塵中", 하나의 티끌 속에 우주가 들어가 있다고 한다. "보견일체불普見一切佛", 거기에서 일체의 부처를 볼 수 있다.

"시방일체처十方一切處 무처이불유無處而不有", 시방 전체가 그 털끝 속에 들어가 있는 것이다. 어디나 그것 없는 데가 없다. 어디나 있다. 무소부재無所不在, 없는 데가 없다. 어디나 다 털끝 속에 들어가 있다. 공간적인 표현인데 이것을 인간적인 표현으로 하면 "내가 하나님 안에 있고 하나님은 내 안에 계신다"는 말이다. 다 같은 말이다. 시간적인 표현이나 공간적인 표현이나 인간적인 표현이나 다 같은 것이다. 시간·공간·인간이 따로 있는 것이 아니다. 시간이 있는 곳에 공간이 있고, 공간이 있는 곳에 시간이 있다. 내가 있는 곳에 시간·공간이 있는 것이지, 내가 없으면 시간이 어디 있고 공간이 어디 있겠는가. 그러니까 시간·공간·인간은 다 꼭 같은 것이다. 그래서 『주역周易』에서는 육차원이라 한다. 1차원의 시간과 3차원의 공간과 2차원의 인간이다. 그래서 6차원이라 해서 육효六爻가 있다.

38.14.21 수기설법隨機說法

여지일무량如知一無量 일체실역연一切悉亦然
수기소통달隨其所通達 교제미학자教諸未學者

"일무량一無量"이다. 일체 속에 하나가 있고, 하나 속에 일체가 있다. 다 같은 말이다.

"수기소통달隨其所通達", 어디서나 통달을 하면 "교제미학자教諸未學者", 모르는 사람들을 다 가르칠 수 있다. 하나 속에 다多가 있고 다 속에 하나가 있고 그렇게 되면 통달했다는 것이다. 통달하면 모르는 사람을 가르칠 수가 있다. 통달을 해야 가르칠 수 있지 통달을 못하면 가르칠 수가 없다. 우리가 요령 하나를 붙잡으면 그 요령 속에 전체가 다 들어간다. 우리가 안다는 것이 그것이다. "일언이폐지一言以蔽之",

한마디로 말하면 그것은 무엇이다 그렇게 되어야 다 아는 것이다. 시 삼백 편을 한마디로 하면 "사무사思無邪"라, 그렇게 한마디로 무엇이 다 할 수 있어야 아는 것이다. 일즉일체一卽一切라야 아는 것이지 그렇지 않으면 아는 것이라 할 수가 없다.

요달일체행了達一切行 무래역무거無來亦無去
기지기행이旣知其行已 위설무상법爲說無上法.

"요달일체행了達一切行", 파라밀이 일체행이다. "무래역무거無來亦無去", 오는 것도 없고 가는 것도 없다. 여기가 곧 일체행이다. 파라밀이 무엇인지 다 알았으면 그 다음에는 설법을 할 수 있다. 그러니까 파라밀이 언제나 가장 중요한 것이다. 내가 무엇을 할 줄 알고야 설법이 된다. 지知가 있어야 행行이 나오게 되고 행이 있어야 설법이 된다. 지知·행行·법法이 언제나 하나다. 알면 어디까지 알아야 되는가. 행할 수 있도록 알아야 된다. 의학을 안다 하면 병을 고칠 수 있기까지 알아야 된다. 행이 있어야 설법할 수 있지 행이 없으면 설법이 안 되는 것이다. 언제나 지행일치知行一致라 하는데 그것이 상당히 중요하다.

38.14.22 적용신속寂用迅速

잡염청정행雜染淸淨行 종종실료지種種悉了知
일념득보리一念得菩提 성취일체지成就一切智

어떤 것이 더러운 행실이고 어떤 것이 깨끗한 행실인지 다 알아야 된다. 한 순간에 전체를 다 알게 되어야 된다. 그래야 일체지를 성취한다.

보살신통지菩薩神通智 공력이자재功力已自在
능어일념중能於一念中 왕예무변찰往詣無邊刹.

보살이 신통지神通智를 얻게 되면 자연 실천을 하게 된다. 실천하는 것이 마음대로 된다. 보살의 신통지, 지 가운데 최고가 신통지다. 신통지, 신통이니까 지 속에 벌써 행이 들어간 것이다. 깨달았다 할 때는 벌써 행이 들어가 붙어야 깨달은 것이지 그렇지 않으면 깨달은 것이 아니다. 그래서 지행일치가 제일 중요하다. 행이 나와야 지요 또 정말 지가 되어야 행이 된다. 그러니까 지행일치라는 말은 왕양명王陽明의 말만이 아니고 우리 사는데 있어 제일 중요한 것이다.

오늘 보니까 인터넷에 '나알알나' 홈페이지를 열었다고 하는데 '나알' 이 지요, '알나' 하는 것은 행이다. 나를 알아야 앓다 낫는다. '나알' 은 진리의 세계요 '알나' 는 생명의 세계다. 요전에 말한 진리즉실존眞理卽實存이다. 진리와 생명이 하나라는 말이다. 지행일치다. 자기를 알았으면 앓다 나아야 진짜 아는 것이지 계속 앓고 있으면 진짜 아는 것이 아니다. '나알알나' 가 지행일치라는 것인데 알이 깨질 때 병아리가 나와야지 알이 깨질 때 병아리가 안 나오면 그것은 썩은 알이다. 계란이 깨질 때는 반드시 병아리가 나와야 그것이 진짜 각覺이다. '나알알나', 그것이 지행일치라는 것인데 하여튼 이것이 제일 중요한 것이다. 심즉리心卽理라 하건 치양지致良知라 하건 그것이 다 지행일치라는 말이다. 왕양명의 핵심이 지행일치라는 것이다.

"보살신통지菩薩神通智 공력이자재功力已自在 능어일념중能於一念中 왕예무변찰往詣無邊刹", 보살이 신통지로 자재의 힘을 가졌으면 능히 한 생각 속에 어디나 다 갈 수 있다. 이것도 다 지행일치라는 말이다.

38.14.23 자비지혜慈悲智慧

비여공환사譬如工幻師 시현종종색示現種種色
어피환중구於彼幻中求 무색무비색無色無非色

요술쟁이가 여러 가지를 만든다. 요술 같은 그 속에서 무엇을 구한다

하면 그것은 색도 아니고 색 아닌 것도 아니다. 그것은 꿈도 아니고 현실도 아니다. 그것은 요술이지 아무 것도 아니라는 말이다.

중생번뇌심衆生煩惱心 응지역여시應知亦如是
보살기자민菩薩起慈愍 구지령출리救之令出離.

중생의 번뇌심도 이런 것이다. 담배 피는 것이 피는 사람에게는 굉장히 중요한 것 같지만 담배를 끊으면 그것은 아무 것도 아니다. 하나의 요술쟁이가 만든 요술 같은 것이다. 끊으면 아무 것도 없는 것인데 끊지 못하면 그것 때문에 얼마나 고민하고 폐암으로 죽기까지 한다. 아무 것도 아닌 것인데 그것이 우리를 괴롭히면 한없이 괴롭힌다. 그런 것을 우리는 번뇌라 한다. 아무 것도 아닌 것인데 그 사람에게는 그것이 굉장한 것이다. 남들은 화장했는지 안 했는지도 모르는데 화장하느라 한 시간씩 들여다보며 고치고 또 고치는 여자들이 있다. 저 혼자 꿈 속에서 꿈꾸고 있는 것이다. 눈썹이 좀 올라갔으면 어떻고 내려갔으면 어떤가. 아무 것도 아닌 것인데 그것 때문에 잠도 못 자는 그런 사람도 있다. 꿈 속에 살면서 아무 것도 아닌 것을 가지고 굉장한 것으로 생각해 고민하고 자살하고 그런 인생도 있다. 코가 낮으니 플라스틱이라도 집어넣어서 올려야겠다고 하는데 다른 사람에게는 그 사람의 코가 높거나 낮거나 무슨 상관인가. 코가 뚫렸으면 됐지 무엇이 문제인가. 그런데 본인에게는 그것이 굉장히 문제가 되어 수술하고 또 수술하고 그런 사람도 있다. 털어버리면 아무 것도 아닌데 그런 것을 가지고 정말 굉장히 괴로워하고 그래서 나중에는 죽음에까지도 몰아넣는 그런 것이 있다. 그래서 여기서는 그런 것을 요술쟁이가 요술을 한다고 한다. 자살을 했다고 해서 그 원인을 들어보면 아무 것도 아닌 것인데 그것 가지고 자살을 한다. 그것이 소위 중생 번뇌심이라는 것이다. 번뇌라는 것이 다 그런 것이다.

 우리는 응당 그런 줄을 알아야 된다. 그래서 보살이 그것을 불쌍하게 생각해서 거기에서 나오게 하려고 그렇게 애쓰는 것이다.

우리가 중요하게 생각하는 그것이 아무 것도 아니라는 것을 알려주면 그것이 설법이라는 것이다. 끊어보면 사실 아무 것도 아니다.

38.14.24 지혜자비智慧慈悲

심식유여환心識猶如幻 시현종종사示現種種事
여시지제온如是知諸蘊 지자무소착智者無所着

"심식유여환心識猶如幻", 사람의 생각이라는 것이 꿈같은 것이다. 그런데 그것 때문에 여러 가지 사건이 자꾸 생긴다. 아무 것도 아닌 것이 자꾸 사건을 일으킨다.
'온蘊'이란 쌓인다는 뜻이다. 그런 것들이 자꾸 쌓여서 신경쇠약도 생기고 그런다. 그러나 진리를 깨달은 사람에게는 그것이 아무 것도 아니다. 그런 것에 대해 아무 집착이 없다. 진리를 깨닫지 못한 사람에게는 그것이 굉장히 큰 것이지만 진리를 깨닫게 되면 아무 것도 아니다.

삼취개청정三聚皆清淨 삼세실명달三世悉明達
대자민중생大慈愍衆生 일체무장애一切無障碍.

삼취三聚란 여러 가지 마음에 걸리는 것들이다. 삼취계三聚戒는 섭율의계攝律儀戒, 섭선법계攝善法戒, 섭중생계攝衆生戒다. 율의律儀, 율법이니 의식이니 많아서 사람들을 괴롭게 하는 그런 것이 많다. 옷은 어떤 옷을 입고 가운은 어떤 가운을 해야 되느냐 하고 문제 삼는다. 그래서 결혼식을 하는데 어떤 사람은 한 푼도 없이 하기도 하고 어떤 사람은 수억 원을 들여야 한다는 사람도 있다. 다 생각할 탓이다. 그런 것을 율의라 한다.
선법善法, 법에도 이렇게 하는 것이 좋다 저렇게 하는 것이 좋다 그런 것이 많다. 또 다른 사람은 어떻게 했는데 나는 이렇게 해야지 그런 것들도 많다. 그렇게 사람을 골치 아프게 만드는 그런 것을 삼취라 한다.
"삼취개청정三聚皆淸淨", 그런 삼취에 대해서 걸리지 않게 되었다. 다른 사람이 이렇게 해야 된다 하는 것에 대해서 나는 문제도 안 된다.
"삼세실명달三世悉明達", 이 세상의 이치를 대개 알았다. 그런데 중생들은 그것을 모르니까 삼취에 걸려 밤낮 모르고 있는 것이다. 그런 사람들을 불쌍히 생각해서 그 걸림돌을 없이해 주려고 한다. 십만 원을 가지고 결혼식을 할 수 있으면 만 원에도 할 수 있는 것이다. 다 생각할 탓이다. 미국에서 제일 간단한 어떤 결혼식을 보았는데 예배가 다 끝나고 마지막 찬송을 부를 때 신랑 신부가 들어오니까 목사가 가서 이제부터 신랑 신부다 하고 선언하고 그런 후 신랑 신부는 그대로 나가는 것이다. 그 때 온 교회 사람들이 다 박수로 축하해주고 끝이다. 무슨 예식장비도 필요 없고 주례사비도 필요 없고 아무 것도 필요 없다. 그렇게 간단히 할 수도 있다. 그런데 또 어떤 사람은 몇 천 만을 쓰면서 할 수도 있다. 모두 생각할 탓이니까 그런데서 해방시켜주는 것이다.

38.14.25 공덕무궁功德無窮

유입차법문由入此法門 득성여시행得成如是行
아설기소분我說其少分 공덕장엄의功德莊嚴義

이 법문으로 들어가면 이렇게 행할 수 있다. "아설기소분我說其少分", 그 하는 말이 작지만 "공덕장엄의功德莊嚴義", 그 결론은 굉장히 크다. 그런 생각으로 말미암아 몇 억을 절약할 수도 있다. 공덕이 굉장히 크다는 것이다.

궁어무수겁窮於無數劫 설피행무진說彼行無盡
아금설소분我今說少分 여대지일진如大地一塵.

그래서 오랜 세월 동안 지나도록 그 사람이 그렇게 행하도록 하는데 끝이 없다. 몇 천 년을 그렇게 가르치고 있다는 말이다. 내가 지금 조금 말하는 그것은 대지의 일진一塵만도 못한 것이다. 다 하려면 끝이 없다는 것이다.

38.14.26 십신행법十信行法

의어불지주依於佛智住 기어기특상起於奇特想
수행최승행修行最勝行 구족대자비具足大慈悲

"불지주佛智住", 불지에 주한다. 나도 이제 부처님처럼 살아야겠다는 것이다. 그런 기특한 생각을 내서 자기도 그렇게 실천을 하고 또 더 실천을 하고 그래서 대자비한 사람이 될 수도 있을 것이다.

차별지총지差別智總持 통달진실의通達眞實義
사유설무비思惟說無比 적정등정각寂靜等正覺

"차별지총지差別智總持", 다 다른 지혜지만 그것을 전체적으로 파악할 수가 있다. 그래서 정말 진실에 통달할 수가 있다. 비할 데 없는 그런 생각을 할 수도 있다. 그러다가 결국 똑바른 깨달음을 얻을 수도 있다.

38.14.27 십주행법十住行法

발어보현심發於普賢心 급수기행원及修其行願
자비인연력慈悲因緣力 취도의청정趣道意清淨

보현심을 발해서 그 행원行願을 닦는다. 모든 사람을 구원해야겠다는 것이 행원이다. 자비의 인연의 힘을 가지고 도에 나가게 해서 그 뜻을 깨끗하게 만든다.

수행파라밀修行波羅蜜 구경수각지究竟隨覺智
증지역자재證知力自在 성무상보리成無上菩提.

파라밀을 수행해서 결국 각지覺智에까지 도달하게 하는 것이다. 그래서 자기의 깨달음이 진짜라는 것을 힘있게 보여주게 된다. '증지證知', 자기의 아는 것을 증거하는 것이다. 증거하려면 반드시 행이 되어야 한다. 힘이 있어야 된다. "증지력자재證知力自在"다. '역자재力自在'를 증거하는 것이다. 실천할 수 있는 것을 증지하는 것이다. "너도 끊을 수 있다. 와서 보라", 이렇게 증지할 수 있는 것이다.
"성무상보리成無上菩提", 그렇게 되어야 깨달은 것이다. 끊어져야 깨달은 것이지 끊어지지 않으면 깨닫지 못한 것이다. 자기가 힘이 있다는 것을 증지하는 것이 "증지역자재"다. 힘이 있다는 것을 증거하고 알려줄 수 있는 것이다.

38.14.28 십행행법十行行法

주지일체겁住持一切劫 지자대흔위智者大欣慰
심입급의지深入及依止 무외무의혹無畏無疑惑

영원히 그런 생각을 가지고 있어야 된다. 아는 사람은 아주 기쁘고 위로를 받는다. 그 속에 깊이 들어가고 거기 의지하고 멎어서 두려움도 없고 의혹도 없게 되었다. 언제나 진리 속에 있으면 두려울 것도 없다는 말이다.

소주무등비所住無等比 기심불하열其心不下劣
입지여대산立志如大山 종덕약심해種德若深海.

그런 곳에 살면 그것은 다른 것과 비교할 수 없이 고귀한 것이다. 그 마음은 언제나 고상해지지 더러워지는 법이 없다. 그런 뜻을 품고 있으면 마치 높은 산에 올라간 것이나 같다. 그런 사람의 덕은 바다와 같이 깊어진다.

38.14.29 십회향행법十廻向行法

여실안주법如實安住法 피갑서원심被甲誓願心
발기어대사發起於大事 구경무능괴究竟無能壞

이러한 안주법과 갑옷을 입은 것 같은 강한 서원의 마음으로 큰 일을 발기해서 결국 무너지지 않는 금강석 같은 세계를 만들 수 있다.

득수보리기得授菩提記 안주광대심安住廣大心
비장무궁진秘藏無窮盡 각오일체법覺悟一切法.

너는 진리를 깨달았다는 보리기菩提記를 얻을 수 있다. 그래서 광대한 마음 속에 안주하면 그 속에 감추어진 보배가 아주 한없이 많다. 그래서 일체법을 깨닫게 된다.

38.14.30 십지행법十地行法

보살심초발菩薩心初發 급이심주편及以心周遍
제근무산동諸根無散動 획득최승근獲得最勝根

보살심을 처음에 발해서 그것이 자꾸 커지고 넓어진다. 뿌리가 튼튼해진다. 그래서 최고의 뿌리를 얻을 수 있다.

이퇴입정위離退入正位 결정증적멸決定證寂滅
출생불법도出生佛法道 성취공덕호成就功德號.

정위正位에 "퇴입退入", 물러나 들어가 앉는다. "결정증적멸決定證

寂滅", 결정코 적멸을 증거한다. 그러면 부처가 되는 것이다. 그런데 그것을 떠난다. 즉 부처가 되었는데 부처라 하지 않고 보살이라 한다는 말이나 같은 소리다. 정위에 물러서서 아주 적멸을 결정적으로 증거할 수 있게 되었다. 그렇게 되면 부처가 된 것이다. 그렇게 부처가 된 것을 떠나서 다시 불법도佛法道에 출생을 해서 계속 보살행을 실천해 간다. 말하자면 왕이 안 되고 일하는 사람으로 남는 것이다.

38.14.31 원만행법圓滿行法

소행급관찰所行及觀察 보조여래경普照如來境
편관중생행遍觀衆生行 분신급효후奮迅及哮吼

소행所行과 관찰로 여래의 경지를 널리 비춰서 중생들을 일일이 관찰해서 분신삼매奮迅三昧해서 울부짖는다.
보통 이런 것을 사자후獅子吼라 한다. 석가는 언제나 사자에 비유한다. 만왕의 왕이다. 만왕의 왕이 한마디 하는 것을 사자후라 한다. 석가의 설법이라는 말이다. 효후哮吼도 마찬가지 말이다.

항마성정각降魔成正覺 전무상법륜轉無上法輪
소현실이종所現悉已終 입어대열반入於大涅槃.

사자의 울부짖는 소리를 듣고 모든 마귀가 꼼짝 못하고 쓰러지는 것이다. 그리고 "전무상법륜轉無上法輪", 최고의 설법을 한다는 말이다. 자기를 다 나타낸 다음에는, 그러니까 팔십 년 동안 진리를 나타낸 것인데 그 다음에 "입어대열반入於大涅槃", 열반으로 들어가서 죽는다는 말이다.

38.14.32 보살행菩薩行

피제보살행彼諸菩薩行 무량겁수습無量劫修習
광대무유변廣大無有邊 아금설소분我今說少分.

그 보살행은 몇 억만 년을 수습해온 것이다. 한없이 크고 넓은 것이다. 그래서 내가 지금 말하는 것은 조금만 말하는 것이다.

38.14.33 세계자재世界自在

수령무량중雖令無量衆 안주불공덕安住佛功德
중생급법중衆生及法中 필경무소취畢竟無所取

아무리 세계 사람들이 많아도 부처님의 힘 속에서는 편안히 살 수가 있다. 부처님이 지켜주니까 안주할 수 있다. 중생과 법, 아무 데도 집착이 없다. 자유인이 된 것이다.

구족여시행具足如是行 유희제신통遊戲諸神通
모단치중찰毛端置衆刹 경어억천겁經於億千劫.

이런 행을 구족하면 무엇이건 다 하나의 놀이가 되고 만다. "유희제신통遊戲諸神通"이다. 일하는 것도 하나의 놀이가 되고 만다. 털끝에 온 세계를 올려놓고 억천 겁을 지난다. 하나의 털끝 속에 우주를 집어다 놓는 것이다. 그렇게 진리가 되면 몇 천 년을 지나도 변하지 않는다.

38.14.34 삼업자재三業自在

어일모공중於一毛孔中 방무량광명放無量光明
멸제악도고滅諸惡道苦 위설무상법爲說無上法

털구멍 속에 무량광명을 발한다. 그래서 모든 악과 어둠을 물리친다.

빛이 있으면 살아난다. '나알알나'다. 빛이 있으면 모든 악이 물러난다. 모든 악惡과 고苦가 다 없어진다. 그렇게 하기 위해서 무상법無上法을 가르치는 것이다.

　　보살이일음菩薩以一音 일체개능연一切皆能演
　　보사제군생普使諸群生 문지대환희聞之大歡喜.

보살의 한 이야기가 모든 이야기를 다 품고 있다. '나알알나' 그 속에 모든 것이 다 들어갈 수 있다. 그래서 모든 중생으로 하여금 기쁘게 만들 수 있다.

38.14.35 삼세자재三世自在

　　과거일체겁過去一切劫 안치미래금安置未來今
　　미래현재겁未來現在劫 회치과거세廻置過去世

영원한 과거다. 과거를 미래에 갖다 놓을 수도 있다. 또 미래를 현재에 갖다 놓을 수도 있다. 하여튼 과거·현재·미래가 빙빙 돌아간다는 것이다. 그래서 미래·현재를 과거로 되돌릴 수도 있다. 한마디로 시간을 초월했다는 그 소리다.

　　미래급현재未來及現在 일체시방불一切十方佛
　　미불어신중靡不於身中 분명이현현分明而顯現.

미래와 현재의 모든 부처가 다 내 속에 들어있다. 그래서 밝게 나타낼 수도 있다.

38.14.36 신지자재身智自在

심지변화법深知變化法 선응중생심善應衆生心
시현종종신示現種種身 이개무소착而皆無所着

깊은 지혜와 변화하는 법을 가지고 중생심을 선응善應할 수 있다. 그래서 여러 가지 몸을 나타낼 수 있다. 그렇지만 어디나 집착하면 안 된다.

요지제상망了知諸想網 어상득자재於想得自在
시수보살행示修菩薩行 일체방편사一切方便事.

그래서 모든 생각의 그물을 알게 된다. 그렇게 되어야 생각의 자유를 얻게 된다. 보살행을 수행해서 모든 방편을 만들어 가는 것이다.

38.14.37 경계난측境界難測

시현여시등示現如是等 광대제신변廣大諸神變
여시제경계如是諸境界 거세막능지擧世莫能知

이렇게 나타날 때 모든 신통한 변화가 나타나게 된다. 이러한 세계는 온 세상 사람들이 알 수가 없다. 부처님의 세계는 보통 사람들이 알 수가 없다.

수순중생심隨順衆生心 영득진실도令得眞實道
신어급여심身語及與心 평등여허공平等如虛空.

중생심을 따라서 진실도를 얻게 한다. 그래서 신身·어語·심心, 다 평등해서 허공과 같아진다.

38.14.38 탁사표법託事表法

정계위도향淨戒爲塗香 중행위의복衆行爲衣服
법증엄정계法繒嚴淨髻 일체지마니一切智摩尼

정계淨戒는 도향塗香이 되고 중행衆行은 의복 같다. 이것들이 다 하나의 비유다. '증繒' 은 머리에 감는 수건이고 '계髻' 는 상투다. 상투 속에 마니주를 집어넣고 있다. 우리는 머리 속에 한없는 보물을 집어넣고 있는 것이다. 머리 속에 신비가 들어있다는 것을 마니주로 비유한다. 거기에 일체의 '지마니智摩尼' 가 들어가 있다.

사유위채녀思惟爲采女 감로위미식甘露爲美食
해탈미위장解脫味爲漿 유희어삼승遊戱於三乘.

사유思惟는 채녀采女 같고 감로甘露는 미식美食 같고 해탈은 간장 맛 같다. 삼승三乘을 타고 논다. 다 비유하는 것이다. 삼승이란 타고 다니는 것이다. 비행기도 타고 다니고 배도 타고 다닌다. 그러면서 유희遊戱다. 온 세계를 돌아다니며 논다는 것이다.

38.14.39 보살행菩薩行

차제보살행此諸菩薩行 미묘전증상微妙轉增上
무량겁수행無量劫修行 기심불염족其心不厭足

이 보살행은 미묘해서 자꾸 발전해 간다. 그래서 계속 수행해 가면 마음에도 싫지 않고 만족해 간다.

공양일체불供養一切佛 엄정일체찰嚴淨一切刹
보령일체중普令一切衆 안주일체지安住一切智.

일체불一切佛을 공양하고 일체찰一切刹을 깨끗이 하고 모든 중생으로 하여금 일체지一切智 속에 안주하게 만든다.

　이런 공덕을 갖추려면 아주 신비한 최고의 진리를 알아야 된다. 이런 공덕을 갖추고 최고의 진리를 알면 중생으로 하여금 고생을 떠나 안락으로 가게 한다.

38.14.40 권학勸學

　　욕구차공덕欲具此功德 급제상묘법及諸上妙法
　　욕사제중생欲使諸衆生 이고상안락離苦常安樂

　이 공덕과 묘법을 갖추면 모든 중생으로 하여금 "이고상안락離苦常安樂"이다. 고통을 떠나 안락 속에 들어가게 한다.

　　욕령신어의欲令身語意 실여제불등悉與諸佛等
　　응발금강심應發金剛心 학차공덕행學此功德行.

　우리의 신어의身語意로 하여금 부처님과 같아지게 만든다. "응발금강심應發金剛心", 우리의 마음이 금강석처럼 강해진다. "학차공덕행學此功德行", 최고의 덕행을 우리가 할 수 있게 된다. 마음이 강해지니까 어떤 행동도 다 할 수 있게 된다.

2002. 10. 27.

제39. 입법계품入法界品

입법계품 강해(1)

「이세간품離世間品」, 이 세상을 떠나는 것인데 이 세상을 떠나서 「입법계품入法界品」이다. 진리의 세계로 들어가는 것이다. 그러니까 「입법계품」이 마지막이다. 진리의 세계로 들어가면 끝이다. 법계法界라는 진리의 세계, 이상세계다. 또는 이사무애법계理事無碍法界라 한다. 이상과 현실이 하나가 되는 세계 그것을 법계라 한다. 지행일치知行一致라 했는데 지행이라는 것을 달리 이사理事라고 할 수도 있다. 이理는 지知요 사事는 행行이다. 이와 사가 하나가 되는 것이다. 이사무애법계다. 지와 행이, 이상과 현실이 무애다. 걸림이 없이 하나가 되는 그런 세계다. 진리의 세계라는 것이다. 그런 세계에 들어간 것이 「입법계품」이다.

39.1 세존世尊의 사자빈신삼매師子頻申三昧

이시爾詩 세존世尊 재실라벌국서다림급고독원대장엄중각在室羅筏國逝多林給孤獨園大莊嚴重閣 여보살마하살오백인與菩薩摩訶薩五百人 구구俱.

'실라벌室羅筏', 서라벌의 뜻이 '호도문물好道聞物'이다. '호도好道', 문화수준이 높아야 된다. 석굴암 같은 걸작이 나와야 된다. 그리고 '문물聞物', 거기 훌륭한 사람이 나와야 된다. 원효元曉 같은 사람이 나와야 된다. 옛날 사람들은 문화수준이 높다는 것을 도를 좋아한다고 했다. 그래서 호도문물이라 한다. 도를 좋아하고 인물이 많이 나온다는 뜻이다. 원효도 나오고 김유신金庾信도 나오고 김춘추金春秋도 나오고 그렇게 많은 인물들이 들려온다. 그렇게 되면 그것을 서라벌이라 한다.

서라벌의 뜻은 호도문물이다. 진리를 좋아해서 문화수준이 높고 뛰어난 인물들이 많이 나오는 그런 나라가 서라벌이라는 말이다. 그러니까 서라벌이란 이상세계라는 말이다. 석가가 강의를 했는데 거기가 서라벌이라는 것이다.

'서다림逝多林'이란 부처님을 찾아가는 사람들이 많았다는 뜻이다. 부처님의 강의를 듣는 사람이 많고 득도得道한 사람이 많다. 많은 사람들이 부처님을 찾아가서 강의를 듣고 깨달아서 도에 통하게 되었다는 말이다. 결국 서다림이나 서라벌이나 같은 말이다. 깨달음이 나오면 거기가 문화수준이 높고 훌륭한 사람이 많은 곳이다. 석가가 강의한 곳이 서라벌이요 또한 거기가 서다림이다.

'급고독원給孤獨園'이란 고아와 독신 같은 불쌍한 사람들을 많이 도와주는 곳, 요새로 말하면 고아원이나 양로원 같은 곳이다. 육체적으로 말하면 고아와 독신이지만 정신적으로 말하면 고민이 많은 사람들이다. 그런 사람을 도와주는 곳, 고민을 벗어나고 진리를 깨닫게 해주는 곳이 급고독원이다. 그러니까 결국 서라벌이나 서다림이나 급고독원이나 다 같은 것이다. 가난한 사람을 데려다 부하게 만들어 주는 곳이 급고독원이다.

그리고 '대장엄중각大莊嚴重閣'이다. 그런 집이 아주 장엄한데 고아원이니 양로원이니 하고 여러 채가 있다는 것이다.

수달다라는 귀족 부자가 그 집을 지었는데 급고독원이라 했고 기타라는 사람은 거기에 나무를 심었다. 그래서 기수급고독원이라 하기도 한다.

서라벌, 서다림, 급고독원, 이 말들을 설명하는데 여러 가지가 있다. 서라벌은 나라를 세운 왕의 아들 이름이라 하기도 하고 급고독원은 '수달다'라는 인도말을 번역한 것이라 하기도 한다. 여러 가지 해석이 있는데 그 가운데 가장 좋은 해석이 서라벌에 대해 호도문물, 문화가 높고 깨달은 사람이 많이 나왔다는 것으로 보고 또 그렇게 깨달은 사람이 많이 나와서 많은 좋은 일을 했다는 것이 서다림이요 급고독원이다. 그렇게 해석하는 것이 제일 좋을 것 같다.

'기타祇陀'라고 하는 것은 『60화엄경』에서 나오는 말이고 『80화엄경』은 '서다逝多'라 한다. 인도말로 기타라 하는 것이 더 가까울 듯한데 『80화엄경』에서는 많은 사람이 찾아갔다는 뜻을 더하기 위해서 서다로 조금 바꾸지 않았나 생각한다. '기타'는 서라벌 나라의 황태자 이름이라 한다. 그런데 그 뜻은 싸움에 이겼다는 말이다. 전승戰勝이라는 뜻이라 한다. 기타니 서다니 본래 인도말인데 그 뜻이 전승이라는 것이다. 그 다음에 '급고독給孤獨'이란 말은 고아나 독신 혹은 늙은이들을 위해 많은 돈을 내서 구제했다는 것이다. 귀족 혹은 부자가 많은 돈을 내줬다는 것이다. 그것을 인도말로 '수달다'라 한다.

서라벌, 서다, 수달다, 이렇게 되는데 여기서는 수달다라 하지 않고 급고독원이라 했다. 그래서 수달다는 부자의 이름이고 기타는 태자의 이름이고 서라벌은 왕의 이름이라 그렇게 말하는 사람도 있다. 그런데 수달다라는 뜻은 급고독원이라는 것이다.

'대장엄중각大莊嚴重閣', 높은 집에 큰 보살 오백 명이 모였다. 왜 오백 인인가. 보살행의 단계가 오십인데 거기에 십파라밀이라는 열을 곱해서 오백이다. 하여튼 많은 사람이 모였다는 것이다. 맨 처음에 석가가 나타나니까 많은 보살이 모였다고 했다. 그때는 그것을 「세주묘엄품世主妙嚴品」이라 했다. 세상의 주인들이 많이 모였다는 것이다. 그런데 여기서는 세주世主가 아니라 세존世尊이다. 세존이 나타났는데 거기 많은 사람들이 모였다는 것이다.

보현보살普賢菩薩 문수사리보살文殊師利菩薩 이위상수而爲上首 차제보살此諸菩薩 개실성취보현행원皆悉成就普賢行願.

오백 인이 모였는데 거기 제일 높은 보살이 보현보살이고 그 다음에 문수보살이다. 이런 사람들이 제일 큰 제자들인데 그 밖에 많은 사람들이 모였다는 것이다. 다 보현행普賢行을 원하는 사람들이다.

경계무애境界無碍 현신무량現身無量 정안무장淨眼無障 지처무한至處無限 광명무제光明無際 설법무진說法無盡 등허공계等虛空界.

그리고 그 사람들의 마음씨는 한없이 넓고 막힌 곳이 없다. 그 사람들은 어디나 찾아가지 몸을 아끼지 않는다. "현신무량現身無量"이다. 그 사람들의 눈은 밝아서 사람들을 꿰뚫어보는 그런 눈을 가지고 있다. 그들의 생각하는 경계는 한이 없다. 그 사람들의 지혜는 끝이 없다. 그 사람들이 가르치는 말씀도 한이 없다. 마치 허공이나 같다.

무소의지無所依止 제멸치예除滅癡翳 등허공지等虛空智. 급여오백성문중及與五百聲聞衆 구구 급여무량제세주及與無量諸世主 구구.

그리고 누구에게 의지하는 것 없이 다 독립해서 자유자재다. 그래서 치정과 탐욕에 가려진 어둠을 벗겨준다. '예翳'는 가릴 예다. 어두운 마음을 밝게 해 준다. 그래서 한없이 큰 지혜다. 거기에 또 연각·성문들도 많이 모였다. 뿐만 아니라 이 세상의 많은 왕들, 세주도 많이 모였다.

이것은 지금 무엇을 말하는가 하면 에베레스트다. 8,848미터의 에베레스트가 석가 세존이다. 세상에서 가장 높은 것이 세존이다. 거기에 7천, 8천미터 이상 되는 봉우리가 많이 있다. 대표적으로 높은 봉우리들이 오백 개가 있다는 것이다. 가장 높은 봉우리까지 올라가려면 작은 봉우리부터 시작해서 올라가야 된다. 그 올라가는 단계가 53위라는 것이다. 북한산·설악산에서 백두산, 이렇게 자꾸 올라가는 것이다. 어디까지 올라가는가. 에베레스트까지 올라가는 것이다. 이것을 소위 보살행菩薩行이라 한다. 그러니까 하나하나가 다 선생이다. 유치원에서부터 초등학교, 중학교, 고등학교, 대학교, 대학원 자꾸 올라가서 맨 꼭대기까지 올라가는 것이다. 그것이 보살행이다. 그런데 어느 길로 가는가, 남쪽으로 가는가, 북쪽으로 가는가 할 때는 그것을 보살도菩薩道라 한다. 보살행과 보살도다. 절벽도 있고 빙벽도 있고 하니까 그저 올라갈 수 없고 길을 찾아 올라가야 된다. 그것을 보살도라 한다. 자꾸 올라가서 맨 꼭대기까지 올라가자는 것이다. 맨 꼭대기가 세존이라는 것이다. 설악산에 가도 세존봉이 있다. 비선대에서 좀더 올라가면 독바위라 해서 기둥 같은 바위가 있는데 그 높이가 1,250미터다. 백운대보다 훨씬 높다. 바위 하나가 1,250미터 올라갔으니 보통이 아니다. 그것이 천불동 계곡에서는 대표적인 봉우리인데 그것을 세존봉이라 한다. 거기 많은 봉우리들이 있는데 너무 아름다워서 그것을 하늘에 핀 꽃 같다 해서 천화대라 한다. 거기에는 코끼리 같은 바위도 있고 다 있다. 금강산의 만물상이나 비슷한 것이다. 설악산 사진이 나올 때면 언제나 그것이 나온다. 그 능선을 공룡능선이라 한다. 금강굴 마등령에서부터 올라가서 죽음의 계곡까지 올라간다. 거기 올라가는데 도중에서 하룻밤 자고 이틀에 걸쳐 올라갔다. 그런데 이쪽도 절벽이고 저쪽도 절벽이다. 그래서 길이 칼날처럼 아주 좁으니까 어떤 때 점심을 먹을 자리도 없어 서서 먹는다. 그만큼 험한 길인데 그러니까 명승이다. 보통은 그곳에 못 가는데 산악에 능한 안내인을 얻어 가는 것이다. 거기 세존봉을 가서 보면 정말 높다. 1,250미터가 곧장 올라갔다. 하여튼 제일 높은 봉우리 그것이 세존이다.

맨 처음에 말하려는 것은 십신十信이라는 것이다. 제일 중요한 것이 무엇인가. 석가라는 맨 꼭대기가 세존이다. 맨 꼭대기까지 올라가는 것을 보살행이라 하고 길을 찾아가는 것을 보살도라 한다. 그렇게 올라가는 것인데 봉우리라는 것이 사람으로 말하면 대승大乘이다. 큰 선생이다. 그러니까 상징은 에베레스트이지만 내용은 사람이다. 큰 사람이다. 대승이다. 대승, 큰 사람을 보아야 기신起信, 믿을 수 있다. 의사도 큰 의사를 만나야 믿을 수 있다. 큰 스승이 되어야 기신이다. 믿음은 언제나 대승에서 나온다는 말이다. 석가를 보면 누구나 믿지 않을 수 없다. 대승이기 때문이다. 그러니까 믿음이란 우리가 어떻게 하는 것이 아니라 대승이 있으면 저절로 믿어지는 것이다. 예수가 있으면 저절로 믿어지는 것이다. 믿음이란 그런 것이지 어떻게 노력하는 것이 아니다. 대승이면 그냥 믿어지는 것이다. 여기서 지금 말하려는 것은 십신이다. 믿음을 나오게 하는 대승이다.

 또 하나, 대승의 특징이 무엇인가 하면 설법이다. 대승에서 나오는 설법이라야 진짜 설법이지 소승小乘에서 나오는 설법은 설법이라 할 수가 없다. 그러니까 대승에서 나오는 강물이라야 마르지 않고 흐르게 된다. 백두산 정도 가지고도 안 된다. 비가 올 때는 되지만 가뭄이 들면 물이 마르게 된다. 그렇게 되면 그것은 설법이 아니다. 설법이란 계속 흘러 나와야 된다. 영생永生이 되어야 한다. 끝없이 흘러 나와야 설법이지 자꾸 멎었다 흘렀다 하면 그것은 아니다. 설법이라는 이것이 상당히 중요하다. 이것을 상징으로 말할 때 갠지스 강이니 인더스 강이니 하고 강에 비유한다.

 그리고 또 하나의 특징은 높은 산이 되면 될수록 얼음으로 덮이게 된다. 설산이 되고 빙산이 된다. 이 눈과 얼음이 녹아 내려야지 그런 것이 없으면 안 된다. 미국 LA가 사막에 있는 도시인데 수돗물이 다 나온다. 그 수돗물이 어디서 오는가 하면 얼음이 얼어 있는 높은 록키 산이다. 록키 산의 얼음물을 끌어다가 수돗물로 쓰는 것이다. 그런데 대개 3,500미터 이상이라야 얼음이 얼게 된다. 스위스에 가서 보면 온통 물이 넘친다. 4천미터의 알프스에서 얼음물이 계속 내려오기 때문이다. 그 물로 전기도 만들고 그래서 그 전기를 러시아에도 팔아먹고 한다. 라인 강을 가서 보면 일년 내내 물이 넘쳐난다. 이렇게 물이 있어야 되고 산꼭대기에 얼음이 얼어 있어야 되고 그렇게 되기 위해서 산이 높아야 된다.

　얼음과 산과 물이다. 얼음이라 할 때는 청정淸淨이라 하고 산이라 할 때는 장엄莊嚴이라 하고 물이라 할 때는 자재自在라 했다. 청정·장엄·자재다. 히말라야 산의 특징이 그것이다. 청정이라 하면 그것은 법신法身이고 장엄이라 하는 것은 보신報身이고 자재라 하는 것은 응신應身이다. 석가의 특징이 법신·보신·응신이다. 우리가 『원각경圓覺經』이라 하면 그것은 응신이고 『법화경法華經』이라 하면 보신이고 『화엄경』이라 하면 법신이다. 비로자나가 법신이다. 법신이란 철학이고 보신이란 도덕이고 응신이란 종교다. 종교의 특징이 설법이다. 『팔만대장경』이 나왔다는 것이 설법이다. 설법이 생명의 물이다. 생명의 말씀이다. 생명의 말씀을 가지고 모든 중생을 살리는 것이다. 사홍서원四弘誓願의 첫째가 "중생무변서원도衆生無邊誓願度"라 한다. 그런데 모든 중생을 살리는 것이 설법이다. 또 "불도무상서원성佛道無上誓願成"은 꼭대기를 말한다. 불도란 한없이 높은데 우리가 그것을 이뤄야 되겠다. 말하자면 도덕이라는 것이다. 세존이라 할 때 그것은 도덕적인 존엄성이다. 그리고 눈이니 얼음이니 청정이니 하는 것은 철학이다. 깊은 생각과 높은 도덕과 한없이 넓은 종교가 있어야 된다. 철학과 도덕과 종교, 이 세 가지가 핵심이다.

　기독교에서 도덕이라 하면 「마태복음」이고 종교는 「누가복음」이고 철학이라 하면 「요한복음」이다. 이 세 가지가 있어야 기독교다. 이 가운데 만약 도덕이 빠져나갔다 하면 유사종교가 되고 만다. 철학이 없다 하면 미신이 되고 만다. 그러니까 종교라 하면 반드시 그 배후에 도덕이 있어 도덕적 수준이 높아야 되고 그 뒤에 철학적 수준이 깊어야 된다. 이 셋이 있어야 고등종교다. 고등종교가 되려면 거기 반드시 철학이 있어야 된다. 『화엄경』 80권이 다 철학이다. 생각하고 또 생각하고 자꾸 생각해서 이런 것이 나오는 것이다. 철학이 없는 종교는 미신에 불과하다. 도덕이 없는 종교는 사이비 종교가 된다. 종교는 또 설법이 제대로 되어야 한다. 이치에 맞는 설법이 되어야지 이치에 맞지 않는 설법을 하면 안 된다. 맨 처음이 십신인데 십신의 기초는 높은 도덕을 가진 사람이다. 높은 실력을 가진 사람이 십신의 기초라는 것이다.

그래서 나는 도덕을 말할 때는 '힘'이라 하고, 철학을 말할 때는 '빛'이라 하고, 종교를 말할 때는 '숨'이라 한다. 철학을 말할 때는 진리라 하고, 도덕을 말할 때는 길이라 하고, 종교를 말할 때는 생명이라 한다. 나는 길이요 진리요 생명이다. 이 셋이 겹쳐야 인격이지 철학이 없어도 인격이 아니고, 도덕이 없어도 인격이 아니고, 종교가 없어도 인격이 아니다. 이 세 가지가 겹쳐야 사람이지 그 셋이 겹치지 않으면 사람이 안 된다. 결국 우리가 되자는 것은 사람이 되자는 것이지 우리는 무슨 기독교를 믿자는 것도 아니고 불교를 믿자는 것도 아니다. 사람이 되자는 것이다. 사람이 되기 위해서 생각을 깊이 해야 되는 것이고 도덕적으로 높이 올라가야 되는 것이고, 종교적으로 넓게 커져야 되는 것이다. 내용은 이것이다. 이것 때문에 2년 동안 우리가 계속 이렇게 하는 것이다.

높은 세존이 있어야 되고, 거기에 깊은 철학이 들어가게 되고, 깊은 철학이 들어가야 거기에 넓은 종교가 나오게 되는 것이다. 이 세 가지를 이렇게 저렇게 말해보는 것이다. 『화엄경華嚴經』의 내용이 그것이다. '화華'라는 것이 얼음이고, '엄嚴'이라는 것이 산이고, '경經'이라는 것이 강물이다. '경'이란 설법이고 '엄'이란 도덕적인 장엄이고 '화'라는 것은 눈꽃이 피어있는 것이다. 그러니까 철학과 도덕과 종교, 이것이 합친 것을 『화엄경』이라 하는 것이다. '화'는 빛이고, '엄'은 힘이고, '경'이란 숨이다.

빛과 힘과 숨이다. 사람의 특징이 무엇인가 하면 빛과 힘과 숨이다. 내용이란 그것이다. 사람에게는 빛이 있어야 되고 힘이 있어야 되고 숨이 있어야 된다. 이 세 가지를 합해야 사람이 되지 그렇지 않으면 사람이 안 된다. 진리라는 철학과 길이라는 도덕과 생명이라는 종교가 합친 것이 예수지 그것을 빼면 예수가 어디 있겠는가. 예수가 인류의 대표라는 것은 그만큼 도가 높다는 것이요 그만큼 생각이 깊다는 것이요 그만큼 말씀이 영원하다는 것이다. 그러니까 우리가 예수라 하는 것이다. 불교에서는 그것을 여래如來라 불타佛陀라 세존世尊이라 여러 가지로 말하는 것이다. 내용은 그 세 가지다.

이시爾時 세존世尊 입사자빈신삼매入師子頻申三昧.

산으로 말하면 에베레스트인데 동물로 비유하면 사자다. 지난번에는 분신사자奮迅獅子라 했는데 이번에는 빈신사자頻申獅子라 한다. 사자가 떨치고 일어나 마음대로 행하는 자유로운 왕이 된 것이다. 무외자재無畏自在다. 두려움이 없이 마음대로 돌아다닐 수 있는 것이다. 무외자재 삼매다. 무외자재라는 깊은 생각에 들어갔다는 말이다.

이시爾時 부이불신력고復以佛神力故 기서다림其逝多林 홀연광박忽然廣博.

부처님의 신비한 힘 때문에 서다림이란 곳이 넓어지는 것 같았다. 우주처럼 넓어졌다.

이시爾時 동방東方 유세계有世界 유보살有菩薩 명비로자나원광명名毘盧遮那願光明 내향불소來向佛所.

동방에 세계가 있고 거기에 왕과 보살이 있는데 보살의 이름은 비로자나원광명이라는 보살이다. 그 보살이 부처님을 찾아뵈러 왔다.

남방南方 명불가괴정진왕名不可壞精進王 서방西方 명보승무상위덕왕名普勝無上威德王 북방北方 명무애승장왕名無碍勝藏王 동북방東北方 명화현법계원월왕名化現法界願月王 동남방東南方 명법혜광염왕名法慧光焰王 서남방西南方 서북방西北方 하방下方 상방上方 여세계해미진수보살與世界海微塵數菩薩 구구俱俱.

이렇게 남방에서도 찾아오고 서방에서도 찾아오고 북방에서, 동북방에서, 동남방에서, 서남방에서, 서북방에서도 찾아오고 하방에서도 상방에서도 많은 사람들이 찾아왔다는 것이다.

우시于時 상수제대성문上首諸大聲聞 개실불견여래신력皆悉不見如來神力. 하이고何以故 여래경계如來境界 난견난지難見難知.

그런데 그때 거기는 보살만이 아니라 성문들도 찾아왔다. 성문 가운데 유명한 사람들이 사리불舍利弗이니 목건련目犍連이니 이런 사람들이다. 아주 유명한 성문들이 찾아왔다. 성문들이 찾아왔다는 것이 중요하다. 성문이란 귀가 뚫린 사람들이다. 보살은 코가 뚫린 사람이고 연각은 눈이 뚫린 사람이고 불타는 입이 뚫린 사람이다.

성문이란 십신十信, 믿음의 대표자들이다. 석가모니의 설법을 맨 처음에 듣고서 "석가란 사람은 참으로 위대하다. 그분을 믿지 않을 수 없다." 그렇게 하고 따르는 사람들이 성문이다. 상수上首, 큰 성문들인데 그들은 아직 여래의 신비한 힘은 알 수가 없다. 맨 첫 계단으로 믿는 계단이다. 왜 그런가 하면 여래경계如來境界란 난견난지難見難知의 세계이다. 에베레스트 꼭대기는 일 년에 며칠밖에 나타나지 않는 것이다. 보기도 어렵고 찾아가기도 어려운 세계다.

이시爾時 비로자나원광명보살毘盧遮那願光明菩薩 설송언說頌言

이때 맨 처음 동방에서 나온 보살인 비로자나 보살이 찬송을 부르기 시작했다.

그런데 우리가 지금 여기서는 이런 보살들에 대한 이야기를 다 생략하고 대표적으로 하나만 써서 한 페이지도 안 되게 했지만 원본에는 수십 페이지에 걸쳐 오백 명의 보살에 대한 이야기가 다 나온다. 그래서 「입법계품」 하나만 해도 『화엄경』 전체의 삼분지 일이 된다. 그만큼 방대한 이야기인데 그것을 일일이 우리가 생각하려면 끝이 없으니까 다 생략했다. 가장 중요한 것은 에베레스트 꼭대기 하나가 중요한 것이지 다른 봉우리야 백 개가 있건 천 개가 있건 문제가 아니다.

보살이 찬송한 내용도 몇 페이지가 되는데 그것도 다음과 같이 단 두 개만 썼다.

여등응관찰汝等應觀察 불도부사의佛道不思議
어차서다림於此逝多林 시현신통력示現神通力
제대명칭사諸大名稱士 무량삼매력無量三昧力
소현제신변所現諸神變 법계실충만法界悉充滿.

너희들은 보아라. 부처님의 산꼭대기는 정말 신비해서 알 수가 없다. 그런데 여기 서다림에서 부처님을 보게 되었다. 석가에서 나오는 것은 신통한 힘이다. 철학에도 신통하고 도덕에도 신통하고 종교에도 신통하다. 신통이란 최고라는 말이다. 최고의 석가를 보게 되었다는 말이다.

많은 보살들 세주들에게 깊은 기도 속에서, 깊은 생각 속에서 신변神變을 나타내 법계에 충만하다. 히말라야 전체가 법계가 되었다는 말이다.

법계차별원지신통왕보살法界差別願智神通王菩薩 설송언說頌言

법계차별원지신통왕 보살이 또 이렇게 찬송했다.

석가무상존釋迦無上尊 구일체공덕具一切功德
견자심청정見者心淸淨 회향대지혜廻向大智慧
여래능영단如來能永斷 일체중생의一切衆生疑
수기심소락隨其心所樂 보개령만족普皆令滿足.

"석가무상존釋迦無上尊", 석가의 도덕적 수준은 더할 나위 없이 최고로 높다. 모든 도덕을 다 갖추고 있다. 그 사람을 보기만 해도 우리의 마음이 깨끗해진다. 하얀 에베레스트를 보면 에베레스트가 깨끗한 것은 물론이지만 그것을 보는 우리 마음까지도 깨끗해진다. 누구나 그 에베레스트를 쳐다보고 믿지 않을 수 없다. 큰 지혜의 빛에 끌려서 그만 쳐다보지 않을 수 없다.

에베레스트는 하루 종일 쳐다봐도 물리지 않을 것이다. 나는 나이아가라 폭포에 갔을 때 하루 종일 들여다보고 있었다. 설악산의 천불동 비선대에 가서 하루 종일 쳐다봐도 정말 아무렇지도 않다.

그 큰 지혜에 끌려서 우리가 믿지 않을 수 없다. 여래는 일체의 의심을 영원히 끊어준다. 우리를 믿게 만든다는 말이다. "저 사람에게 가면 되겠다" 하고 믿게 만든다.

그래서 일체 중생은 그 마음의 즐거움을 따라서 넉넉히 만족할 수 있을 것이다. 에베레스트에서 흘러나오는 물이 우리 모두를 넉넉히 만족하게 살려줄 수 있을 것이다.

39.2 보현普賢과 문수文殊

이시爾時 보현보살普賢菩薩 보관일체보살중회普觀一切菩薩衆會 설송언說頌言

이때 보현보살이 모든 보살들을 보며 말한다.
보살 가운데 가장 높은 보살이 보현보살이다. 에베레스트 다음가는 봉우리다.

일일모공중一一毛孔中 미진수찰해微塵數刹海
실유여래좌悉有如來坐 개구보살중皆具菩薩衆
보현일체찰普現一切刹 등입제불회等入諸佛會
안좌일체찰安坐一切刹 청문일체법聽聞一切法.

털구멍 하나하나 속에 한없이 많은 나라들이 들어가 있다. 석가 속에는 한없이 많은 지혜가 다 들어가 있다는 말이다. '찰해刹海'는 나라를 말한다. 털끝도 한없이 많지만 나라도 한이 없다.

그 모든 나라에 부처님이 딱 앉아있다. 거기에 많은 보살들이 다 같이 있다. 그 모든 나라에 부처님이 나타났고 모든 불회佛會에 보살들이 들어가 앉아있다. 모든 나라에 앉아 있어 모든 법을 다 듣는다. 히말라야에서 내려오는 강물을 모든 산천초목들이 다 마신다는 말이다.

이시爾時 세존世尊 종미간백호상從眉間白毫相 방대광명放大光明 보조시방일체세계해제불국토普照十方一切世界海諸佛國土.

'백호상白毫相'은 지혜를 상징한다. 백호상에서 큰 빛을 발한다. 진리의 빛을 발하는 것이다. 그래서 온 우주를 그 빛으로 가득 채운다.

이시爾時 문수사리보살文殊師利菩薩 설송언說頌言

이때 문수사리 보살이 또 이렇게 찬송을 했다.

여응관차서다림汝應觀此逝多林 이불위신광무제以佛威神廣無際
일체장엄개시현一切莊嚴皆示現 시방법계실충만十方法界悉充滿
일체보현제불자一切普賢諸佛子 백천겁해장엄찰百千劫海莊嚴刹
기수무량등중생其數無量等衆生 막불어차림중견莫不於此林中見.

서다림을 보라. 부처님의 위엄이 한없이 존엄하다. 모든 존엄이 다 드러나 있다. 그 존엄으로 온 우주가 꽉 차게 되었다. 일체 보현의 제불자諸佛子는 영원히 온 세계에 그 수가 중생과 같이 무량하다. 학생들도 많지만 선생들도 많다는 말이다. '겁劫'은 영원이고 '찰刹'은 세계다. 여기서 서다림 속에서 보이지 않는 것은 없다. 다 나타났다는 말이다.

이시爾時 피제보살彼諸菩薩 이불삼매광명조고以佛三昧光明照故 즉시卽時 득입여래삼매得入如來三昧. 일일개득미진수대비문——皆得微塵數大悲門 종종방편種種方便 교화조복教化調伏.

이때 보살들이 부처님의 지혜를 받아서 깊은 생각 속에 들어갔다. 석가의 말을 듣고 그냥 넘어갈 수는 없다. 생각해 보아야 한다. 생각한 결과 그 가슴 속에 따뜻한 사랑의 마음이 싹트기 시작했다. 대자대비, 다 같은 말이다. 여러 가지 방법으로 다른 사람을 내가 또 가르쳐야겠다고 결심을 했다.

혹현불가설불찰미진수단파라밀문或現不可說佛刹微塵數檀波羅蜜門 시파라밀문尸波羅蜜門 제파라밀문提波羅蜜門 비리야파라밀문毘梨耶波羅蜜門 선정해탈문禪定解脫門 원만지광명문圓滿智光明門 개오일체중생문開悟一切眾生門.

한없이 많은 단檀 파라밀, 보시 파라밀을 가르치기도 하고 지계 파라밀을 가르치기도 하고 인욕 파라밀을 가르치기도 하고 정진 파라밀을 가르치기도 하고 선정 파라밀을 가르치기도 하고 지혜 파라밀을 가르치기도 한다.

육파라밀이 다 나오는데 도덕을 완성시키는 것이 파라밀이다. 파라밀 때문에 불교의 도덕이 서는 것이지 파라밀이라는 것이 없으면 도덕이 없는 것이다. 보시·지계·인욕·정진·선정·지혜 모두 도덕이다. 도덕이라는 존엄으로 가는 길은 모두 파라밀이다. 보통 육파라밀인데 나중에는 십파라밀이 된다. 그래서 불교에서는 파라밀이 제일 중요한 것이다. 파라밀이 없으면 불교라는 것이 없다. 기독교로 말하면 산상수훈이다. 산상수훈이 없으면 기독교는 없는 것이다.

불자佛子 차서다림일체보살此逝多林一切菩薩 위욕성숙제중생고爲欲成熟諸衆生故 교화성취일체중생敎化成就一切衆生 이역불리차서다림여래지소而亦不離此逝多林如來之所.

그래서 일체 중생을 깨닫게 한다. 모든 중생을 성숙하게 하기 위해서 모든 중생들을 교화하고 가르치는데 그 근원은 어디인가 하면 에베레스트다. 서다림이라는 곳이 에베레스트다. 서다림에서 모든 도덕이 흘러나온다는 말이다.

이시爾時 문수사리文殊師利 출자주처出自住處 내예불소來詣佛所 종종공양種種供養 사퇴남행辭退南行 왕어인간往於人間.

이때 문수사리가 자기 사는 데서 나와 부처님께 갔다. 그리고 공양했다. 이것이 믿음이라는 것이다. 부처님을 쳐다보며 한없이 존경을 가지는 것이 믿음이다. 그리고 "사퇴남행辭退南行", 물러나서 남쪽으로 가서 인간세상으로 내려갔다.
십신十信의 대표가 문수사리 보살이다. 남쪽으로 내려가서 인간세상으로 갔다. 에베레스트에 내려가 인간세상으로 간 것이다. 문수사리를 좇아오는 성문들이 6천명이라 한다. 그래서 그 6천명을 설명하려니까 얼마나 길어지겠는가. 그런데 그 6천명은 우리와 상관이 없으니까 그냥 생략하고 말았다.

이시爾時 문수사리보살文殊師利菩薩 권제비구勸諸比丘 발아누다라삼막삼보리심이發阿耨多羅三藐三菩提心已 점차남행漸次南行.

문수사리보살이 비구들에게 진리를 깨달아야 된다 하고 권했다. 그리고 점차 남쪽으로 갔다.

경력인간經歷人間 지복성동至福城東 주장엄당사라림중住莊嚴幢娑羅林中. 시時 복성인福城人 무량대중無量大衆 종기성출從其城出 내예기소來詣其所.

많은 사람들을 만나면서 복성이라는 고장에 도달했다. 복성에는 장엄당사라림이라는 수풀 속에 거처하게 되었다. 그 성의 많은 사람들이 나와서 다 문수사리를 좇아 나왔다.

이것도 믿음이다. 문수사리가 석가만은 못하지만 다음 가는 높은 산이다.

시時 유우바새有優婆塞 명왈대지名曰大智 여오백우바새권속與五百優婆塞眷屬 구구俱.

우바이 우바새 대지라는 사람이 오백 우바새 권속을 데리고 문수보살을 찾아왔다. 5백명이 문수보살을 찾아왔다. 많은 사람들이 문수보살을 믿게 되었다는 것이다.

부유오백동자復有五百童子 소위선재동자所謂善財童子 내예문수사리來詣文殊師利 정례기족頂禮其足.

거기 오백 동자, 오백의 젊은 사람들도 있었는데 그 가운데 한 사람이 선재동자다. 6천명이 나오고 5백명이 나오고 젊은이들이 나오는데 그 가운데 한 사람이 선재동자다. 선재동자가 여기서 주인공이다. 선재동자가 문수사리에게 찾아와 발에 엎드려 절을 했다.

이시爾時 문수사리동자文殊師利童子 지복성인知福城人 실이래집悉已來集 수기심락隨其心樂 이자재대비以自在大悲 기설법심起說法心 이광대변재以廣大辯才.

문수사리 젊은이가 복성인이 다 자기를 찾아오는 줄 알고 마음에 아주 기쁨을 가지고 자기 속에 자비심을 일으켜 그 사람들에게 설법을 했다.

많은 사람들이 모였는데 문수사리가 설법을 했다는 말이다. 그런데 문수는 석가의 제자 가운데 가장 지혜가 높은 사람이니까 말도 아주 청산유수처럼 잘한다는 것이다.

장위설법將爲說法 부어시시復於是時 관찰선재觀察善財 이하인연以何因緣 이유기명而有其名.

그리고 설법을 하려고 하는데 이때 선재가 그 속에 있는 것을 보게 되었다. 어떻게 선재라는 이름을 갖게 되었을까.

지차동자知此童子 초입태시初入胎時 어기택내於其宅內 자연이출칠보누각自然而出七寶樓閣. 선재동자善財童子 처태십월處胎十月 연후탄생然後誕生 형체지분形體支分 단정구족端正具足. 부어택중復於宅中 자연이유오백보기自然而有五百寶器 종종제물種種諸物 자연영만自然盈滿. 고故 부모친속父母親屬 공호차아共呼此兒 명왈선재名曰善財.

선재라는 동자를 보니 그 어머니가 임신할 때 꿈에 칠보누각을 보게 되었다. 태몽으로 칠보누각을 본 것이다. 열 달 만에 선재동자가 나오게 되었는데 단정하고 똑똑하게 생겼다. 그리고 축하하는 많은 선물들이 들어왔다. 꿈에는 높은 기와집이 나타나고 태어나서는 많은 선물이 들어오고 그래서 부모가 그 이름을 선재라 지었다.

문수사리보살文殊師利菩薩 여시관찰선재동자이如是觀察善財童子已 위선재동자爲善財童子 설차법이說此法已 은근권유殷勤勸喩 발아누다라삼막삼보리심發阿耨多羅三藐三菩提心 우령억념과거선근又令憶念過去善根 작시사이거作是事已去.

문수사리보살이 이와 같이 선재동자를 보고 선재동자를 위해서 이런 법을 설했다.

제39. 입법계품入法界品　187

설법의 내용은 다음의 열 가지다.

(1) 적집법積集法　　　　(2) 상속법相續法
(3) 차제법次第法　　　　(4) 중회청정법衆會淸淨法
(5) 불법륜화도법佛法輪化導法　(6) 색신상호법色身相好法
(7) 법신성취법法身成就法　(8) 언사변재법言辭辯才法
(9) 광명조요법光明照耀法　(10) 평등무이법平等無二法

이렇게 열 가지를 설명하니까 그것을 듣고 선재동자는 자기도 부처가 되겠다고 결심을 했다.
- (1) 적집법積集法에서 제일 중요한 것이 육파라밀이다. 그 밖에 사무량四無量, 사섭四攝, 삼칠조도품三七助道品 등 여러 가지를 설명했다는 것이다.
- (2) 상속법相續法이란 결국 보현보살의 보현행원을 상속해 가는 것을 말한다. 온 세상 사람들을 모두 부처로 만들기 전에는 나는 부처가 되지 않겠다. 모든 중생을 부처로 만들겠다는 그것을 상속하는 것이다.
- (3) 차제법次第法이란 자기 속의 습기를 조금씩 조금씩 제거해 가는 것이다. 습기란 나쁜 습관이다. 나쁜 습관을 자꾸 없이해 가는 것이다.
- (4) 중회청정법衆會淸淨法은 어떻게 하면 많은 사람이 모인 곳, 중회를 깨끗이 하느냐는 것이다.
- (5) 불법륜화도법佛法輪化導法은 부처님의 강의하는 곳으로 어떻게 많은 사람들을 인도해 가는가 하는 것이다.
- (6) 색신상호법色身相好法은 자기 몸을 다스리는 법이다.
- (7) 법신성취법法身成就法은 우리의 깊은 생각을 어떻게 완성해 가는가 하는 것이다.
- (8) 언사변재법言辭辯才法은 말하는 법이다.
- (9) 광명조요법光明照耀法은 어떻게 하면 지혜를 나타내는가 하는

것이다.
(10) 평등무이법平等無二法은 너무 지나치지도 않고 너무 모자라지도 않고 꼭 알맞게 가는 법이다. 그렇게 열 가지를 설명했다는 것이다.

이렇게 설명을 하면서 은근히 권했더니 그 설명을 듣고서 선재동자는 자기도 부처가 되겠다고 결심을 했다.
그런데 선재동자가 그런 생각을 가지게 된 것은 오늘 갑자기 그런 생각을 한 것이 아니라 벌써 전에 몇 억만 년 동안 좋은 생각을 쌓아서 이렇게 되었다는 것이다. 이것이 불교식의 생각이다. 내가 나기 전부터 오랫동안 좋은 일을 많이 해서 오늘에 이런 생각을 하게 되었다는 것이다. 업業이라는 것이다. "과거선근過去善根"이다.

이시爾時 선재동자善財童子 일심근구아누다라삼막삼보리一心勤求阿耨多羅三藐三菩提 설송왈說頌曰

이때 선재동자가 일심으로 어떻게 하면 부처가 되는가를 열심히 생각하면서 문수에게 이렇게 고백을 했다.

삼유위성곽三有爲城郭 교만위원장憍慢爲垣牆
제취위문호諸趣爲門戶 애수위지참愛水爲池塹
우치암소복愚癡闇所覆 탐에화치연貪恚火熾然
마왕작군주魔王作君主 동몽의지주童蒙依止住

이 세상이라는 것이 하나의 성곽이라는 것이다. 내가 그만 이 세상에 빠져 있었다는 말이다. 나는 내가 굉장히 잘난 줄 알았다. 그런 교만이 내 울타리가 되었다. 취미가 내게는 문이 되어서 들락날락하게 되었다. "애수위지참愛水爲池塹", 남녀의 사랑에 빠져 물에 빠진 사람처럼 헤매고 있었다. "우치암소복愚癡闇所覆", 가장 어리석은 치정에 붙들

제39. 입법계품入法界品　189

려서 암흑 속에 빠져 있었다. 밤낮 욕심을 내고 불평하면서 지금까지 살아왔다. "마왕작군주魔王作君主", 악마가 내 왕이었었다. 내가 지금까지 살아온 것이 이렇게 살았다. 자기의 과거라는 것이 형편없었다는 것을 고백하는 것이다.

묘지청정일妙智淸淨日 대비원만륜大悲圓滿輪
능갈번뇌해能竭煩惱海 원사소관찰願賜少觀察
묘지청정월妙智淸淨月 대비무구륜大慈無垢輪
일체실시안一切悉施安 원수조찰아願垂照察我.

내 소원이 무엇인가. 태양빛이 비쳐 와서 내 고민을 말려주었으면 좋겠다. 나도 좀 눈을 뜬 사람이 되었으면 좋겠다. 묘지妙智의 달이 내 속에 사랑하는 마음을 일으켜 모든 사람을 보살펴주고 도와주는 그런 사람이 되었으면 좋겠다. 햇님처럼 되고 달님처럼 되는 것이 내 소원이라는 말이다.

선정삼매상禪定三昧廂 지혜방편액智慧方便軛
조복불퇴전調伏不退轉 영아재차승令我載此乘
지혜만시방智慧滿十方 장엄편법계莊嚴遍法界
보흡중생원普洽衆生願 영아재차승令我載此乘.

나도 선정 속에 깊이 들어가서 생각했으면 좋겠다. 그래서 나도 지혜를 가지는 그런 수레가 되었으면 좋겠다. 그래서 모든 사람을 감동시키는 그런 사람이 되었으면 좋겠다. 나도 이런 자동차에 한 번 타 보았으면 좋겠다. 내 지혜가 시방에 가득 차서 모든 세계에 장엄하게 나타날 수 있게 그래서 모든 중생의 소원을 들어줄 수 있게 그런 자동차에 나도 한 번 타 보았으면 좋겠다.

그러니까 맨 처음에는 고백을 하고 그 다음에는 소원을 말하고 그 다음에는 자기도 이렇게 살아갔으면 좋겠다는 자기의 '승乘'을 말한다.

결론은 무엇인가.

사섭원만륜四攝圓滿輪 총지청정광總持淸淨光
여시지혜일如是智慧日 원시아령견願示我令見
이입법왕위已入法王位 이착지왕관已着智王冠
이계묘법회已繫妙法繪 원능자고아願能慈顧我.

사섭四攝의 원만륜圓滿輪과 총지總持의 청정광淸淨光으로 빛나는 지혜의 태양이 되었으면 좋겠다. 사섭이란 보시布施, 애어愛語, 이행利行, 동사同事를 말한다. 이 네 가지를 사섭법이라 했다. 법왕의 지위를 얻어 법왕의 관을 쓰고 법왕의 목도리를 두르고 모든 불쌍한 사람을 돌보는 그런 사람이 되었으면 좋겠다. 이렇게 선재동자는 자기의 신앙고백을 하는 것이다.

2002. 11. 3.

입법계품 강해(2)

39.3 선지식善知識 53인

39.3.1 문수文殊

이시爾時 문수사리보살文殊師利菩薩 여상왕회如象王廻 관선재동자觀善財童子 작여시언作如是言

이때 문수사리보살이 상왕象王을 돌아보고 선재동자를 보며 다음과 같이 말했다.

선재선재善哉善哉 선남자善男子 여이발아누다라삼막삼보리심汝已發阿耨多羅三藐三菩提心 부욕친근제선지식復欲親近諸善知識 문보살행問菩薩行 수보살도修菩薩道.

네 고백을 들어보니 참 신통하구나. 너는 참 착한 사람이다. 네가 부처가 되겠다는 생각을 했으니 이제부터 52명의 선생님을 찾아가라. 그것이 보살행이다.

선남자善男子 친근공양제선지식親近供養諸善知識 시구일체지최초인연是具一切智最初因緣. 시고어차是故於此 물생피염勿生疲厭 선재공덕장善哉功德藏 능래지아소能來至我所 발기대비심發起大悲心 근구무상각勤求無上覺 이발광대원已發廣大願 제멸중생고除滅衆生苦 보위제세간普爲諸世間 수행보살행修行菩薩行.

선남자여. 너는 언제나 선생님을 가까이 하면서 공양하여야 된다. 이것이 지를 얻는 인연이다. 그러니 그것을 하면서 피곤하다거나 싫다거나 그런 생각을 내면 안 된다. 지금까지 많은 노력을 해서 공덕을 쌓아왔는데 그런 네가 나에게 왔구나. 큰 자비심을 내서 최고의 깨달음에 이르기까지 선지식을 찾아가라. 이미 큰 원을 일으켰으니 모든 중생의 고통을 덜어주고 모든 세상을 위해서 네가 이제부터 열심히 보살행을 닦아가라.

문수보살이 선재동자에게 이렇게 권했다는 것이다.

이시爾時 문수사리보살文殊師利菩薩 고선재동자언告善財童子言 선재선재善哉 선남자善男子 여이발아뉴다라삼먁삼보리심汝已發阿耨多羅三藐三菩提心 구보살행求菩薩行 시사위난是事爲難.

이때 문수보살이 선재동자에게 말했다. 네가 부처가 되겠다는 결심을 했으니 보살행을 하는데 이것은 상당히 어려운 일이다.
에베레스트를 올라가는 일은 상당히 어려운 일이다.

선남자善男子 약욕성취일체지지若欲成就一切智智 응결정구진선지식應決定求眞善知識 물생피해勿生疲懈 물생염족勿生厭足 어선지식於善知識 소유교회所有敎誨 개응수순皆應隨順.

선남자야, 네가 일체의 진리를 깨닫기 위해 최고의 선생들을 찾아다니는데 다시는 피곤하다거나 게으르지 말고 싫어하지도 말고 선생님에게 가서 가르치는 바를 듣고서 잘 좇아가라.

선남자善男子 어차남방於此南方 유일국토有一國土 명위승락名爲勝樂 유일비구有一比丘 명왈덕운名曰德雲.

남쪽으로 가면 하나의 나라가 있는데 이름이 승락勝樂이다. 거기에 한 비구가 사는데 이름이 덕운德雲이다.

문수를 만난 다음에 덕운을 찾아가는 것인데 문수를 만남이 십신十

信이다. 문수에서 십신이 끝나고 그 다음 덕운에서부터 십주十住가 시작되는 것이다. 덕운에서부터 열 명이 십주라는 것이다.

　문수는 십신의 대표다. 문수라는 사람이 아주 큰 사람이니까 많은 사람들이 문수를 좇는 것이다. 불교는 이것을 귀의歸依라 한다. 문수에게 돌아가서 의지하는 것이다. 그것을 또는 나무南無라 한다. 문수에게 찾아가서 문수라는 선생님에게 의지하고 배운다는 소리다. 그것이 소위 믿음이라는 것이다. 믿을 '신信'을 보면 사람과 말이 하나가 된 것이다. 선생님도 사람과 말이 하나가 된 사람이고 학생도 결국 선생님의 말과 자기가 하나가 되는 것이다. 그렇게 되면 그것을 믿음이라 한다. 그래서 십신은 문수로 끝난 것이다.

　이제부터 나오는 덕운德雲, 해운海雲, 선주善住 등 열 명은 십주十住를 나타낸다. 십주란 무엇인가. 발심주發心住, 치지주治持住, 수행주修行住, 생귀주生貴住, 방편주方便住, 정심주淨心住, 불퇴주不退住, 동진주童眞住, 법왕주法王住, 관정주灌頂住 이렇게 열 가지다.

　십주十住
　(1) 덕운德雲 발심주發心住 원신願身 국國
　(2) 해운海雲 치지주治持住 지신智身 불佛
　(3) 선주善住 수행주修行住 법신法身 통通
　(4) 미가彌伽 생귀주生貴住 지신持身 륜輪
　(5) 해탈解脫 방편주方便住 의신意身 공空
　(6) 해당海幢 정심주淨心住 화신化身 광光
　(7) 휴사休捨 불퇴주不退住 위신威身 습習
　(8) 비목毘目 동진주童眞住 각신覺身 혼魂
　(9) 승열勝熱 법왕주法王住 덕신德身 화火
　(10) 자행慈行 관정주灌頂住 엄신嚴身 주呪

　십주는 십신十信과 무엇이 다른가. 십신은 성문聲聞이다. 6천명이 찾아왔다거나 천 명이 찾아왔다거나 다 성문이다. 성문이란 강의를 듣는 사람들이다. 강의를 듣다가 잘 이해를 했다 하면 그것은 귀가 뚫렸다는 것이다. 그것이 십신이다. 십신의 세계는 귀가 뚫리는 세계다. 귀가 뚫리는 것도 상당히 오래 걸린다. 선생님의 말을 듣고 또 듣다 보면 나중에는 선생님이 무슨 말을 해도 그 소리가 그 소리구나 하고 다 알게 된다. 그렇게 다 알아지면 그것을 십신이라 한다. 다 알아져야 믿음이 생기지 알아지지 않으면 믿음이 생기지 않는다.

 그러니까 선재동자가 문수를 만난 후 다 알아졌으니까 성문이 끝난 것이다. 결국 십신이나 성문이나 같은 것이다. 성문이란 귀가 뚫렸다는 것이다. 이철위총耳徹爲聰이다. 귀가 뚫린 것이다. 귀가 뚫려야 눈이 뚫리게 된다. 눈이 뚫리게 되는 것을 십주라 한다. 십주가 되면 연각緣覺이다. 십신에 대해서는 문수 한 사람으로 끝난다. 물론 문수를 만나기 전에 많은 선생님에게 들었을 것이다. 그러다 문수까지 와서 그만 귀가 뚫리게 되었다는 것이다.

 나도 많은 목사들 부흥사들을 좇아다녔다. 일본에 가서는 무교회無教會 사람들을 좇아다녔다. 그러다 한국에 와서 또 이 사람 저 사람 좇아다녔다. 그러다 나로서는 다석多夕 유영모柳永模(1890-1981) 선생님을 만나 그것으로 끝난 것이다. 귀가 뚫린 것이다. 그러니까 많은 선생님을 만난 후 마지막으로 문수라는 선생님을 만나서 귀가 뚫린 것이다. 그것은 사람마다 다 다르지만 맨 마지막에 만나는 선생. 그것이 소위 여기서 말하는 문수다. 나로 말하면 유영모다. 유영모를 만나서 "아. 이제는 더 들을 것이 없다. 듣지 않아도 되겠다." 그렇게 되고나서 또 넘어가야 된다. 그렇게 되어야 또 하나를 넘어가게 된다. 십신에서 십주로 넘어가게 된다.

 십주는 연각의 세계다. 연각이란 눈이 뚫리는 세계다. 이제 더 들을 것이 없으니까 내가 책을 보는 수밖에 길이 없다. 『성경』도 『창세기』부터 『묵시록』까지 몇 번이고 읽어보고 그래서 『성경』이 무엇인지 알게 된다. 그리고 『성경』만이 아니라 사서삼경四書三經이 무엇인지 알기 위해 사서삼경도 다 읽어보고 불경도 『화엄경』이니 『법화경』이니 『원각경』이니 가장 중요한 경전들을 읽어보고 『노자老子』, 『장자莊子』도 읽어보고 하여튼 우리나라 종교의 대표적인 경전들을 모두 자꾸 읽어보는 때다. 그렇게 읽어보고 눈이 뜨는 것이다. 아, 불교에서는 이렇게 말하는구나. 유교에서는 이렇게 말하는구나. 기독교에서는 이렇게 말하는구나. 그렇게 해서 차차 눈이 뜨는 것이다. 눈이 뜨는 세계가 소위 십주라는 것이다. 결국 십주는 연각이나 같은 것이다.

지금 십주의 대표적인 사람으로 열 명을 택한 것이다. 우리로 말하면 노자니 장자니 조주趙州니 하는 식으로 열 명을 택해서 그 사람들의 작품을 읽어가는 것이다. 덕운德雲, 해운海雲, 선주善住, 미가彌伽, 해탈解脫, 해당海幢, 휴사休捨, 비목毘目, 승열勝熱, 자행慈行, 열 사람이다.

문수가 1번이니까 2번의 덕운부터 11번의 자행까지가 십주다. 그것이 끝나면 그 다음에는 십행十行으로 들어간다. 12번부터 21번까지가 십행이다. 십행이란 요전에 한 대로 환희행歡喜行이니 요익행饒益行이니 그렇게 나오는 것이다. 그 다음에는 또 십회향十廻向으로 열 사람이 나온다. 22번부터 31번까지가 십회향이다. 그 다음이 십지十地다. 32번부터 41번까지가 십지다. 그러니까 지금까지 우리가 해온 것과 이것들을 맞춰가야 된다. 말하자면 환희지歡喜地를 더 잘 설명하려고 이런 사람을 내세워서 또 설명을 하는 것이다. 십지가 끝나면 또 십정十定이다. 42번부터 51번까지가 십정이라는 것이다. 그래서 그것이 끝나고 52번이 되면 미륵彌勒이라는 사람이 나온다. 미륵 다음에 53번에 문수가 다시 나타난다. 그래서 문수는 두 번 나오니까 생략하고 53번으로 보현普賢이 나오는데 그것으로 끝이다. 그러니까 52선지식이라 하기도 하고 53선지식이라 하기도 한다. 십신十信, 십주十住, 십행十行, 십회향十廻向, 십지十地, 십정十定 이것이 51이고 52번은 등각等覺이고 53번은 묘각妙覺이다. 52번이 1번과 같은 사람이니까 두 사람을 하나로 묶으면 52선지식이 되고 따로 생각하면 53선지식이 된다. 하여튼 십신·십주 등의 50과 등각·묘각 둘이 합해서 52가 된다. 그래서 53번째 만나는 사람이 석가다. 석가가 마지막 선지식이 되는 것이다.

십주에 대해 십신十身이 나와 있다. 그것이 무엇인가 하면 불신佛身이라는 것이다. 십신으로 열 가지인데 그것을 두 가지로 설명하는 것이다. 하나는 '해解'라는 면에서 설명을 하고 하나는 '경境'이라는 면에서 설명을 한다. '해解'라는 하나는 주관적인 면에서 설명을 하는 것이고 '경境'이라는 하나는 객관적인 면에서 설명을 한다는 것이다. 두 가지로 설명하는 것인데 십지十地에서 '신身'이라는 것을 설명하면서 중생신衆生身, 국토신國土身, 업보신業報身, 성문신聲聞身, 연각신緣覺身, 보살신菩薩身, 여래신如來身, 지신智身, 법신法身, 공신空身, 그렇게 십신이 된다. 석가는 어떻게 석가가 되었는가 하는 것을 십신으로 설명하는 것이다. 중생신이었는데 국토신이 되고 업보신이 되고 성문신이 되고 그렇게 해서 마지막으로 공신이 되어 석가가 되었다는 것이다.

　또 하나는 석가라는 사람이 나타나면 어떤 세계가 벌어지는가. 이것을 또 '경境'의 십신이라 한다. 십신이라 하기도 하고 십불十佛이라 하기도 한다. 같은 말이다. 불신佛身이다. 십지에서 십신을 말하기도 하는데 거기서 또 십불이라 하기도 한다.

　「이세간품離世間品」의 등각편을 보면 26번에 "유십종견불有十種見佛"이란 말이 나온다. 십불이라는 열 부처가 나온다. 열 부처라는 것은 원신願身, 지신智身, 법신法身, 지신持身, 의신意身, 화신化身, 위신威身, 각신覺身, 덕신德身, 엄신嚴身, 이렇게 열 개가 나온다. 그리고 덕운德雲의 핵심은 무엇인가 하면 '국國'이고 해운海雲의 핵심은 무엇인가 하면 '불佛'이다 해서 또 한 자씩 붙여본 것이다.

39.3.2 덕운비구德雲比丘

　전체가 52명인데 오늘 십주의 1번부터 시작하는 것이다. 덕운이다. 덕운은 무엇을 설명하려고 하는 것인가. 십주의 1번인 발심주發心住를 설명하려고 하는 것이다. 발심주에 대한 설명만이 아니라 십신의 첫 번째인 원신願身에 대해 설명하려고 하는 것이다. 원신은 무엇인가 하면 불佛이다. 덕운이라는 사람을 통해서 발심도 가르치고 원신도 가르치고 이렇게 여러 가지를 가르치려고 하는 것이다. 덕운이라는 한 인물을 내세워서 여러 가지를 설명하고자 하는 것이다. 이제 십신은 끝났고 눈이 뚫리는 세계인 십주로 들어가는 것이다.

이시爾時 선재동자善財童子 문시어이聞是語已 사퇴남행辭退南行 향승낙국向勝樂國 등묘봉산登妙峯山 견피비구見彼比丘 서보경행徐步經行.

선재동자는 문수의 말을 듣고서 문수를 떠나 남쪽으로 갔다. 남쪽의 승낙이라는 나라로 갔다. 거기에 묘봉산이 있다. '묘봉妙峯'이라는 것이 선생을 나타낸다. 신비하고 높은 산이 묘봉이다. 묘봉에 올라가니 덕운이라는 비구가 천천히 거닐며 산책을 하고 있었다.

시時 덕운비구德雲比丘 고선재동자언告善財童子言 여이능발아누다라삼막삼보리심汝已能發阿耨多羅三藐三菩提心.

덕운비구가 선재동자를 보고 말하기를 너는 꼭 부처가 되겠다고 결심을 했구나.
선재가 문수를 만나서 문수의 말을 듣고는 자기도 꼭 부처가 되겠다, 진리를 깨닫겠다고 그렇게 결심했는데 그렇게 하는 것이 눈이 뚫린 것이다.

부능청문제보살행復能請問諸菩薩行 여시지사如是之事 난중지난難中之難 구보살시현해탈문求菩薩示現解脫門.

선재동자가 다시 덕운에게 물었다. 저는 누구를 찾아가야 됩니까. 덕운이 말했다. 선생을 찾아간다는 것이 참으로 어렵고 어려운 일이다. 선생을 찾는 것이 참으로 어렵다. 우리가 병이 났다고 할 때 좋은 의사를 만난다는 것이 어렵고도 어려운 일이다. 그런데 그런 선생을 만나야 병에서 해탈할 수가 있다. 병을 고칠 수가 있다.

구보살求菩薩 관찰유위무위觀察有爲無爲 심무소착心無所着 아득자재결정해력我得自在決定解力 신안청정信眼淸淨.

선생을 만나서 유위有爲 무위無爲, 정신적인 병도 고치고 육체적인 병도 고치고 다 고쳐야 된다. 일체 마음의 병이 다 없어지기까지 되어야 한다. 집착이 마음의 병이다. 내가 붙잡은 것은 스스로 결정해서 풀어가는 힘이다. 내 문제를 내가 풀어가는 힘을 나는 붙잡게 되었다. 나는 이제 믿음의 눈이 깨끗해졌다. 이 선생님을 만나면 내 병이 나을 것이라는 그런 확신을 가지게 되었다는 말이다.

아유득차억념我唯得此憶念 일체제불一切諸佛 경계지혜境界智慧 광명보견법문光明普見法門.

선생을 찾아가 만날 때마다 하나씩 보여주는 것이 법문이다. 병 고치는 법을 보여주는 것이다. 눈이 아프다 하면 눈에 무슨 약을 넣어라 그렇게 말해주는 것이다. 그것이 법문이다. 귀가 아프다 하면 무슨 약을 써라 그렇게 일러주는 것이다. 결국 내 병을 고치는 약방문이다.

기능료지豈能了知 제대보살諸大菩薩 무변지혜無邊智慧 청정행문淸淨行門. 남방유국南方有國 명왈해문名曰海門 피유비구彼有比丘 명위해운名爲海雲.

그런데 내가 어찌 모든 것을 다 말할 수 있겠느냐. 한없는 지혜를 어떻게 다 알겠는가. 어떻게 내가 모든 병을 다 고칠 수 있겠는가. 나는 하나만 알지 다른 것은 모른다는 말이다. 그러니 남방에 가면 해문海門이라는 나라가 있는데 거기에 해운비구海雲比丘가 있다.

결국 덕운의 법문은 무엇인가. 그 내용을 보면 열 개다. 한마디로 보견법문普見法門이라 하는데 그 내용이 열 가지라는 것이다.

첫째가 원신願身이다. 부처가 다스리는 세계는 어떤 세계인가. 이상국가는 어떤 세계인가 하는 것인데 이상국가의 특징이 열 가지라는 것이다. 그런데 그 열 가지를 다 보았다는 것이 보견普見이다. 그 열 가지에 대해서 두 가지로 해서 두 마디씩 해간 것이다.

(1) 원신願身
지광보조智光普照 장엄궁전莊嚴宮殿, 염일체중생念一切衆生 원리전도遠離顚倒

원신願身이란 무엇인가. 사람에게는 소원이 있어야 된다는 것이다. 어떤 소원인가. 장엄궁전莊嚴宮殿에 지광보조智光普照가 있어야 된다. 지혜의 빛이 온 세계를 비치는 그런 훌륭한 대통령이 있어야 된다는 말이다. 이상국가가 되려면 철인哲人이 나와야 된다는 말이다. 우리가 새로 대통령을 뽑아도 그 사람이 철인이 되어야지 철인이 아니면 안 된다. "지광보조", 지혜의 빛이 온 세계를 비추는 그런 사람이 장엄궁전이다. 그런 대통령이 청와대에 앉아있으면 청와대가 장엄해진다. 그렇게 장엄하게 할 수 있는 대통령이 나와야 이상국가가 된다는 것이다.

"염일체중생念一切衆生 원리전도遠離顚倒", 두 번째 조건은 무엇인가 하면 모든 중생을, 모든 국민들을 생각하는 대통령이 되어야 한다. 그리고 모든 국민들이 "원리전도", 잘못된 생각들을 다 멀리 떠날 수 있는 국민들이 되도록 만들어야 된다.

높은 지혜를 가진 대통령과 바른 양심을 가진 백성들이 나와야 그것이 이상세계라는 말이다. 그것이 우리 모든 사람들의 소원이다. 그래서 이것을 원신이라 한다. 모든 사람들의 소원이 그것이라는 말이다. 대통령은 철인이 되어야 하고 나라는 이상국가가 되어야 한다. 어떤 나라가 되어야 하는가. 우선 모든 사람들이 이런 소원을 가져야 된다.

대통령도 이것을 원하고 국민들도 이것을 원하고 그렇게 모두가 그렇게 되기를 원하는 사람들로 가득 차야 된다.

(2) 지신智身
영안주력令安住力 십력지十力智, 영안주법令安住法 요법지了法智

두 번째 불신은 지신智身이다. 부처가 가지고 있는 지혜가 열 가지가 있는데 그것을 십력지十力智라 한다. 중생들을 구원해 줄 수 있는 지혜가 열 가지가 있다.
모든 백성들은 법을 잘 알아서 법을 지키는 사람들이 되어야 한다. 대통령은 십력지가 있어야 되고 백성들은 요법지了法智가 있어야 된다는 것이다.
대통령은 힘이 있는 지혜를 가져야 되고 백성들은 법을 잘 알아서 법에 순응해야 된다. 그렇게 되는 것을 소위 지신이라 한다.

(3) 법신法身
조요제방법照耀諸方法 보주평등불해普周平等佛海, 인불가견처人不可見處 체불가견體不可見 자재신통自在神通

그 다음은 법신法身이다. 법신이란 도에 통한 것이다. 대통령은 대통령대로 백성은 백성대로 자기의 도에 통해야 한다. 자기 할 일에 능숙한 사람들이 되어야 한다는 것이다. 대통령은 자기의 빛을 온 나라에 비추는데 모든 백성들에게 평등하게 비춰야 한다. 꼭 같이 다 이해시켜야 된다는 것이다.
그리고 사람이 볼 수 없는 것, 보이지 않는 것, 그런 것을 알게 되어야 한다. 다른 사람이 모르는 것을 알게 되어야 통한 것이지 다른 사람이 아는 것을 알면 알았다 할 것도 없다. 자재신통력自在神通力, 무엇이나 자기 전공에 신통한 사람들, 그런 사람들이 있어야 된다.
대통령은 모든 백성들을 꼭 같이 사랑하는 사랑이 있어야 되고 백성들은 자기 직업에 대해서 도가 통해야 한다. 그렇게 되는 나라가 법신이다. 도에 통한 나라다.

(4) 역지신力持身
주어제겁主於諸劫 상시위常時爲, 주일체시住一切時 친근동주親近同住

4번째는 지신持身 또는 역지신力持身이다. 자기의 주체성을 확실히 붙잡은 사람을 지신이라 한다. 대통령은 언제나 백성에게 베풀어주는 대통령이라야 된다. 그래야 주체성이 확실히 선 대통령이다.

백성들은 언제나 이웃들과 친하게 지낼 수 있는 사람들이 되어야 한다. 주위 사람들과 친하게 지낼 수 있는 사람이라야 주체성이 있는 사람이지 그렇지 못하면 주체성이 있다고 할 수 없다.

역지신 혹은 지신이라 하는 것은 이렇게 주체성을 강조하는 것이다. 온 백성이 지신을 가져야 된다. 주체성을 가져야 된다는 말이다. 군대도 갔다 와서 떳떳하게 살아야 주체성이지 군대가지 않고 도망 다니면서 살면 주체성이 될 수 없다.

(5) 의생신意生身
주일체찰무등住一切刹無等, 주일체세계견불住一切世界見佛

다섯 번째는 의신意身 혹은 의생신意生身인데 여의신如意身이라는 말이나 같은 말이다. 자기 마음대로 살아갈 수 있는 사람이다. 나는 이런 것을 하고 싶다, 나는 이런 것에 소질이 있으니까 이것을 해야겠다, 그래서 자기의 뜻에 맞게 살아가는 사람 그것을 의생신이라 한다.

"주일체찰住一切刹", 언제든지 자기와 같은 사람이 없다. 자기가 최고라는 것이다. 대통령은 자기가 최고가 되어야 한다. 최고가 대통령이 되어야지 아무 것도 아닌 사람이 대통령이 되면 안 된다. 이 세상에서 제일 최고가는 사람이 대통령이 되어야 된다는 말이 "주일체찰"이다. '무등無等'이란 비교할 수 없다는 말이다.

그리고 언제나 어디서 살건 자기의 선생을 가지고 사는 사람, 그런 사람이 정말 자기 마음대로 사는 사람이다. 선생을 못가지면 자기가 발전할 수가 없다. "주일체세계견불住一切世界見佛", 언제나 선생님을 만나서 사는 사람이다.

(6) 화신化身
주일체경住一切境 화주제경化周諸境, 주적멸제불열반住寂滅諸佛涅槃

화신化身이란 여러 가지로 변화한다는 말이다. 열반신涅槃身이라고도 하는데 열반신이나 화신이나 모두 자기의 문제를 해결하고 사는 사람이다. 열반涅槃이란 해탈의 뜻이다. 자기 문제를 해결한 사람이라야 다른 사람의 문제도 해결해 주지 자기 문제도 해결 못하는 사람이 남의 문제를 해결할 수 있겠는가. 자기 문제도 해결하고 남의 문제도 해결해 줘야 된다. 대통령이라면 그런 사람이라야 된다.

적멸寂滅이란 자기의 모든 문제를 해결했다는 말이다. 자기 문제를 다 해결하고 아무 문제없이 하늘나라에서 사는 사람들이 되어야 한다. 모든 백성들도 그렇게 다 자기 문제를 해결하고 사는 사람이 되어야 한다.

(7) 위세신威勢身
주원리일념무주住遠離一念無住, 주광대충편법계住廣大充遍法界

위세신威勢身은 "주원리일념무주住遠離一念無住", 언제나 집을 떠나서 다른 사람들을 도와주지 집에 우두커니 앉아있지 않는다는 말이다. 대통령이라는 사람이 그런 사람이다. 집을 떠나서 언제나 다른 사람을 도와주는 사람이다.

그래서 온 나라가 정말 질서정연한 그런 나라가 되어야 한다. 위세신은 법계신法界身이라 그렇게 말하기도 하는데 온 나라가 질서정연하게 되어야 법계다. 그런데 우리나라는 지금 주차도 제대로 안 되어 소방차도 들어가지 못한다고 하니 야단이다. 소방차들이 제대로 다닐 수 있게 길을 내놓아야 된다. 그것이 위세신이라는 것이다.

(8) 보리신菩提身
주미세일모다불住微細一毛多佛, 주장엄정각신변住莊嚴正覺神變

보리신菩提身 혹은 각신覺身이다. "일모다불一毛多佛", 한 사람이 좋은 일을 하면 모든 사람들이 다 좇아가는 것이다. 한 사람이 좋은 일을 하면 다 좋은 일을 하고, 한 사람이 좋은 생각을 하면 그에 따라서 다 그렇게 된다. 그런 것을 보리심이라 한다. 일즉일체一卽一切라는 것이나 같은 말이다. 하나가 좋은 일을 하면 모든 사람이 다 따라서 좋은 일을 한다. 그런 것을 각신이라 하기도 한다. 깬 사람들이라는 말이다. 누구 한 사람이 깨끗한 것이 좋다 하면 모두가 다 깨끗한 것을 좋아하는 것이다. 그래야 깬 사람이다.

(9) 복덕신福德身
주능사방광연법住能事放光演法, 주자재심住自在心 수락현형隨樂現形

복덕신福德身은 다른 사람들에게 행복을 나눠주고 다른 사람들에게 좋은 덕을 나눠주는 사람이다. 어떤 일을 하든지 다른 사람들에게 빛을 발할 수 있고 다른 사람들에게 진리를 설명할 수 있는 그런 사람이 되어야 한다. 대통령이라면 그런 사람이 되어야 한다.

그리고 백성들은 자기 마음에 기쁨을 가지고 무슨 일이나 할 수 있어야 된다. 이런 것을 소위 복덕신이라 한다. 남에게 덕을 베풀고 덕을 입힐 수 있는 사람이다.

(10) 장엄신莊嚴身
주자업응화현영住自業應化現影, 주신변연화개부住神變蓮華開敷

"주자업住自業", 자기가 하는 일에 대해서 오래 하는 것이다. 오래 하면 오래 할수록 그만큼 실력이 붙어서 발전해 간다. 최고의 경지까지 올라가는 것이다. 그래서 온 나라가 가장 아름답고 가장 깨끗한 나라가 되어야 한다. 그런 것을 소위 장엄신莊嚴身이라 한다.

스위스 같은 나라에 가서보면 정말 아름답고 깨끗하다. 그런 나라를 장엄신이라 하는 것이다.

이상국가가 어떤 것인가 해서 이렇게 열 가지로 설명을 했다. 모든 사람이 원願을 가져야 되고 지智를 가져야 되고 법法을 가져야 되고 주체성을 가져야 되고 자기의 소질을 가져야 되고 자기가 발전해야 되고 자기가 거기에 통해야 되고 깨달아야 되고 덕德이 되어야 되고 엄嚴이 되어야 한다. 이런 나라를 이상국가라 한다.

덕운이라는 사람이 무엇을 보았는가. 이상국가를 본 것이다. 제목이 「입법계품」인데 법계에 들어가는 것이다. 맨 처음 덕운을 통해서 이상국가로 들어가는 것이다. 법계가 이상국가다. 이상국가를 보니까 이렇더라 하고 말하는 사람이 덕운이다. 이렇게 덕운의 내용은 국國이다.

39.3.3 해운비구海雲比丘

그러면 이상국가는 어떻게 해서 이상국가가 되는가. 그래서 두 번째 해운海雲에서 나오는 것이 불佛이다. 철인이 나와야 이상국가가 된다는 것이다. 두 번째 해운의 내용이 그것이다. 철인이 나와야 이상국가가 되지 철인이 나오지 않으면 어떻게 이상국가가 되느냐는 말이다.

해운은 바다와 구름이다. 바다는 이 세상이 고해苦海라는 것이다. 문제가 많은 곳이다. 바다처럼 문제가 많은 세상을 고해라 한다. 깊은 문제, 얕은 문제, 넓은 문제, 좁은 문제 한없이 많은 문제가 있는데 그런 문제에 부딪히면 사람은 이 문제를 어떻게 풀어야 되나 하고 생각하기 시작한다. 요새는 연구한다고 한다. 암이라는 병을 어떻게 고쳐야 되나 연구하는 것이다. 어떻게 하면 이 문제를 해결할 수 있나 하고 생각하는데 그 생각이 또한 바다처럼 넓고 깊어야 된다. 그래서 그렇게 넓고 깊게 생각하고 생각해 가노라면 나중에는 깨달음이 나오게 된다. 깨달음이 나온 사람을 우리는 각자覺者라 한다. 부처라 한다. 깨달음이 나온 사람이 부처다. 암을 어떻게 고치나 연구하고 연구하다가 암을 고치는 방법을 발견하면 암은 세상에서 없어지고 만다. 그렇게 되면 그것은 고해가 아니라 정토淨土가 되는 것이다. 고해의 바다가 생각의 바다로 변하고 그래서 나중에는 깨끗한 바다로 된다. 이렇게 세 가지로 변해가는 과정을 그리는 것이 해운이다.

어떻게 해서 이 나라의 문제를 해결해 가는가. 그래서 지신智身, 연구를 해서 암이라면 암의 원인이 어디 있는지 알아야 된다. 그래서 그 치료법을 발견하면 그 사람이 부처다. 그래서 자연 치지治地, 지신智身, 불佛, 해운海雲이 연결된다.

　　선재동자善財童子 일심사유선지식교一心思惟善知識敎 정념관찰지혜광명문正念觀察智慧光明門 점차남행漸次南行 해운비구소海雲比丘所.

선재동자는 덕운의 말을 깊이 생각하면서, 어떻게 하면 이 빛의 광명을 얻을 수 있는가 깊이 생각하면서 해운이 있는 남쪽으로 내려갔다.

　　해운海雲 언言 부종선근不種善根 즉불능발則不能發 아누다라삼막삼보리심阿耨多羅三藐三菩提心 요득보문要得普門 선근광명善根光明 구진실도具眞實道 삼매지광三昧智光.

해운이라는 비구가 말했다. 오래 연구하지 않으면 문제를 해결할 수 없다. 선근광명을 얻어야 된다. 그리고 진실한 연구를 계속해서 거기

관한 전문지식을 얻어야 된다.

사선지식事善知識 발대자심發大慈心 영일체중생令一切衆生 멸제고滅諸苦 발지혜심發智慧心 보입일체지혜해고普入一切智慧海故.

그러기 위해서는 좋은 선생님을 만나야 된다. 그리고 사랑하는 마음을 내야 된다. 암을 연구한다든가 하는 것이 사랑하는 마음이다. 모든 중생으로 하여금 암의 고통에서 벗어나게 해주어야 되겠다. 그렇게 하기 위해서는 "발지혜심發智慧心", 깊은 연구를 해야 된다. 그래서 모든 사람이 "보입일체지혜해普入一切智慧海", 이 문제에 대해서 계속 생각해야 된다. 지혜해라는 것이 생각하는 바다다. 많은 사람이 암에 대해서 연구해야 된다.

아주차해문국我住此海門國 십유이년十有二年 상이대해常以大海 위기경계爲其境界 소위사유대해所謂思惟大海 광대무량廣大無量 심심난측甚深難測 점차심광漸次深廣 무량중보無量衆寶 적무량수積無量水.

십신十信의 세계에서 가장 중요한 것은 고집멸도苦集滅道라는 것인데 십주十住라는 연각緣覺의 세계에서 가장 중요한 것은 십이지인연十二支因緣이라는 것이다. 십이지인연의 핵심은 깨달아야 된다는 것이다. 깨닫지 못하고 무명無明이 되면 고통이 계속된다는 것이다. 그런데 깨달으면, 암의 원인을 발견하면 이상세계가 된다는 것이다. 그러니까 진실도眞實道가 중요하고 그래서 발보리심發菩提心을 해야 된다.

그래서 십이 년 동안을 연구해 왔다는 것이다. 이 큰 문제, 암을 고치는 큰 문제는 한없이 넓다. "사유대해思惟大海", 생각하라는 것이다. 광대 무량하게 생각해야 된다. "심심난측甚深難測", 얼마나 깊이 생각하는지 헤아릴 수 없게 생각해야 된다. 그래서 "점차심광漸次深廣",

차차 연구가 깊어져서 많은 발견을 해내야 된다. 학문의 연구가 많이 쌓여야 된다는 말이다.

수색부동水色不同 무량중생지소주처無量衆生之所住處 용수종종대신중생容受種種大身衆生 능수대운소우지우能受大雲所雨之雨 무증무감無增無減.

이런 경우는 이렇게 치료하고 저런 경우에는 저렇게 치료해야 된다 하고 다 차별을 알아내야 된다. 그래서 모든 중생이 다 살 수 있도록 해야 된다. 큰 병, 작은 병 모든 환자들을 다 받아들일 수 있어서 큰 구름의 비로써 다 살려줄 수 있도록 될 만큼 연구가 깊어져야 된다.

시時 차해지하此海之下 유대연화有大蓮華 홀연출현忽然出現 견피연화지상見彼蓮華之上 유일여래有一如來 결가부좌結跏趺坐 즉신우수卽申右手 마아정摩我頂 위아연설보안법문爲我演說普眼法門.

그래야 바다 밑에 큰 연꽃이 핀다. 연꽃이 피었다는 말은 깨닫게 되었다는 말이다. 암을 치료하는 치료법을 발견하게 되었다는 말이다. 그런데 "홀연출현忽然出現", 갑자기 나타났다. 그것은 홀연히 나타난다. 갑자기 나타나는 것이지 조금씩 조금씩 나타나는 것이 아니다. 그 연꽃 위에 여래가 앉아있다. 가부좌로 똑 바로 앉아있다. 그가 바른 손을 내밀어 내 머리에 얹고 안수를 했다. 그리고 나를 위해 보안법문普眼法門을 베풀었다.

보견법문普見法門은 이상세계를 보았다는 말인데 보안법문은 이상세계를 만드는 연구가 끝났다는 말이다. 그래서 눈을 떴다는 것이다. 아까 덕운의 법문은 보견普見인데 해운의 법문은 보안普眼이다.

차보안법문此普眼法門 일품중일문一品中一門 일문중일법一門中一法 일법중일의一法中一義 일의중일구一義中一句 부득소분不得少分

하황능진何況能盡. 아어피불소我於彼佛所 천이백세千二百歲 수지여시보안법문受持如是普眼法門 아유지차보안법문我唯知此普眼法門.

그렇게 연구를 자꾸 좁혀 들어가야 된다. 처음에는 전체적인 공부를 하다가 차차 깊어지고 깊어지면 자꾸 좁아진다. 진리를 깨닫는 것이 그렇게 된다. 처음에 『성경』을 보면 모르는 것이 수없이 많다. 그러다 선생님에게 자꾸 배우면 모르는 것이 조금씩 줄어들기 시작한다. 그러다가 맨 마지막이 되면 기독교로 말해서 세 마디가 남게 된다. 그런데 그 셋은 알 수 있는 세계가 아니다. 그것은 내 눈이 떠야 된다. 객관적 진리가 아니고 주체적 진리라는 것이다. 맨 마지막 세 마디는 알 수 있는 세계가 아니다. 아무리 연구해도 그것은 알 수가 없다. 그것은 선생도 알 수 없고 학생도 알 수 없고 아무도 알 수 없다. 그러면 어떻게 해야 되는가. 결국 주체적 진리라야 된다. 주체적 진리란 눈이 뜬다는 말이다. 연각이란 눈을 떴다는 것이지 무슨 지식의 내용이 아니다. 깨달았다는 것이 무엇인가. 내 눈이 떴다는 말이다. 그래서 그것을 보안普眼이라 한다. 보안법문이다.

기독교에서 마지막까지 알 수 없는 것은 진리, 생명, 도道라는 것이다. 이것들은 알 수가 없는 것이다. 자꾸 진리가 무엇이냐 하지만 그것은 알 수가 없다. 진리란 내 눈이 뜨는 것이 진리다. 도란 내 코가 열리는 것이 도다. 생명이란 내 입이 열리는 것이 생명이다. 나는 이것을 빛, 힘, 숨이라 한다. 내 눈에 빛이 들어가는 것이 진리요, 내 발에 힘이 들어가는 것이 도요, 내가 숨을 쉬는 것이 생명이다. 그러니까 생명이니 도니 진리니 모두 내가 눈을 뜨는 것이요 내가 숨을 쉬는 것이요 내 발로 힘차게 가는 것이지 어떤 지식이 아니다. 그렇게 되어야 그것을 연각이라 한다. 여기서는 그것을 보안이라 했다. 보안법문이다.

운하능지능설피공덕행云何能知能說彼功德行 종차남행육십유순從此南行六十由旬 명위해안名爲海岸 피유비구彼有比丘 명왈선주名曰善住 점차남행漸次南行 구역선주求覓善住.

그렇다고 어떻게 다른 것들을 다 알 수 있겠는가. 남쪽으로 육십 유순由旬을 가면 해안海岸이 있는데 거기에 비구가 있고 이름이 선주善住다. 그렇게 해서 선주를 찾아 남쪽으로 다시 내려갔다. 선주는 수행修行에 능통한 사람이다. 선주는 어떤 사람인가 하면 법신法身이다. 도에 통한 사람이다. 통通이다.

이렇게 한 사람씩 내 놓고는 설명하고 또 설명해 간다. 오늘처럼 사람마다 다 설명하려면 시간이 너무 걸리니까 앞으로는 한 마디씩만 보기로 한다. 될 수 있는 대로 간단히 보려고 한다.

2002. 11. 10.

입법계품 강해(3)

39.3.4 선주비구善住比丘

선주비구인데 비구比丘는 결혼하지 않고 수행하는 남자요, 비구니比丘尼는 결혼하지 않고 수행하며 사는 여자다. 이들의 특징은 걸식乞食과 파번뇌破煩惱, 그리고 포마혹怖魔惑이라는 것이다. 밥은 얻어먹고, 번뇌는 깨뜨리고, 악마의 유혹은 두려워한다는 것이다. 술 먹자고 유혹하고, 놀러가자고 유혹하는 그런 것을 두려워한다는 말이다. 자기의 번뇌 고민을 깨뜨리고, 걸식하며, 악마의 유혹을 두려워하는 이것이 출가자의 특징이다. 그러니까 비구란 도를 닦고자 진지하게 살아가는 청년이라는 말이다.

견차비구見此比丘 어허공중래왕경행於虛空中來往經行 선재동자善財童子 작여시언作如是言.

선재동자가 선주비구를 찾아가서 보니 그는 허공에 떠서 날아다니고 있었다. 실제로 어떻게 떠서 날아다니겠는가. 전에 유영모 선생은 개성까지 하루만에 걸어갔다 왔다고 했는데 그렇게 하려면 붕붕 떠서 갔다 와야지 어떻게 하겠는가. 이런 것을 "허공중래왕경행虛空中來往經行"이라 할 것이다. 몸이 기체가 되어 가볍다는 말이다. 유영모 선생님은 무릎을 굴하고 앉아 있으면 열 시간이고 그대로 앉아있다. 보통 사람들은 발이 저려서 그렇게 못하는데 선생님은 몸이 가벼워서 그렇게 하고 있는 것이다. 실제로 몸이 가볍다는 말이 아니라 몸에 기운이 꽉 차서 몸 전체가 가볍게 느껴진다는 말이다. 그런 것을 기체氣體라 한다. 그렇게 기체가 되어 걸어서 개성에도 갔다오고 인천에도 갔다온다. 이런 것을 보통 육신통六神通의 하나인 신족통神足通이라 한다. 육신통이란 누진통漏盡通, 숙명통宿命通, 타심통他心通, 신족통神足通, 천이통天耳通, 천안통天眼通이다. 신족통, 신의 발처럼 빨리 걸어

다닌다는 것이다.

선재동자가 그런 선주비구를 보고 말했다.

미지보살未知菩薩 운하수행불법云何修行佛法 적집불법積集佛法 비구불법備具佛法 훈습불법熏習佛法 증장불법增長佛法 총섭불법總攝佛法 구경불법究竟佛法 정치불법淨治佛法 심정불법深淨佛法 통달불법通達佛法.

보살의 세계는 정말 알 수가 없다. 선주가 그렇게 빨리 다니는 것을 보니 놀라지 않을 수 없다는 것이다. "운하수행불법云何修行佛法", 어떻게 불법을 닦았기에 그처럼 기체가 될 수 있는가. "적집불법積集佛法", 어떻게 불법을 모았기에 그렇게 되는가. "비구불법備具佛法", 어떻게 불법을 갖추었기에 그렇게 되는가. "훈습불법熏習佛法", 어떻게 불법을 연습했기에 그렇게 되는가. "증장불법增長佛法", 어떻게 불법을 증장시켰기에 그렇게 되는가. "총섭불법總攝佛法", 어떻게 불법을 총섭, 전체적인 파악을 했기에 그렇게 되는가. "구경불법究竟佛法", 어떻게 불법의 핵심을 잡았기에 그렇게 되는가. "정치불법淨治佛法", 어떻게 불법을 다스렸기에 그렇게 되는가. "심정불법深淨佛法", 어떻게 불법을 깊이 파 들어가 그렇게 되는가. "통달불법通達佛法", 어떻게 불법을 통달하면 그렇게 되는가. 이렇게 열 가지를 물었다.

선주비구善住比丘 고선재언告善財言 아이성취보살무애해탈문我已成就菩薩無碍解脫門 아이득차신통력我以得此神通力.

선주비구가 선재동자에게 말했다. 나는 이미 보살의 무애해탈문無碍解脫門을 성취했다. 아무 걸림이 없는 번뇌 없는 몸이 되었다. 해탈은 번뇌에서 벗어나는 것이다. 번뇌에서 벗어난 걸림 없는 몸이 되었다. 쉽게 말해서 기체가 되었다는 말이다. 나는 이렇게 신통력을 가지게 되었다. 앞에서 말한 여섯 가지 신통력을 가지게 되었다는 것이다. 누진통漏盡通이란 번뇌에서 벗어난 것이다. 번뇌의 근원인 '누루'라는 욕심이 끊어지고 만 것이다. 숙명통宿命通이란 자기가 앞으로 어떻게 될 것인지, 자기의 과거가 어떤 것이었는지 운명을 아는 것이다. 타심통他心通은 다른 사람의 마음을 이해할 수 있다는 것이다. 신족통神足通은 빨리 갈 수 있는 발을 가졌다는 것이고, 천이통天耳通은 하나님의 말씀을 들을 수 있는 귀를 가졌다는 것이고, 천안통天眼通은 이상세계를 볼 수 있는 눈을 가지게 되었다는 것이다.

어 허공중於虛空中 혹행 혹주或行或住 아유지차보속질 공양제불我唯知此普速疾供養諸佛 성취중생무애해탈문成就衆生無得解脫門.

그래서 허공을 날아다닐 수도 있고 널리 빠르게 모든 부처님들을 공양할 수 있고 중생을 구원할 수 있는 그런 자유자재한 해탈문을 성취했다.

여제보살如諸菩薩 지대비계持大悲戒 파라밀계波羅蜜戒 대승계大乘戒 보살도상응계菩薩道相應戒 무장애계無障碍戒 불퇴휴계不退墮戒 불사보리심계不捨菩提心戒.

이러한 공덕은 나 개인적으로 얻은 것뿐이지 다른 보살들처럼 정말 다른 사람들을 사랑하여 그들의 고통을 덜어준다거나 파라밀계나 대승계나 상응계나 무장애계나 불퇴휴계나 불사보리심계 이런 것들을 완성하지는 못했다.

여시공덕如是功德 이아운하능지능설而我云何能知能說. 종차남방從此南方 유국有國 명달리비차名達里鼻茶 기중유인其中有人 명왈미가名曰彌伽.

이러한 공덕을 나는 설명할 수도 없고 알 수도 없다. 남쪽으로 가면 나라가 있는데 이름이 달리비차達里鼻茶이고 거기에 미가彌伽라는 사람이 살고 있다.

남쪽으로 가라는 말은 진리에 가까이 가라는 말이다. 남쪽에 태양이 있으니까 태양 가까이 가라는 말이다. 남쪽에 달리비차라는 나라에 미가라는 의사가 살고 있으니 미가를 만나보라는 것이다. 모든 중생들의 고통을 덜어주는 의사가 있으니까 그리로 가라는 것이다.

39.3.5 미가장자彌伽長子

이시爾時 선재善財 점차남행漸次南行 구멱미가求覓彌伽 어시사중於市肆中 좌어설법사자지좌坐於說法師子之座.

선재동자가 남쪽으로 가서 미가를 찾아 만나보게 되었다. 미가는 사람들이 많이 사는 도시에 살고 있었는데 강단에서 설법을 하고 있었다.

십천인중十千人衆 소공위요所共圍遶 설륜자장엄법문說輪字莊嚴法門.

많은 사람들이 그를 둘러싸고서 설법을 듣고 있었다. '륜輪'은 바퀴다. 설법하는 것을 전법륜轉法輪이라 한다. 진리의 바퀴를 굴린다는 말이다. 진리의 바퀴를 글자로는 卍으로 표시한다. 글자로 '만'이라 하는데 뜻은 길상만덕吉祥萬德이다. 모든 행복과 도덕의 근원이라는 뜻이다. 그것이 진리다. 진리가 자유롭게 한다는 말이다. 그러니까 진리를 卍으로 표시하는데 이것은 태극도太極圖(☯)에서 나온 것이다. 태극도에서 태양이 일 년 동안 가는 길을 에스(∞)자로 표시한다. 해시계로 태양의 궤적軌跡을 그려보면 에스(S)자가 나온다. 춘하추동春夏秋冬의 길인데 이것은 태양이 지나가는 길이다. 태양 즉 태극太極(·)이 중요한 것이다. 에스자를 길게 그려서 늘리면 원(○)이 되는데 무극無極이다. 결국 중요한 것이 무극이태극無極而太極이다. 무극이태극인데 태극도는 밤낮으로 보고 에스자를 하나만 그렸지만 춘하추동 넷을 나타내기 위해 추가로 그리면 결국 卍이라는 글자나 같아진다. 태극도를 음양陰陽으로 그릴 수도 있고 사상四象으로 그릴 수도 있는데 만은 말하자면 사상으로 그린 것이다. 태극도를 글자로 만들면 卍이 되는 것인데 가장 중요한 것은 태극이다. 태양이 가장 중요한 것이다. 태극이 무엇을 표시하는가 하면 진리를 나타낸다. 주자朱子(1130-1200)가 "태극지시리太極只是理"라 했다. 진리는 언제나 빛으로 표시하는 것이다. 태양이 가장 중요한데 태극도에서는 그것을 태극점이라 한다. 우리말은 이 태극점을 사용한다. 우리말 모음은 하늘을 나타내는 태극점 'ᆞ'과 땅을 나타내는 'ㅡ', 그리고 사람을 나타내는 'ㅣ'로 이루어져 있다. 태극점이 어디에 있느냐에 따라 "ㅏㅓㅑㅕㅗㅜㅛㅠ"가 된다. 그래서 태극점이 가장 중요한 것이다. 무극이태극이다. 무극이태극이란 진리를 깨달았다는 말이다. 다산茶山 정약용丁若鏞(1762-1836)이 강진에서 17년간 귀양살이를 하다가 나오면서 무극이 태극이라 외쳤다고 한다. 지금까지 진리를 찾았는데 오늘 해방되는 이 순간에 진리를 깨달았다는 것이다. 각覺이라는 말이나 마찬가지 말이다. 유영모 선생은 가온찍기라 했다. 근이다. ㄱ은 하늘을 나타내고 ㄴ은 땅을 나타낸다. 하늘과 땅 복판 가운데 태극(ᆞ)이 들어간 것이다. 태극점을 우리 모음에서는 '아옴'이라 발음한다. 그래서 근을 가온찍기라 한다. 영원히 가고 가고 오고 오는 것인데 거기에 한 점을 딱 찍는 것이다. 그것을 가온찍기라 한다. 그것을 불교에서는 점심點心이라 한다. 중심의 점을 딱 찍은 것이다. 승가사에 가서보면 부처님 손가락이 가슴을 가리키고 있는데 마음의 중심을 가리키는 것이다. 과녁의 중심을 화살로 쏘는 것이다. 우주의 중심을 쏘는 것이다. 진리를 깨닫는 것이다. 과거심도 불가득不可得이요 현재심도 불가득이요 미래심도 불가득인데 어느 마음에 점을 찍으려 하는가. 우주의 중심에 점을 찍게 되는 것이다. 그것을 소위 무극이 태극이라 한다. 불교로 말하면 점심이다. 점심이 우리말로 되었는데 그 동안 불교가 들어와서 천 년 동안 지나면서 그만큼 많은 영향을 끼친 것이다. 점심 먹었는가 하는 말이 사실은 진리를 깨달았느냐는 뜻이다. 선불교禪佛敎에 가면 그런 말이 많다. 점심을 먹었느냐, 차를 마셨느냐, 다 같은 말이다. 무극이태극, 점심, 가온찍기 다 같은 말이다. 진리를 깨달았다는 말이다. 그러니까 가온찍기라는 말은 유영모 선생의 모든 철학의 핵심되는 말이다. 가고 가고 오고 오고, 거기 중심에 점을 딱 찍어야 된다. 그것을 소위 법륜이라 한다. 그것을 글자로 ㄱㄴ이라 한다.

"설륜자장엄법문설輪字莊嚴法門"이다. 진리를 깨달아야 된다, 진리를 깨닫기 위해서 어떻게 해야 되는가, 그런 것을 설명하고 있었다.

선재善財 언믄 아이선발아누다라삼막삼보리심我已先發阿耨多羅三藐三菩提心.

그러자 선재동자가 말했다. 나는 진리를 깨닫고자 하는 결심을 했다.

미가彌伽 거즉하사자좌邊卽下師子座 어선재소於善財所 오체투지五體投地 산금은화散金銀華 이위공양以爲供養 연후기립然後起立 이칭탄언而稱歎言.

미가는 즉시 선재동자가 있는 곳으로 내려와 오체투지五體投地를 했다. 엎드려 몸을 던져 절하는 것이다. 미가비구가 선재동자에게 정성스레 절을 했다는 말이다. 그리고 꽃을 뿌리고 선재를 공양한 후 일어서서 칭찬하며 말했다.

선남자善男子 약유능발아누다라삼막삼보리심若有能發阿耨多羅三藐三菩提心 즉위부단일체불종則爲不斷一切佛種.

당신이 만약 진리를 깨닫겠다는 마음을 발했다면 일체불종一切佛種이 끊어지지 않게 되었다. 모든 부처님의 씨가 끊어지지 않게 되었다.

세상에 진리를 깨닫겠다는 사람을 보기가 쉽지 않다. 지금까지 진리를 구하는 사람을 찾느라 애를 쓰는데 당신 같은 사람을 만났으니 나는 이제 죽어도 좋다는 것이다. 그래서 선재동자를 보자 달려나와 엎드려 절을 했다는 것이다. 당신이 살아있는 동안에는 이 세상에서 진리가 끊어지지 않을 것이다.

위 성숙일체중생爲成熟一切衆生 응지보살應知菩薩 소작심난所作甚難 견보살자見菩薩者 배갱난유倍更難有.

당신 때문에 모든 중생들이 성숙하게 될 것이다. 응당 보살이 하는 바를 알기가 심히 어렵고 보살을 보는 것은 또한 배나 어려운 일이다.

보살菩薩 위일체중생증제爲一切衆生拯濟 발제고난고拔諸苦難故.

보살 덕분에 모든 중생들은 다 구제를 받고 구원을 받아 모든 고난에서 벗어나게 될 것이다.

미가어시彌伽於是 고선재언告善財言 아이획득묘음다라니我已獲得妙音陀羅尼.

미가비구는 선재동자에게 말했다. 나는 묘음다라니妙音陀羅尼를 획득했다. 앞에서 법륜이라 했는데 여기서는 묘음다라니라 한다. 가온찍기(ㄱ)에서 ㄱ은 하늘, ㄴ은 땅이라 했다. 하늘을 동그라미로 하고 땅을 네모로 하면 음이 된다. 음은 발음하기 어렵지만 '아오옴'이라 한다. 일본에서 옴진리교라는 것이 나와 사람도 죽이고 그랬는데 그 옴이라는 것이 이것이다. 음이란 하늘과 땅 모든 음의 핵심이라는 것이다. 인도 사람들은 이것을 '아오옴'이라 하지 않고 '아오홈'이라 한다고 한다. '아'와 '오'가 합쳐진 발음인데 이것이 모든 생명의 근원이라는 것이다. 태양이 모든 만물의 근원이다. 진리의 근원이요 생명의 근원이다. 우리가 태양 때문에 살고 있는 것이다. 그래서 진리의 근원을 말할 때는 태극도(☯) 또는 법륜(卍)으로 나타내고 생명의 근원을 말할 때는 소리로서 옴이라 한다. 기독교로 말하면 아멘Amen이다. 아멘이 또한 기독교의 핵심이다. 아옴, 옴이다. 일본 사람들은 신사에 들어가서 손뼉을 세 번 치고는 먼저 오옴 소리를 한다. '옴마니 반메훔'이라 하는 소리도 다 이것이다. 모든 종교의 신비한 세계, 말할 수 없는 세계, 그것을 말할 때 그냥 옴으로 표시한다. 불가사의한 신비의 어떤 능력을 표시할 때 옴이라 한다. 이것을 묘음妙音, 신비의 소리라 한다. 말하자면 생명의 근원을 나타내는 것이다. 그러니까 미가, 자기는 생명의 근원을 얻게 되었다는 말이다. 기독교로 말하면 하나님을 붙잡았다는 말이다.

능분별지삼천대천세계중제천어언能分別知三千大千世界中諸天語言 아유지차보살묘음다라니광명법문我唯知此菩薩妙音陀羅尼光明法門.

그래서 삼천대천 세계의 모든 하늘들의 말을 아는데 나는 오직 이 묘음다라니의 광명법문만을 알 뿐이다.

여제보살如諸菩薩 능보입일체중생能普入一切衆生 종종상해種種想海 여시공덕如是功德 아금운하능지능설我今云何能知能說.

어떤 사람들은 중생들이 어떤 생각을 하는지 그 생각하는 바다, 그런 것도 안다고 하는데 나는 그런 힘은 없다. 그런 것들을 내가 어떻게 다 설명할 수 있겠는가.

종차남행從此南行 유일취락有一聚落 명왈주림名曰住林. 피유장자彼有長者 명왈해탈名曰解脫 여예피문汝詣彼問 보살菩薩 운하수보살행云何修菩薩行.

남쪽으로 가면 한 취락聚落이 있는데 이름이 주림住林이라 한다. 거기에 장자長者가 살고 있는데 이름은 해탈이라 한다. 너는 그를 찾아보고 배워라.

돈이 많고 지위가 높은 사람을 장자라 한다. 정신적으로 말해서 인격이 훌륭한 사람이다.

이시爾時 선재동자善財童子 사유제보살무애해다라니광명장엄문思惟諸菩薩無得解陀羅尼光明莊嚴門 점차유행십유이년漸次遊行十有二年 지주림성至住林城.

이때 선재동자는 다라니를 깊이 생각하면서 12년이 걸려 주림성에 도착했다.

여기 다시 12년이 나온다. 십주十住의 중요한 것이 십이지인연十二支因緣이다. 무명無明이 되면, 생로병사生老病死가 되고 각覺이 되면, 상락아정常樂我靜이 된다. 그래서 12인연이 가장 중요하기 때문에 12년이 자꾸 나오는 것이다.

주편추구해탈장자周遍推求解脫長者 백언白言 성자聖者 선지식자善知識者 난가득견難可得見.

선재는 해탈장자를 찾아가서 말했다. 훌륭한 선생님을 만나기가 참 어렵습니다.

아금회우我今會遇 위득선리爲得善利 성자聖者 아이선발아누다라삼막삼보리심我已先發阿耨多羅三藐三菩提心 위욕사일체불고爲欲事一切佛故 위욕수일체불법고爲欲受一切佛法故 위욕여일체제보살중爲欲與一切諸菩薩衆 동일체고同一體故.

저는 이제 훌륭한 선지식을 만났으니 많은, 좋은 이로움을 얻게 될 것입니다. 저는 보리심을 발해서 모든 부처님을 섬기려 합니다. 그래서 그 부처님에게 불법을 받고 그래서 또한 다른 모든 보살들과 한 몸이 되려고 합니다.

아문성자我聞聖者 선능유회제보살중善能誘誨諸菩薩衆 능이방편能以方便 천명소득闡明所得 시기도로示其道路 운하학보살행云何學菩薩行 수보살도修菩薩道.

저는 당신이 보살들을 잘 가르치고 인도한다는 것을 압니다. 어떻게 하면 당신처럼 되는지 그 길을 가르쳐주시오. 보살행과 보살도를 어떻게 닦아야 됩니까.

39.3.6 해탈장자解脫長子

시時 해탈장자解脫長者 이과거선근력以過去善根力 불위신력佛威神力 문수사리동자억념력고文殊師利童子憶念力故.

그때 해탈장자가 오랫동안 선근善根을 심어 부처의 위신력威神力을 얻게 된 것은 문수사리의 제자로서 오래 배웠기 때문이다. 그러니까 오랫동안 진리를 찾았고 선생님의 강의를 오래 들었고 또 부처의 위신력을 얻었다는 말이다. 이 셋을 합치면 가온찍기다. 오랫동안 선근을 쌓고 오랫동안 문수사리의 강의를 듣고 불의 위신력을 얻고, 이것이 가온찍기. 가온찍기의 방법이 그것이다. 진리를 찾아 선생님들을 좇아다니며 선근을 쌓아야 된다. 그러다가 정말 운이 좋아 문수 같은 훌륭한 선생을 만나게 된다. 그래서 진리가 무엇인지 차차 알게 되고 마침내는 "불위신력佛威神力", 하나님의 계시를 받아 진리를 깨닫게 되는 것이다. 이것이 가온찍기의 방법이다. 그러니까 이것은 사람의 노력만으로는 안 된다. 반드시 신의 도움이 있어야 된다. 바라는 것의 실상만 가지고는 안 되고 보이지 않는 증거가 또 있어야 된다. 과거에 진리를 찾으면서 좋은 일을 많이 했다. 그러다 문수사리라는 훌륭한 선생을 만나게 되었다. 그래서 선생님께 오래 배웠는데 그 위에 하나 더 나가서 부처님의 위신력을 받게 되었다는 것이다. 그래서 결국 진리를 깨닫게 되었다는 것이다. 가온찍기에 대한 설명인데 참 좋은 설명이다.

즉입보살삼매문卽入菩薩三昧門 명보섭일체불찰무변선다라니名普攝一切佛刹無邊旋陀羅尼 입차삼매이入此三昧已 득청정신得淸淨身.

그래서 자기는 보살삼매문에 들어갈 수 있었다. 그 삼매의 이름은 "보섭일체불찰 무변선다라니"다. 선다라니旋陀羅尼인데 '선旋'이란 바퀴가 돌아간다는 뜻이다. 다라니의 바퀴를 돌리는 것이다. 일체 부처님의 나라를 다 싸고도는 선다라니. 결국 무극이태극無極而太極이란 소리다. 이 삼매에 들어가게 된 후로는 청정신淸淨身을 얻게 되었다.

어기신중於其身中 현현시방각십불찰미진수불顯現十方各十佛刹微塵數佛 여시일체如是一切 어기신중於其身中 실개현현悉皆顯現 무소장애無所障碍.

그 몸 속에서 많은 부처님이 나타나는 것을 보았다. 이렇게 그 몸 속에 일체 부처님이 나타나게 되는데 아무 걸림이 없다.

이시爾時 해탈장자解脫長者 종삼매기從三昧起 고선재동자언告善財童子言

이때 해탈장자가 삼매에서 일어나 선재동자에게 말했다.

아이입출여래무애장엄해탈문我已入出如來無碍莊嚴解脫門 득불보리得佛菩提 현대신통現大神通 편왕일체시방법계遍往一切十方法界.

나는 이제 해탈문解脫門, 가온찍기 속으로 들락날락할 수 있게 되었다. 부처의 진리를 얻게 되고 대신통大神通을 나타내서 일체 시방법계에 두루 살게 되었다.

여시일체如是一切 실유자심悉由自心 시고是故 선남자善男子 응이선법應以善法 부조자심扶助自心 응이법수應以法水 윤택자심潤澤自心

이와 같은 것들은 일체가 자심自心에서 나오는 것이다. 자기의 마음을 붙잡았기 때문이다. 가온찍기를 한 때문이다. 그렇기 때문에 언제나 좋은 말씀을 가지고 자기의 마음을 붙들어 매야 된다. 진리의 물을 가지고 자기 마음을 윤택하게 하시오.

응어경계應於境界 정치자심淨治自心 응이정진應以精進 견고자심堅固自心 응이인욕應以忍辱 탄탕자심坦蕩自心 응이지증應以智證 결백자심潔白自心

어떤 경계에서도 자기 마음이 더럽혀지지 않도록 보살펴 주시오. 열심히 정진해서 자기 마음을 견고케 하시오. 인욕을 가지고 자기의 마음을 평화롭게 하시오. 지증智證을 가지고 자기 마음을 결백하게 하시오.

응이지혜應以智慧 명리자심明利自心 응이불자재應以佛自在 개발자심開發自心

지혜를 가지고 자기 마음을 날카롭게 하시오. 불자재佛自在를 가지고 자기 마음을 열어주시오.

응이불평등應以佛平等 광대자심廣大自心 응이불십력應以佛十力 조찰자심照察自心.

부처의 평등으로써 자기 마음을 넓게 가지시오. 부처의 십력을 가지고 자기 마음을 밝게 비추시오.
가온찍기인데 마음을 바로잡으라는 것이다.

선남자善男子 아유어차여래무애장엄해탈문我唯於此如來無碍莊嚴解脫門 이득입출而得入出.

나는 무애장엄해탈문을 얻어 거기에 들어가게 되었다.

여제보살마하살如諸菩薩摩訶薩 득무애지得無碍智 주무애행住無碍行 여시묘행如是妙行 이아운하능지능설而我云何能知能說.

그런데 다른 사람들은 나보다 지가 더 많고 행이 더 많다. 이런 묘행을 나는 도저히 좇아갈 수 없고 말할 수도 없다.

선남자善男子 종차남행從此南行 유일국토有一國土 명마리가라名摩利伽羅 피유비구彼有比丘 명왈해당名曰海幢 여예피문汝詣彼問.

남쪽으로 가면 하나의 국토가 있는데 이름은 마리가라摩利伽羅요 거기 해당海幢이라는 이름의 비구가 있다. 너는 그 사람을 찾아가라.

39.3.7 해당비구海幢比丘

선재동자善財童子 정례頂禮 해탈장자족解脫長者足 어선지식於善知識 기자부상起慈父想 사퇴이거辭退而去 점차남행漸次南行 주편구멱해당비구周遍求覓海幢比丘.

선재동자는 해탈장자의 발에 엎드려 절을 했는데 마치 자애로운 아버지 같은 생각이 들었다. 선재는 해탈장자에게서 물러나 점차 남쪽으로 해당비구를 찾아 떠났다.

내견기재경행지측乃見其在經行地側 결가부좌結跏趺坐 입어삼매入於三昧 이출입식離出入息 무별사각無別思覺 신안부동身安不動.

해당비구는 경행지經行地 곁에 결가부좌를 하고 앉아 삼매에 들어 있었다. 그런데 보니 숨쉬는 것을 떠나 숨쉬지 않고 있었다. 탈혼脫魂이라는 것이다. 인도의 샹카라Adi Shankara도 탈혼을 했다. 젬마 갈가니도 탈혼한 사람이다. "무별사각無別思覺 신안부동身安不動", 아무 생각이 없고 몸은 편안하게 가만 움직이지 않았다. 젬마도 탈혼할 때 보면 얼굴이 발개지고 눈이 빛났다고 한다. 그리고 젬마는 한 시간쯤 그렇게 가만 누워있었다고 한다. 가톨릭에서는 젬마를 성녀라 해서 모임도 있다. 그리고 예수에게 기도하듯 젬마에게 직접 기도를 해도 된다.

종기족하從其足下 출무수백천억장자거사바라문중出無數百千億長者居士婆羅門衆 개이종종제장엄구皆以種種諸莊嚴具 장엄기신莊嚴其身.

그 발바닥에서 많은 장자 거사 바라문들이 나온다. 그들이 모두 팔지 목걸이 등 여러 장엄구로 그 몸을 장엄했다.

종기양슬從其兩膝 출무수찰제리중出無數刹帝利衆 개실총혜皆悉聰慧 종기요간從其腰間 출등중생 수무량선인出等衆生數無量仙人.

그 무릎에서는 무수한 찰제리刹帝利가 나왔다. 땅을 다스리는 왕들이 나왔다. 그들이 모두 똑똑했다. 그 허리에서는 무수한 선인仙人들이 나왔다.

종기양협從其兩脇 출부사의용出不思議龍 종흉전만자중從胸前卍字
中 출무수아수라왕出無數阿修羅王 종기배상從其背上 출무수성문독
각出無數聲聞獨覺.

그 겨드랑이에서는 용이 나왔다. 그 가슴의 만자卍字 가운데서 무수
한 아수라왕이 나왔다. 그 등에서는 성문 독각들이 나왔다.

종기양견從其兩肩 출무수야차나찰왕出無數夜叉羅刹王 종기복從其
腹 출무수긴나라왕出無數緊那羅王 종기면문從其面門 출무수전륜성
왕出無數轉輪聖王.

그 양 어깨에서는 무수한 야차夜叉와 나찰羅刹들이 나왔다. 그 배에
서는 무수한 긴나라왕緊那羅王이 나왔다. 가수 음악가들이 나왔다.
그 얼굴에서는 무수한 전륜성왕轉輪聖王이 나왔다.

종기양목從其兩目 출무수일륜出無數日輪 종기미간백호상중從其眉
間白毫相中 출무수제석出無數帝釋 종기액상從其額上 출무수범천出無
數梵天.

그 눈에서는 무수한 태양들이 나왔다. 그 미간의 백호상에서는 무수
한 제석천帝釋天들이 나왔다. 그 이마에서는 무수한 범천梵天의 브라
만들이 나왔다.

종기두상從其頭上 출무량제보살중出無量諸菩薩衆 종기정상從其頂
上 출무수여래신出無數如來身 충만법계充滿法界.
그 머리 위에서는 무량한 보살들이 나왔다. 그 머리 꼭대기에서는 무
수한 여래신如來身들이 나왔다. 그래서 온 우주에 가득 찼다.

해당비구海幢比丘 우어기신일체모공又於其身一切毛孔 일일개출一

一皆出 미진수광명망微塵數光明網.

해당비구의 몸에서 털구멍 하나하나마다 미진수 광명망光明網이 나왔다.

태양에서 모든 만물이 나오듯 사람의 몸도 하나의 태양이라는 것이다. 즉신성불卽身成佛이다. 마음만 부처가 아니라 건강한 몸이다. 건강한 육신에서 모든 좋은 것이 다 나온다는 말이다. 전신법계全身法界라 한다. 온 몸이 그대로 진리다. 예수님이 지나갈 때 18년 앓던 병자가 옷자락을 만지니까 병이 나았다는 것이다. 예수님의 몸 전체가 하나의 진리가 되었으니까 닿기만 해도 병이 낫는다. 또 보기만 해도 된다. 말하자면 몸 전체가 하나의 진리의 몸이라는 것이다. 그래서 결국 많은 사람에게 영향을 준다는 말이다. 석가의 강의를 들으려고 많은 사람들이 모여 있었다. 그때 문수가 "석가의 강의는 이것으로 끝났습니다." 하고 내려왔다. 한 마디도 안 했는데 강의가 끝났다는 것이다. 석가의 온 몸에서 나오는 빛을 보았으면 되었다는 말이다. 석가나 예수를 그림으로 그린 것을 보면 후광이 그려져 있다. 몸에서 나오는 빛을 그린 것이다. 그 빛을 보았으면 그것으로 끝이지 더 이상 들을 필요가 어디 있느냐는 것이다. 우리가 반가운 사람을 만나서 보면 되었지 무슨 말이 필요한가. 한 번 보면 그 사람의 후덕이 다 스며든다는 것인데 그것을 여기서 말한 것이다.

이시爾時 선재동자善財童子 일심관찰해당비구一心觀察海幢比丘 심생갈앙深生渴仰 억념피삼매해탈憶念彼三昧解脫 찬언讚言.

이때 선재동자는 깊이 그 사람을 존경했다. 그 사람의 삼매를 생각하면서 찬양하며 말했다.

성자聖者 희유기특希有奇特 여차삼매如此三昧 최위심심最爲甚深 성자聖者 차삼매자此三昧者 명위하등名爲何等.

선생님은 정말 희유기특합니다. 이런 삼매는 가장 깊은 삼매인데 이 삼매의 이름은 무엇입니까.

해당비구海幢比丘 언언 차삼매此三昧 명보안사득名普眼捨得 우명 반야파라밀경계청정광명又名般若波羅蜜境界淸淨光明.

해당비구가 말했다. 이 삼매는 보안사득普眼捨得이라는 삼매다. 또한 반야파라밀경계청정광명이라 하기도 한다.

아이수습반야파라밀고我以修習般若波羅蜜故 득차삼매得此三昧 입차삼매시入此三昧時 요지일체세계了知一切世界 무소장애無所障碍.

나는 이 반야파라밀을 수행해서 이 삼매를 얻었다. 이 삼매에 들어가서 일체 세계, 우주의 핵심을 알고 걸림이 없게 되었다. 진리를 깨닫게 되었다는 말이다.
십주는 이렇게 진리를 깨달았다는 말을 이렇게 저렇게 말해보는 것이다.

아유지차일반야파라밀삼매광명我唯知此一般若波羅蜜三昧光明 여제보살如諸菩薩 입지혜해入智慧海 아하능지기묘행我何能知其妙行.

나는 보살들이 지혜의 바다에 들어가듯 오직 이 반야파라밀 삼매의 광명만을 알 뿐이며 내가 어찌 능히 그 묘행妙行을 다 알겠는가. 자기보다 더 높은 사람이 또 있다는 것이다.

선남자善男子 종차남행從此南行 유일주처有一住處 명왈해名曰海潮 피유원림彼有園林 어기원중於其園中 유우바이有優婆夷 명왈휴사名曰休捨 여왕피문汝往彼問. 시時 선재동자善財童子 사퇴이행辭退而行.

제39. 입법계품入法界品 227

선남자야, 남쪽으로 가면 해조海潮라는 곳이 있는데 거기 원림園林이 있고 그 원림 가운데 휴사休捨라는 이름의 우바이優婆夷가 있으니 그를 만나서 물어라. 그래서 선재동자는 그를 물러나 남으로 갔다.

우바이는 집에 있으면서 수도하는 사람이다. 우바이는 오계五戒를 실천하는 사람이다. 훔치지 말라, 간음하지 말라, 살생하지 말라, 거짓말 하지 말라, 술 취하지 말라 등 다섯 가지 계율을 실천하는 사람이다. 그리고 불법승佛法僧 삼보三寶를 존중하는 사람이다. 집에 살면서 믿음을 가진 사람인데 여자는 우바이, 남자는 우바새優婆塞라 한다. 그러니까 휴사 우바이는 선지식 가운데 처음으로 나오는 여인이다.

2002. 11. 17.

입법계품 강해(4)

『화엄경』은 결국 세 단으로 이뤄져 있다. 「세주묘엄품」에서부터 「여래출현품」까지가 첫 단이다. 첫 단에서는 십신十信, 십주十住, 십행十行, 십회향十廻向, 십지十地라는 50과 그리고 십정十定으로 되어 있다. 십정의 내용은 등각等覺과 묘각妙覺이다. 그래서 모두 52위가 된다. 그 다음은 「이세간품」이다. 이어서 「입법계품」이다. 십신十信의 내용은 대승기신大乘起信이다. 선생님만 있으면 누구나 믿게 된다. 그러니까 믿음의 책임은 선생님에게 있다. 허준 같은 명의만 있으면 다 믿게 된다. 이렇게 십신, 십주, 십행, 십회향, 십지라는 50과 등각, 묘각을 합해서 52가 되는데 이것을 다시 「이세간품」에서 반복하게 된다. 그리고 다시 또 「입법계품」에 와서 이것을 한 사람씩 내세워 설명하는 것이다. 그러니까 『화엄경』 전체는 이 52단계라는 것을 세 번 되풀이해서 설명하는 것이다. 『화엄경』이란 이렇게 우리에게 52단계라는 것을 가르치는 것이다. 그 52단계라는 것이 보살도菩薩道다. 이 52단계를 가서 부처가 되는 것이다. 그 보살도를 실천해 가면 그것이 보살행이다. 『화엄경』이란 한마디로 부처되는 방법인데 그 방법이 52단계라는 보살도다. 그런데 그것을 한 번만 설명하는 것이 아니라 세 번씩 겹쳐서 설명하는 것이다. 이렇게 생각하고 「입법계품」을 전체적으로 한 번 본다. 십신十信은 대승기신이다. 대승大乘의 대표로 석가와 문수가 나왔다. 그 다음 덕운비구부터 열 명이 십주十住다. 덕운비구의 내용은 이상국가다. 이상국가란 어떤 것인가 하는 것이다.

십주十住: 십불十佛

(1) 덕운德雲 발심주發心住 원신願身 국國

누구나 다 이상국가에 살고 싶다는 것이 발심發心이다.

(2) 해운海雲 치지주治地住 지신智身 불佛

이상국가의 주인이 누구인가 하면 불佛이다. 부처가 나와야 치지治地가 된다. 부처는 어디서 나오는가. 고해苦海에서 나온다. 6년 고행으로 석가가 나오는 것이다. 바다는 법해法海도 되지만 고해도 된다. 그래서 생사즉열반生死卽涅槃이요 번뇌즉보리煩惱卽菩提다. 고해의 이 세상을 어떻게 법해로 만드는가 애쓰는 동안에 부처도 나오고 보살도 나온다.

(3) 선주善住 수행주修行住 법신法身 통통

선주善住, 잘 사는 것은 어떤 것인가. 수행을 해야 된다. 도를 닦아야 된다. 도를 닦으면 신통神通에 들어간다. 그래서 육신통六神通이 된다. 수행이 선주다.

(4) 미가彌伽 생귀주生貴住 지신持身 륜輪

미가는 의사라 했다. 생귀生貴란 부처님의 나라에 태어났다는 것이다. 의사가 의사의 나라에 태어난 것이 생귀다. 부처가 부처의 나라에 태어나야 부처가 된다.

(5) 해탈解脫 방편주方便住 의신意身 공空

해탈장자는 아무 데도 거리낌 없이 어디나 갈 수 있다. 어떻게 하면 그렇게 되는가. 마음을 붙잡으면 그렇게 된다. 방편이란 마음을 붙잡는 방법이다. 마음을 붙잡으면 해탈할 수 있다.

(6) 해당海幢 정심주淨心住 화신化身 광광

해당海幢은 몸에서 빛이 나는 사람이다. 마음을 붙잡아야 몸에서 빛이 난다. 정심淨心이란 마음을 붙잡은 사람이다. 마음을 붙잡아야 몸이 건강하게 된다.

(7) 휴사休捨 불퇴주不退住 위신威身 습習

휴사休捨는 일체를 버리면 쉬게 된다는 뜻이다. 버리지 못해서 쉬지 못한다. 어디까지 버려야 되는가. 하늘나라에 가기까지 버려야 된다. 그래서 꼭대기에 올라갈 때까지 불퇴不退다. 물러나지 말아야 된다. 버리고 버려서 하늘나라에 올라갈 때까지 버리고 올라가야 된다.

(8) 비목毘目 동진주童眞住 각신覺身 혼魂

비목毘目이란 비로자나불이다. 법신이다. 비로자나의 눈을 가져야 동진童眞이다. 아주 순진한 어린애가 된다. 어린애와 같지 않으면 천국에 들어갈 수 없다.

(9) 승열勝熱 법왕주法王住 덕신德身 화火

승열勝熱, 열을 이겨야 된다. 열이란 욕심의 열이다. 불이라 하기도 한다. 인생은 화택火宅, 불붙는 집이라 한다. 사람은 다 불붙는 집이다. 탐진치貪瞋痴의 불이다. 탐진치의 불을 이기면 법왕法王, 진리의 왕이 된다.

(10) 자행慈行 관정주灌頂住 엄신嚴身 주呪

자행慈行, 어머니 같은 사랑을 가져야 된다. 그래야 관정灌頂, 기름 부음을 받은 자가 된다. 왕이 된다. 어머니가 왕이라는 말이다. 사랑만이 죽음도 이길 수 있다.

십행十行

(1) 선견善見 환희歡喜

선견善見, 좋은 것을 보아야 환희, 기쁨이 나온다.

(2) 자주自主 요익饒益

자주성을 가져야 남을 이익되게 할 수 있다.

(3) 구족具足 무에無恚

모든 것이 만족해야 불평불만이 없어진다. '에恚'는 진에瞋恚, 화나는 것이다.

(4) 명지明智 무진無盡

명지明智는 지혜의 빛이다. 지혜의 빛만이 한없다. 태양빛은 무진장이다.

(5) 보계寶髻 이치離癡

보계寶髻를 가지게 되어야 모든 어리석음에서 떠날 수 있다. 금강석을 가져야, 우리 마음이 금강석처럼 굳어져야 모든 치정을 벗어날 수 있다.

(6) 보안普眼 선현善現

보안普眼은 널리 보는 것이다. 전체적인 파악이다. 전체적인 파악이 되어야 선현善現, 선한 행실을 나타낼 수 있다. 진리를 깨달아야 좋은 일을 할 수 있다.

(7) 무염無厭 무착無着

싫은 것이 없이 계속 올라가야 세상의 집착을 없앨 수 있다. 모든 집착을 끊을 수 있다.

(8) 대광大光 존중尊重

큰 빛이 되어야 존중을 받을 수 있다. 큰 사람이 되어야 다른 이의 존중을 받는다.

(9) 부동不動 선근善法

움직이지 않는 부동의 경지에 가야 법을 완성한 것이다.

(10) 변행遍行 진실眞實

변행遍行, 어디나 갈 수 있어야 진실이다. 나무는 움직이지 못하지만 열매가 되면 어디나 갈 수 있다. 진실이 되어야 변행이 되고 변행이 되어야 진실이다. 어디나 갈 수 있어야 실존이다. 실존은 땅 끝까지 가는 것이다.

이렇게 십주 · 십행을 설명하기 위해서 구체적인 사람 이름을 들어서 설명하는 것이다. 그러니까 여기 나오는 인물들은 모두 조작한 것이다. 『화엄경』은 사실을 말하는 것이 아니라 하나의 문학 작품이다. 전설에 의하면 이 『화엄경』은 석가가 죽은 후 5백년 후 용수보살龍樹菩薩이라는 사람이 하나의 작품으로 썼다고 한다. 그래서 여기 나오는 50명의 이름들은 다 뜻을 생각해서 지은 것이지 그저 되는대로 지은 것이 아니다. 이런 가상의 인물들을 내세워 우리에게 어떤 가르침을 주려고 한 것이다.

39.3.8 휴사休捨 우바이優婆夷

이시爾時 선재동자善財童子 지해조처至海潮處 견보장엄원見普莊嚴園 중보원장衆寶垣牆 주잡위요周帀圍遶 원중원中園中 부유광대궁전復有廣大宮殿.

이때 선재동자가 해조라는 곳에 도착했다. 거기 보장엄원이라는 곳을 보니 많은 보석으로 된 담장이 둘러싸고 있었다. 그 동산 가운데는 또 광대한 궁전이 있었다.

시時 휴사우바이休捨優婆夷 좌진금좌坐眞金座 선재동자善財童子 왕예기소往詣其所 백언白言 성자聖者 운하학보살행云何學菩薩行 운하수보살도云何修菩薩道.

이때 휴사 우바이가 진금의 보좌에 앉아 있었는데 선재동자가 거기 찾아가 인사를 하며 말했다. 거룩하신 분이여, 보살행은 무엇이며 보살도는 무엇입니까.
선재의 질문은 언제나 보살도와 보살행이다. 『화엄경』의 내용이 그것이다.

휴사休捨 고언告言 선남자善男子 아유득보살일해탈문我唯得菩薩一解脫門 약유견문억념어아若有見聞憶念於我 여아동주與我同住 공급아자供給我者 실부당연悉不唐捐.

휴사가 말했다. 선남자여, 나는 하나의 해탈문을 가지고 있다. 나를 보거나 내 말을 듣거나 나를 생각하는 사람은 모든 근심걱정이 다 없어진다. 마음이 깨끗해진다. 그래서 언제나 나와 같이 사는 사람이 된다. 그리고 나에게 바치는 것은 모두 헛되지 않는다.
　휴사는 아주 아름답고 잘 생겼다고 되어 있다. 쳐다만 보면 마음이 편안해지고 모든 욕심이 다 없어지고 깨끗한 마음을 가질 수 있다. 휴사, 모든 욕심을 다 버리니까 마음이 시원해지는 것이다.

　선재善財 백언白言 성자聖者 발아누다라삼막삼보리심發阿耨多羅三藐三菩提心 위구근야爲久近耶.

　선재동자가 물었다. 선생님은 아누다라삼막삼보리심을 발한 지가 얼마나 오래 되었습니까?

　답언答言 아억과거어연등불소我憶過去於然燈佛所 수행범행修行梵行 공경공양恭敬供養 문법수지聞法受持 정수범행淨修梵行 어차이왕於此已往 불지소지佛智所知 비아능측非我能測.

　대답하여 말했다. 나는 아주 오랜 옛날 연등불然燈佛이 있는 곳에서 범행梵行, 청정행을 수행했다. 그리고 법을 듣고 받아 지녔으며 범행을 깨끗이 닦았다. 그리고 또한 내가 그 이전에 얼마나 수행을 했는지 그것은 부처님만이 알지 나는 도저히 알 수가 없다.
　그러니까 자기가 보리심을 발한 지 아주 오래 되었다는 것이다.

　선남자善男子 보살초발심菩薩初發心 무유량無有量 충만일체법계고充滿一切法界故.

　선남자여, 보살이 처음으로 보리심을 발하면 그 공덕은 한없이 커서 그 공덕이 일체 법계에 충만해진다.

　선재동자善財童子 언言 성자聖者 구여久如 당득아누다라삼막삼보리當得阿耨多羅三藐三菩提.

선재동자가 말했다. 거룩하신 분, 얼마나 오래 지나야 아누다라삼막삼보리를 얻게 됩니까?

답언答言 선남자善男子 보살菩薩 불위교화조복일중생고不爲教化調伏一衆生故 발보리심發菩提心 욕발일체중생번뇌습해欲拔一切衆生煩惱習海 실무여고悉無餘故 발보리심發菩提心 발일체중생번뇌습기진拔一切衆生煩惱習氣盡 아원내만我願乃滿.

대답하여 말했다. 선남자여, 보살은 중생 하나만을 위해서 보리심을 내는 것이 아니다. 일체 중생의 번뇌와 습해習海, 습관을 없애주기 위해서 보리심을 발한 것이다. 모든 중생을 구원하기 위해서 보리심을 낸 것이지 한 사람만을 위한 것이 아니다. 한 사람도 남기지 않고 다 구원하자는 것이다. 그래서 모든 중생의 번뇌 습기習氣를 다 없애주어야 내 소원이 채워지게 된다.
이것이 소위 대승정신이다. 모든 사람이 다 부처가 되기 전에는 나는 부처가 되지 않겠다는 것이다. 한 사람만 구원하겠다고 하면 그것은 소승이다. 그런데 한 사람도 남김없이 전체를 다 구원하겠다는 것이 대승이다.

선재동자善財童子 언언 차해탈此解脫 명위 하등名爲何等.

선재동자가 물었다. 이 해탈은 그 이름을 무엇이라 합니까?

답언答言 선남자善男子 차해탈此解脫 명이우안은당名離憂安隱幢. 선남자善男子 아유지차일해탈문我唯知此一解脫門 여제보살마하살如諸菩薩摩訶薩 기심여해其心如海 실능용수일체불법悉能容受一切佛法 이아운하능지능설피공덕행而我云何能知能說彼功德行.

대답하여 말했다. 선남자여, 이 해탈문의 이름은 이우안은당離憂安隱幢이라 한다. 모든 근심걱정을 떠나서 편안하고 온전한 마음으로 들어가는 법문이라는 뜻이다. 선남자여, 나는 이 하나밖에 모른다. 다른 보살들은 그 마음이 바다 같아 일체 불법을 능히 다 수용할 수 있지만 내가 어찌 그 공덕행을 능히 다 설할 수 있겠는가.

선남자善男子 어차남방於此南方 유일국토有一國土 명나라소名那羅素 중유선인中有仙人 명비목구사名毘目瞿沙.

그러니 선남자여, 여기서 남쪽으로 가면 하나의 국토가 있는데 이름이 나라소那羅素라 한다. 그 가운데 선인仙人이 있는데 비목구사毘目瞿沙라 하는 사람이다. 비로자나 법신의 눈을 가진 사람이다.

시時 선재동자善財童子 비읍류누悲泣流淚 작시사유作是思惟 득보리난得菩提難 우선지식난遇善知識難 사퇴이행辭退而行.

이때 선재동자는 슬피 울며 이렇게 생각했다. 진리를 깨닫는다는 것이 참으로 어렵구나. 좋은 선생을 만나기도 참으로 어려운 일이다. 이렇게 생각하며 선재동자는 휴사에게서 물러나 남으로 갔다.

이시爾時 선재동자善財童子 수순사유보살정교隨順思惟菩薩正敎 수순사유보살정행隨順思惟菩薩淨行

이때 선재동자가 보살의 가르침에 순종함을 생각하고 보살의 깨끗한 행실에 순종함을 생각하고

생증장보살복력심生增長菩薩福力心 생명견일체제불심生明見一切諸佛心

보살의 공덕을 증장하려는 마음을 내고 일체 부처님을 밝히 보려는 마음을 내고

생출생일체제불심生出生一切諸佛心, 생증장일체대원심生增長一切大願心

일체 제불을 출생하는 마음을 내고 일체 대원大願을 증장시키는 마음을 내고

생보견시방제법심生普見十方諸法心, 생명조제법실성심生明照諸法實性心

모든 법, 만물을 돌보겠다는 마음을 내고 제법실상諸法實相, 모든 만물의 성질과 본질을 밝히 알고자 하는 마음을 내고

생보산일체장애심生普散一切障碍心, 생관찰법계무암심生觀察法界無闇心

모든 나쁜 마음을 없이하겠다는 마음을 내고 법계를 관찰하여 어둠이 없도록 하겠다는 마음을 내고

생청정의보장엄심生淸淨意寶莊嚴心, 생최복일체중마심生摧伏一切衆魔心.

깨끗하고 굳은 의지의 마음을 내고 모든 악마들을 분쇄하여 이겨내겠다는 마음을 내겠다.
선재동자는 이런 생각을 하면서 비목구사毘目瞿沙 선인仙人을 찾아 남으로 간 것이다.

39.3.9 비목毘目 선인仙人

점점유행漸漸遊行 주편최구비목구사周遍推求毘目瞿沙 선재동자善財童子 견피선인見彼仙人 부초이좌敷草而坐 영도일만領徒一萬.

차츰차츰 흘러가서 비목구사를 찾게 되었다. 선재동자가 그 비목 선인을 보니 풀 방석에 앉아있었는데 따르는 사람들이 일만이나 되었다.

선재善財 견이見已 작언作言 아금득우진선지식我今得遇眞善知識 운하학보살행云何學菩薩行 운하수보살도云何修菩薩道.

선재동자는 그에게 인사를 하며 말했다. 나는 지금 좋은 선생님을 만나게 되었습니다. 보살행을 배우고 보살도를 닦고 싶습니다.

시時 비목구사毘目瞿沙 즉신우수卽申右手 마선재정摩善財頂 집선재수執善財手.

이때 비목구사는 바른 손을 펴서 선재동자의 머리에 얹고 또 선재의 손을 잡았다.

즉시선재卽時善財 자견기신自見其身 왕시방십불찰미진수세계중往十方十佛刹微塵數世界中.

그 즉시 선재동자는 자기 몸이 온 우주에 가득 차 있는 것을 보게 되었다.

견피불찰見彼佛刹 급기중회及其衆會 역문피불亦聞彼佛 일문일구一文一句 개실통달皆悉通達.

그 부처님의 나라 및 그 집회를 보게 되었다. 또 그 부처님의 설법을 듣게 되었는데 그 가르침을 모두 다 통달하게 되었다.

이시爾時 위보살무승당해탈지광명조고爲菩薩無勝幢解脫智光明照故 득비로자나장삼매광명得毘盧遮那藏三昧光明.

이때 비목선인이 보살을 위해 무승당해탈無勝幢解脫의 지혜광명을 밝게 비추었기 때문이다. 즉 비로자나장毘盧遮那藏 삼매의 광명을 얻었기 때문이다.
비목이란 사람은 비로자나 법신의 광명을 가진 사람이라는 것이다. 그 빛으로 비추니 온 우주가 보였고 또한 우주 어디나 가서 부처의 설법을 듣게 되었다는 것이다.

시時 피선인彼仙人 방선재수放善財手 선재동자善財童子 즉자견신卽自見身 환재본처還在本處.

이때 그 비목선인이 선재의 손을 놓자 선재동자는 즉시 자기 본래의 자리로 돌아와 있는 것을 보게 되었다.
마치 꿈을 꾸듯, 꿈 속에서 다 돌아다니다 깨어났다는 것이나 마찬가지다.

선인仙人 언言 선남자善男子 아유지차보살무승당해 탈我唯知此菩薩無勝幢解脫.

선인이 말했다. 선남자여, 나는 오직 이 보살무승당해탈을 알 뿐이다.
'무승당해탈無勝幢解脫'이란 이길 수 없이 밝은 빛이라는 말이다. 최고의 빛이다. '당幢'이란 깃발인데 아주 모든 사람이 다 쳐다볼 수 있는, 모든 것을 다 이길 수 있는 그런 광명이다. 그 빛이 비치니까 선재는 어디나 갈 수 있고 어디나 볼 수 있고 무엇이나 들을 수 있고 무엇이나 다 알 수 있었다.

여제보살마하살如諸菩薩摩訶薩 성취일체수승삼매成就一切殊勝三昧 아운하능지능설피공덕행我云何能知能說彼功德行.

다른 보살들은 또 나보다 더 위대하다. 내가 어찌 그 공덕행을 능히 설할 수 있겠는가.

선남자善男子 어차남방於此南方 유일취락有一聚落 명이사나名伊沙那 유바라문有婆羅門 명왈승열名曰勝熱 여예피문汝詣彼問.

선남자여, 남방으로 가면 한 취락이 있는데 이름이 이사나伊沙那라고 한다. 거기 바라문婆羅門이 있는데 이름은 승열勝熱이다. 너는 그를 만나서 물어보기 바란다.
바라문은 인도의 네 계급 중에서 가장 높은 계급이다. 최고의 지식 계급이다. 이름이 승열인데 열을 이겼다는 말이다. 욕심을 이긴 사람이다.

39.3.10 승열勝熱 바라문婆羅門

염선지식念善知識 점차유행漸次遊行 지이사나취락至伊沙那聚落 견피승열見彼勝熱 수제고행修諸苦行.

선재는 선지식을 생각하면서 점차 남으로 가서 이사나라는 동네에 이르러 승열이라는 바라문을 보게 되었는데 그는 여러 가지 고행을 닦고 있었다.

유도산有刀山 고준무극高峻無極 등피산상登彼山上 투신입화投身入

火 선재동자善財童子 정예기족頂禮其足 아문성자我聞聖者 원위아설
願爲我說.

칼날처럼 날카로운 산이 있었는데 그 험하기가 한이 없었다. 그 산
위로 올라가 화염 속으로 몸을 던졌다. 선재동자는 그 사람의 발 아래
엎드려 절을 하며 말했다. 저는 선생님이 훌륭하신 분이라 들었습니
다. 저를 위해 가르쳐 주십시오.

바라문婆羅門 언言 선남자善男子 여금약능상차도산汝今若能上此刀
山 투신화취投身火聚 제보살행諸菩薩行 실득청정悉得淸淨.

그 승열바라문이 선재동자에게 말했다. 선남자여, 너는 지금 이 칼산
에 올라가서 불 속으로 뛰어내려라. 그렇게 하면 너의 모든 보살행이
다 깨끗해질 것이다.
불 속으로 뛰어들어라 하는 말은 네 욕심을 다 없애라는 말이다.

시時 선재善財 작여시념作如是念 득인신난得人身難 득치불난得値
佛難 문불법난聞佛法難 봉진선지식난逢眞善知識難 수법행난隨法行難
차장비마此將非魔 마소사야魔所使耶.

이때 선재동자는 이렇게 생각했다. 사람의 몸으로 태어나는 것은 아
주 어려운 일이다. 부처님을 만나는 것, 선생님을 만나는 것도 어렵다.
불법을 듣는 것, 강의를 듣는 것도 어렵다. 잠된 선시식을 만나는 것,
큰 선생님을 만나는 것도 정말 어려운 일이다. 법을 따라 행하는 것도
어렵다. 그런데 나를 보고 불 속에 몸을 던지라니 이는 악마가 아닌가.
악마가 시키는 것이 아닌가.

작시념시作是念時 십천법천十千梵天 재허공중在虛空中 작여시언
作如是言 선남자善男子 막작시념莫作是念.

이렇게 생각할 때 하늘에 있는 범천梵天이 다음과 같이 말했다. 선남자여, 그런 생각을 하지 말라.

부유무량욕계제천復有無量欲界諸天 창여시언唱如是言

그리고 다시 한없는 욕계欲界의 천天들이 다음과 같이 합창했다.

차바라문此婆羅門 오열적신시五熱炙身時 기화광명其火光明 조아비등일체지옥照阿鼻等一切地獄 제소수고諸所受苦 실령휴식悉令休息.

이 바라문이 아주 뜨거운 열로 몸을 태울 때 그 몸에서 빛이 나온다. 그 빛이 아비阿鼻 등 일체 지옥에까지 비춰준다. 그래서 그 지옥에서 고통을 받고 있는 모든 이들을 다 쉬게 해준다.
 그러니까 네가 불 속에 뛰어들면 몸에서 빛이 나와 그 빛이 지옥에까지 도달해서 그 지옥에서 고통당하는 모든 죄수들을 다 깨끗하게 해줄 것이라는 말이다. 불 속에 뛰어들라는 것이다. 불 속에 뛰어들면 네가 죽을지 모르지만 그 공덕으로 죄수들이 다 구원을 얻을 것이다.

이시爾時 선재善財 문여시법聞如是法 발기진실선지식심發起眞實善知識心 유원성자唯願聖者 용아회과容我悔過.

이때 선재가 이런 말을 듣고 진실한 선지식의 마음을 내서 승열바라문에게 용서를 빌었다. 거룩하신 선생님, 제 잘못을 뉘우치니 용서바랍니다.

시時 바라문婆羅門 설송언說頌言

이때 바라문이 다음과 같이 게송을 말했다.

약유제보살若有諸菩薩 순선지식교順善知識教
일체무의구一切無疑懼 안주심부동安住心不動

보살들이 선지식의 가르침에 순종하면 모든 의심과 두려움이 사라지고 마음이 흔들리지 않게 될 것이다.

당지여시인當知如是人 필획광대리必獲廣大利
좌보리수하坐菩提樹下 성어무상각成於無上覺.

마땅히 알라. 이와 같은 사람들은 필히 큰 이로움을 얻게 될 것이며 보리수 밑에 앉아서 진리를 깨닫게 될 것이다.

이시爾時 선재동자善財童子 즉등도산卽登刀山 자투화취自投火聚 미지중간未至中間 즉득보살선주삼매卽得菩薩善住三昧.

이때 선재동자는 칼산으로 올라가 불 속에 스스로를 던졌는데 중간에 도달하기도 전에 즉시 보살선주삼매菩薩善住三昧를 얻었다.

재촉화염纔觸火焰 우득보살적정락신통삼매又得菩薩寂靜樂神通三昧.

화염에 닿자마자 또한 적정락寂靜樂 신통삼매神通三昧를 얻었다. 적정락이다. 여름에 뜨거운 설렁탕을 먹으면 시원하듯 뜨거운 불꽃에 닿으니 시원하게 되었다는 것이다.

선재善財 백언白言 심기성자甚奇聖者 여시도산如是刀山 급대화취及大火聚 아신我身 촉시觸時 안은쾌락安隱快樂.

선재동자가 말했다. 참으로 신기하다. 이같이 칼산에 올라가 커다란 불구덩이에 내 몸이 닿자마자 한없이 편안하고 즐겁구나.

시時 바라문婆羅門 고선재언告善財言 선남자善男子 아유득차보살무진륜해탈我唯得此菩薩無盡輪解脫.

이때 승열바라문이 선재에게 말했다. 선남자여, 내가 얻은 것은 오직 이 무진륜해탈無盡輪解脫뿐이다.

여제보살마하살如諸菩薩摩訶薩 대공덕염大功德焰 능소일체중생견혹能燒一切衆生見惑 이아운하능지능설피공덕행而我云何能知能說彼功德行.

다른 보살들의 큰 공덕의 불꽃은 능히 모든 중생의 미혹을 불사를 수 있다. 내가 어찌 능히 그 공덕행을 다 알 수 있겠는가.
나보다 나은 다른 선지식이 있으니 찾아가 보라는 것이다.

선남자善男子 어차남방於此南方 유성有城 명사자분신名師子奮迅 중유동녀中有童女 명왈자행名曰慈行 여예피문汝詣彼問.

선남자여, 남쪽으로 가면 사자분신師子奮迅이라는 성이 있는데 거기에 동녀童女가 있으니 이름이 자행慈行이라 한다. 너는 그 여자를 찾아가 물어라.

39.3.11 자행慈行 동녀童女

점차남행漸次南行 주편추구자행동녀周遍推求慈行童女 주비로자나장전住毘盧遮那藏殿 이범음성以梵音聲 이연설법而演說法 차시반야파라밀보장엄문此是般若波羅蜜普莊嚴門.

점차 남으로 가서 자행 동녀를 찾았다. 그 여자는 비로자나장전毘盧遮那藏殿에 살면서 깨끗한 음성으로 설법을 하고 있었다. 그 설법의 내용은 반야파라밀보장엄문般若波羅蜜普莊嚴門이라는 설법이다.

선재善財 백언白言 성자聖者 차반야파라밀보장엄문此般若波羅蜜普莊嚴門 경계운하境界云何.

선재가 물었다. 이 반야파라밀 보장엄이라는 법문은 어떤 것입니까.

동녀童女 답언答言 선남자善男子 아입차반야파라밀보장엄문我入此般若波羅蜜普莊嚴門 수순취향隨順趣向 사유관찰思惟觀察 억지분별시億持分別時 득보문다라니得普門陀羅尼.

동녀가 대답했다. 선남자여, 나는 이 반야파라밀 보장엄문에 들어갔는데 깊이 생각을 하고 관찰을 하고 잘 따져보니까 내가 얻은 것이 보문다라니普門陀羅尼였다.

백만아승지다라니문百萬阿僧祇陀羅尼門 개실현전皆悉現前 소위불찰다라니문所謂佛刹陀羅尼門 법다라니문法陀羅尼門 중생다라니문衆生陀羅尼門 복덕다라니문福德陀羅尼門 지혜다라니문智慧陀羅尼門 업다라니문業陀羅尼門 자심청정다라니문自心淸淨陀羅尼門.

보문다라니란 한없이 많은 다라니문이다. 다 나에게 나타났는데 소위 불찰다라니문佛刹陀羅尼門이다. 다라니陀羅尼는 총지總持, 전체적인 것을 한마디로 파악하는 것이다. 『화엄경』의 핵심이 무엇인가. "일도출생사一道出生死 일체무애인一切無碍人", 이 말은 『화엄경』에서 원효가 제일 좋아하는 말이다. 공자로 말하면 "아침에 도를 들으면 저녁에 죽어도 좋다"는 말이다. 그런 한마디를 딱 붙잡는 것, 그런 것을 총지라 한다. 부처에 대해 부처는 무엇이라 딱 한마디로 할 수 있고 법이라면 법에 대해서 법은 무엇이라 한마디로 딱 붙잡을 수 있다. 다라니의 뜻에는 또한 "능지능차能持能遮", 능히 붙들 수도 있고 능히 막을 수도 있다는 뜻이 있다. 이런 뜻 때문에 나중에 다라니가 주문呪文으로 변한다. 그래서 "나무아미타불 관세음보살"하고 수없이 외는 것이 나온다. 본래는 다라니, 총지라는 것인데 그것이 주문이 되어 복 받겠다고 하는 그런 것이 나온다. 그런 주문이 많이 나오게 되는데 그것들이 본래 경전에 쓰인 인도말로 하는 것이 더 좋다 하고 무슨 뜻인지도 전혀 모르면서 그냥 따로 외게 되었다. 『파라밀다심경波羅蜜多心經』을 보면 마지막에 "아제아제揭帝揭帝 바라아제般羅揭帝 바라승아제般羅僧揭帝"하는 주문이 나오는데 그 뜻은 "가자 가자 어서 가자 강을 건너가자"는 것이다. 그런데 그 뜻도 모르고 하루종일 외는 사람도 있다. 또 어떤 사람은 주기도문처럼 길게 외는 사람도 있다. 『반야심경』보다 더 긴 경문을 그것도 산스크리트어로 외는데 무슨 뜻인지도 모르면서 그냥 외기도 한다. 그렇게 되면서 차차 종교가 타락해 가는 것이다. 진리를 깨닫겠다는 종교가 결국 기복신앙으로 변하게 된다. 그렇게 되면 그 종교는 그만 마지막이 된다. 성철性徹(1912-93) 같은 사람도 삼천 배를 하라고 했는데 삼천 배를 하면 무엇이 될 것같이 생각한다면 그것은 주문이나 마찬가지다. 우리 학교 어느 교수는 절에 가서 날마다 삼백 배를 한다는데 날마다 절을 하니까 허리에 힘이 생기고 건강에 좋다고 한다. 건강에 좋을 수도 있지만 잘못하면 허리에 병이 날 수도 있다. 하여튼 종교가 복 받는 데로 떨어지기 시작하면 종교는 끝난 것이다. 우리 불교라는 것이 거의 기복신앙으로 떨어지고 말았다. 수능시험을 위한 기도라든가 그런 복 받겠다는 기도가 되면 그것은 신앙이 아니라 하나의 마술이 되고 만다. 다라니가 총지라는 뜻의 좋은 의미인데 그것이 주문이 되면 나쁜 것이 되고 만다. 이렇게 다라니라는 말은 좋은 의미도 있고 나쁜 의미도 있는데 여기서는 좋은 의미라 하겠다.

"법다라니문法陀羅尼門 중생다라니문衆生陀羅尼門 복덕다라니문福德陀羅尼門 지혜다라니문智慧陀羅尼門 업다라니문業陀羅尼門 자심청정다라니문自心淸淨陀羅尼門", 이렇게 여러 다라니문이다. 우리도 그리스도라 하면 "내가 그리스도와 함께 십자가에 못 박혔나니 그런즉 이제는 내가 산 것이 아니요 오직 내 안에 그리스도께서 사신 것이라." 또 하나님이라 하면 "나를 본 자는 하나님을 보았다." 그리고 성령이라 하면 "생명의 샘이 강같이 흐른다." 이렇게 된다. 이렇게 다라니란 상당히 중요한 것이다. 그래야 전체적인 파악이 되지 그렇지 않으면 파악이 안 된다.

선남자善男子 아유지차반야파라밀보장엄문我唯知此般若波羅蜜普莊嚴門 여제보살마하살如諸菩薩摩訶薩 기심광대其心廣大 등허공계等虛空界.

선남자여, 나는 오직 이 반야파라밀 보장엄문을 알 뿐이다. 다라니를 붙잡으면, 전체적인 파악이 되면 그 마음이 넓어져서 허공과 같아지게 된다.

입어법계入於法界 복덕성만福德成滿 주출세법住出世法 원세간행遠世間行 지안무예智眼無翳 보관법계普觀法界.

법계에 들어가서 복덕이 충만하게 되고 출세법出世法에 살며 세간을 멀리하는 행을 하게 된다. 지혜의 눈이 가려지지 않아 모든 법계를 볼 수 있다.

혜심광대慧心廣大 유여허공猶如虛空 일체경계一切境界 실개명견悉皆明見 획무애지대광명장獲無得地大光明藏 선능분별일체법의善能分別一切法義.

지혜의 마음이 광대하여 허공처럼 되고 일체 경계를 다 볼 수 있다. 걸림이 없는 대 광명장을 얻어 일체 모든 것을 분별할 수 있는 그런 지혜를 가지게 된다.

행어세행行於世行 불염세법不染世法 능익어세能益於世 비세소괴非世所壞 보작일체세간의지普作一切世間依止 보지일체중생심행普知一切衆生心行.

이 세상을 살지만 세상에 더럽혀지지 않는다. 이 세상을 이롭게 하며 이 세상에 깨뜨려지지 않는다. 모든 세상 사람들이 의지할 수 있는 사람이 되고 일체 중생의 마음을 아는 그런 사람이 된다.

수기소응隨其所應 이위설법而爲說法 어일체시於一切時 항득자재恒得自在 이아운하능지능설피공덕행而我云何能知能說彼功德行.

그 응하는데 따라서 설법을 하게 되고 언제나 자유로운 마음을 가지게 된다. 그런데 나는 다른 보살들의 그 공덕행을 다 알지 못한다.

어차남방於此南方 유일국토有一國土 명위삼안名爲三眼 피유차구彼有此丘 명왈선견名曰善見 선재동자善財童子 사유보살소주행심심思惟菩薩所住行甚深.

남쪽으로 가면 하나의 국토가 있는데 삼안三眼이라는 나라다. 삼안이란 법안法眼, 지안智眼, 혜안慧眼이다. 법法의 눈, 지智의 눈, 혜慧의 눈이다. 거기 비구가 있는데 이름이 선견善見이다. 그래서 선재동자는 보살의 그 깊은 행의 세계를 생각하며 떠났다.

2002. 11. 24.

입법계품 강해(5)

자행慈行까지 십주十住가 끝나고 이제 선견善見부터는 십행十行이다.

십행十行

(1) 선견善見 환희歡喜

선견은 환희다. 눈을 떠야 기쁨을 가질 수 있다.

(2) 자주自主 요익饒益

자주하는 사람이라야 다른 사람들에게 이익을 줄 수 있다.

(3) 구족具足 무에無恚

만족한 사람이라야 불평불만이 없어진다.

(4) 명지明智 무진無盡

확실히 아는 사람이라야 얼마든지 설법할 수 있다.

(5) 보계寶髻 이치離痴

상투 속에 마니주라는 보배를 가져야 어리석음을 떠날 수 있다. 마니주는 여의주다. 보계寶髻가 되어야 모든 번뇌에서 벗어날 수 있다.

(6) 보안普眼 선현善現

넓게 볼 수 있어야 선을 드러낼 수 있다.

(7) 무염無厭 무착無着

만족할 수 있어야 집착함이 없어진다.

(8) 대광大光 존중尊重

큰 빛이 되어야 존중을 받는다.

(9) 부동不動 선법善法

움직이지 않는 법이라야 진짜 법이다.

(10) 변행遍行 진실眞實

변행遍行, 어디나 갈 수 있어야 진실이다.

39.3.12 선견비구善見比丘

지삼안국至三眼國 주편구멱선견비구周遍求覓善見比丘 견재림중見在林中 경행왕반經行往返 장년미모壯年美貌.

선재동자는 삼안국三眼國에 도착해서 선견비구를 찾아보았다. 보니 산중에서 경행經行을 하며 이리저리 왔다갔다 하고 있었는데 아주 잘 생긴 젊은 사람이었다.

단정가희端正可喜 기발감청其髮紺靑 우선불난右旋不亂 정유육계頂有肉髻 피부금색皮膚金色 경문삼도頸文三道 액광평정額廣平正.

단정하고 정직한 사람이었다. 머리털은 감청색인데 오른쪽으로 가지런하게 감았고 정수리에는 육계가 있었다. 피부는 황금색이고 목도 잘생기고 이마도 바르게 잘 생겼다.

안목수광眼目修廣 여청연화如靑蓮華 순구단결脣口丹潔 여빈파과如頻婆果 선재동자善財童子 백언白言 원위아설願爲我說.

안목도 높고 넓어 푸른 연꽃 같고 입술은 사과처럼 붉었다. 선재동자가 말했다. 저를 위해 설법을 바랍니다.

선견善見 답언答言 아년我年 기소旣少 출가우근出家又近 아차생중我此生中 어삼십팔항하사불소於三十八恒河沙佛所 정수범행淨修梵行.

선견비구가 대답했다. 나는 아직 젊은 사람이고 출가한 지도 얼마 되지 않았다. 나는 이생에서 항하의 모래처럼 많은 부처님을 모시고 깨끗한 행을 정수淨修했다.
"삼십팔항하사불三十八恒河沙佛"이라 했는데 주석을 보니 38이란 십주·십행·십회향의 삼십에다 팔정도를 더해서 38이라는 것이다. 우리는 그렇게 볼 필요는 없고 그저 많은 부처님을 만났다고 생각하면 좋을 것이다.

혹유불소或有佛所 일일일야一日一夜 칠일칠야七日七夜 일세백세一歲百歲 내지불가설불가설대겁乃至不可說不可說大劫.

어떤 부처님에게 가서는 하루 밤낮을 배운 적도 있고 또는 7일 밤낮을 배운 적도 있고 또는 일 년 백 년을 배운 적도 있었다. 또 한없이 오랜 세월을 배운 때도 있었다.

청문묘법聽聞妙法 수행기교受行其敎 이입일체행삼매력以入一切行

三昧力.

그래서 아주 묘한 법을 듣고 그 가르침을 받아 행했다. 그래서 일체행一切行 삼매력三昧力에 들어가게 되었다. 삼매의 힘을 얻게 되었다는 것이다. 삼매란 의식 세계에서 초의식 세계로 가는 것이다.

정수일체제보살행淨修一切諸菩薩行 이보현승출리력以普賢乘出離力 청정일체불파라밀淸淨一切佛波羅蜜.

그래서 일체 보살행을 닦게 되었다. 그리고 이 세상을 초월할 수 있는 보현승普賢乘의 힘을 가지고 일체의 불파라밀佛波羅蜜을 깨끗이 닦았다.

우선남자又善男子 아경행시我經行時 일념중一念中 일체시방一切十方 개실현전皆悉現前 지혜청정고智慧淸淨故.

또한 선남자여, 내가 이렇게 수행할 때 한 찰나 속에 온 세계가 다 드러나는데 그것은 지혜가 깨끗하기 때문이다.

일념중一念中 불가설불가설일체삼세해不可說不可說一切三世海 개실현전皆悉現前 득지得知 일체세계중一切世界中 일체삼세분위지광명원력고一切三世分位智光明願力故.

그리고 찰나에 수없는 일체 삼세해가 다 드러난다. 찰나 속에 영원이 있다는 말이다. 그래서 온 세계 속에 따로 떨어져 있는 모든 중생들을 다 알고 그 사람들을 밝게 비출 수 있는 지혜와 그 사람들을 구원할 수 있는 힘을 가지게 되었다.

아유지차보살수순등해탈문我唯知此菩薩隨順燈解脫門.

나는 오직 이 보살의 수순등해탈문隨順燈解脫門이다.

수순등해탈이다. 한 사람 한 사람씩 비쳐주는 등불이다. 촛불 하나가 또 하나의 촛불을 밝히고, 그렇게 차례차례 밝혀서 모든 중생들을 다 번뇌에서 해탈시킬 수 있는 문門, 아주 미묘한 방법을 가지게 되었다. 등불 하나로 모든 사람을 다 구원한다는 것이다. 광명光明과 등燈을 꼭 가를 필요는 없지만 빛이라 할 때는 근본지根本智를 말하고 등이라 할 때는 한 사람 한 사람 밝혀주는 차별지差別智를 말한다. 태양은 전체를 비치는 근본지요 등불은 어둔 밤길을 가는 발밑을 밝혀준다. 여기서 등해탈문燈解脫門이라 하는 것은 분별지를 말한다. 한 사람 한 사람 잘 가르쳐서 해탈시켜주는 내용이다.

여제보살마하살如諸菩薩摩訶薩 여금강등如金剛燈 아운하능지능설피공덕행我云何能知能說彼功德行.

다른 보살들은 나보다 더 밝은 등을 가졌는데 내가 그 공덕행을 어떻게 다 알겠는가.

어차남방於此南方 유일국토有一國土 명왈명문名曰名聞 유일동자有一童子 명자재주名自在主.

남쪽으로 가면 한 국토가 있는데 이름이 명문名聞이라 한다. 거기 한 어린이가 있는데 이름은 자재주自在主라 한다.

시시 선재동자善財童子 위욕구경보살용맹청정지행爲欲究竟菩薩勇猛淸淨之行 사퇴이거辭退而去.

이때 선재동자는 용맹청정의 행을 바라며 물러나 떠났다.

39.3.13 자재동자自在童子

이시爾時 선재동자善財童子 주편구멱자재주동자周遍求覓自在主童子 재하저상在河渚上 십천동자十千童子 소공위요所共圍遶 취사위희聚沙爲戱.

이때 선재동자는 자재주 동자를 찾아보았는데 물가 모래밭에 많은 아이들이 돌려 앉아서 모래장난을 하고 있었다.

선재善財 견이見已 백언白言 성자聖者 원위해설願爲解說.

선재동자는 자재주 동자를 보고 말했다. 거룩하신 분, 저를 위해 가르침을 바랍니다.

자재주自在主 언言 선남자善男子 아석증어문수사리동자소我昔曾於文殊師利童子所 수학서수산인등법修學書數算印等法 즉득오입일체공교신통지법문卽得悟入一切工巧神通智法門

자재주가 말했다. 선남자여, 나는 옛날에 일찍이 문수사리 동자를 모시고 서수산인등법書數算印等法을 수학했다.
과거 전생에 문수사리보살에게 배웠다는 것이다. 서수산인등법, 즉 글쓰기, 셈하기, 인쇄 등 여러 가지 배웠다. 그래서 그 모든 것을 잘 할 수 있는 신통지神通智의 법문法門을 깨달았다.

선남자善男子 아인차법문고我因此法門故 득지세간서수산인계처등법得知世間書數算印界處等法 역능료치풍간소수귀매소착亦能療治風癎消瘦鬼魅所着.

선남자여, 나는 이 법문 때문에 세상에 필요한 모든 글쓰기, 셈하기, 건축, 토목뿐만 아니라 모든 병을 고치는 의학, 약학 등 모든 것을 알게 되었다. 말하자면 수학박사, 공학박사, 약학박사요 의학박사다.

　　여시소유일체제병如是所有一切諸病 역선조련종종선약亦善調鍊種種仙藥 아역능지보살산법我亦能知菩薩算法.

일체 모든 병을 치료하는 갖가지 신비한 약을 만들 수 있고 또한 모든 계산을 할 수 있게 되었다.

　　소위일백낙차所謂一百洛叉 위일구지爲一俱胝 구지구지俱胝俱胝 위일아유다爲一阿庾多 차우불가설불가설此又不可說不可說 위일불가설불가설전爲一不可說不可說轉 역능산지시방소유일체세계亦能算知十方所有一切世界.

말하자면 여러 가지 헤아릴 수 없이 큰 수들인데 이것들을 다 다룰 수 있다. 미분 적분을 다 할 수 있다는 말이다.

　　선남자善男子 아유지차일체공교대신통지광명법문我唯知此一切工巧大神通智光明法門.

선남자여, 나는 이렇게 공교한 대신통지大神通智 광명법문光明法門을 가지게 되었다.

　　여제보살마하살如諸菩薩摩訶薩 능지일체제중생수能知一切諸衆生數 아하능설기공덕我何能說其功德.

그런데 다른 보살들은 나보다 더 수를 잘 아는데 내가 어찌 그 공덕을 다 말할 수 있겠는가.

　　선남자善男子 어차남방於此南方 유일대성有一大城 명왈해주名曰海住 유우바이有優婆夷 명위구족名爲具足 시時 선재善財 사퇴이거辭退

而去.

 선남자여, 남방으로 가면 하나의 큰 성성이 있는데 해주海住라는 성이다. 거기 우바이優婆夷가 있는데 이름이 구족具足이다. 이때 선재는 그를 물러나서 떠나갔다.

이시爾時 선재동자善財童子 관찰사유선지식교觀察思惟善知識教 유여거해猶如巨海 수대운우受大雲雨 무유염족無有厭足.

이때 선재동자는 선지식의 가르침을 생각할 때 그 가르침이 마치 거대한 바다 같았다. 많은 비를 받지만 조금도 싫어하지 않고 다 받아들인다. 모든 선지식의 가르침을 다 받아들여도 부족함이 없다는 말이다.

여시사유如是思惟 점차유행漸次遊行 지해주성至海住城 차우바이此優婆夷 재차성중소주택내在此城中所住宅內.

이렇게 생각하며 점차 남쪽으로 갔다. 해주라는 성에 이르러 보니 구족 우바이는 성 안의 주택에 살고 있었다.

39.3.14 구족具足 우바이優婆夷

선재善財 입이入已 견우바이見優婆夷 처어보좌處於寶座 성년호색盛年好色 단정가희端正可喜 위덕광명威德光明 제불보살除佛菩薩 여무능급餘無能及.

선재가 성에 들어가 그 우바이를 보니 보좌에 앉아 있었는데 젊은 미인인데다 아주 단정해서 누구나 보면 다 번뇌에서 벗어나 기뻐할 만한 그런 사람이었다. 그 덕이 빛나고 있었다. 그만큼 실력을 갖춘 우바이인데, "제불보살除佛菩薩 여무능급餘無能及", 부처나 보살을 제외하고는 능히 그를 따를 자가 없었다. 최고의 인물이라는 말이다.

지난번에 휴사休捨 우바이가 나왔고 이번에 구족 우바이가 나왔는데 모두 어머니의 상징이다. 어린애는 어머니만 보면 모든 근심걱정이 다 사라진다. 앞으로 이런 것들이 또 많이 나올 것이다. 그러니까 여자가 나올 때는 대개 어머니의 상징이라 보면 된다.

백언白言 성자聖者 원위아설願爲我說.

선재동자가 말했다. 거룩하신 분, 저를 위해서 설법해 주시기 바랍니다.

피즉고언彼卽告言 선남자善男子 아득보살무진복덕장해탈문我得菩薩無盡福德藏解脫門.

구족 우바이가 선재동자에게 말했다. 선남자여, 나는 무진복덕장 해탈문을 얻었다. 한없이 많은 복덕을 가진 그런 보살이다. 다함이 없는 덕과 복을 가지고 있는 그런 사람이다.

능어여시일소기중能於如是一小器中 수제중생隨諸衆生 종종욕락種種欲樂 출생종종미미음식出生種種美味飮食 실령충만悉令充滿.

이와 같이 나는 하나의 작은 그릇을 가지고 있는데 모든 중생들의 갖가지 바라는 바에 따라서 그 그릇으로부터 여러 가지 맛있는 음식을 자꾸 꺼내는 것이다. 그래서 모든 사람들을 다 만족하게 만든다.

가사시방세계일체중생假使十方世界一切衆生 수기욕락隨其欲樂 실령충만悉令充滿 이기음식而其飮食 무유궁진無有窮盡 역불감소亦不減少.

온 세계 일체 중생들이 바라면 그 바라는 바에 따라서 다 만족하게 해 준다. 그렇게 그 음식이 한없이 쏟아져 나올 뿐만 아니라 또한 줄어들지도 않기 때문이다.

진리를 깨달으면 거기서 한없는 법문이 쏟아져 나온다는 것을 상징하는 말이다. 그래서 석가도 팔만 사천 법문을 설했다고 한다. 그런 것을 설명하기 위해서 이렇게 작은 그릇이라거나 샘터라거나 그런 비유를 말하는 것이다.

선남자善男子 차대수유且待須臾 여당자견汝當自見. 설시어시說是語時 선재善財 견무량중생見無量衆生 수기소수隨其所須 급시음식給施飮食 실사충족悉使充足.

선남자여, 또 잠깐만 기다리면 그대 스스로 보게 될 것이다. 구족 우바이가 그렇게 말하자 그때 선재동자는 한없는 중생들이 그 필요에 따라 음식을 제공받아 다 배불리 먹고 만족하는 것을 보게 되었다.

선남자善男子 아유지차무진복덕장해탈문我唯知此無盡福德藏解脫門.

선남자여, 나는 오직 이 무진복덕장 해탈문을 알 뿐이다.

여제 보살마하살如諸菩薩摩訶薩 일체공덕一切功德 유여대해猶如大海 아운하능지능설피공덕행我云何能知能說彼功德行.

그런데 다른 보살들은 나보다 더 높은 공덕을 가지고 있어서 넓은 바다처럼 큰데 내가 어찌 그 공덕행을 다 말할 수 있겠는가.

선남자善男子 남방南方 유성有城 명왈대흥名曰大興 피유거사彼有居士 명왈명지名曰明智 선재善財 사퇴이거辭退而去.

선남자여, 남쪽으로 가면 대흥大興이라는 성城이 있는데 거기에 거사居士가 살고 있고 그 이름은 명지明智라 한다. 선재는 그를 물러나서 떠나갔다.

거사는 중이 되지 않고 집에서 불교를 믿고 공부하는 사람이다. 요새로 말하면 불교학자라고 할 수 있다. 이 『화엄경』에 대한 해설을 쓴 사람도 이통현李通玄(635-730)이라는 거사다. 그가 『화엄경』에 대해 23권이나 썼는데 그것을 읽어보고 이렇게 강의를 한다. 물론 전에도 한 번 읽어보았지만 이번에 다시 한 번 더 세밀하게 읽어보고 와서 강의를 하는 것이다.

39.3.15 명지明智 거사居士

이시爾時 선재동자善財童子 득무진장엄복덕장해탈광명이得無盡莊嚴福德藏解脫光明已 점차이행漸次而行 지대흥성至大興城 주편추구명지거사周遍推求明智居士.

이때 선재동자는 이미 무진장엄복덕장 해탈광명을 얻어 점차 남으로 가서 대흥이라는 성에 이르러 널리 명지 거사를 찾아보았다.

이시爾時 선재善財 견피거사見彼居士 재기성내시사구도칠보대상在其城內市四衢道七寶臺上 처무수보장엄지좌處無數寶莊嚴之座.

이때 선재동자는 그 거사가 대흥성 안 네 거리의 칠보대상七寶臺上에 있는 것을 보았는데 그는 아주 화려한 의자에 앉아 있었다.

기좌묘호其座妙好 청정마니淸淨摩尼 이위기신以爲其身. 이시爾時 선재善財 정례기족頂禮其足 백언白言.

그 의자는 정말 좋은 것인데 깨끗한 마니주가 그 몸체였다. 이때 선재동자는 그 발에 엎드려 절을 하고 물었다.

성자聖者 아위이익일체중생고我爲利益一切衆生故 발아누다라삼

막삼보리심發阿耨多羅三藐三菩提心 운하학보살행云何學菩薩行 운하
수보살도云何修菩薩道.

거룩하신 분, 저는 일체 중생을 이익되게 하려고 아누다라삼막삼보
리심을 일으켰습니다. 보살행은 무엇이며 보살도는 무엇입니까.

장자長者 고언告言 선남자善男子 여견아차중회인不汝見我此眾會人不.

명지 거사가 말했다. 선남자여, 너는 여기 많은 사람이 모여드는 것
을 보지 못하는가.

아이령기발我已令其發 아누다라삼막삼보리심阿耨多羅三藐三菩提
心 생여래가生如來家 증장백법增長白法 안주무량제파라밀安住無量
諸波羅蜜 학불십력學佛十力 실능구호일체중생悉能救護一切眾生.

나는 이미 아누다라삼막삼보리심을 일으키게 했다. 여래의 집에 태
어나고 깨끗한 법을 공부하고 무량한 파라밀에 안주하여 부처의 십력
十力을 공부하고 능히 일체 중생을 구호할 수 있게 되었다.

선남자善男子 아득수의출생복덕장해탈문我得隨意出生福德藏解脫
門 범유소수凡有所須 실만기원悉滿其願 소위의복영락所謂衣服瓔珞
상마차승象馬車乘 화향당개華香幢蓋 음식탕약飲食湯藥 방사옥택房
舍屋宅 상좌등거牀座燈炬 노비우양奴婢牛羊 급제시사及諸侍使.

선남자여, 내가 가진 것은 모든 복덕福德, 행복을 마음대로 나오게
하는 해탈문解脫門이다. 누구나 필요하면 그 소원을 다 만족시켜줄 수
있다. 의복이나 온갖 장신구, 코끼리나 말이 끄는 수레며 임금이 타는
가마, 음식과 탕약, 집과 가옥 평상이며, 등과 등대, 노비와 소와 양,
그리고 여러 시중드는 사람들과 심부름하는 사람들, 무엇이나 다 나오

게 할 수 있다.
   선남자善男子 차대수유且待須臾 여당자견汝當自見 설시어시說是語時 무량중생無量衆生 구래집회俱來集會 각수소욕各隨所欲 이유구청而有求請.

   선남자여, 잠깐 기다리면 네가 직접 보게 될 것이다. 이렇게 거사가 말을 할 때 한없는 중생들이 모여들었고 그들은 모두 자기가 바라는 대로 청구했다.

   이시爾時 거사居士 지중보집知衆普集 수유계념須臾繫念 앙시허공仰視虛空 여기소수如其所須 실종공하悉從空下 일체중회一切衆會 보개만족普皆滿足.

   이때 명지 거사는 모두가 모여든 것을 알고 잠깐 생각을 하며 허공을 쳐다보았다. 그랬더니 그 필요한 것들이 다 하늘에서 떨어져 내려왔다. 그래서 거기 모인 모든 중생들이 다 만족하게 되었다.
   진리를 깨달으면 모든 것이 다 나온다는 말이다. 이것들은 다 하나의 상징이다.

   이시爾時 거사居士 고언告言 아유지차수의출생복덕장해탈문我唯知此隨意出生福德藏解脫門.

   이때 거사가 말하였다. 나는 다만 이렇게 마음대로 만들어내는 복덕장해탈문을 알 뿐이다.

   여제보살마하살如諸菩薩摩訶薩 성취보수成就寶手 편복일체시방국토遍覆一切十方國土 이자재력以自在力 보우일체자생지구普雨一切資生之具.

그런데 다른 보살들은 보배의 손을 성취하여 일체 시방 국토를 다 두루 덮을 수 있고 그래서 자재력自在力으로 널리 일체의 필수품들을 다 비처럼 뿌려줄 수 있다.

아운하능지능설我云何能知能說 피제공덕자재신력彼諸功德自在神力 어차남방於此南方 유일대성有一大城 명사자궁名師子宮 피유장자彼有長者 명법보계名法寶髻.

내가 어찌 그 공덕의 자재신력自在神力을 다 알겠는가. 남쪽으로 가면 하나의 큰 성이 있는데 이름을 사자궁師子宮이라 한다. 거기 법보계法寶髻라는 이름의 장자長者가 있다.

39.3.16 보계장자寶髻長者

이시爾時 선재동자善財童子 향사자성向師子城 주편추구보계장자周遍推求寶髻長者 견차장자見此長者 정례기족頂禮其足.

이때 선재동자는 사자성을 향했다. 보계장자를 찾았는데 그 장자를 보고 선재동자는 발에 엎드려 절을 했다.

이시爾時 장자長者 집선재수執善財手 장예소거將詣所居 시기사택示其舍宅 청정광명淸淨光明 진금소성眞金所成 십층팔문十層八門.

이때 보계장자는 선재의 손을 잡고 자기가 사는 집을 보여주었는데 그 집은 아주 빛이 났다. 그것은 순금으로 만들어져 있는데 10층에 8문으로 되어 있었다.
　10층은 십파라밀十波羅蜜이요, 8문은 팔정도八正道의 상징이다.

선재善財 이입已入 차제관찰次第觀察 견최하층見最下層 시제음식

施諸飮食 견제이층見第二層 시제보의施諸寶衣 견제십층見第十層 일체여래一切如來 충만기중充滿其中.

선재동자가 집에 들어가서 관찰해 보니 맨 아래층에는 음식들이 많이 있고 2층으로 올라가니 아름다운 옷들이 많이 있었다. 그렇게 해서 10층으로 올라가보니 거기에는 일체 여래가 가득 차 있었다.

이시爾時 선재善財 백언白言 성자聖者 하연치차청정중회何緣致此淸淨衆會 종하선근種何善根 획여시보獲如是報.

이때 선재동자가 말했다. 거룩하신 이여, 여기 이렇게 많은 사람들이 모인 것은 어떤 인연으로 그렇게 되었는가. 어떤 좋은 일을 많이 해서 이런 집을 가지게 되었는가.

장자長者 고언告言 선남자善男子 아념과거我念過去 과불찰미진수겁過佛刹微塵數劫 유세계有世界 명원만장엄名圓滿莊嚴.

보계장자가 말했다. 선남자여, 나는 과거 전생에 수없이 오래 전에 어떤 세계에 살았었는가 하면 원만장엄圓滿莊嚴이라는 세계이었다.

불호佛號 무변광명법계보장엄왕無邊光明法界普莊嚴王 여래응정등각십호원만如來應正等覺十號圓滿.

거기에 계셨던 부처님의 이름은 무변광명법계보장엄왕이었는데 여래如來·응공應供·정등각正等覺 등 여래의 십호十號가 원만했다.

피불입성彼佛入城 아주악음我奏樂音 병소일환향幷燒一丸香 이이공양而以供養 이차공덕以此功德 회향삼처廻向三處 위영리일체빈궁곤고謂永離一切貧窮困苦.

그 부처님이 성에 들어올 때 나는 즐거운 음악을 연주했다. 그리고 향을 하나 피웠다. 이 공덕으로써 하늘·땅·사람 삼처三處에 회향하고 일체의 빈궁과 곤란을 영원히 벗어나게 되었다.

선남자善男子 아유지차我唯知此 보살무량복덕보장해탈문菩薩無量福德寶藏解脫門.

선남자여, 나는 이렇게 다만 무량복덕의 보배를 가진 사람일 뿐이다. 이 보배를 가지고 모든 사람들을 해탈시켜주는 것이다.
아까 구족 우바이는 조그만 그릇 하나로 모든 사람들을 구원하는데 이 보계장자는 향 하나를 가지고 이렇게 모두를 구원하게 되었다는 것이다.

여제 보살마하살如諸菩薩摩訶薩 득부사의공덕보장得不思議功德寶藏 아운하능지능설피공덕행我云何能知能說彼功德行.

다른 보살들은 부사의不思議한 공덕보장功德寶藏을 가지고 있는데 내가 그 공덕행을 어떻게 다 알겠는가.

어차남방於此南方 유일국토有一國土 명왈등근名曰藤根 기토유성其土有城 명왈보문名曰普門 중유장자中有長者 명위보안名爲普眼.

남쪽으로 가면 등근藤根이라는 나라가 있는데 거기에 보문성普門城이 있고 거기에 보안장자普眼長者가 살고 있다.

선재善財 사퇴이거辭退而去 연후然後 견피장자見彼長者 백언白言 운하학보살행云何學菩薩行 운하수보살도云何修菩薩道.

선재동자는 보계장자를 물러나 떠나갔다. 그 후 보안장자를 만나서 물었다. 보살행은 무엇이며 보살도는 어떻게 닦아야 됩니까.

39.3.17 보안장자普眼長者

장자長者 고언告言 선남자善男子 아지일체중생제병我知一切衆生諸病 풍황담열風黃痰熱 귀매고독鬼魅蠱毒 내지수화지소상해乃至水火之所傷害.

보안장자가 선재동자에게 말했다. 선남자여, 나는 모든 중생들의 병을 다 알고 있고 모든 질병과 상해의 원인을 다 알 수 있다.

여시일체소생제질如是一切所生諸疾 아실능이방편구료我悉能以方便救療 위탐욕다자爲貪欲多者 교부정관敎不淨觀.

그래서 나는 모든 질병과 상해들을 다 고쳐줄 수 있다. 그리고 욕심 많은 사람에게는 욕심이 더러운 것임을 가르쳐 준다.

진에다자瞋恚多者 교자비관敎慈悲觀 우치다자愚癡多者 교기분별종종법상敎其分別種種法相 등분행자等分行者 위기현시수승법문爲其顯示殊勝法門.

불평불만이 많은 사람에게는 다른 사람을 도와주는 일이 제일 좋다고 가르쳐 준다. 어리석음이 많은 사람에게는 여러 법을 가르쳐 준다. 그렇게 그 소원하는 바에 따라 여러 방법을 가르쳐 주는 것이다.

위욕령기발보리심爲欲令其發菩提心 칭양일체제불공덕稱揚一切諸佛功德 위욕령기현청정신爲欲令其現淸淨身 수중생심실사환희隨衆生心悉使歡喜 칭양찬탄지파라밀稱揚讚歎智波羅蜜 위욕령기획어구경정묘지신爲欲令其獲於究竟淨妙之身.

그래서 그들로 하여금 보리심을 일으키도록 하고 부처의 공덕을 칭송하고 선양하도록 한다. 그래서 그들이 모두 깨끗한 인격자가 되도록 한다. 그래서 모든 사람으로 하여금 기쁨이 넘치도록 한다. 지혜 파라밀을 칭양하고 찬탄하도록 한다. 그래서 그들이 모두 신비하고 깨끗한 그런 사람이 될 수 있도록 해준다.

선남자善男子 아유지차我唯知此 영일체중생보견제불환희법문令一切衆生普見諸佛歡喜法門.

선남자여, 나는 모든 사람으로 하여금 진리를 깨닫고 기쁨이 넘치도록 해주는 법문을 가지고 있다.

여제보살마하살如諸菩薩摩訶薩 여대약왕如大藥王 영식일체생사포외永息一切生死怖畏 최괴일체노사대산摧壞一切老死大山 안주평등적멸지락安住平等寂滅之樂 아운하능지능설피공덕행我云何能知能說彼功德行.

다른 사람들은 위대한 약왕藥王이 되어 일체 생사의 공포와 두려움을 없이해 주고, 늙고 죽는다는 큰 산을 다 깨뜨려주고 평등한 적멸의 낙원에서 안주하게 해 주는데 내가 어찌 그 공덕행을 다 알겠는가.

선남자善男子 어차남방於此南方 유일대성有一大城 명다라당名多羅幢 피중유왈彼中有王 명무염족名無厭足.

선남자여, 남쪽으로 가면 다라당多羅幢이라는 큰 성이 하나 있는데 거기에 무염족無厭足이라는 왕이 살고 있다.
이름이 무염족인데 『60화엄경』에서는 만족이라 했다. 싫어하는 것이 없이 만족한다는 말이다.

이시爾時 선재동자善財童子 억념사유선지식교憶念思惟善知識敎 점차유행漸次遊行 지다라당성至多羅幢城 문무염족왕問無厭足王.

이때 선재동자는 선지식의 가르침을 생각하면서 점차 남으로 향했다. 다라당성에 이르러 무염족 왕에 대해 물었다.

제인諸人 답언答言 차왕此王 좌사자좌坐師子座 선포법화宣布法化 벌기죄악罰其罪惡 개령영단살도사음皆令永斷殺盜邪淫 역령금지망언양설악구기어亦令禁止妄言兩舌惡口綺語 우사원리탐진사견又使遠離貪瞋邪見.

사람들이 대답하여 말했다. 이 왕은 사자좌에 앉아서 법을 선포하고 사람들을 다스려 모든 죄악을 벌한다. 그래서 모두 살도음殺盜淫을 끊어버리고 망언妄言·양설兩舌·악구惡口·기어綺語를 금지하고 모든 탐진치貪瞋痴를 멀리 떠나도록 한다.

십계十戒라는 것이다. 탐진치와 살도음, 그리고 망언·양설·악구·기어를 십계라 한다.

39.3.18 무염족왕無厭足王

요견피왕遙見彼王 좌나라연금강지좌坐那羅延金剛之座 아승지보阿僧祇寶 이위기족以爲其足 십천대신十千大臣 전후위요前後圍遶 부유십만맹졸復有十萬猛卒 형모추악形貌醜惡 집지기장執持器仗 중생견자衆生見者 무불공포無不恐怖.

그 무염족왕을 보니 나라연금강那羅延金剛의 자리에 앉았는데 많은 보배를 가지고 있었다. 그 주위에는 수많은 대신大臣이 있고 또 십만의 용사들이 있었는데 그 모습이 아주 추악했다. 그들은 여러 형틀과 채찍들을 가지고 있어 중생들이 보고 떨지 않는 사람이 없었다.

무량중생無量衆生 범왕교칙犯王敎勅 수기소범隨其所犯 이치벌지
以治罰之 혹단수족或斷手足 혹절이비或截耳鼻 혹이탕자或以湯煮 혹
이화분或以火焚 비여중합대지옥중譬如衆合大地獄中.

많은 중생들이 왕의 명령을 범하여 그 범죄에 따라 벌을 주는데 어떤
이는 수족手足을 자르기도 하고 어떤 이는 귀와 코를 자르기도 하고
끓는 물에 집어넣기도 하고 불에 태우기도 하고 그래서 마치 지옥이나
같았다.

선재善財 견이見已 작여시념作如是念 아위이익일체중생령자我爲
利益一切衆生令者 차왕此王 멸제선법滅諸善法 작대죄업作大罪業 핍
뇌중생逼惱衆生.

선재가 그것들을 보고 이렇게 생각했다. 나는 일체 중생을 이롭게 해
야 되는 사람인데 이 무염족왕은 모든 좋은 법을 멸하고 큰 죄업을 일
으키며 중생들을 괴롭히는구나.

작시념시作是念時 공중유천空中有天 이고지언而告之言 선남자善男
子 여당억념汝當憶念 보안장자선지식교普眼長者善知識敎.

이런 생각을 할 때 공중의 천天들이 소리쳐 말했다. 선남자여, 너는
마땅히 보안장자 선지식의 가르침을 생각해야 된다.

시時 선재동자善財童子 즉예왕소卽詣王所 정례기족頂禮其足 원위
아설願爲我說.

이때 선재동자는 즉시 왕을 찾아가 그 발 밑에 절을 하고 가르침을
부탁했다.

시時 아나라왕阿那羅王 집선재수執善財手 장입궁중將入宮中 명지동좌命之同坐 고언告言

이때 아나라왕은 선재의 손을 잡고 궁중에 들어가 같이 앉기를 권한 후 말했다.

선남자善男子 여응관아소주궁전汝應觀我所住宮殿 선재善財 여어如語 즉편관찰卽遍觀察 견기궁전見其宮殿 광대무비廣大無比 개이묘보지소합성皆以妙寶之所合成.

선남자여, 너는 우리 궁전을 다 보아라. 선재가 말처럼 즉시 둘러보니 그 궁전이 비할 데 없이 큰데다 모두가 다 신비한 보물들로 이루어져 있었다.

시時 아나라왕阿那羅王 고선재언告善財言 아약실작여시악업我若實作如是惡業 운하이득여시과보云何而得如是果報.

이때 아나라왕이 선재동자에게 말했다. 내가 만약 진짜로 나쁜 일을 한다면 내가 어찌 이렇게 좋은 궁전에 살 수 있는 과보果報를 얻었겠는가.

선남자善男子 아득보살여환해탈我得菩薩如幻解脫. 선남자善男子 아차국토我此國土 소유중생所有衆生 다행살도多行殺盜 내지사견乃至邪見 작여방편作餘方便 불능령기사리악업不能令其捨離惡業.

선남자여, 나는 여환해탈如幻解脫을 얻었다. 마술을 부리는 재주를 가졌다. 선남자여, 우리나라는 많은 사람들이 죽이고 도적질하고 많은 나쁜 일을 하였는데 다른 방편을 가지고는 그 악한 짓들을 그치도록 할 수가 없었다.

선남자善男子 아위조복피중생고我爲調伏彼衆生故 화작악인化作惡人 조제죄업造諸罪業 수종종고受種種苦 영기일체작악令其一切作惡 중생견시사이衆生見是事已 단기소작일체악업斷其所作一切惡業.

선남자여, 그래서 나는 이 중생들을 잘 가르치기 위해서 요술로 악인을 만들어 모든 죄업을 짓게 하고 또 갖가지 고통을 받게 했다. 그렇게 그들이 모두 악을 짓도록 했는데 중생들이 이것을 보고는 일체 악업 짓는 일을 그만두게 되었다.

선남자善男子 아유득차我唯得此 여환해탈如幻解脫 여제보살마하살如諸菩薩摩訶薩 득무생인得無生忍 지제유취知諸有趣 실개여환悉皆如幻.

선남자여, 나는 오직 이 여환해탈만을 알 뿐이다. 그런데 다른 보살들은 무생인無生忍을 얻어서 모든 유취有趣가 다 여환如幻임을 안다.

아운하능지능설我云何能知能說 피공덕행彼功德行 어차남방어차남방於此南方 유성有城 명묘광名妙光 왕명대광王名大光.

내가 어찌 능히 그 보살들의 공덕행을 알겠는가. 남쪽으로 가면 성이 있는데 묘광성妙光城이고 그 성의 왕은 대광大光이라 한다. 크게 빛을 내는 빛나는 왕이 대광왕이다.

이시爾時 선재동자善財童子 점차유행漸次遊行 내지묘광대성乃至妙光大城.

이때 선재동자는 점차 남으로 가서 커다란 묘광성에 도착했다.

39.3.19 대광왕大光王

입묘광성入妙光城 견차대성見此大城 이금은유리以金銀瑠璃 파려진주玻瓈眞珠 칠보소성七寶所成.

선재동자가 묘광성에 들어가 보니 그 성은 금·은·유리·진주 등 일곱 보배로 이루어져 있었다.

피대광왕彼大光王 상처기중常處其中 견대광왕見大光王 좌여의마니보연화장광대장엄사자지좌坐如意摩尼寶蓮華藏廣大莊嚴師子之座.

그 성 안에는 대광왕이 항상 살고 있었는데 그를 보니 여의마니보연화장광대장엄의 사자좌에 앉아 있었다.

감유리보紺瑠璃寶 이위기족以爲其足 종종지보種種智寶 충만기중充滿其中.

그 자리는 감색의 유리 보석으로 다리가 되어 있고 갖가지 지혜로운 보배가 그 가운데 충만해 있었다.

시時 선재동자善財童子 정례기족頂禮其足 아문성자我聞聖者 원위아설願爲我說.

이때 선재동자는 그 발에 엎드려 인사를 하고 말했다. 저는 당신이 거룩한 분으로 들었습니다. 저에게 가르침을 주십시오.

시時 고언告言 선남자善男子 아정수보살대자당행我淨修菩薩大慈幢行 아만족보살대자당행我滿足菩薩大慈幢行.

이때 대광왕이 말했다. 선남자여, 나는 보살의 대자당행大慈幢行을 깨끗이 닦았고 또 나는 보살의 대자당행을 만족했다.
보살의 대자당행, 즉 큰 사랑을 깨끗이 닦은 사람이다.

선남자善男子 아이차법我以此法 위왕爲王 이차법以此法 영중생안주자심令衆生安住慈心 이자위주以慈爲主 구족자력具足慈力 절생사류絶生死流 입진법해入眞法海.

나는 이 법을 가지고 왕이 되었고 이 법을 가지고 중생으로 하여금 사랑의 마음을 가지게 했다. 이 사랑이라는 것이 세상에서 가장 소중하다는 것을 알려주었다. 그래서 사랑의 힘을 길러 그 사랑으로써 생사를 끊어버리고 진리의 바다 속으로 들어가는 것이다.

선남자善男子 아국토중일체중생我國土中一切衆生 개어아소개皆於我所 무유공포無有恐怖.

선남자여, 그래서 우리나라에서 모든 중생들은 다 나에게 오면 일체 공포가 없다.

선남자善男子 약유중생若有衆生 빈궁곤핍貧窮困乏 아개고장我開庫藏 자기소취恣其所取.

선남자여 만약 빈궁하고 곤핍한 중생이 오면 나는 창고를 열어서 그들이 필요한 대로 다 공급해준다.

선남자善男子 차국토중일체중생此國土中一切衆生 오탁세시五濁世時 낙작제악樂作諸惡 아심애민我心哀愍 이욕구호而欲救護 입어보살대자위수수순세간삼매지문入於菩薩大慈爲首隨順世間三昧之門.

선남자여, 이 국토 중의 일체 중생이 오탁五濁으로 악해진 시대에 살때에 모든 악을 일삼았는데 그들을 구호하고자 보살의 큰 사랑으로 세상에 수순隨順하는 삼매의 능력을 가지게 되었다.

　입차삼매시入此三昧時 피제중생彼諸衆生 소유포외심所有怖畏心 뇌해심惱害心 원적심冤敵心 쟁논심諍論心 여시제심如是諸心 실자소멸悉自消滅.

이 삼매에 들어가니 그 모든 중생들이 두려운 마음, 해치는 마음, 미워하는 마음, 다투는 마음, 이런 모든 나쁜 마음들이 다 절로 사라지게 되었다.
　사랑의 삼매 속에 들어가니 모든 나쁜 마음이 다 없어졌다는 것이다.

　하이고何以故 입어보살대자위수수순세간삼매入於菩薩大慈爲首隨順世間三昧 법여시고法如是故.

왜 그런가. 보살의 큰 사랑이 으뜸이 되어 세상에 수순하는 삼매에 들어가면 모든 것이 저절로 이와 같이 되기 때문이다.

　시時 대광왕大光王 종삼매기從三昧起 고선재언告善財言 아유지차보살대자위수수순세간삼매我唯知此菩薩大慈爲首隨順世間三昧門.

그때 대광왕은 삼매에서 일어나 선재동자에게 말했다. 나는 다만 사랑으로 세상을 구원하는 이 같은 삼매밖에 모른다.

　여제보살마하살如諸菩薩摩訶薩 위고개자심보음제중생고爲高蓋慈心普蔭諸衆生故 아운하능지기행我云何能知其行 능설기덕能說其德.

다른 보살들은 더 넓고 높은 사랑으로 중생을 돌보는데 내가 어찌 그 행과 그 덕을 다 알겠는가.

어차남방於此南方 유일왕도有一王都 명왈안주名曰安住 유우바이有優婆夷 명왈부동名曰不動. 선재동자善財童子 사퇴이거辭退而去.

남쪽으로 가면 하나의 왕도王都가 있는데 이름이 안주安住라 한다. 거기에 우바이가 있으니 이름은 부동不動이다. 선재동자는 대광왕을 물러나 그를 떠났다.

39.3.20 부동不動 우바이優婆夷

시時 선재동자善財童子 종피삼매지광명기從彼三昧智光明起 점차유행漸次遊行 지안주성至安住城.

이때 선재동자는 그 삼매의 지혜롭고 광명한데서 일어나 점차 남쪽으로 가서 안주성에 도달했다.

주편추구부동우바이周遍推求不動優婆夷 무량인중無量人衆 함고지언咸告之言 선남자善男子 부동우바이不動優婆夷 신시동녀身是童女 재기가내在其家內 부모수호父母守護 연설묘법演說妙法.

부동 우바이를 널리 찾아보았는데 수많은 사람들이 다 말하기를 선남자여, 부동 우바이는 어린 소녀라 집안에서 부모의 보호 아래 있는데 신비한 법을 설하고 있다.

선재동자善財童子 전예기소前詣其所 공경합장恭敬合掌 일심관찰一心觀察 견기형색見其形色 단정수묘端正殊妙 시방세계十方世界 일체여인一切女人 무유능급無有能及 시방중생十方衆生 견차여인見此女人 개무염족皆無厭足.

선재동자가 그 우바이 앞에 나가 공경으로 합장하고 마음을 모아 살펴보니 그 모습이 단정하고 지극히 아름다웠다. 온 세상의 어떤 여인도 그처럼 아름다울 수 없었다. 그래서 그 여인을 보기만 하면 모두가 다 만족하게 되고 모든 번뇌가 사라졌다.

선재동자善財童子 견차여인見此女人 기신자재其身自在 기신모공其身毛孔 항출묘향恒出妙香 심생환희心生歡喜 이송찬왈以頌讚曰

선재동자가 그 여인을 보니 그 몸은 자재하고 그 몸의 털구멍에서 언제나 향기를 풍기고 있었다. 선재동자는 마음에 기쁨이 넘쳐 찬송으로 말했다.

수호청정계守護淸淨戒 수행광대인修行廣大忍
정진불퇴전精進不退轉 광명조세간光明照世間.

청정한 십계를 다 지키고 모든 참는 것을 다 실천하고 한없이 정진하여 드디어 진리의 빛으로 온 세상을 밝게 비치게 되었구나.

선재동자善財童子 설차송이說此頌已 백언白言 성자聖者 원위아설願爲我說.

선재동자가 이렇게 찬송을 하고 말했다. 거룩하신 분, 저를 위해 가르침을 주십시오.

시時 부동우바이不動優婆夷 이보살유연어以菩薩柔軟語 열의어悅意語 위유선재慰喩善財.

이때 부동 우바이는 부드러운 말로 기쁨에 차서 선재를 위로하며 말했다.

여이능발汝已能發 아누다라삼막삼보리심阿耨多羅三藐三菩提心. 선남자善男子 아득보살난최복지혜장해탈문我得菩薩難摧伏智慧藏解脫門 내지구일체법무피염삼매문乃至求一切法無疲厭三昧門.

너는 이미 아누다라삼막삼보리심을 일으켰구나. 선남자여, 나는 보살의 "난최복지혜장해탈문"을 얻어서 일체법을 구해도 피로하거나 싫어함이 없는 삼매에 이르렀다.

"난최복지혜장해탈문難摧伏智慧藏解脫門"이란 어떤 어려운 문제도 다 깨뜨려 부수고 조복시킬 수 있는 부동심의 지혜를 가진 해탈문이다. 모든 잘못된 생각을 다 깨뜨려버리고 부동지에 도달하는 지혜를 가지게 되었다는 말이다. 그래서 그런 지혜를 구하는데 조금도 피로하거나 싫어하지 않는 삼매를 또한 가지게 되었다.

선재善財 언言 성자聖子 경계운하境界云何. 동녀童女 언言 차처난지此處難知. 선재善財 백언白言 위아선설爲我宣說.

선재가 말했다. 거룩하신 분, 그 경계는 어떤 것입니까. 동녀가 말했다. 이 경지는 알기가 어려운 것이다. 선재가 말했다. 저에게 가르침을 베풀어주시기 바랍니다.

우바이優婆夷 언言 과거세중過去世中 유겁有劫 명이구名離垢 시유국왕時有國王 명왈전수名曰電授 유유일녀唯有一女 즉아신卽我身.

우바이가 말했다. 전생에 몇 억만 년 전, 이구離垢라는 시대인데 전수電授라는 이름의 국왕이 있었다. 그에게 오직 한 딸이 있었는데 그것이 바로 나 자신이다.

아어야분我於夜分 어루상於樓上 앙관성수仰觀星宿 어허공중於虛空

中 견피여래見彼如來.

나는 어느 날 밤에 다락에 올라가서 별자리를 관찰하는데 허공에서 여래를 보게 되었다.

불신佛身 보방대광명망普放大光明網 주편시방周遍十方 무소장애無所障碍 불신모공佛身毛孔 개출묘향皆出妙香.

부처의 몸은 큰 빛의 그물망을 방출하여 널리 비추고 있었는데 온 세상을 비추는데 조금도 걸리는 데가 없었다. 또 부처의 몸 털구멍에서는 모두 신비한 향기가 뿜어져 나왔다.

선남자善男子 이시여래爾時如來 지아심념知我心念 즉고아언卽告我言

선남자여, 이때 여래께서 내 마음 속을 아시고 즉시 나에게 이렇게 말씀하셨다.

여응발불가괴심汝應發不可壞心 멸제번뇌滅諸煩惱 응발정사유심應發正思惟心 보생일체불법광명普生一切佛法光明.

너는 깨뜨릴 수 없는 그런 부동의 믿음을 가지고 모든 번뇌를 없애야 된다. 그래서 바로 생각하는 마음을 가져야 한다. 그래서 일체의 불법 광명을 널리 비추어야 된다.

선남자善男子 아어피불소我於彼佛所 문여시법聞如是法 구일체지求一切智 구불십력求佛十力 구불광명求佛光明 기심견고其心堅固 유여금강猶如金剛.

선남자여, 나는 거기서 이와 같은 법을 듣게 되었고 모든 지혜를 구하게 되고 부처의 십력十力을 구하게 되고 부처의 광명을 구하게 되고 그래서 그 마음이 금강석처럼 굳어지게 되었다.

선남자善男子 아발시심이래我發是心已來 상불생어념욕지심尙不生於念欲之心 황행기사況行其事.

선남자여, 나는 이와 같은 마음을 일으킨 이래로 모든 욕심이 다 없어지게 되었는데 하물며 어찌 그런 악업을 짓겠는가.

선남자善男子 아종시래我從是來 상견제불常見諸佛.

선남자여, 나는 그때부터 언제나 부처님을 모시고 살게 되었다.

선남자善男子 아득보살구일체법무염족장엄 문我得菩薩求一切法無厭足莊嚴門 아득일체법평등지총지문我得一切法平等地摠持門 현부사의자재신변現不思議自在神變 여욕견불汝欲見不.

선남자여, 나는 보살의 일체법을 구하는데 조금도 싫어하지 않고 달려가는 장엄한 힘을 얻게 되었고 일체법이 평등하다는 총지문摠持門을 얻게 되었으며 자유롭게 변화할 수 있는 신비한 자재신변自在神變을 나타낼 수 있게 되었는데 너는 그것을 보고 싶지 않는가.

선재善財 언言 유唯 아심원견我心願見. 이시爾時 부동우바이不動優婆夷 좌어용장사자지좌坐於龍藏師子之座 입구일체법무염족장엄삼매문求一切法無厭足莊嚴三昧門 입여시등일만삼매문入如是等一萬三昧門 일일여래一一如來 방광명망放光明網 주편법계周遍法界.

선재가 "그렇습니다. 보고 싶습니다." 하고 말하자 부동 우바이는 용장龍藏 사자좌에 앉아서 "구일체법求一切法 무염족장엄삼매문無厭足莊嚴三昧門"에 들어가고 이와 같은 일만삼매문一萬三昧門에 들어갔는데 하나하나의 여래가 다 밝은 빛의 그물망으로 온 법계를 두루 비추고 있었다.

시時 부동우바이不動優婆夷 종삼매기從三昧起 아유득차구일체법무염족삼매광명我唯得此求一切法無厭足三昧光明.

이때 부동 우바이가 삼매에서 일어나 말했다. 나는 오직 이 일체법을 구하는 무염족삼매의 광명만을 알 뿐이다.

여제보살마하살如諸菩薩摩訶薩 여금시조如金翅鳥 유행허공遊行虛空 무소장애無所障碍 아운하능지능설피공덕행我云何能知能說彼功德行.

그런데 다른 보살들은 금시조金翅鳥와 같이 허공을 날아다니며 아무 거리낌이 없는데 내가 어찌 능히 그 공덕행을 다 알고 말하겠는가.

어차남방於此南方 유일대성有一大城 명무량도살라名無量都薩羅 기중其中 유일출가외도有一出家外道 명왈변행名曰遍行.

남쪽으로 가면 하나의 큰 성이 있는데 이름은 무량도살라無量都薩羅라고 한다. 그 안에 출가외도出家外道 한 사람이 있는데 이름이 변행遍行이다.

'외도外道'는 불교를 믿지 않는 다른 학자를 말한다.

시時 선재동자善財童子 사퇴이거辭退而去.

이때 선재동자는 그 부동 우바이와 작별을 하고 길을 떠났다.

2002. 12. 1.

입법계품 강해(6)

39.3.21 변행遍行 외도外道

이시爾時 선재善財 어부동우바이소於不動優婆夷所 득문법이得聞法已 점점유행漸漸遊行 지도살라성至都薩羅城 처처심멱변행외도處處尋覓遍行外道.

이때 선재동자는 부동 우바이에게 법을 다 얻어들은 후에 점점 남으로 가서 도살라 성에 도착하여 여기저기서 외도인 변행 선지식을 찾아보았다.

성동城東 유산有山 명왈선득名曰善得 선재동자善財童子 어중야시於中夜時 견차산정見此山頂 광명조요光明照耀 여일초출如日初出 이등피산而登彼山.

성의 동편에 선득善得이라는 산이 있었다. 선재동자는 밤중에 이 산 꼭대기를 보니 밝게 빛나고 있었는데 마치 해가 처음 솟아나는 것 같았다. 그래서 그 산으로 올라갔다.
'변행遍行'이란 태양의 빛이 어디나 갈 수 있다는 것이다. 태양의 빛이 다 비추어 모든 식물들이 다 열매를 맺게 된다. 그래서 진실眞實이다. 그러니까 변행의 상징은 태양이다.

견차외도見此外道 어기산상평탄지처於其山上平坦之處 서보경행徐步經行 색상원만色相圓滿 위광조요威光照耀 십천범중지소위요十千梵衆之所圍遶.

선재동자는 그 외도가 그 산정의 평탄한 곳에서 서서히 걸어 다니고 있는 것을 보았다. 그 사람의 얼굴은 원만했고 정신의 빛이 빛나고 있없는데 그 주위에 수많은 사람들이 모여 있었다.

왕예기소往詣其所 두정례족頭頂禮足 성자聖者 원위아설願爲我說.
변행遍行 답언答言 아이안주지일체처보살행我已安住至一切處菩薩行
이성취보문반야파라밀已成就普門般若波羅蜜.

선재동자는 그에게 가서 발밑에 머리 숙여 절을 하며 말했다. 거룩하신 분, 저를 위해 설법해 주십시오. 변행이 대답했다. 나는 이미 "지일체처보살행至一切處菩薩行"에 안주했다. 그리고 이미 "보문반야파라밀普門般若波羅蜜"을 성취했다.

'안주安住'는 가만히 있는 것이다. 태양은 가만히 있어도 모든 만물을 다 비춘다. 무위자연無爲自然이다. 태양은 하는 일이 없이 가만히 있어도 모든 만물에게 빛이 간다. "안주지일체처安住至一切處"다. 그것이 변행이라는 것이다. 어디나 다 가는 것이다. 무엇이 그렇게 가는가. 반야파라밀이다. 지혜가 그렇게 가는 것이다. 그래서 석가의 지혜가 지금 『화엄경』이 된 것이지 다른 것이 아니다.

차도살라성중此都薩羅城中 일체방소一切方所 제인중중諸人衆中 아개이방편我皆以方便 이위설법而爲說法 유령문자唯令聞者 여실수행如實修行 여시시방무량세계제중생해如是十方無量世界諸衆生海 아실어중我悉於中 이종종방편以種種方便 종종법문種種法門 이위설법而爲說法 영득이익令得利益.

이 도살라 성 안 어디나 사람이 모인 가운데 나는 다 방편을 가지고 설법을 하는데 내 말을 듣는 사람은 진실하게 수행하게 된다. 햇빛이 어디나 비치듯 바다 같은 중생들에게 들어가 빛을 비추는데 여러 가지 방편으로 여러 가지 법문으로 설법을 해서 그들을 유익하게 해 준다.

선남자善男子 아유지차지일체처보살행我唯知此至一切處菩薩行 여제보살如諸菩薩 이변화신以變化身 보입제취普入諸趣.

선남자여, 나는 오직 이 "지일체처보살행至一切處菩薩行"만을 알 뿐인데 다른 보살들은 변화신變化身으로 어디나 다 들어갈 수 있다.

어일체처於一切處 개현수생皆現受生 보현일체중생지전普現一切衆生之前 청정광명淸淨光明 편조세간遍照世間 이무아지以無我智 주편조요周遍照耀 이대비장以大悲藏 일체관찰一切觀察 아운하능지능설피공덕행我云何能知能說彼功德行.

그리고 어디서나 사람으로 태어날 수 있어 일체의 중생들 앞에 나타날 수 있다. 그래서 깨끗하고 밝은 빛을 온 세상에 비추는데 무아의 지혜로써 온 세상을 비추는 것이요 대비장大悲藏으로써 일체를 돌보는 것인데 내가 어찌 그 공덕행을 알고 설하겠는가.
　무아無我의 지혜다. 자기라는 것이 없는 것이다. 태양 빛은 누구에게나 비친다. 선한 자나 악한 자나 다 빛을 주시는 분이 하나님이다. 자기라는 것이 없기 때문이다. 선악을 초월했다는 말이다.

선남자善男子 어차남방於此南方 유일국토有一國土 명위광대名爲廣大 유죽향장자有鬻香長者 명우발라화名優鉢羅華.

선남자여, 남쪽으로 가면 광대廣大라는 나라가 있는데 거기에 죽향鬻香 장자長者가 있는데 이름은 우발라화優鉢羅華라 한다.
　'죽향鬻香'이란 향을 판다는 뜻인데 여기 나온 주인공은 향을 파는 사람이 아니라 향을 잘 조합해서 만드는 사람이다.

시時 선재동자善財童子 정례기족頂禮其足 사퇴이거辭退而去 점차유행漸次遊行.

이때 선재동자는 변행 선지식의 발아래 엎드려 절을 하고 물러나 점차 남쪽으로 갔다.

지광대국至廣大國 예장자소詣長者所 정례기족頂禮其足 백언白言

광대국에 이르러 우발라화 장자가 있는 곳을 찾아서 그에게 절을 하고 물었다.

성자聖者 미지보살未知菩薩 운하학보살행云何學菩薩行 운하수보살도云何修菩薩道 이능출생일체지지而能出生一切智智.

거룩하신 분, 저는 보살행이 무엇인지 또 어떻게 보살도를 닦아서 일체 지혜의 빛을 발할 수 있는지 알지 못합니다.

21번 변행遍行으로 십행十行이 끝났다. 이어서 22번 우발장자優鉢長者부터 31번 안주安住까지가 십회향이다.

십회향十廻向

(1) 우발優鉢 구호救護
우담바라優曇波羅는 삼천 년에 한 번씩 피는 꽃이다. 이것은 선생님이라는 분이 세상에 나타나기가 참으로 어렵다는 말이다. 예수가 이천 년 전에 나타났지만 아직 예수만한 선생님이 나타나지 않은 것이다. 그래서 아직도 예수를 찾고 있는 것이다. 예수 같은 사람이 다시 나타나려면 삼천 년은 걸려야 된다는 것이다. 그래서 우담바라가 삼천 년에 한 번씩 피는 꽃이라 한다. 천재일우千載一遇라 한다. 선생님을 만나기가 천 년에 한 번 만나기도 어렵다는 것이다. 그런데 우담바라는 삼천 년이다. 공자 같은 사람이 나오려면 삼천 년이 지나야지 그렇지 않으면 안 나온다는 말이다. 선생을 만나기가 이렇게 어렵다는 말이다. 결국 우발優鉢은 선생님을 만나야 된다는 이야기다. 그 선생은 어떤 선생인가. 구호중생救護衆生이다. 모든 사람을 구원해 줄 수 있는 선생이다. 그런데 그 선생은 다른 사람을 구원해 주고도 구원해 주었다고 하는 그런 의식이 없다. 다 구원해 주었지만 어느 누구를 구원했다는 생각이 없다는 것이다. 사실 예수가 인류를 구원했지만 한 사람 한 사람 쫓아다니며 구원해 준 것은 아니다. 그렇지만 앞으로 만 년 후에 나올 사람까지 예수는 다 구원해 준 것이다. 그러니까 산이라도 하나 큰 산이 있으면 그 산이 어떻게 하는 것이 아니라 모든 사람들이 자꾸 산으로 올라가는 것이다. 산은 가만히 있는데 사람들이 자꾸 올라간다. 아리스토텔레스Aristotle(384-322 B.C.) 말로 하면 "언무부드 무버unmoved mover"다. 자기는 움직이지 않으면서 모든 만물을 다 움직이는 것이다. 꽃이 하나 피어있으면 나비가 다 날아드는 것이나 마찬가지다. 산이 하나 있으면 모든 사람들이 다 올라가는 것이다. 산이 사람을 어떻게 하는 것이 아니다. 산이 있으므로 해서, 산이 존재함으로 말미암아 모든 사람이 다 구원을 받게 되는 것이다. 무위자연無爲自然이다. 산이 하는 일은 아무 것도 없다. 그렇지만 모든 사람이 스스로 올라가게 된다. 이것이 아리스토텔레스가 말하는 부동자不動者, 즉 "부동不動의 동자動者"라는 것이다. 자기는 아무 것도 하지 않으면서 모두를 다 움직이게 하는 것이다. 예수가 인류를 구원했다는 것도 그렇게 생각해야 된다. 큰 산이 하나 있으니까 모든 사람이 다 구원을 얻게 되는 것이다. 다르게 말하면 큰 산이 있으면 거기서 물이 나오게 되니까 그 물을 가지고 모든 평야의 식물이 다 살게 되는 것이다. 그러니까 인격이 한없이 높은 것이다. 인격이 한없이 높으니까 천 년 후에 오는 사람이나 만 년 후에 오는 사람이나 다 구원을 받게 되는 것이다. 에베레스트 하나가 있으면 천 년 후에나 만 년 후에나 다 쳐다보게 되지 안 쳐다볼 사람은 하나도 없다. 그러니까 인류를 구원했다는 말은 다르게 말해서 산이 한없이 높다는 말이다.

 이런 의미로 선생은 구원을 하는데 구원했다는 의식이 없다고 한다. 결국 구원이 되는 것이지 구원을 하는 것이 아니라는 말이다. 그것이

1번의 내용이다. 인격의 존엄이다.

여기서 회향廻向이라는 말은 달리 말해서 '돌본다'고 할 수 있다. 회향을 우리말로 '돌봄'이라 한다. 인류를 예수가 돌본다는 것이다. 그것이 회향이다.

(2) 바시婆施 불괴不壞

바시婆施는 자재自在라는 뜻이다. 자재란 말하자면 에베레스트가 자재다. 에베레스트는 가만히 있는데 다 움직인다. 그렇게 자재가 되면 누구도 그것을 깨뜨릴 수 없다. 불괴不壞다. 예수님의 인격은 누구도 어떻게 할 수가 없다. 누구도 깨뜨릴 수 없다. 그래서 대승기신大乘起信이다. 큰 산이 하나 있으면 다 믿게 되지 안 믿을 수 없다. 내가 믿는 것이 아니라 믿어지는 것이다. 그래서 앞에서 불괴가 무엇인가 하면 믿음이라고 했다.

(3) 무승無勝 등불等佛

무승無勝은 이길 수 없다는 것이다. 가장 강하다는 말이다. 에베레스트는 누구도 이길 수 없다. 아무도 깨뜨릴 자가 없다. 다 같은 말이다. 그렇게 되면 부처님과 같아진 것이다.

본래는 "등일체불회향等一切佛廻向"이라 되어 있는 것인데 그 말을 그냥 등불等佛이라 했다.

(4) 빈신頻申 지처至處

빈신頻申이란 암사자가 떨쳐 일어나는 것을 말한다. 사자는 암사자가 주인이다. 암사자 같은 그런 사랑이라야 어디까지나 다 도달할 수 있다. "지일체처회향至一切處廻向"이다. 암사자의 사랑이 되어야 모든 새끼를 다 기르지 숫사자는 그냥 잡아먹고 만다.

(5) 바수婆須 공덕功德

바수婆須라는 말은 친구다. 친구니까 서로 도와주는 것이다. 무진공덕無盡功德이다. 친구의 도움은 무진이다. 한이 없다.

(6) 비슬鞞瑟 선근善根

비슬鞞瑟은 어머니라는 말이다. 어머니의 선근善根이다. "수순평등 선근隨順平等善根"이다. 모든 선의 뿌리가 어머니다. 어머니는 다 성모聖母다. 성모 마리아만이 아니라 어머니라면 다 성모다.『시경詩經』에 보면 어머니의 별명이 성선聖善이다. 가장 거룩하고 가장 착한 이가 누군가 하면 어머니다. 그래서 노자老子는 도道가 무엇인가 할 때 어머니라 한다. 어머니 숭배는 바로 성선에 대한 숭배다.

(7) 관자觀自 등관等觀

관자재觀自在다. '관觀'은 본다는 뜻이다. "관세음보살觀世音菩薩", 세상의 모든 소리를 본다. 소리를 듣는 것이 아니라 보는 것이다. 복음福音이라 해도 소리를 듣는다는 말이 아니라 소리를 보는 것이다. 관음觀音이나 복음이나 같은 사상이다. 그런데 관세음보살이라 할 때는 "나무아미타불南無阿彌陀佛"이 따라다닌다. 기독교로 말하면 "나무아미타불"은 그리스도요 관세음보살은 성모 마리아다. 천주교에서 미사를 드리는 대상은 그리스도인데 들어갈 때 마리아가 서 있다. 그리스도만 있으면 무서우니까 마리아를 통해서 그리스도께 가도록 한 것이다. 아빠에게 직접 돈을 달라고 하려면 무서우니까 언제나 엄마에게 말해서 아빠가 돈을 주도록 해야 편하다는 것이다. 그래서 "나무아미타불" 옆에는 관세음보살이 있게 된 것이다. 이렇게 관음이라 하면 어머니나 비슷한 생각이다.

(8) 정취正趣 여상如相

정취正趣는 곧장 달려가는 것이다. 119구급대나 같은 것이다. 여상如相은 진리의 모습이다. 진리의 모습이 무엇인가. 우리가 어려움이 있으면 곧장 달려와서 도와주는 그런 것이 여상이다.

(9) 대천大天 무착無着

대천大天이란 하늘이다. 하늘에서 비가 내려온다. 비가 내려서 모든 만물이 비를 맞게 되면 만족해서 모든 집착이 없어진다.

(10) 안주安住 법계法界

안주하기 위해서는 법계에 들어가야 된다는 것이다.

이상의 내용을 가만 살펴보면 다 돌보아준다는 뜻이다. 어머니라든가 친구라든가 구급대라던가 다 다른 사람들을 도와주는 것이다. 회향이 그것이다. 어머니처럼 선생님처럼 친구처럼 남을 도와주는 사람들의 상징을 말한 것이다.

39.3.22 우발優鉢 장자長者

장자長者 고언告言 선남자善男子 아선별지我善別知 일체제향一切諸香 역지조합亦知調合 일체 향법一切香法.

우발라화 장자가 말했다. 선남자여, 나는 모든 향내를 잘 분별할 수 있다. 그리고 또한 모든 향을 어떻게 잘 조합해야 되는지를 알고 있다.

선남자善男子 인간人間 유향有香 명왈상장名曰象藏 인용투생因龍鬪生.

선남자여, 인간에게 향이 있는데 이름은 상장象藏으로 용龍이 다툴 때 나온다.

약소일환若燒一丸 즉기대향운卽起大香雲 미복왕도彌覆王都 어칠일중於七日中 우세향우雨細香雨 약착신자若着身者 신즉금색身則金色.

그런데 만약 그 향 한 알을 태우면 즉시 커다란 향기 구름이 일어나 왕도를 다 덮게 되고 7일 동안 향기의 보슬비가 내리게 된다. 그리고 그것이 몸에 젖으면 몸이 곧 황금빛이 된다.

약인풍취若因風吹 입궁전중入宮殿中 중생후자衆生齅者 칠일칠야七日七夜 환희충만歡喜充滿 신심쾌락身心快樂.

그리고 그것이 만약 바람으로 인해 궁전에 들어가면 그 향기를 맡게 되는 중생들은 7일 밤낮 동안 기쁨에 충만하게 되고 신심이 더없이 기쁘고 즐겁게 된다.
진리와 함께 기뻐한다는 말이다. 그리스도의 향내를 맡으면 언제나 기쁨이 넘치게 된다.

무유제병無有諸病 불상침해不相侵害 이제우고離諸憂苦 불경불포不驚不怖 불란불에不亂不恚 자심상향慈心相向 지의청정志意清淨.

뿐만 아니라 모든 병이 없어지고 서로 해치지 않게 되고 모든 근심 고통을 벗어나게 되며 공포와 놀람도 없고 문란하거나 성내는 일도 없어지고 오직 서로를 사랑하게 되고 마음이 깨끗하게 된다.

아지시이我知是已 이위설법而爲說法 영기결정令其決定 발아누다라삼막삼보리심發阿耨多羅三藐三菩提心.

나는 이미 이것을 알고 설법을 해서 그들로 하여금 아누다라삼막삼보리심을 결정적으로 일으키게 하는 것이다.
그러니까 가진 것은 사랑의 마음뿐이라는 것이다. 그 사랑을 가지면 모든 근심 걱정이 다 없어지고 기쁨만이 남는다는 것이다.

선남자善男子 마라야산摩羅耶山 출전단향出栴檀香 명왈우두名曰

牛頭 약이도신若以塗身 설입화갱說入火坑 화불능소火不能燒.

선남자여, 마라야산에서 전단향栴檀香이 나는데 이름은 우두牛頭라 한다. 이 향을 바르면 설령 불구덩이에 들어간다 해도 그 불이 태우지 못한다.

선남자善男子 아유지차조화향법我唯知此調和香法 여제보살如諸菩薩 원리일체遠離一切 제악습기諸惡習氣 불염세욕不染世欲 이지혜향 而智慧香 이자장엄而自莊嚴 아하능지我何能知 기묘행其妙行 설기공 덕說其功德.

선남자여, 나는 오직 이렇게 향을 조합하는 법을 알 뿐이거니와, 다른 보살들은 일체의 악한 습기習氣를 다 멀리 떨치고 세상의 욕심에 물들지 않는 지혜로운 향이 되어 저절로 장엄하게 되는데 내가 어찌 그 묘행을 알고 그 공덕을 설하겠는가.

선남자善男子 어차남방於此南方 유일대성有一大城 명왈누각名曰樓閣 중유선사中有船師 명바시라名婆施羅. 시時 선재동자善財童子 사 퇴이거辭退而去.

선남자여, 남쪽으로 가면 누각樓閣이라는 큰 성이 있는데 그 가운데 뱃사공이 있다. 그 이름은 바시라婆施羅라 한다. 이때 선재동자는 우 발라화 장자에게 하직 인사를 하고 물러나 그를 떠나갔다.
바시라는 자재自在라는 것이다. 능숙한 뱃사공이다. 배가 상징하는 것은 "부주차안不住此岸 부주피안不住彼岸"이다. 이쪽 언덕에 있지도 않고 저쪽 언덕에 있지도 않다. 언제나 중도中道라는 말이다. 그리스 도는 중보자仲保者라 한다. 이쪽도 아니고 저쪽도 아니다. 이쪽과 저 쪽을 왔다갔다 하면서 우리들을 하늘나라로 인도해준다. 이쪽도 아니 고 저쪽도 아닌 그런 것을 불생불멸不生不滅이라고도 한다. 이렇게 성인성인聖人들은 언제나 중도요 중보仲保다. 부주열반不住涅槃이요 부주생사不住生死다. 그래서 성인을 뱃사공에 비유한 것이다.

39.3.23 바시婆施 선사船師

기지피성旣至彼城 견기선사見其船師 재성문외在城門外 해안상주海岸上住 설대해법說大海法.

누각 성에 이르러 그 바시라 뱃사공을 보았다. 그는 성문 밖 바닷가에 살고 있었는데 바다 설법을 하고 있었다.
큰 바다에서 배를 항해하는 법을 가르치고 있었던 것이다.

선재善財 견이見已 이작시언而作是言 성자聖者 원위아설願爲我說.

선재동자가 그를 보고 이렇게 말했다. 거룩하신 분, 저를 위해 가르쳐 주십시오.

선남자善男子 아재차성我在此城 해안로중海岸路中 정수보살대비당행淨修菩薩大悲幢行.

선남자여, 나는 여기 바닷가에 살면서 보살의 대비당행大悲幢行을 깨끗이 닦았다. 대비大悲는 남의 고통을 덜어주는 사랑이다. "정수보살대비당행淨修菩薩大悲幢行"이란 길이 막힌 사람들에게 배로 길을 건너게 해서 그 막힌 고통을 덜어주는 그런 사랑을 실천하고 있다는 말이다.

선남자善男子 아관염부제내빈궁중생我觀閻浮提內貧窮衆生 위요익고爲饒益故 수제고행修諸苦行 수기소원隨其所願 실령만족悉令滿足.

선남자여, 나는 세상에 가난으로 고통당하는 많은 중생들을 보고 그들을 돕기 위해 많은 고생을 했다. 그래서 그들이 원하는 바에 따라 다 만족시켜 주었다.

선이세물先以世物 충만기의充滿其意 부시법재復施法財 영기환희令其歡喜 영수복행令修福行 영생지도令生智道 영견일체제불해令見一切諸佛海 입일체지지해入一切智智海.

우선 물질적으로 도움을 주어 그들을 만족시키고 또한 정신적인 것으로 베풀어 그들을 기쁘게 했다. 그들로 복된 길을 가도록 해주고 지혜롭게 살도록 해주고 모든 부처가 사는 세계를 보게 해주어 모두가 지혜롭고 밝은 진리의 세계로 들어가게 했다.
재시財施와 법시法施라는 두 가지가 보시布施의 내용이다.

선남자善男子 아지해중我知海中 일체실주一切實洲 일체실처一切實處 일체실류一切實類.

선남자여, 나는 바다 가운데 있는 모든 실주實洲를 알고 모든 곳을 알고 모든 실류實類를 안다.
오대양 육대주를 다 가봐서 어디서 무엇이 나는지 다 안다는 말이다.

역선별지亦善別知 일월성수日月星宿 운행도수運行度數 수지대소水之大小 풍지역순風之逆順.

또한 해와 달과 별자리의 움직임을 잘 분별해서 알고 물이 차고 빠짐과 바람의 순풍 역풍을 다 안다.
플라톤의 『국가론』에 나오는 이야기다. 선장이 되기 위해서는 바다의 지리도 알아야 되고 기후도 알아야 되고 하늘의 별자리로 알아야 되고 알아야 될 것이 굉장히 많다는 것이다. 그런데 선장은 항해하면서 하는 일이 없이 가만 앉아있다. 그래서 선원들이 "저 선장은 없어도 된다." 하고 죽였는데 그만 태풍을 만났을 때 어떻게 할 줄을 알지 못해 다 죽게 되었다는 것이다.

선장이 된다는 것이 쉬운 일이 아니다. 바다도 알아야 되고 기후도 알아야 되고 하늘도 알아야 되고 무엇이나 모르는 것이 없어야 된다. 그러니까 철인이 나와야 국가가 되지 철인 아닌 사람이 대통령으로 가서 있으면 나라가 안 된다는 것이다.

여시일체안위지상如是一切安危之相 무불명료無不明了 가행 즉행可行則行 가지 즉지可止則止.

이와 같이 나는 바다의 안전하고 위험한 모든 상황에 대해 모르는 것 없이 분명하게 꿰뚫고 있어서 가야 될 때는 가고 그쳐야 될 때는 그치는 것이다.

가야 될 때 가야지 아무리 사람들이 가자고 해도 갈 때가 아니면 안 가야 된다.

선남자善男子 아이성취我以成就 여시지혜如是智慧 상능이익常能利益 일체중생一切衆生.

선남자여, 그래서 나는 이 같은 지혜를 성취하여 언제나 일체 중생들을 위해 도움을 줄 수 있는 것이다.

약유중생若有衆生 득견아신得見我身 문아법자聞我法者 영기영불포생사해令其永不怖生死海 필득입어必得入於 일체지해一切智海 필능소갈必能消竭 제애욕해諸愛欲海.

만일 중생들이 나를 보고 내 말을 들으면 아무리 험한 바다를 가도 무서울 것이 없다. 그래서 일체 진리의 바다로 들어갈 수 있다. 그리고 사람들은 능히 애욕의 갈증을 벗어날 수 있다.

애욕愛欲, 이것이 사람들이 가진 약점이다. 그래서 불교에서는 이 사랑을 만악萬惡의 근본이라 한다. 텔레비전에서 밤낮 사랑이라 하는데 사랑은 만악의 근본이다. 사랑은 '사랑死浪'이다. 사랑 사랑 하다 다 죽고 만다. 사랑이라는 것이 정말 만악의 근본이라는 것을 알면 그는 구원받은 사람이다.

능이지광能以智光 조삼세해照三世海 능진일체能盡一切 중생고해衆生苦海 능정일체能淨一切 중생심해衆生心海.

능히 이 지혜의 빛을 가지고 삼세三世를 비추어주어 모든 중생들이 능히 고해의 바다를 건너갈 수 있도록 하고 능히 그들의 마음을 가라앉힐 수가 있다.

선남자善男子 아유득차대비당행我唯得此大悲幢行 여제보살마하살如諸菩薩摩訶薩 선능유섭善能遊涉 생사대해生死大海 불염일체不染一切 제번뇌해諸煩惱海 아운하능지능설我云何能知能說 피공덕행彼功德行.

선남자여, 나는 오직 이 대비당행大悲幢行을 알 뿐이다. 그런데 다른 보살들은 능히 생사의 큰 바다를 잘 건널 수 있으며 모든 번뇌의 바다에 물들지 않는데 내가 어찌 그 공덕행을 다 알고 설하겠는가.

어차남방於此南方 유성有城 명가락名可樂 중유장자中有長者 명무상승名無上勝.

남쪽으로 가면 성이 있는데 이름이 가락可樂이다. 거기에 무상승無上勝이라는 장자가 살고 있다.

무상승이란 최고의 힘을 가진 사람이다. '세상을 이겼다'는 뜻이다.

시시時 선재동자善財童子 정례기족頂禮其足 사퇴이거辭退而去 점차경력漸次經歷 도피성내到彼城內.

이때 선재동자는 그 발에 엎드려 절을 하고 물러나 길을 떠났다. 그래서 그 가락성에 도착했다.

39.3.24 무승無勝 장자長者

견무상승見無上勝 재기성동在其城東 대장엄당大莊嚴幢 무우림중無憂林中 무량상인無量商人 백천거사지소위요百千居士之所圍遶.

무상승을 보니 그는 성의 동편에 장엄당무우림莊嚴幢無憂林이라는 숲 속에 사는데 많은 상인과 거사들이 그를 둘러싸고 있었다.

이단인간종종사무理斷人間種種事務 인위설법因爲說法 영기영발令其永拔 일체아만一切我慢.

그는 사람들의 여러 가지 사무에 대해 진리로써 판단해 주고 있었다. 그렇게 그들을 가르침으로써 그들에게 일체의 아만我慢, 즉 교만한 마음의 뿌리를 뽑아서 겸손하도록 해 주었다.

이시爾時 선재동자善財童子 관피장자觀彼長者 위중설법이爲衆說法已 이신투지以身投地 정례기족頂禮其足.

이때 선재동자는 장자가 중생들을 위한 설법을 마치는 것을 보고 몸을 땅에 엎드려 그 발 아래 절을 했다.

백언白言 성자聖者 아시선재我是善財 아전심구보살지행我專尋求
菩薩之行.

그리고 선재동자가 말했다. 거룩하신 분이여, 저는 선재라고 합니다.
저는 오로지 보살행을 찾아 구하고 있습니다.

시피장자時彼長者 고선재언告善財言 선남자善男子 아성취지일체
처보살행문我成就至一切處菩薩行門 무의무작無依無作 신통지력神通
之力.

이때 그 무상승 장자가 선재동자에게 말했다. 선남자여, 나는 어디나
갈 수 있는 보살행의 세계를 성취하여 의지함도 없고 짓는 것도 없는
신통한 힘을 가지게 되었다.
이통현李通玄(635-730)이라는 사람도 거사居士인데 『화엄경』에 신
통한 사람이다. 『신화엄경합론新華嚴經合論』이라 해서 23권의 책을
썼는데 그것들을 읽어보니 정말 어떻게 그렇게 『화엄경』에 깊이 통했
는지 대단하다. 이름을 통현通玄이라 했는데 '현玄'이란 신神이란 말
이니까 결국 통현이나 신통神通이나 같은 말이다.

선남자善男子 운하위云何爲 지일체처보살행문至一切處菩薩行門.

선남자여, 어디나 갈 수 있는 보살행의 세계란 무엇을 말함인가.

선남자善男子 아어차我於此 삼천대천세계三千大千世界 제중생중
諸衆生中 이위설법而爲說法 영사비법令捨非法 영식쟁론令息諍論 영
해계박令解繫縛.

선남자여, 나는 온 세상의 모든 중생들 가운데 들어가서 설법을 하는
것이다. 그래서 법이 아닌 것을 버리도록 하고 다투는 일은 그치게 하

고 결박된 것들은 풀어준다.

영단살생令斷殺生 영생환희令生歡喜 영점성숙令漸成熟 영입불법令入佛法 아위중생我爲衆生 설여시법說如是法.

그리고 살생을 끊고 언제나 기쁨이 넘치도록 해주며 불법에 들어가 살도록 이같이 설법 해주는 것이다.

선남자善男子 아유지차지일체처수보살행청정법문我唯知此至一切處修菩薩行淸淨法門 무의무작신통지력無依無作神通之力.

선남자여, 나는 오직 이같이 어디나 가서 진리를 가지고 설법하는 보살행과 다른 이를 움직이는 무의무작無依無作의 신통력을 가졌을 뿐이다.

여제보살마하살如諸菩薩摩訶薩 구족일체자재신통具足一切自在神通 보입삼세普入三世 경계무제境界無際 아운하능지능설我云何能知能說 피공덕행彼功德行.

그런데 다른 보살들은 일체자재신통一切自在神通을 구족하여 널리 삼세에 들어가 경계가 끝이 없는데 내가 어찌 그 공덕행을 알고 설하겠는가.

선남자善男子 어차남방於此南方 유일국토有一國土 명왈수나名曰輸那 기국其國 유성有城 유비구니有比丘尼 명사자빈신名師子頻申.

선남자여, 남쪽으로 가면 한 나라가 있는데 이름이 수나輸那라고 하며 그 나라에 성이 있고 거기에 사자빈신師子頻申이라는 비구니가 살고 있다.

선재동자善財童子 정례기족頂禮其足 사퇴이거辭退而去.

선재동자는 그 무상승 장자의 발에 엎드려 절을 하고 물러나 떠나갔다. 다시 비구니가 주인공으로 나왔다. 사자빈신 비구니다. 암사자 같은 사람이라는 뜻이다. 지금 나오는 선지식들은 다 회향을 말하는 것인데 주인공들의 대부분이 여성이다. 앞으로 더 나아가 십지十地에 이르게 되면 전체가 다 여성이고 십지 다음에는 또 전체가 다 어머니다. 사랑을 표시하자는 것인데 사랑을 표시하려면 아무래도 여성과 어머니가 아니고는 잘 안 되기 때문이다.

39.3.25 사자빈신師子頻申 비구니比丘尼

이시爾時 선재동자善財童子 점차유행漸次遊行 지피국성至彼國城 주편추구周遍推求.

이때 선재동자는 점차 남으로 가서 수나국의 성에 이르러 사자빈신 비구니를 두루 찾아보았다.

유무량인有無量人 함고지언咸告之言 차비구니此比丘尼 재승광왕지소사시일광원중在勝光王之所捨施日光園中.

수많은 사람들이 다 말하기를 이 비구니는 승광왕勝光王이 제공한 일광원日光園 내에 살고 있다고 했다.

선재동자善財童子 주편관찰周遍觀察 견기원중見其園中 유일대수有一大樹 견사자빈신비구니見師子頻申比丘尼 편좌수하遍坐樹下 유여연화猶如蓮花 심무소외心無所畏.

선재동자는 두루 관찰하여 그 일광원을 바라보니 정원 가운데 하나의 커다란 나무가 있고 사자빈신 비구니가 그 나무 아래 앉아 있었는데 마치 연꽃처럼 깨끗하여 마음에 일체 두려움이 없었다.

불교에서 연꽃 같다는 말은 최고의 찬사다. 그래서 석가를 연꽃으로 비유한다. 가장 깨끗한 꽃이 연꽃인데 연꽃은 진흙 속에 있다가 물 속에 있다가 마침내 하늘 속에 산다. 이 연꽃이 부처의 상징이다.

소설법문所說法門 역각차별亦各差別 명보문삼매지광명문名普門三昧智光明門.

법문을 설하는데 또한 각각 듣는 사람에 따라 설법을 하니 그 이름이 보문삼매지광명문普門三昧智光明門이다.
누구에게나 다 가르칠 수 있는 법을 가졌다는 말이다.

일체불원취一切佛願聚 이구륜離垢輪 적정장엄寂靜莊嚴 생일체지경계生一切智境界 묘화장妙華藏 비로자나장毘盧遮那藏.

그래서 모든 사람들을 부처님께 나아가게 하고 죄에서 멀어지도록 하고 한없이 깨끗하게 하고 어디서나 태어나고 그래서 연꽃 같은 인격, 비로자나 같은 인격을 완성하도록 했다.
비로자나毘盧遮那의 뜻은 보조광명普照光明, 온 세계를 비춘다는 뜻이다.

보장엄지普莊嚴地 편법계경계신遍法界境界身 무소득력장엄無所得力莊嚴 무애륜無碍輪 금강지나라연장엄金剛智那羅延莊嚴.

그리고 어디나 깨끗하고 어디나 갈 수 있고 한없는 힘을 가지고 있고 아무 걸림이 없는 법륜을 가지게 되고 깨뜨릴 수 없는 금강지나라연장엄金剛智那羅延莊嚴을 가지게 되었다.

선재동자善財童子 견여시등일체제취소유중생見如是等一切諸趣所有衆生 득불퇴전得不退轉 하이고何以故.

선재동자는 이같이 중생이 있는 곳이면 그가 어디나 가서 결코 물러섬이 없는 힘을 얻게 하는 것을 보았는데 그렇게 된 것은 무엇 때문일까.

차비구니此比丘尼 입보안사득반야바라문入普眼捨得般若波羅門 설일체불법說一切佛法 법계차별法界差別 산괴일체장애륜散壞一切障碍輪.

이 비구니는 모든 사람들을 돌봐주는 넓은 눈을 가진 반야바라문에 들어갔기 때문이다. 또한 일체의 법을 가르칠 수 있고, 세상을 잘 분별하여 차별에 따라 설할 수 있고, 모든 장애를 다 물리칠 수 있는 반야파라밀을 가졌기 때문이다.

생일체중생선심生一切衆生善心 수승장엄殊勝莊嚴 무애진실장無得眞實藏 법계원만法界圓滿 심장心藏 보출생장반야바라문普出生藏般若波羅門.

또 중생들이 착한 마음을 내도록 할 수 있고, 그래서 한 사람 한 사람이 다 훌륭한 인격이 되게 하고, 걸림이 없는 진실을 모든 사람이 다 가지게 하고, 그래서 법계를 원만하게 할 수 있고, 사랑의 마음을 가지게 하고, 어디서나 태어날 수 있는 그런 반야바라문, 지혜의 방법을 가지고 있기 때문이다.

약유중생若有衆生 내지아소來至我所 아즉위설반야파라밀我卽爲說般若波羅蜜 아견일체중생我見一切衆生 청일체어언聽一切語言.

그래서 만약 중생들이 나에게 오면 나는 그에게 반야파라밀을 설할 수 있고 모든 중생들을 잘 볼 수 있고 모든 말들을 들을 수 있다.

견일체여래見一切如來 주지일체법륜住持一切法輪 일념편지일체법一念遍知一切法.

또 나는 모든 여래를 볼 수 있고 모든 법륜을 가질 수 있고 한 순간에 모든 법을 다 알 수가 있다.

선남자善男子 아유지차성취일체지해탈我唯知此成就一切智解脫.

선남자여, 나는 이렇게 일체지해탈一切智解脫을 성취했다.

여제보살마하살如諸菩薩摩訶薩 심무분별心無分別 보지제법普知諸法 아운하능지능설피공덕행我云何能知能說彼功德行.

그런데 다른 보살들은 마음에 분별함이 없이 모든 법을 널리 아는데 내가 어찌 그 공덕을 다 알고 설하겠는가.

어차남방於此南方 유일국토有一國土 명왈험난名曰險難 중유여인中有女人 명바수밀다名婆須蜜多. 선재동자善財童子 사퇴이거辭退而去.

남쪽으로 가면 험난險難이라는 국토가 있고 그 나라에 바수밀다婆須蜜多라는 여인이 살고 있다. 선재동자는 사자빈신 비구니에게 인사를 하고 물러나 떠나갔다.

2002. 12. 8.

입법계품 강해(7)

　십신十信, 십주十住, 십행十行, 십회향十廻向에 이어 십지十地다. 사실 십지가 마지막인데 십정十定이라는 11지를 하나 더 넣은 것이다. 십지까지가 오십이고 이어서 등각等覺·묘각妙覺인데 그것이 십정에 해당된다.

　십지를 간단히 설명한다. 십지란 환희지歡喜地, 이구지離垢地, 발광지發光地, 염혜지焰慧地, 난승지難勝地, 현전지現前地, 원행지遠行地, 부동지不動地, 선혜지善慧地, 법운지法雲地 이렇게 열 개다. 십지에 나오는 선지식善知識은 모두가 야신夜神이다. 밤을 지키는 신이다. 쉽게 말하면 별의 의인화라 볼 수 있다. 신이라 했으니까 신격화라 하겠다. 별은 암흑 속에서 빛을 낸다. 사람의 마음이 암흑인데 누구나 그 속에 별 하나씩은 다 가지고 있다는 것이다. 그것을 보통 불성佛性이라 한다. 실유불성悉有佛性이다. 누구나 불성을 가지고 있다.『벽암록碧巖錄』을 보면 불씨를 찾는 이야기가 나와 있다. 선생님이 화롯불에서 불씨를 찾아보라고 하니까 제자가 찾아보고 불이 꺼져서 불씨가 없다고 했다. 그러자 선생님은 화롯불의 재를 다 뒤져보더니 조그만 불씨 하나를 집어서 불씨가 이렇게 있지 않느냐 하고 야단을 쳤다는 것이다. 이것이 말하고자 하는 것은 모든 사람 속에는 불씨가 하나씩 있다는 것이다. "천명지위성天命之謂性"이다. 모든 사람 속에는 누구에게나 양지良知가 있다는 것이다. 불씨가 없는 사람이 없다는 것이다. 그래서 암흑 속에도, 아무리 악한 사람이라도 속에는 불성이 있다. 유교로 말하면 성선설性善說이다. 누구나 양심이 있고 양지가 있고 선善이 있다는 말이다. 그러니까 사람이지 그렇지 않다면 사람이라 할 수 있느냐는 것이다.

　암흑 속에서 빛나는 별인데 쉽게 말하면 불성이다. 전체가 다 야신인데 그 야신 열 명 가운데 9명이 여성이다. 바사婆珊라는 야신도 여성이다. 해월이라는 왕의 부인이다. 그 다음 보덕普德이라는 야신도 여성이다. 정월인데 해월의 친구요 동시에 해월을 깨우치도록 돕는 지도

자다. 희목희目이라는 야신도 여성이다. 이 여인도 어떤 왕의 부인인데 그 왕이 나중에 문수보살이 된다. 그러니까 결국은 문수의 딸처럼 되고 만다. 그 다음 보구普救라는 야신도 어느 왕의 딸이다. 그 왕은 나중에 미륵보살이 된다. 또 5번의 적정寂靜도 여성인데 미륵보살의 딸의 어머니라 한다. 미륵의 전생 몇 억 년 전에 미륵이 왕이었는데 그 때 그 부인이었다는 말이다. 이렇게 말하자면 전생설화라는 것이다. 6번 수호守護라는 여인도 어느 왕의 딸이었는데 그 왕이 몇 억 년 후에 보현보살이 되었다는 것이다. 7번의 개부開敷도 어느 왕의 누이동생인데 그 왕이 나중에 석가로 태어나게 된다. 그래서 석가 누이의 전생이 개부라는 것이다.

8번의 대원大願은 석가의 오랜 전생에 왕이었다는 것이다. 그리고 9번의 묘덕妙德은 석가가 전생에 왕이었을 때 유모였고 10번의 구파瞿波는 그 왕의 부인이었다는 것이다.

이렇게 열 명의 야신 가운데 석가의 전신인 8번의 대원을 제외하고는 다 여성이다. 그리고 그 내용은 결국 십파라밀十波羅蜜이다. 보시布施 · 지계持戒 · 인욕忍辱 · 정진精進 · 선정禪定 · 지혜智慧 · 방편方便 · 원願 · 력力 · 지智, 이렇게 십파라밀이다. 예를 들어 8번의 대원이라는 이름은 십파라밀의 8번째 원과 일치하는 것이다. 그리고 5번의 적정이라는 이름도 십파라밀의 5번인 선정과 연결된 것이다. 이렇게 10명의 야신 이름을 십파라밀과 연결해서 붙인 것이다. 이렇게 십파라밀과 십야신과 십지라는 세 가지를 서로 얽어서 이런 문학 작품을 만든 것이다.

십지十地
 (1) 환희지歡喜地 바사婆珊
 (2) 이구지離垢地 보덕普德
 (3) 발광지發光地 희목喜目
 (4) 염혜지焰慧地 보구普救
 (5) 난승지難勝地 적정寂靜

(6) 현전지現前地 수호守護
(7) 원행지遠行地 개부開敷
(8) 부동지不動地 대원大願
(9) 선혜지善慧地 묘덕妙德
(10) 법운지法雲地 구파瞿波

39.3.26 바수婆須 여인女人

이시爾時 선재동자善財童子 대지광명大智光明 조계기심照啓其心 사유관찰思惟觀察 견제법성見諸法性 점차유행漸次遊行 지험난국보장엄성至險難國寶莊嚴城 심멱바수밀다녀尋覓婆須蜜多女.

이때 선재동자는 큰 지혜의 광명으로 그 마음을 밝게 비추었다. 그래서 모든 법성을 깊이 생각하며 길을 떠났다. 험난국의 보장엄성에 이르러 바수밀다婆須蜜多 여인을 찾아보았다.
바수밀다婆須蜜多는 친구라는 뜻이다. 친절한 여인이다.

이시爾時 선재善財 견차여인見此女人 안모단엄顔貌端嚴 색상원만色相圓滿 피부금색皮膚金色 목발감청目髮紺靑 종기신출광대광명從其身出廣大光明.

이때 선재동자는 이 바수밀다 여인을 보니 아주 용모가 단정하고 잘생긴 분이었다. 그 피부는 금색으로 빛나고 눈과 머리칼은 감청색인데 그 몸에서 크고 밝은 빛이 널리 비추고 있었다.

피즉고언彼卽告言 선남자善男子 아득보살해탈我得菩薩解脫 명리탐욕제名離貪欲際 수기욕락隨其欲樂 이위현신而爲現身.

그 바수밀다가 말했다. 선남자여, 나는 보살의 해탈을 얻었는데 이름이 이탐욕제離貪欲際라 한다. 그래서 누구나 나를 보고 기쁨을 얻고자 하는 사람이 있으면 그에게 나타난다.
 모든 탐욕을 털어버리고 깨끗한 사람이 되었다는 것이다. 욕심에서 벗어났다는 말이다. 그것이 소위 해탈이다.

 약천견아若天見我 아위천녀我爲天女 형모광명形貌光明 수승무비殊勝無比 여시내지인비인등如是乃至人非人等.

 만일 천신이 나를 보고자 하면 나는 천녀가 된다. 어떤 모양이라도 낼 수가 있어 사람도 될 수 있고 사람이 아닌 것도 될 수가 있다.
 사람이 보고자 하면 사람이 되고 짐승이 보고자 하면 짐승이 된다. 무엇이나 자기는 변할 수 있다는 것이다.

 견아자見我者 아즉위현인비인녀我卽爲現人非人女 수기락욕隨其樂欲 개령득견皆令得見.

 나를 보고자 하는 사람에게 나는 언제나 그가 바라는 대로 친구로 나타나서 만나준다.

 약유중생若有衆生 욕의소전欲意所纏 내예아소來詣我所 아위설법我爲說法 피문법이彼聞法已 즉리탐욕則離貪欲 득보살무착경계삼매得菩薩無着境界三昧.

 모든 중생이 무엇인가 욕심에 붙잡혀 얽매여서 나에게 찾아오면 나는 그를 위해 가르치는데 그가 내 설법을 들으면 그가 모든 탐욕에서 벗어나게 된다. 나는 그런 힘, 보살무착경계삼매菩薩無着境界三昧를 갖고 있다. 아무 집착이 없는 경계의 삼매에 들어갈 수 있다.

 선남자善男子 아유지차보살리탐제해탈我唯知此菩薩離貪際解脫.

선남자여, 나는 오직 이렇게 탐욕을 떠난 보살의 해탈을 알 뿐이다.

여제보살마하살如諸菩薩摩訶薩 성취무변교방편지成就無邊巧方便智 아운하능지능설피공덕행我云何能知能說彼功德行.

그런데 다른 보살들은 끝없이 교묘한 방편의 지혜를 성취했는데 내가 어찌 그 공덕행을 다 알고 설하겠는가.

어차남방於此南方 유성有城 명선도名善度 중유거사中有居士 명비슬지라名鞞瑟胝羅.

남쪽으로 가면 성이 있는데 이름은 선도善度라 한다. 그 가운데 비슬지라鞞瑟胝羅라고 하는 거사가 살고 있다.
'비슬지라' 또는 '비슬저'라 두 가지로 발음할 수 있는데 그 뜻은 어머니라는 뜻이다. 이것도 사랑을 말하는 것이다.

39.3.27 비슬鞞瑟 거사居士

이시爾時 선재동자善財童子 점차유행漸次遊行 지선도성至善度城 예거사택詣居士宅 정례기족頂禮其足.

이때 선재동자는 점차 남으로 가서 선도성에 이르러 비슬지라 거사의 집을 방문하고 그 발에 엎드려 인사를 했다.

성자聖者 원위아설願爲我說. 거사居士 고언告言 선남자善男子 아득보살해탈我得菩薩解脫 명불반열반제名不般涅槃際.

그리고 말했다. 거룩하신 분, 저를 가르쳐 주시기 바랍니다. 거사가 선재동자에게 말했다. 선남자여, 나는 보살의 해탈을 얻었는데 그 이름을 불반열반제不般涅槃際라 한다.

　열반涅槃이란 불이 꺼졌다는 뜻이다. 열반적정涅槃寂靜이라 한다. 욕심의 불이 꺼진 것이다. 그러니까 왕양명王陽明(1472-1528)의 말로 하자면 열반은 '거인욕去人慾' 이나 같은 말이고 적정은 '존천리存天理' 나 같은 말이다. 욕심은 꺼지고 진리가 가득 차게 되었다. 열반적정이요 "거인욕존천리去人慾存天理"다.

　그런데 반열반般涅槃이라 함은 죽는 것을 말한다. 죽어서 열반에 들어갔다 하는 말을 반열반이라 한다. 그런데 불반열반不般涅槃이니까 죽지 않는다는 말이다.

선남자善男子 여래如來 이반열반已般涅槃 현반열반現般涅槃 당반열반當般涅槃.

　선남자여, 여래는 이미 반열반이고 현재도 반열반이고 앞으로도 마땅히 반열반이 된다.
　여래는 이미 죽었고 지금도 죽고 앞으로도 죽을 것이다. 석가만 죽는 것이 아니라 다 죽는다는 것이다.

아지시방일체세계제불여래我知十方一切世界諸佛如來 필경무유반열반자畢竟無有般涅槃者 유제위욕조복중생唯除爲欲調伏衆生 이시현이而示現耳.

　나는 시방의 일체 세계의 모든 부처와 여래를 다 아는데 결국 반열반을 한 사람은 하나도 없는데 다만 중생들을 가르치기 위해 반열반을 보여주는 것뿐이다.
　결국 말하고자 하는 것은 죽음이란 없다는 것이다. 늘 말하는 장생長生인가 영생永生인가 하는 문제다. 우리가 석가를 보면 80까지 살다 죽었으니 오래 살았다고 할 수 있다. 장생이다. 그러나 석가의 육신은 장생이지만 석가의 법신은 영생이다. 도솔천에서 왔다가 다시 도솔천으로 돌아간 것이다. 육신을 생각하면 다 죽지만 법신을 생각하면 법신은 결코 죽지 않는 것이다.

그런데 왜 죽는가 하면 중생들을 가르치기 위해서다. 『법화경法華經』에서도 나온 말이다. 내가 죽어야 중생들이 깜짝 놀라서 "진리를 빨리 깨달아야겠다." 하고 열심히 노력한다는 것이다. 대표적인 사람이 아난阿難이다. 아난은 석가를 40년이나 좇아다니면서도 석가가 죽을 때까지 진리를 깨닫지 못했다. 그런데 석가가 죽을 때 아난이 그 자리에 없었다. 그래서 석가는 자기 발을 관 밖으로 내놓도록 하고 아난이 오면 보여주라고 했다. 아난이 급히 돌아와서 보니 관 밖에 발이 나와 있었다. 아난은 그 석가의 발을 보는 그 순간 깨달았다고 한다. 그래서 아난을 구족제자具足弟子라 한다. 발을 갖춘 제자라는 뜻이다. 부모가 살아있을 때는 정신을 못 차리다가 부모가 갑자기 죽게 되면 정신을 차리는 자식들이 많다. 어린 나이에도 부모를 잃고 소년 가장이라 하고 제대로 사는 이도 있다. 그러니까 중생들을 정신 차리도록 하기 위해서 죽는 것이지 진짜로 죽는 것이 아니라는 생각이다. 기독교에서도 십자가라 하면 모든 죄를 대속하기 위해서 죽는 것이지 진짜 죽는 것이 아니라 곧 부활한다고 한다. 생사生死라는 것이 목적이 아니라 하나의 수단이라는 것이다. 모든 사람으로 하여금 진리를 깨닫게 하기 위한 하나의 수단으로 죽는 것이다. 그래서 아난이 깨난 것이다. 석가가 죽지 않고 있으면 아난은 계속 깨닫지 못하고 있을 것인데 석가가 죽는 것을 보여주니까 깨닫게 된 것이다. 이렇게 생사라는 것은 사람들을 구하기 위한 방편이라는 것이 불교의 생각이다. "조복중생調伏衆生"을 위해서 죽는 것이지 그렇지 않으면 죽지 않는다는 것이다. 생사를 하나의 수단으로 보는 것이다. 이순신李舜臣이 왜 죽었는가. 나라를 구하기 위해서 죽은 것이다. 죽지 않을 수도 있지만 나라를 구하기 위해서 죽음을 택한 것이다. 소크라테스도 마찬가지다. 안 죽을 수도 있지만 왜 독약을 마시는가 하면 제자들을 가르치기 위해서 독약을 마시는 것이다. 예수도 마찬가지다. 죽음이란 하나의 수단이다. 중생을 깨우치기 위해서 죽음을 나타내 보이는 것뿐이다.

선남자善男子 아개전단좌여래탑문시我開栴檀座如來塔門時 득삼매得三昧 명불종무진名佛種無盡.

선남자여, 나는 전단좌栴檀座 여래탑의 문을 열 때 삼매를 얻게 되었는데 그 이름을 불종무진이라 한다.
"불종무진佛種無盡", 부처의 생명이란 다함이 없이 영원하다는 뜻이다.

아입차삼매我入此三昧 견차세계見此世界 일체제불一切諸佛 소위가섭불所謂迦葉佛 내지불가설불가설세계미진수불乃至不可說不可說世界微塵數佛.

나는 이 삼매에 들어가 세계의 모든 부처를 보게 되었는데 말하자면 가섭불 등 수많은 부처님들을 보게 되었다.
이렇게 부처님의 생명이 영원하다는 삼매에 들어가 모든 부처를 보니 다 죽지 않는 영원한 생명이라는 것이다. 예수도 변화산 위에 올라가서 보니 모세도 와 있고 엘리야도 있고 다 있다고 한다. 내가 삼매에 들어가 보니 모든 부처들이 거기에 다 와 있다는 것이다. 몇 억 년 전에 살았던 가섭불도 와 있고 그 밖에 수많은 부처들이 하늘나라에 다 살고 있다는 것이다.

선남자善男子 아유득我唯得 차보살소득불반열반제해탈此菩薩所得不般涅槃際解脫.

선남자여, 나는 오직 이 보살의 불반열반제不般涅槃際 해탈解脫을 얻었을 뿐이다. 부처님은 모두가 다 영원한 생명이라는 것을 깨달았다는 것이다.

여제보살마하살如諸菩薩摩訶薩 이일념지이一念智 보지삼세普知三

世 아운하능지능설피공덕행我云何能知能說彼功德行.

그런데 다른 보살들은 일념의 지혜로 삼세를 널리 다 아는데 내가 어찌 그 공덕행을 다 알고 설하겠는가.

어차남방於此南方 유산有山 명보달락가名補怛洛迦 피유보살彼有菩薩 명관자재名觀自在.

남쪽으로 가면 보달락가補怛洛迦라는 산이 있는데 거기에 관자재보살이 살고 있다.

관자재보살인데 보통 관자재觀自在나 관세음觀世音이나 같은 것으로 본다. "나무아미타불 관세음보살" 하듯이 관세음보살이라 하면 모든 사람들을 도와주는 어머니 같은 분이다. 그래서 사람이 죽었을 때 곧 찾아오는 분이 관세음보살이다. 극락으로 인도하기 위해서 찾아온다는 것이다. 그래서 불교에서는 "관세음보살이 찾아왔으니 나는 곧 가야겠다"고 그렇게 말하고 죽는 사람이 많다. 죽을 때 "나무아미타불 관세음보살" 하고 부르면 아미타불은 안 오지만 관세음보살은 곧 달려온다는 것이다. 그래서 특히 칭명불교稱名佛教라는 정토종淨土宗에서는 관세음보살이 상당히 중요한 존재다. 관세음보살을 한 번이라도 부르면 누구나 극락에 간다는 것이다. 기독교로 말하면 마리아 같은 분이다.

해상유산다성현海上有山多聖賢 중보소성극청정衆寶所成極清淨
화과수목개편만華果樹木皆遍滿 천류지소실구족泉流池沼悉具足

바다 위에 산이 있어 많은 성현들이 사는데 온갖 보물이 모여 있는 아주 깨끗한 곳이다. 꽃과 과일 나무들이 가득 차 있으며 샘물은 넘치고 연못과 호수가 다 갖추어 있네.

용맹장부관자재勇猛丈夫觀自在 위리중생주차산爲利衆生住此山
여응왕문제공덕汝應往問諸功德 피당시여대방편彼當示汝大方便.

용감하고 씩씩한 여장부인 관자재, 모든 중생 구원하려 이 산에 머무시니, 너는 응당 그분을 찾아 어떻게 극락 갈지 물어 보아라. 그분은 너에게 그 방편을 알려주시리.

39.3.28 자재보살自在菩薩

이시爾時 선재동자善財童子 점차유행漸次遊行 지어피산至於彼山 엄곡지중嚴谷之中 관자재보살觀自在菩薩 어금강보석상於金剛寶石上 결가부좌結跏趺坐.

이때 선재동자는 남으로 가서 그 보달락가 산에 이르러보니 관자재보살은 바위 골 금강보석 위에 결가부좌를 하고 앉아 있었다.

보살菩薩 고언告言 아이성취我已成就 보살대비행해탈문菩薩大悲行解脫門.

관자재보살이 말하였다. 나는 이미 보살의 대비행大悲行 해탈문解脫門을 성취했다.

자비慈悲라 하는데 '자慈'는 다른 사람을 도와주는 것이고 '비悲'는 다른 사람의 고통을 덜어주는 것이다. 관세음觀世音은 죽었을 때 빨리 극락에 들어가게 하기 위해서 찾아온다는 것이다. 그래서 대비의 행을 실천하는 분이다. 고통을 덜어주기 위해서 오는 분이 관세음보살이다.

보현일체중생지전普現一切衆生之前 혹이보시或以布施 애어愛語 이행利行 동사同事

모든 중생 앞에 나타나서 보시도 하고 위로도 하고 이익도 주고 같이 살기도 하면서 돌보는 것이다.

이렇게 가장 가까이 있으면서 친구 같은 보살이 관자재보살이다.

혹현색신或現色身 혹현종종부사의색정광명망或現種種不思議色淨光明網

갖가지 몸으로 변신하기도 하고 때로는 갖가지 불가사의한 빛의 그물을 드러내기도 한다.

혹이음성或以音聲 혹이위의或以威儀 혹위설법或爲說法 혹현신변或現神變 혹위화현동류지형或爲化現同類之形 여기공거與其共居 이성숙지而成熟之.

혹은 음성으로써 혹은 위의威儀로써 혹은 설법으로써 혹은 신통한 변화를 보임으로써 혹은 같은 부류의 형상으로 변화함으로써 그들과 더불어 항상 같이 살면서 그들을 성숙하게 해 주는 것이다.

선남자善男子 아수행차대비행문我修行此大悲行門 상원구호일체중생常願救護一切衆生 이험도포離險道怖

선남자여, 나는 이와 같이 대비의 행을 수행하며 언제나 모든 중생들을 다 구호하기를 바라며 그들이 인생의 험한 길을 가면서 겪는 공포를 덜어주고자 원하는 것이다.

이열뇌포離熱惱怖 이미혹포離迷惑怖 이계박포離繫縛怖 이살해포離殺害怖 이빈궁포離貧窮怖 이불활포離不活怖 이악명포離惡名怖 이어사포離於死怖 이대중포離大衆怖

또한 뜨거운 번뇌의 아픔을 덜어주기 위해, 미혹으로 갈팡질팡하는 고통을 덜어주기 위해, 결박되어 꼼짝 못하는 고통을 덜어주기 위해서, 죽임을 당하는 공포를 덜어주기 위해서, 가난의 공포를 덜어주기 위해서, 질병의 고통을 덜어주기 위해서, 악명의 공포를 덜어주기 위해서, 죽음의 공포를 덜어주기 위해서, 군중의 공포를 덜어주기 위해서 대비행을 수행한다.

이악취 포離惡趣怖 이흑암 포離黑闇怖 이천리 포離遷移怖 이애별포離愛別怖 이원회 포離寃會怖 이핍박신 포離逼迫身怖 이핍박심 포離逼迫心怖 이우비 포離憂悲怖.

또한 악한 무리에 대한 공포, 어둠에 대한 공포, 떠돌아다니는 공포, 사랑하는 이와의 이별에 대한 공포, 원수와 만나게 되는 공포, 몸이 핍박당하는 공포, 마음이 시달리는 공포, 근심과 슬픔에 대한 공포, 이런 모든 고통과 공포를 다 덜어주고 없애주는 것이 나의 책임이다.

선남자善男子 아유득차보살대비행문我唯得此菩薩大悲行門 여제보살마하살如諸菩薩摩訶薩 이정보현일체원已淨普賢一切願 아운하능지능설피공덕행我云何能知能說彼功德行.

선남자여, 나는 오직 이런 보살의 대비를 실천하는 일만 알 뿐인데 다른 보살들은 이미 보현의 일체 소원을 깨끗이 마쳤으니 내가 어찌 그 공덕행을 다 알고 설하겠는가.

이시爾時 동방東方 유일보살有一菩薩 명왈정취名曰正趣.

이때 동방에 보살이 한 분 계시니 정취보살正趣菩薩이라 한다.
정취보살은 119구급대처럼 사건이 있으면 곧장 달려가 도와주는 보살이다.

39.3.29 정취보살正趣菩薩

선재善財 왕예피소往詣彼所 백언白言 성자聖者 원위아설願爲我說.

선재동자는 정취보살에게 찾아가 인사를 하고 부탁했다. 거룩하신 분, 저를 위해서 말씀해 주십시오.

정취보살正趣菩薩 언언 선남자善男子 아득보살해탈我得菩薩解脫 명보문속질행名普門速疾行.

정취보살이 말했다. 선남자여, 나는 보살의 해탈을 얻었는데 그 이름은 보문속질행普門速疾行이라 한다.
"보문속질普門速疾", 어디나 빨리 달려갈 수 있다는 말이다.

아종동방묘장세계보승생불소我從東方妙藏世界普勝生佛所 이래차토而來此土 어피불소於彼佛所 득차법문得此法門.

나는 보승생불普勝生佛이 계시는 동방의 아득한 나라에서 이곳까지 이렇게 순식간에 왔는데 나는 이런 능력을 그 보승생 부처님 계신 곳에서 얻은 것이다.

아우보견피세계중일체중생我又普見彼世界中一切衆生 실지기심悉知其心 실지기한悉知其恨 수기욕해隨其欲解 현신설법現身說法.

그래서 나는 또한 온 세상의 모든 중생을 다 볼 수 있고 그들의 마음을 다 알 수가 있고 그들의 한이 무엇인지 다 알고 그들이 원하는 바에 따라 그들에게 나타나 도와주는 것이다.
어떤 중생이 어떤 어려움에 있는지 다 알고 달려가서 도와준다는 것이다.

혹방광명或放光明 혹시재보或施財寶 종종방편種種方便 교화조복敎化調伏 무유휴식無有休息.

때로는 빛을 주기도 하고, 때로는 돈을 주기도 하고, 갖가지 방편으로 살려주는데 조금도 쉴 틈이 없다.
119는 정말 쉴 틈이 없을 것이다.

여종동방如從東方 남서북방南西北方 사유상하四維上下 역부여시亦復如是.

이와 같이 동방이건 서방이건 사방팔방 어디서나 도움이 필요하면 달려가 도와주는 것이 또한 이와 같다.

선남자善男子 아유득차보살보질행해탈我唯得此菩薩普疾行解脫 능질주편도일체처能疾周遍到一切處.

선남자여, 나는 이와 같이 보살의 보질행普疾行 해탈을 가지고 어디나 빨리 달려가서 도와주는 그런 힘을 가졌을 뿐이다.
빛처럼 어디나 빨리 도달할 수 있다는 것이다.

여제보살마하살如諸菩薩摩訶薩 보어시방普於十方 무소부지無所不至 아운하능지능설피공덕행我云何能知能說彼功德行.

그런데 다른 보살은 널리 시방 세계 어디나 도달하지 않음이 없으니 내가 어찌 그 공덕행을 다 알고 설하겠는가.

어차남방於此南方 유성有城 명타라발저名墮羅鉢底 기중유신其中有神 명왈대천名曰大天 선재善財 사퇴이거辭退而去.

제39. 입법계품入法界品　315

남방으로 가면 성이 있는데 이름이 타라발저墮羅鉢底라고 한다. 그 안에 대천大天이라는 이름의 신이 있다. 선재는 정취보살에게 절을 하고 물러나 그를 떠나갔다.

이번에는 대천이라는 천신天神이다.

39.3.30 대천신大天神

이시爾時 선재동자善財童子 점차유행漸次遊行 지어피성至於彼城 추문대천推問大天 인함고언人咸告言 재차성내在此城內 현광대신現廣大身 위중설법爲衆說法.

이때 선재동자는 점차 찾아가서 그 타라발저 성에 이르러 대천을 찾았다. 그런데 사람들이 다 말하기를 그 대천 천신은 성 안에 사는데 아주 큰 몸집을 가지고 중생들을 위해 설법을 한다는 것이다.

선재善財 지대천소至大天所 정례기족頂禮其足 성자聖者 원위아설願爲我說.

선재동자는 대천이 있는 곳을 찾아가 그 발에 엎드려 절을 하고 말했다. 거룩하신 분, 저를 위해 말씀을 좀 해주십시오.

이시爾時 대천大天 장서사수長舒四手 취사대해수取四大海水 자세기면自洗其面 지제금화持諸金華 이산선재以散善財 이고지언而告之言.

이때 대천 천신은 네 개의 손을 길게 펼쳐서 4대양의 큰 바닷물을 끌어다 스스로 그 얼굴을 닦고는 여러 황금꽃을 집어 선재에게 뿌리면서 말했다.

선남자善男子 일체보살一切菩薩 난가득견難可得見 선남자善男子 아이성취보살해탈我已成就菩薩解脫 명위운망名爲雲網.

선남자여, 보살들이 나를 보기란 참으로 어려운 일이다. 나는 이미 보살의 해탈을 얻었는데 그 이름은 운망이라 한다.
운망雲網, 구름의 그물이다. 이 세상의 모든 것을 다 끌어올 수 있는 그물이다.

선재善財 언言 운망해탈雲網解脫 경계운하境界云何.

선재가 말했다. 운망해탈은 그 경계가 어떠합니까.

이시대천爾時大天 어선재전於善財前 시현금취示現金聚 개여대산 皆如大山 부시현일체화復示現一切華 개여산적皆如山積.

이때 대천은 선재동자 앞에 금 더미들을 쌓아 보여주는데 그것들이 모두 커다란 산 같았다. 또한 모든 꽃들을 모아서 보여주는데 그것들이 모두 산처럼 쌓였다.

선남자善男子 가취차물可取此物 공양여래供養如來 수제복덕修諸福德 병시일체幷施一切 섭취중생攝取衆生 영기수학단파라밀令其修學檀波羅蜜 능사난사能捨難捨.

선남자여, 이 물건들을 가져다 여래에게 공양하고 모든 복덕을 닦아라. 그리고 이것들을 모두 나눠주어 중생들을 돌봐주어라. 그래서 그들로 보시파라밀을 배우고 닦아서 버리기 어려운 모든 것들을 능히 다 버릴 수 있게 하여라.

선남자善男子 여아위여시현차물如我爲汝示現此物 교여행시敎汝行

施 위일체중생爲一切衆生 실역여시悉亦如是.

선남자여, 이렇게 내가 너에게 이것을 보여주는 것은 너로 하여금 일체 중생을 위해서 보시하도록 가르치기 위함이니 다른 것들도 또한 다 이같이 하라.

선남자善男子 아유지차운망해 탈我唯知此雲網解脫.

선남자여, 나는 오직 이 운망해탈을 알 뿐이다.

여제 보살마하살如諸菩薩摩訶薩 유여제석猶如帝釋 이능최복일체번뇌已能摧伏一切煩惱 아운하능지능설피공덕 행我云何能知能說彼功德行.

그런데 다른 보살들은 제석帝釋처럼 능히 일체 번뇌를 다 꺾어버릴 수 있으니 내가 어찌 그 공덕행을 다 알고 설하겠는가.

선남자善男子 차염부제 마갈제국보리장중此閻浮提摩竭提國菩提場中 유주지신有主地神 기명안주其名安住 선재善財 사퇴이거辭退而去.

선남자여, 염부제閻浮提 마갈제국摩竭提國 보리장菩提場 가운데 땅을 맡은 신이 있는데 그 이름이 안주安住라 한다. 선재동자는 대천의 천신에게 인사하고 물러났다.

대천은 하늘의 신인데 이번에는 안주라는 지신地神이다. 대천은 온 세계를 다 덮을 수 있는 구름을 가진 신이요 안주라는 지신은 온 산이나 바다를 다 편안하게 쉴 수 있도록 해주는 안주의 신이다.

39.3.31 안주安住 지신地神

이시爾時 선재동자善財童子 점차유행漸次遊行 취마갈제국보리장
내안주신소趣摩竭提國菩提場內安住神所.

이때 선재동자는 점차 찾아가서 마갈제국 보리장 안에 있는 안주신
安住神에게 찾아갔다.

시時 안주지신安住地神 고선재언告善財言 선래동자善來童子 여어
차지汝於此地 증종선근曾種善根 아위여현我爲汝現 여욕견불汝欲見
不.

이때 안주 지신이 선재동자에게 말했다. 잘 왔다 동자야. 너는 이 땅
에서 많은 좋은 일을 보게 될 것이다. 내가 너를 위해 보여주려 하는데
너는 보고 싶지 않느냐?

이시爾時 선재善財 백언白言 성자聖者 유연욕견唯然欲見.
시時 안주지신安住地神 이족안지以足按地 백천억아승지보장百千
億阿僧祇寶藏 자연용출自然涌出.

이때 선재동자가 말했다. 거룩하신 분, 꼭 보고 싶습니다.
이때 안주 지신이 발을 가지고 땅을 문지르자 땅에서 수많은 보물들
이 절로 솟아났다.

고언告言 선남자善男子 금차보장今此寶藏 수축어여隨逐於汝 시여
왕석선근과보是汝往昔善根果報 시여복력지소섭수是汝福力之所攝受
여응수의汝應隨意 자재수용自在受用.

안주 지신이 말했다. 선남자여, 이제 이 보물들은 다 네 것이다. 이것
은 네가 과거에 많은 좋은 일을 했기 때문에 얻는 과보果報다. 그래서
너는 능히 이 보물을 받을 자격이 있다. 너는 네 맘대로 이 보물을 받

아서 쓰도록 하여라.

선남자善男子 아득보살해탈我得菩薩解脫 명불가괴지혜장名不可壞智慧藏 상이차법상以此法 성취중생成就衆生.

선남자여, 나는 보살의 해탈을 얻었는데 불가괴지혜장不可壞智慧藏이라는 해탈이다. 나는 이 법을 가지고 언제나 중생을 성취한다.
깨뜨릴 수 없는 지혜를 가졌다는 말이다. 안주라는 지신이 가진 것은 지혜다. 지혜를 가지고서 언제나 중생을 살려준다는 것이다.

선남자善男子 내왕고세乃往古世 불호묘안佛號妙眼 어피불소於彼佛所 득차법문得此法門.

선남자여, 아주 옛날에 묘안妙眼이라는 부처님이 계셨는데 나는 그 부처님 계신 곳에서 이 지혜의 법문을 얻었다.

아어차법문我於此法門 수습증장修習增長 상견제불常見諸佛 미증사리未曾捨離.

나는 이 법문을 가지고 계속 발전하여 언제나 부처님을 만날 수 있는 경지가 되어 일찍이 그를 버리거나 떠난 일이 없이 언제나 부처님과 같이 사는 것이다.

선남자善男子 아유지차불가괴지혜장법문我唯知此不可壞智慧藏法門.

선남자여, 나는 오직 이 깨뜨릴 수 없는 지혜장의 법문을 알 뿐이다.

여제보살마하살如諸菩薩摩訶薩 상수제불常隨諸佛 능지일체제불소설能持一切諸佛所說 입일체불심심지혜入一切佛甚深智慧 아운하능지능설피공덕행我云何能知能說彼功德行.

그런데 다른 보살들은 언제나 모든 부처님을 따라 일체 모든 부처님께서 말씀하신 바를 붙잡고 능히 모든 부처님의 깊고 깊은 지혜의 세계에 들어갔는데 내가 어찌 그 공덕행을 다 알고 설하겠는가.

선남자善男子 차염부제마갈제국가비라성此閻浮提摩竭提國迦毘羅城 유주야신有主夜神 명바사바연저名婆珊婆演底 선재善財 사퇴이거辭退而去.

선남자여, 이 염부제 마갈제국의 가비라迦毘羅 성에 가면 밤을 맡은 신이 있는데 이름은 바사바연저婆珊婆演底라고 한다. 선재는 그 안주지신에게 인사를 하고 길을 떠났다.

이제부터는 십지十地에 들어간다. 바사바연저 혹은 바산바연저라고 하는 주야신主夜神이다. 바사바연저는 봄에 싹이 튼다는 뜻인데 싹이 트는 것처럼 기쁜 일이 어디 있겠는가. 그래서 십지로 말하여 환희지歡喜地다.

39.3.32 바사婆珊 야신夜神

위시爾時 선재善財 일심사유안주신교一心思惟安住神敎 점차유행漸次遊行 지어피성至於彼城 종동문입從東門入 변견일몰便見日沒 갈앙욕견피주야신渴仰欲見彼主夜神.

이때 선재동자는 안주 지신의 가르침을 깊이 생각하면서 걸어갔다. 선재가 가비라 성에 이르러 동문으로 들어가니 마침 해가 지고 있었다. 그래서 밤을 주장하는 바사바연저라는 야신을 만나볼 수 있기를 갈망하며 우러러보았다.

작시념시作是念時 견피야신見彼夜神 어허공중於虛空中 처보누각향연화장사자지좌處寶樓閣香蓮華藏師子之座 신진금색身眞金色 일체성수一切星宿 병연재체炳然在體.

이런 생각을 하고 있을 때 허공 가운데서 야신을 보게 되었다. 별이 뜬 것이다. 야신이 보배 누각의 향연화장 사자좌에 앉아 있었는데 몸은 금빛이었다. 모든 별들이 그 몸에서 빛나고 있었다.

선재동자善財童子 심대환희心大歡喜 이신투지以身投地 예야신족禮夜神足 유원시아일체지도唯願示我一切智道.

선재동자는 마음에 큰 기쁨이 가득하여 몸을 땅에 던져 야신의 발 밑에 절을 하고 말했다. 저에게 일체 지혜의 도를 보여주시길 바랄 뿐입니다.

시時 피야신彼夜神 고선재언告善財言 아득보살파일체중생치암법광명해탈我得菩薩破一切衆生癡闇法光明解脫.

이때 그 야신이 선재동자에게 말했다. 나는 모든 중생들의 어리석은 어둠을 깨뜨리는 진리의 광명해탈을 얻었다.

치암癡闇, 어리석은 어둠이란 말하자면 남녀관계다. 사람들은 모두 남녀문제에서 깨나지 못한다. 밤낮 사랑이라 해서 사랑에 붙잡혀 그만 죽고 만다. 40대에 많이 죽는 이유는 대개 치암 때문이다. 요새 간암이니 위암이니 하는 것도 무서운 것이지만 이 치암이라는 것도 무서운 것이다. 음란의 암이다. 치정癡情이라는 것이다. 남녀의 사랑이다. 남녀는 자녀를 생식하기 위해서 결혼하는 것이다. 생식, 그것이면 끝인데, 자녀를 낳았으면 그쳐야 되는데, 그것으로 그치지 않고 계속 빠져 있는 것이 치암이다. 이런 치암에서 벗어나기가 정말 어렵다. 탐욕에서 벗어나기는 그래도 좀 쉽다. 그것은 자기 혼자서 해결하면 되기 때문이다. 그런데 치암에서 벗어나려면 상대도 해결해야 된다. 그러니까 상대가 해결되지 않으면 해결하기가 어려운 것이다. 그래서 옛날에는 할 수 없이 출가한다고 그만 산으로 들어가고 말았다. 석가도 마찬가지다. 아무리 벗어나려 해도 야수다라耶輸陀羅가 동의를 안 해주는 것이다. 그래서 출가라는 것이 생기게 되었다. 이런 치암을 벗어나기가 세상에서 제일 어려운 일이다. 그것을 벗어나면 그것이 진리다. 그런데 그것을 벗어나지 못하면 진리와 상관이 없게 된다. 진리파지眞理把持에 있어서 가장 중요한 것이 치암을 벗어나는 일이다. 간디 Mohandas K. Gandhi(1869-1948)도 38세에 치암을 벗어나게 된다. 그리고 자기는 진리파지라 한다. 진리를 깨달았다는 것이다. 그러니까 치암을 벗어나기 전에는 진리파지가 되지 않는 것이다. 치암을 벗어나는 일이 그렇게 중요한 것인데 십지의 첫 번 째인 야신이 치암에서 벗어나게 해준다는 것이다.

일체 중생을 치암에서 벗어나게 해준다. 가르친다는 것이 이것이다. 치암에서 벗어나도록 가르치는 것이다. 그런데 이런 것은 가르치기가 참으로 어렵다. 개인의 비밀들이니까 묻기도 어렵고 말하기도 어렵다. 이것이야말로 자각하지 않으면 할 수가 없는 것이다. 자각을 하려면 철이 들어야 되는데 철이 들기가 그렇게 쉬운 일이 아니다. 80이 되어도 철이 들기 어렵다. 80에 나서도 치암에 빠지게 된다. 그러니까 이 치암에서 빨리 벗어나야 된다. 위암이나 간암보다 더 무서운 암이다. 모든 암의 근원이 치암이다. 치암에서 벗어나야 법法, 진리를 깨닫게 되고, 진리를 깨달아야 광명, 빛을 내게 된다. 법광명해탈法光明解脫이다. 그런데 치암에서 벗어나지 못하면 법을 깨달을 수도 없고 광명의 빛을 발할 수도 없다.

선남자善男子 아어악혜중생我於惡慧衆生 기대자심起大慈心 어불선업중생於不善業衆生 기대비심起大悲心 어작선업중생於作善業衆生

기어희심起於喜心

선남자여, 악한 지혜를 가지고 있는 중생들에게 대자심大慈心을 일으키고 좋지 않은 직업을 가진 중생들에게 대비심大悲心을 일으키며 좋은 일을 하며 사는 중생에게는 기쁜 마음을 일으킨다.
세상에는 악한 지혜가 많다. 음란 사이트를 만들어 세상에 뿌린다. 이렇게 치암을 찬양하고 그래서 그것으로 돈을 버는 사람이 또 얼마나 많은지 모른다. 성 전환 수술을 해서 나오는 사람도 있는가 하면 하여튼 이런 세계를 보면 또 별 해괴망칙한 것들이 많다. 이 세상이 정말 음란한 세상이다. 악혜중생惡慧衆生이다. 그들에게 대해서 대자심을 일으킨다. 아주 나쁜 직업을 가진 중생들에게는 다른 사람의 고통을 덜어주는 그런 마음을 일으킨다.

어선악이행중생於善惡二行衆生 기불이심起不二心 어잡염중생於雜染衆生 기령생청정심起令生清淨心 어사도중생於邪道衆生 기령생정행심起令生正行心

선도 행했다가 악도 행했다가 그렇게 갈팡질팡하는 중생에게는 불이심不二心을 일으키고, 더러움에 물든 중생에게는 깨끗한 마음을 일으키도록 하고, 잘못된 사특한 길로 가는 중생에게는 바른 행실을 갖게 하는 마음을 일으킨다.
캄캄한 밤에 빛나는 별들이 이 모든 일을 해준다는 것이다. 북극성이 바른 길로 인도해 주는 것이다. 어디로 갈지 길을 잃고 헤매다 북극성을 보면 어디로 갈지 길을 찾게 된다. 별은 이렇게 바른 길로 인도하기도 하고 희망을 일으키기도 하고 그래서 많은 좋은 일을 해주는 것이다.

어열해중생於劣解衆生 기령흥대해심起令興大解心 어락생사중생於樂生死衆生 기령사륜전심起令捨輪轉心 어주이승도중생於住二乘道衆

生 기령주일체지심起令住一切智心

말귀를 알아듣지 못하는 중생에게는 잘 이해하는 마음을 일으키고, 생사에 빠진 사람에게는 윤회 속에 전전하는 마음을 버리도록 해주고, 성문·연각의 이승二乘 중생에게는 일체지에 머무는 마음을 일으켜 준다.

생사문제란 먹는 문제와 남녀문제다. 생은 먹는 문제요 죽는 것은 남녀문제다. 죽자죽자 하고 달려 붙는 것이 치암이라는 남녀문제다. 생사문제란 달리 말하여 식색食色의 문제다. 그러니까 세상 사람들이 다 식색에 걸려있는 것이다. 생사에 빠져 윤회를 한다. 육도윤회六道輪廻라 한다. 그래서 그런 윤회에 빠진 마음을 버리게 하는 것이다. 그리고 성문·연각의 이승에게는 보살심을 일으켜 주는 것이다.

위재육지일체중생爲在陸地一切衆生 어야암중於夜闇中 조공포자遭恐怖者 현작일월現作日月 급제성수及諸星宿

땅에 사는 모든 사람들이 밤 어둠 속에서 무서운 공포와 만나는 그런 모든 사람들을 위해서 해와 달을 띄워 비춰주고 모든 별들을 일으켜 비치는 것이다.

멸번뇌암滅煩惱闇 입일체지평탄정도入一切智平坦正道 도무외처필경안락到無畏處畢竟安樂.

그래서 번뇌암煩惱闇을 없이하여 인생을 평탄한 길로 가게끔 도와주고 두려움 없는 곳까지 이르러 마침내 안락에 이르도록 해주는 것이다.

아차해탈문我此解脫門 생정법광명生淨法光明 능파우치암能破愚癡闇 대시이연설待時而演說.

나는 이 해탈문을 가지고 깨끗한 진리와 빛을 발하여 능히 어리석은 치암을 깨뜨려주고 때를 따라 가르치는 것이다.

아석무변겁我昔無邊劫 근행광대자勤行廣大慈 보복제세간普覆諸世間 불자응수학佛子應修學.
나는 과거 오랜 옛날에 왕비로 있으면서 광대한 자비를 베풀어 온 세상을 덮었는데 불자로서 한없이 수행하고 배웠다.

아목심청정我目甚淸淨 보견시방찰普見十方刹 역견기중불亦見其中佛 보리수하좌菩提樹下坐.

나는 그때 그 부처님의 덕으로 눈이 깨끗해졌다. 진리의 눈을 뜨게 되었다. 그래서 온 세계를 볼 수 있게 되었고 또한 그 가운데 보리수 아래 앉아계신 부처님도 만나 볼 수 있었다.

아이대신통我以大神通 진동무량찰震動無量刹 기신실편왕其身悉遍往 조피난조중調彼難調衆.

나는 이런 대신통大神通을 가지고 온 나라를 흔들었으며 어디나 갈 수 있는 몸이 되어 다루기 힘든 중생을 다 가르치게 되었다.

선남자善男子 아유지차我唯知此 보살파일체중생암법광명해탈菩薩破一切衆生闇法光明解脫.

선남자여, 나는 오직 이렇게 중생의 치암을 깨뜨리는 법광명해탈만을 알 뿐이다.

여제보살마하살如諸菩薩摩訶薩 성취보현무변행원成就普賢無邊行願 아하능지기묘행我何能知其妙行 설기공덕說其功德.

그런데 다른 보살들은 보현의 한없는 행원을 다 성취하였다. 그러니 내가 어찌 그 묘행을 알고 그 공덕을 설하겠는가.

선남자善男子 차염부제마갈제국보리장내此閻浮提摩竭提國菩提場內 유주야신有主夜神 명보덕정광名普德淨光.

선남자여, 이 염부제마갈제국의 보리장 안에 보덕정광普德淨光이라는 야신이 있다.

이시爾時 선재동자善財童子 향바사바연저신向婆珊婆演底神 이설송왈而說頌曰

이때 선재동자는 바사바연저婆珊婆演底 야신을 향하여 다음과 같이 찬송을 했다.

견여청정신見汝淸淨身 상호초세간相好超世間
여문수사리如文殊師利 역여보산왕亦如寶山王

당신의 별빛같이 아름답고 깨끗한 모습을 보니 세상을 초월한 모습 너무 좋아라. 마치 문수사리 같고 또한 보산왕 같아라.

여법신청정汝法身淸淨 삼세실평등三世悉平等
세계실입중世界悉入中 성괴무소애成壞無所㝵

당신의 법신은 청정하여 삼세가 다 평등하니 세계가 다 그 가운데 들어가서 이뤄지고 무너짐에 거침이 없네.
별빛이 모든 곳을 평등하게 비쳐주어 모든 사람들에게 비치는데 조금도 장애가 없다. 별은 언제나 하늘에서 빛난다. 그 별은 장애도 없고 깨지는 법도 없다.

아관일체취 我觀一切趣 실견여형상 悉見汝形像
일일모공중 一一毛孔中 성월각분포 星月各分布

세상 모든 것의 모습을 보니 다 당신의 형상을 나타내고 낱낱의 털구멍 속에는 별과 달이 흩어져 있구나.
나는 온 세상을 볼 수 있고 당신의 형상을 볼 수도 있고 모든 털구멍 속에 별과 달이 다 퍼져 있는 것을 볼 수도 있다.

일일모공내 一一毛孔內 각현무수신 各現無數身
시방제국토 十方諸國土 방편도중생 方便度衆生

낱낱의 털구멍 속에 각각 무수한 몸을 나타내시어 시방의 모든 나라에 방편으로 중생들을 모두 제도하시네.
모든 털구멍에 많은 별들이 나타나서 모든 국토를 비치고 모든 중생을 도와준다. 선재동자는 처음 만난 야신을 이렇게 칭송하고 두 번째 야신을 만나러 가는 것이다.

2002. 12. 15.

입법계품 강해(8)

39.3.33 보덕普德 야신夜神

이시爾時 선재동자善財童子 점차유행漸次遊行 지보덕정광야신소至普德淨光夜神所.

이때 선재동자는 점차 나아가서 보덕정광普德淨光이라는 야신이 있는 곳에 이르렀다.

정례기족頂禮其足 이작시언而作是言 운하성취보살지云何成就菩薩地.

선재동자는 그 보덕정광의 발에 엎드려 절을 한 다음 말했다. 어떻게 해야 보살지菩薩地를 성취합니까.

야신夜神 답언答言 보살菩薩 성취십법成就十法

야신이 대답했다. 보살은 열 가지 법을 성취한다.

일자一者 득청정삼매得淸淨三昧 상견일체불常見一切佛

첫째는 청정한 삼매를 얻어 언제나 모든 부처를 보는 것이다.

이자二者 득청정안得淸淨眼

둘째는 깨끗한 눈을 갖게 되는 것이다.

삼자三者 지일체여래무량무변공덕대해知一切如來無量無邊功德大海

셋째는 모든 여래의 무량하고 무변한 공덕의 바다를 아는 것이다.

사자四者 지등법계무량제불법광명해知等法界無量諸佛法光明海

넷째는 평등한 법계의 무량한 모든 부처의 법 광명 바다를 아는 것이다.

오자五者 지일체여래일일모공知一切如來一一毛孔 방등중생수대광명해放等衆生數大光明海

다섯째는 일체 여래의 하나하나의 털구멍에서 중생의 수만큼 많은 대 광명의 바다가 나옴을 아는 것이다.

육자六者 견일체여래일일모공見一切如來一一毛孔 출일체보색광명염해出一切寶色光明焰海

여섯째는 일체 여래의 하나하나의 털구멍에서 일체 보배 색 광명의 불꽃 바다가 나오는 것을 아는 것이다.

칠자七者 어념념중於念念中 출현일체불변화해出現一切佛變化海

일곱째는 매 생각마다 일체 부처의 변화의 바다를 나타내는 것이다.

팔자八者 득불음성得佛音聲 동일체중생언음해同一切衆生言音海

여덟째는 부처의 음성을 얻어 일체 중생의 말과 소리의 바다와 같아지는 것이다.

구자九者 지일체불무변명호해知一切佛無邊名號海

아홉째는 일체 부처의 가없는 이름의 바다를 아는 것이다.

십자十者 지일체불조복중생부사의자재력知一切佛調伏衆生不思議自在力.

열째는 일체 부처의 중생을 조복하는 신비한 자재의 힘을 아는 것이다.

선남자善男子 아여시我如是 요지일체여래시了知一切如來時 어보살적정선정낙보유보해탈문於菩薩寂靜禪定樂普遊步解脫門 분명료달分明了達.

선남자여, 나는 이와 같이 일체 여래를 확실히 알고는 보살의 적정선정 기쁨으로 두루 다니는 해탈문을 분명히 알고 통달했다.
적정寂靜 선정禪定 낙樂 보유보普遊步 해탈인데 여기서 적정은 계리무착契理無着이라 설명한다. 진리를 만나게 되어 일체 집착이 없어졌다는 것이다. 그리고 선정은 지관쌍운止觀雙運이라 한다. 꼭대기에 올라가서 전체를 보는 것이다. 출생사出生死요 모순의 자기통일이다. 그래서 낙樂인데 낙이란 정법락주正法樂住라 했다. 법과 하나가 되어 기쁨의 세계에 사는 것이다. 진리와 하나가 된 것이다. 진리와 하나가 되면 자유다. 보유보普遊步라는 것이다. 그래서 보유보는 대용무애大用無碍라고 해설한다. 대용이 되어 아무 것에도 걸림이 없는 것이다.

일심부동一心不動 수습초선修習初禪 희심열예喜心悅豫 수제이선修第二禪 염리생사厭離生死 수제삼선修第三禪 중고열뇌衆苦熱惱 수제사선修第四禪 이청정지보입법계以淸淨智普入法界.

그래서 열심히 흔들리지 않고 초선을 닦아 익혔으며 기쁜 마음으로 즐겁게 제2선을 닦았고 생사를 멀리 떠나는 제3선을 닦았으며 중생의 온갖 고통과 번뇌를 없애는 제4선을 닦아서 청정한 지혜가 되어 두루 법계에 들어가게 되었다.

선남자善男子 아유득차보살적정선정낙보유보해탈문我唯得此菩薩寂靜禪定樂普遊步解脫門.

선남자여, 나는 오직 이러한 보살의 적정 선정의 즐거움으로 두루 다니는 해탈문을 알 뿐이다.

여제보살마하살如諸菩薩摩訶薩 구족보현소유행원具足普賢所有行願 아운하능지능설피공덕행我云何能知能說彼功德行.

그런데 다른 보살들은 보현의 행원을 다 구족하였으니 내가 어찌 그 공덕행을 알고 설하겠는가.

선남자善男子 거차불원去此不遠 유일야신有一夜神 명희목관찰중생名喜目觀察衆生.

선남자여, 이곳에서 멀지 않아 한 야신이 있는데 이름은 희목관찰중생이라 한다.

이시爾時 보덕정광야신普德淨光夜神 위선재동자爲善財童子 이설송왈而說頌曰

이때 보덕정광 야신이 선재동자를 위해서 게송을 설했다.
약유신해심若有信解心 진견삼세불盡見三世佛
피인안청정彼人眼淸淨 능입제불해能入諸佛海

만약 믿음과 이해하는 마음을 가지게 되어 삼세의 부처님을 다 보게 되면 그 사람은 눈이 깨끗하게 되고 능히 모든 부처님의 바다에 들어가게 되리라.

제불출세간諸佛出世間 양등중생수量等衆生數
종종해탈경種種解脫境 비아소능지非我所能知

모든 부처님이 세간에 나타나심은 중생의 수효와 같으니 갖가지 해탈의 경계는 내가 능히 알 수가 없다.

일체제보살一切諸菩薩 입불일모공入佛一毛孔
여시묘해탈如是妙解脫 비아소능지非我所能知.

일체 모든 보살들이 다 부처님의 한 털구멍으로 들어가니 이와 같은 묘한 해탈은 내가 능히 알 수가 없다.

시時 선재동자善財童子 정례기족頂禮其足 사퇴이거辭退而去.

이때 선재동자는 그 보덕정광 야신의 발에 엎드려 절을 하고 물러나 떠나갔다.

2002. 12. 22.

입법계품 강해(9)

십지十地의 세 번째인 희목喜目이다. 다시 십지 선지식善知識을 열거해 본다.

(1) 바사婆珊 환희歡喜 (2) 보덕普德 이구離垢 (3) 희목喜目 명지明地 (4) 보구普救 염지焰地 (5) 적정寂靜 난승難勝 (6) 수호守護 현전現前 (7) 개부開敷 원행遠行 (8) 대원大願 부동不動 (9) 묘덕妙德 선혜善慧 (10) 구파瞿波 법운法雲

34번은 희목인데 희목은 문수보살의 딸이라 한다. 석가의 제자 가운데 가장 중요한 사람이 보현과 문수다. 보현의 행行과 문수의 지知가 석가의 특징이다. 희목은 문수의 딸이라 하고 보덕은 보현의 딸이라 한다. 그리고 희목 다음에 나오는 보구普救는 미륵의 딸이라 한다. 보현은 실천을 나타내고 문수는 지혜를 나타내고 미륵은 사랑을 나타낸다. 지혜와 실천과 사랑, 이 세 가지가 불교의 핵심이다. 사랑이란 말 대신에 자비라 한다. 보구는 미륵의 딸인데 적정은 보구의 어머니라 하니까 미륵의 아내가 된다. 수호는 보현보살의 딸이고 개부는 석가의 누이동생이다. 대원은 석가다. 묘덕은 석가의 유모다. 그 다음의 구파는 석가의 아내. 십지에 나오는 선지식은 모두 석가의 친척들로 되어 있다.

희목喜目은 명지明地, 혹은 발광지發光地다. 빛이 밝게 빛난다는 것이니까 지혜가 밝다는 말이다. 문수의 딸로 지혜가 밝은 사람이 희목이다. 그 다음은 염지焰地, 염혜지焰慧地다. 번뇌의 장작을 불로 태운다는 것이다. 그래서 불꽃 '염焰'을 써서 염지라 한다. 그 다음은 난승지難勝地다. 난승이란 이기기 어렵다는 말이다. 사람이 번뇌를 이기기 참 어렵다. 이기기 어려운 번뇌를 이겼다는 것이 난승지다. 또 다른 해석은 중생을 구원하기가 가장 어렵다는 것이다. 그런데 그 어려움을 극복했다는 것으로 난승지라 한다. 현전지現前地는 기독교로 말해서 계시啓示다. 대지현전大智現前 다 같은 말이다. 원행지遠行地는 어디까지나 갈 수 있다는 말이다. 높이 올라가서 기류氣流를 타면 어디까지나 갈 수 있다는 말이다. 대승大乘이라는 것이다. 부동지不動地는 절대의 경지까지 도달했다는 것이다. 선혜지善慧地는 최고의 지혜라는 뜻이고 법운지法雲地는 진리의 구름이다. 진리의 비를 뿌릴 수 있다는 것이다. 이것이 십지인데 십지가 『화엄경』에서 제일 중요한 것이다.

39.3.34 희목喜目 야신夜神

발의욕예희목관찰중생야신소發意欲詣喜目觀察衆生夜神所.

선재동자는 희목을 만나고 싶다는 생각을 가지고 찾아갔다.
희목을 문수의 딸이라 했는데 결국 하늘에 올라가 별이 된 것이다. 별이라는 야신이다. 야신은 밤에 우리를 지켜주는 신이다. 별빛이 있으면 우리가 밤에 어디나 갈 수 있다. 별이란 어떤 의미로 하늘의 눈이다. 하늘에서 우리를 지켜보는 눈이다. 또 우리는 하늘의 별을 보면 한없는 기쁨과 희망을 가질 수 있다. 그래서 희목이라는 이름을 갖게 되었다. 기쁨과 희망, 하늘의 눈동자, 그것이 희목이다. 이 희목이 모든 중생들을 돌보아준다. 우리가 하늘의 별빛을 따라서 잘 걸어갈 수 있다는 말이다.

이시爾時 선재동자善財童子 즉예희목관찰중생야신소卽詣喜目觀察衆生夜神所 견피야신見彼夜神 입대세력보희당해탈入大勢力普喜幢解脫.

이때 선재동자가 희목 야신을 찾아가 인사를 하고 보니 그 야신은 대세력보희당大勢力普喜幢 해탈에 들어가 있었다.
깊은 삼매에 들어가 있는데 그 삼매 이름이 대세력大勢力, 큰 힘을 가진 보희당普喜幢, 기쁨의 삼매다. 큰 기쁨과 큰 힘이다. 나는 기쁨을 기가 뿜어져 나오는 것이라 한다. 봄(春)이라는 것도 기가 뿜어져 나오는 것이다. '당幢'이란 깃발인데 표준이라는 뜻이다.

어기신상일일모공於其身上一一毛孔 출무량종변화신운出無量種變化身雲 이묘언음以妙言音 이위설법而爲說法 개령환희皆令歡喜.

그 몸의 하나하나의 털구멍에서 무량종無量種 변화신운變化身雲이 나온다. 별에서 여러 색깔의 빛이 나온다는 말이다. 그리고 구름이란 말씀 혹은 생각이다. 여러 생각이 나오는 것이다. 하늘의 별이 반짝거리듯 여러 생각이 흘러나오는 것이다. 석가가 마지막 성불할 때 새벽 별을 보고 성불했다고 한다. 언제나 별이란 사람을 깨닫게 해주는 것이다. 원효元曉라는 이름도 새벽인데 새벽에 빛나는 별이다. 깨달음의 상징으로 별을 말한다. 별에서 여러 빛깔도 나오고 여러 생각도 나오고 여러 말씀도 나온다. 결국 별이 상징하는 것은 진리의 화신이라는 것이다. 그래서 "묘언음妙言音", 신비한 말씀을 한다는 것이다. 누구나 별을 쳐다보면 깊은 생각을 하게 되고 희망을 가지게 된다. 희목희목이란 그런 별이 인격화된 것인데 그가 우리에게 그렇게 설법을 해서 모두 기쁨이 가득 차게 한다는 것이다.

소위출무량화신운所謂出無量化身雲 행단파라밀行檀波羅蜜 내외실시內外悉施.

이른바 무량한 화신化身의 구름을 내는 것인데 단파라밀檀波羅蜜을 행하여 안과 밖 어디나 베푼다.

별은 어떻게 그렇게 샛별이 되었는가. 단파라밀이다. 육파라밀 가운데 맨 처음 보시파라밀이 단파라밀이다. 별은 어디나 누구에게나 빛을 비춰준다.

설지정계說持淨戒 무유결범無有缺犯 설능인수일체중고說能忍受一切衆苦 설용맹정진說勇猛精進 수일체지조도지법修一切智助道之法.

그리고 지계파라밀이다. 그래서 죄를 범하지 않도록 해준다. 그리고 인욕파라밀이다. 모든 고통을 참아내고 모든 수고를 해낸다. 그리고 정진이다. 용맹 정진하는 것이다. 그래서 모든 지혜와 실천을 돕는 법을 닦는다.

지행일치知行一致라는 말이다. 일체지一切智와 조도지법助道之法이다. 지와 행을 다 닦는다는 말이다.

입제선정제삼매락入諸禪定諸三昧樂 제멸일체소유번뇌除滅一切所有煩惱 개지혜경계開智慧境界 갈일체중생의해竭一切衆生疑海 영기흔락발보리의令其欣樂發菩提意.

그리고 선정이다. 선정에 들어가서 깊은 생각의 즐거움을 가지게 된다. 그래서 일체 자기의 번뇌를 없이하게 된다. 지혜를 열어서 모든 중생의 의심을 풀어준다. 그래서 그들로 하여금 기뻐서 진리를 꼭 깨닫겠다는 그런 강한 의지를 일으켜준다. 지혜라는 것이다.

여시방편如是方便 교화중생教化衆生 념념중念念中 시제보살일체행원示諸菩薩一切行願 수무상행修無上行 불퇴전력不退轉力.

이렇게 여러 방편으로 중생들을 교화한다. 방편이다. 생각마다 보살이 가진 일체의 행원을 보여준다. 보살이 어떤 소원을 갖고 있는지 보여주는 것이다. 이것은 원願이라는 것이다. 그래서 최고의 행을 닦게 한다. 그리고 불퇴전의 역력이다. 한 번 나갔으면 다시는 뒤로 물러서지 않는 힘이다.

연설일체보살지행演說一切菩薩智行 소위설입일체중생계해知所謂

說入一切衆生界海智 시현여시지파라밀示現如是智波羅蜜 영제중생令
諸衆生 개대환희皆大歡喜.

그래서 보살의 모든 올바른 지혜와 실천이 무엇인지 가르쳐 주는 것이다. 올바른 판단 올바른 실천이 보살지행菩薩智行이다. 모든 중생들이 깨달아야 되는 지혜의 바다로 들어가게 해 준다. 그래서 이렇게 지파라밀을 보여주어 모든 중생들로 하여금 커다란 기쁨을 가지게 해 준다.

십파라밀의 마지막인 지파라밀智波羅蜜이다. 십파라밀은 육파라밀에다 방편方便· 원願· 력力· 지智라는 넷이 더해지는 데 이것들은 모두 육파라밀을 도와주는 것이다.

여시설시如是說時 어념념중於念念中 영무량중생令無量衆生 생천인중생天人中 부귀자재富貴自在 출생사해出生死海 주住.

이렇게 가르칠 때 생각마다 모든 중생들이 번뇌에서 벗어나 천인天人들이 사는 세계로 옮아가게 된다. 그 세계는 부귀를 마음대로 누릴 수 있는 세계요 생사를 벗어난 세계다. 그래서 여래지如來地까지 가서 살게 된다.

선재동자善財童子 게찬왈偈讚曰

선재동자가 찬송을 했다.
지금까지 희목 야신의 가르침을 듣고 선재동자가 기뻐서 찬송을 하는 것이다.

무량무수겁無量無數劫 학불심심법學佛甚深法
수기소응화隨其所應化 현현묘색신顯現妙色身

오랜 세월 동안 부처님의 깊은 진리를 배웠다. 그래서 어떤 감화시킬 그 사람에 따라서 아름다운 별빛을 드러낸다.

색신묘무비色身妙無比 청정여보현淸淨如普賢
수제중생심隨諸衆生心 시현세간상示現世間相.

그 빛깔이 비교할 수 없이 아름답다. 청정하기가 보현보살처럼 깨끗하다. 모든 중생들의 마음을 따라서 이 세계가 어떤 것인가를 가르쳐 준다.

희목관찰중생주야신喜目觀察衆生主夜神 이송답왈以頌答曰

이렇게 선재동자가 말하니까 이에 대해 희목이 다음과 같이 대답한다.

아념과거세我念過去世 과어찰진겁過於刹塵劫
찰호마니광刹號摩尼光 겁명적정음劫名寂靜音

나는 아주 옛날에 한없이 오랜 세월을 지냈는데 그 나라를 마니광摩尼光이라 하고 그 시대를 적정음寂靜音이라 했다.
불교는 이렇게 한없이 이어지는 시간을 말한다. 별이 언제부터 생겼는지 모르지만 한없이 오랜 세월 동안 빛나고 있다는 것이다.

여시등제불如是等諸佛 아실증공양我悉曾供養
연미득혜안然未得慧眼 입어해탈해入於解脫海.

이와 같이 오랜 세월을 살면서 나는 많은 부처님들을 공양했다. 많은 부처님을 모시고 배웠는데 아직 눈을 뜨지 못해서 깊은 삼매 속에 들어가게 되었다.

선남자善男子 어여의운하於汝意云何 피시전륜성왕명彼時轉輪聖王名 능소융불종자能紹隆佛種者 기이인호豈異人乎 문수사리동자文殊師利童子 시야是也.

선남자여, 당신은 어떻게 생각하는가. 그 당시의 시방주十方主라는 이름의 전륜성왕轉輪聖王이 많은 불자들을 융성하게 길러냈는데 그가 어찌 다른 사람이겠는가. 바로 문수사리 동자이다.

이시爾時 야신夜神 각오아자覺悟我者 보현보살지소화이普賢菩薩之所化耳.

그때 나에게 눈을 뜨게 해준 사람이 보현보살의 화신인 야신이었다.
그러니까 문수의 딸인 희목의 눈을 뜨게 해준 사람이 보현보살이라는 것이다.

아어이시我於爾時 위왕보녀爲王寶女 몽피야신蒙彼夜神 각오어아覺悟於我 영아견불令我見佛 상생인천常生人天.

내가 그때 그 왕의 딸이었는데 그 보현 야신의 도움으로 눈을 뜨게 되어 부처님을 보게 되었다. 그래서 언제나 사람의 세계와 하늘의 세계를 살게 되었다.
별은 하늘에 있지만 땅을 비춰주는 것이다.

득차대세력보희당보살해탈得此大勢力普喜幢菩薩解脫 이차해탈以此解脫 여시이익일체중생如是利益一切衆生.

그래서 나는 대세력大勢力 보희당普喜幢 보살해탈을 얻었고 이 해탈로써 이처럼 일체 중생들을 이롭게 하는 것이다.
희목은 큰 힘을 가지고 모든 사람들을 비춰주는 별이 되었고 그리고 모든 중생들을 이롭게 해 준다는 것이다.

선남자善男子 아유득차대세력보희당해탈문我唯得此大勢力普喜幢
解脫門.

선남자여, 나는 오직 이렇게 큰 힘을 가지고 모든 중생들을 기쁘게
해주는 대세력보희당 해탈문을 가지고 있을 뿐이다.

여제보살마하살如諸菩薩摩訶薩 어념념중於念念中 보예일체제여
래소普詣一切諸如來所 아운하능지능설피공덕행我云何能知能說彼功
德行.

그런데 다른 보살들은 생각 생각마다 일체 모든 여래가 계신 곳 어디
나 이르는데 내가 어찌 그 공덕행을 다 알고 설하겠는가.

차중회중此衆會中 유일야신有一夜神 명보구중생묘덕名普救衆生妙
德 선재善財 사퇴이거辭退而去.

그 보살들 가운데 한 야신이 있으니 이름을 보구중생묘덕普救衆生妙
德이라 한다. 선재는 희목 야신을 물러나 떠나갔다.

39.3.35 보구普救 야신夜神

이시爾時 선재동자善財童子 어희목관찰중생야신소於喜目觀察衆生
夜神所 문보희당해탈문聞普喜幢解脫門 왕예보구중생묘덕야신소往
詣普救衆生妙德夜神所.

이때 선재동자는 희목관찰중생 야신이 있는 곳에서 보희당 해탈문을
배우고 나서 보구중생묘덕 야신을 찾아갔다.

시피야신時彼夜神 위선재동자爲善財童子 시현보살조복중생해탈
신력示現菩薩調伏衆生解脫神力.

이때 그 보구 야신이 선재동자를 위해서 보살의 조복중생調伏衆生
해탈解脫 신력神力을 보여주었다.
보살들이 중생들을 어떻게 가르치는지 그 힘을 보여주었다는 말이
다.

어양미간於兩眉間 방대광명放大光明 기광其光 입선재정入善財頂
충만기신充滿其身.

양 미간에서 큰 빛을 발하였는데 그 빛이 선재의 정수리로 들어가서
온 몸을 가득 채웠다.

아선재득견我善財得見 여시대신력如是大神力 기심생환희其心生歡
희 설게이찬탄說偈而讚歎.

그래서 나 선재는 이와 같은 큰 신력을 보게 되어 마음에 환희가 나
와 그 야신을 찬탄했다.

아견존묘신我見尊妙身 중상이장엄衆相以莊嚴 비여공중성譬如空中
성 일체실엄정一切悉嚴淨.

저는 당신의 존엄하고 신비한 몸을 봅니다. 그 모습이 한없이 장엄하
여 비유하면 하늘의 별과 같이 일체가 다 깨끗하고 존엄합니다.

아승희목교我承喜目教 영득예존소令得詣尊所 견존미간상見尊眉間
相 방대청정광放大淸淨光.

저는 문수의 딸 희목에게 가르침을 받았고 이제 당신의 가르침을 받고자 왔는데 당신의 미간에서 나오는 빛을 보니 한없이 맑고 깨끗합니다.

아견보구천我見普救天 어피무량찰於彼無量刹 일체제불소一切諸佛所 보개왕공양普皆往供養.

제가 보구의 천신을 보니 그 한없는 세계 모든 부처님께 가서 다 공양하고 배웠습니다.

이시爾時 선재동자善財童子 백보구중생묘덕야신언白普救衆生妙德夜神言 천신天神 수하등행修何等行 이득청정而得清淨.

이때 선재동자가 보구 야신에게 말했다. 당신은 어떤 실천을 해서 이처럼 깨끗한 경지에 오르게 되었습니까.

내왕고세乃往古世 유전륜왕有轉輪王 명비로자나묘보연화계名毘盧遮那妙寶蓮華髻 기유일녀其有一女 명보지염묘덕안名普智焰妙德眼.

오랜 옛날에 전륜왕이 있었는데 이름이 비로자나 묘보연화계라 했다. 그에게 하나의 딸이 있었는데 이름이 보지염묘덕안이라 했다.

시時 전륜왕轉輪王 여기보녀與其寶女 구승허공俱昇虛空 방대광명放大光明.

이때 전륜왕과 그 딸이 하늘에 올라가 빛을 발하면서 다음과 같이 말했다.

여래출세간如來出世間 보구제군생普救諸群生 여등응속기汝等應速

起 왕예도사소往詣導師所.

여래가 세상에 나와서 모든 중생들을 널리 구제하니 너희들은 빨리 일어나 선생님을 찾아가라.

여등함응발汝等咸應發 광대정진심廣大精進心 예피여래소詣彼如來所 공경이공양恭敬而供養.

너희는 다 분발해서 열심히 정진하는 마음으로 그 여래 계신 곳에 가서 공경하며 배워라.

이시爾時 전륜성왕轉輪聖王 개오일체중생이開悟一切衆生已.

이때 전륜성왕이 모든 중생의 눈을 뜨게 했다.

시時 전륜왕녀보지염묘덕안轉輪王女普智焰妙德眼 즉해신상제장엄구即解身上諸莊嚴具 지이산불持以散佛 선남자善男子 어의운하於意云何.

이때 전륜왕녀인 보지염묘덕안이 자기 몸에 갖추고 있던 모든 보물을 다 흩어서 부처님께 바쳤다. 선남자여, 너는 어떻게 생각하는가.

이시爾時 비로자나장묘보연화계전륜성왕자毘盧遮那藏妙寶蓮華髻轉輪聖王者 기이인호豈異人乎 금미륵보살今彌勒菩薩.

이때 비로자나장 묘보연화계 전륜성왕이란 사람이 어찌 다른 사람이겠는가. 바로 지금의 미륵보살이다.

시時 묘덕안동녀자妙德眼童女者 즉아신即我身 아어피시我於彼時

신위동녀身爲童女 보현보살普賢菩薩 영아발어아누다라삼막삼보리
심令我發於阿耨多羅三藐三菩提心.

이때 묘덕안동녀는 즉 나다. 그리고 그때 나를 깨워준 사람이 보현보
살인데 그로 인해 나는 아누다라삼막삼보리심을 발하게 되었다.

영아득견묘덕당불令我得見妙德幢佛 해신영락解身瓔珞 산불공양散
佛供養.

그래서 내가 묘덕당 부처님을 만나게 되었고 그 묘덕당 부처님께 내
목걸이를 풀어 바쳤다.

견불신력見佛神力 문불설법聞佛說法 즉득보살보현일체세간조복
중생해탈문卽得菩薩普現一切世間調伏衆生解脫門.

그랬더니 부처님의 신력을 보게 되었고 부처님의 설법을 듣게 되었
고 즉시 보살 보현 일체세간 조복중생 해탈문을 얻게 되었다.

선재청아설善財聽我說 심심난견법甚深難見法 보조어삼세普照於三
世 일체차별문一切差別門.

선재동자는 내 말을 들어라. 진리란 한없이 알기 어려운 것이다. 그
러나 진리를 깨달아야 모든 삼세를 널리 비치고 일체 차별문差別門을
알 수 있다.

아념과거세我念過去世 과찰미진겁過刹微塵劫 차전유일겁次前有一
劫 명원만청정名圓滿淸淨.

내가 과거 오랜 세월 동안 지나왔는데 그 가운데 원만청정圓滿淸淨

이라는 시대가 있었다.

불찰미진겁佛刹微塵劫 소유불출현所有佛出現 아개증공양我皆曾供養 입차해탈문入此解脫門.

그 부처님 나라의 무수한 세월을 지나며 수많은 부처님이 나왔는데 나는 다 그 부처님을 공양하여 이런 해탈문에 들어가게 되었다.
자기가 가진 모든 것을 다 바쳐 해탈을 얻게 되었다는 것이다.

선남자善男子 아유지차보살보현일체세간조복중생해탈我唯知此菩薩普現一切世間調伏衆生解脫.

선남자여, 나는 다만 이런 보살보현일체세간 조복중생 해탈문을 알 뿐이다.

여제보살마하살如諸菩薩摩訶薩 집무변행集無邊行 아운하능지능설피공덕행我云何能知能說彼功德行.

그런데 다른 보살들은 무변행無邊行을 갖고 있으니 내가 어찌 그 공덕행을 다 알고 설하겠는가.

선남자善男子 거차불원去此不遠 유주야신有主夜神 명적정음해名寂靜音海 시時 선재동자善財童子 사퇴이거辭退而去.

선남자여, 이곳에서 멀지 않은 곳에 야신이 있으니 이름은 적정음해 寂靜音海라 한다. 이때 선재동자는 그 보구 야신을 물러나서 떠나갔다.
적정寂靜은 미륵의 아내다. 적정이란 계리무착契理無着이라 한다. 진리와 하나가 되어 모든 집착을 버린 것이다. 열반적정涅槃寂靜이라는 말도 한다. 열반이란 번뇌의 불이 꺼진 것이다. 번뇌는 집착에서 나온다. 그 집착이 꺼지면 진리만 남게 된다. 결국 적정이란 진리라는 말이다. 열반은 계리契理요 적정은 진리라 보면 된다.

왕양명王陽明은 "존천리存天理 거인욕去人慾"이라 했다. 이 말도 적정 열반이란 말이다. 인욕人慾을 떠나면 거기가 진리다. 구름이 걷히면 해가 빛난다. "거인욕去人慾 존천리存天理"라는 말이다. 그러니까 적정이라는 말이 무슨 고요하다는 뜻이 아니라 진리와 하나가 되었다는 뜻이다. 적정음해寂靜音海는 진리의 소리요 진리의 바다라는 뜻이다.

39.3.36 적정寂靜 야신夜神

이시爾時 선재동자善財童子 왕적정음해야신소往寂靜音海夜神所 정례기족頂禮其足 작시언作是言 성자聖者 운하수보살도云何修菩薩道.

이때 선재동자는 적정음해 야신이 있는 곳에 찾아가 그 발에 절을 하고 물었다. 거룩하신 분, 보살도를 어떻게 닦아야 합니까.

선남자善男子 아득보살념념출생광대희장엄해탈문我得菩薩念念出生廣大喜莊嚴解脫門.

선남자여, 나는 보살의 "념념출생 광대희 장엄 해탈문"을 얻었다.
"념념출생念念出生", 별에서 빛이 자꾸 쏟아져 나온다. "념념출생광명念念出生光明"이다. 그런데 그것을 보면 "광대희장엄廣大喜莊嚴", 기쁨이 한없이 솟아난다는 것이다. 이렇게 해석해도 좋다. 그런데 또 다른 해석은 "선열편주禪悅遍周 이생광대利生廣大"로 풀이하는 것이다. 기쁨이 가득 차면 온 세상에 이로움이 자꾸 일어난다는 것이다. 이것은 『신화엄경합론』에서의 해석이다. 두 가지 다 좋다. 별에서 빛이 나오는데 그것을 보면 한없는 기쁨이 솟아나는 것이다.

선재善財 언언 대성大聖 차해탈문此解脫門 위하사업爲何事業 행하경계行何境界 기하방편起何方便 작하관찰作何觀察 선재동자善財童子 백적정음해야신언白寂靜音海夜神言 대성大聖 운하수행云何修行 득차해탈得此解脫.

선재가 말했다. 아주 거룩하신 분, 이 해탈문은 어떤 사업을 하고 어떤 경계를 행하며 어떤 방편을 일으키고 어떤 관찰을 하는가요. 또 선재동자가 적정음해 야신에게 물었다. 위대하신 분, 당신은 어떤 수행을 하여 이런 해탈을 얻게 되었습니까. 선재동자가 그 해탈문의 내용과 방법이 무엇인지 물은 것이다.

야신夜神 언언 수행십대법장修行十大法藏 득차해탈得此解脫 일수보시광대법장一修布施廣大法藏 이수정계二修淨戒 삼수감인三修堪忍 사수정진四修精進 오수선정五修禪定 육수반야六修般若 칠수방편七修方便 팔수제원八修諸願 구수제력九修諸力 십수정지광대법장十修淨智廣大法藏 즉능획득여시해탈則能獲得如是解脫.

야신이 대답하여 말했다. 나는 열 가지 광대법장廣大法藏을 수행하여 이 해탈을 얻게 되었다. 그 열 가지 광대법장이란 첫째 보시布施요 둘째 정계淨戒요 셋째 감인堪忍이요 넷째 정진精進이요 다섯째 선정禪定이요 여섯째 반야般若요 일곱째 방편方便이요 여덟째 제원諸願이요 아홉째 제력諸力이요 열째는 정지淨智인데 이것들을 수행한 즉 능히 이와 같은 해탈을 얻게 된다.

결국 또 십파라밀이다. 이렇게 불교에서 가장 중요한 것이 십파라밀이다. 우리는 이것을 확실히 알고 가야 된다. 『화엄경』의 핵심이 십파라밀이라는 것이다.

선재청아설善財聽我說 청정해탈문淸淨解脫門 문이생환희聞已生歡喜 근수령구경勤修令究竟.

선재동자여, 내 말을 들어라. 청정해탈문을 들으면 기쁨이 샘솟고 구경에 이르기까지 노력을 하게 된다.

상존중부모常尊重父母 공경이공양恭敬而供養 여시무휴해如是無休懈 입차해탈문入此解脫門.

언제나 부모를 존중하여 공경하고 공양하라. 이같이 공경 공양을 게을리 하지 않으면 이 해탈문에 들어가게 된다.
불교는 출가해서 집안을 내 버리는 줄 알지만 이것을 보면 그것이 결코 아니다. "상존중부모常尊重父母 공경이공양恭敬而供養", 이 말은 『화엄경』에서 효孝를 강조하는 독특한 말이다. 언제나 부모를 존중하고 공경 공양하라는 것이다. 그래야 해탈문에 들어갈 수 있다는 것이다. 결국 십파라밀이라는 것도 한마디로 말하면 '효孝'라는 것이다. 이렇게 보면 유교와도 통하게 된다. 유교만이 아니라 기독교의 믿음이라는 것도 한마디로 하면 효다.

노병빈궁인老病貧窮人 제근불구족諸根不具足 일체개민제一切皆愍濟 영기득안은令其得安隱.

그리고 늙고 병들고 가난한 사람들과 모든 불구자들을 다 불쌍히 여기고 도와서 그들을 모두 편안하게 해 주어라.
요새로 말하면 복지정책이다. 복지정책을 잘 써서 어려운 사람들이 없도록 하라는 것이다.

원진미래겁願盡未來劫 보위제군생普爲諸群生 멸제생사고滅除生死苦 득불구경락得佛究竟樂.

그리고 앞으로 오는 모든 중생들을 위해서 그들이 모두 생사의 고통에서 벗어나 구경의 낙원에 들어가도록 해주어라.

선남자善男子 아유지차념념출생광대희장엄해탈我唯知此念念出生廣大喜莊嚴解脫.

선남자여, 나는 오직 이 "념념출생 광대희 장엄 해탈문"을 알 뿐이다.

여제보살마하살如諸菩薩摩訶薩 심입일체법계해深入一切法界海 아운하능지능설피공덕행我云何能知能說彼功德行.

그런데 다른 보살들은 일체 법계의 바다에 깊이 들어갔으니 내가 어찌 그 공덕행을 알고 설하겠는가.

차보리장여래회중此菩提場如來會中 유주야신有主夜神 명수호일체성증장위력名守護一切城增長威力.

이 보리장 여래 회중에 야신이 있으니 이름이 수호일체성증장위력守護一切城增長威力이라 한다.

아인선우교我因善友教 내예천신소來詣天神所 견신처보좌見神處寶座 신량무유변身量無有邊.

나는 좋은 친구의 가르침으로 인해 천신이 있는 곳을 찾아오게 되었고 보좌에 있는 그 야신을 보게 되었고 그 몸이 끝없이 빛나는 것을 알게 되었다.

무변제찰해無邊諸刹海 불해중생해佛海衆生海 실재일진중悉在一塵中 차존해탈력此尊解脫力.

한없이 넓은 세상에 무수한 중생들이 사는데 다 하나의 작은 먼지 속에서도 이와 같은 해탈력을 보게 되었다.

　시時 선재동자善財童子 정례기족頂禮其足 사퇴이거辭退而去.

　이때 선재동자는 그 적정음해 야신의 발 아래 절을 하고 물러나 떠나갔다.
　적정음해 야신의 해탈문은 "념념출생 광대희 장엄 해탈문"이다. "념념출생念念出生 광대희廣大喜"에 대하여 "선열편주禪悅遍周 이생광대利生廣大"로 해석했다. 기쁨이 넘치면 모든 중생을 널리 이롭게 하는 힘이 나온다. 내가 기쁨이 넘쳐야 다른 사람을 이롭게 할 수 있다. 기쁨이 나와야 남을 도울 수 있는 에너지가 축적된다는 것이다. 내가 기뻐야 남을 기쁘게 할 수 있다는 것이다. 그리고 장엄莊嚴에 대해서는 "이행호엄理行互嚴 장엄莊嚴"이라 한다. 지행일치가 되어야 장엄해진다는 것이다. 『신화엄경합론』에서 이렇게 해석한 것이다. 그리고 적정寂靜에 대해서는 "이성무위理性無爲 적정寂靜"이라 한다. 이성理性이란 진리의 세계다. 그리고 내 힘이 아닌 진리의 힘으로 살아가는 것을 무위無爲라 한다. 남극에서 북극까지 날아가는 새는 자기 힘으로 날아가는 것이 아니라 기류氣流를 타고 날아가는 것이다. 이와 같은 것을 무위라 한다. 소위 대승大乘이라는 것이다. 대승, 큰 힘을 타는 것이다. 새가 자기 날개로 날아가려면 아무리 해도 어떻게 남극에서 북극까지 날아가겠는가. 기류라는 커다란 힘에 의지해야 된다. 힘 가운데 가장 큰 힘이 무엇인가 하면 진리의 힘이다. 그래서 우리가 진리의 힘을 타면 무위, 아무 노력을 하지 않아도 남극에서 북극까지 날아갈 수 있다. 그렇게 진리의 힘으로 살아가는 것을 적정이라 한다. 이성무위理性無爲, 그것이 적정이라는 것이다.

　아시여래我視如來 어념념중於念念中 방대광명放大光明 충만법계充滿法界 기견시이己見是已 생대환희生大歡喜.

내가 여래를 보자마자 내 생각 속에서 큰 빛이 나와 법계에 가득차게 되었는데 내가 이렇게 부처를 본 이후에는 기쁨이 솟아나게 되었다.

2003. 3. 2.

입법계품 강해(10)

39.3.37 수호守護 야신夜神

이시爾時 선재동자善財童子 행예수호일체성야신소행詣守護一切城夜神所 견피야신見彼夜神 정례기족頂禮其足 작시언作是言 성자聖者 위아선설爲我宣說.

이때 선재동자는 수호일체성守護一切城 야신을 찾아가서 그를 만나 발 아래 절을 하고 말했다. 거룩하신 분, 저를 위해 말씀해 주십시오.
  수호일체성이라는 야신인데 이는 보현의 누이라 했다. '성城'은 마음의 성이다. 모든 사람의 마음을 지켜주는 야신이다. 북극성은 언제나 바닷길을 가는 모든 사람에게 길을 알려준다. 이와 같이 모든 사람의 마음을 지켜주는 북극성 같은 야신이 수호일체성 야신이다.

선남자善男子 아득보살심심자재묘음해탈我得菩薩甚深自在妙音解脫 위대법사爲大法師 무소괘애無所罣碍.

선남자여, 나는 보살의 가장 깊고 자유로운 묘음해탈妙音解脫을 얻어 대법사가 되었고 아무 거리낌이 없게 되었다.

선능개시제불법장고善能開示諸佛法藏故 구대서원대자비력具大誓願大慈悲力 영일체중생令一切衆生 주보리심住菩提心.

그리고 능히 모든 부처님의 사상과 내용을 설할 수 있게 되었고 모든 중생을 구원하려는 서원과 대 자비력을 갖추게 되어 모든 일체 중생들로 하여금 보리심에 살게 한다.

능작일체이중생사能作一切利衆生事 적집선근積集善根 무유휴식無

有休息 위일체중생조어지사爲一切衆生調御之師 영일체중생영일체중
生 주사바약도住薩婆若道.

그래서 모든 중생의 하는 일을 다 돌볼 수 있게 되고 좋은 뿌리가 싹 트도록 하여주는데 조금도 쉴 틈이 없다. 그래서 일체 중생을 보살피는 선생이 되었다. 그래서 모든 중생으로 하여금 사바약도에 살게 한다.

'사바약도薩婆若道'는 일체지一切智, 또는 근본지根本智, 구경지究竟智라 한다. 진리라는 말이다. 진리에 주할 수 있는 사람이 되게 하였다.

사바약도라는 말 이외에 '사바약해薩婆若海'라는 말도 있고 '사바약종薩婆若種'이라는 말도 있다. 그래서 사바약도를 '일체도지一切道智'라 하고 사바약해는 '일체해지一切海智'라 하고 사바약종은 '일체종지一切種智'라 한다. 이렇게 세 가지 말이 있다. '일체해지一切海智'는 전체적인 파악이고 '일체도지一切道智'는 구체적으로 어떻게 하는 것인가 하는 도道요 '일체종지一切種智'는 또 개별적으로는 어떻게 되느냐는 것이다. 기독교로 말하면 기독교란 무엇인가 할 때 기독교의 핵심이 사랑이라 하면 그것이 일체해지다. 그런데 어떻게 하면 구원이 있는가 할 때 기독교에서 믿음으로 구원을 얻는다고 한다. 이것이 일체도지다. 믿음이라는 도다. 그러면 기독교의 교리는 어떤 것인가. 그때는 성육신, 십자가, 부활, 이렇게 개별적으로 가르쳐 주는 것이 말하자면 일체종지다. 이렇게 지智라는 것을 전체적인 파악, 구체적인 도道, 개별적인 내용, 이렇게 셋으로 나눈다. 그러니까 기독교를 개별적으로 십자가, 부활, 성육신이라 할 수 있고 또 믿음으로 구원을 얻는다고 말할 수도 있고 또 기독교는 사랑이라 하고 전체적으로 말할 수도 있다. 이 셋을 인도 사람들은 사바약해薩婆若海, 사바약도薩婆若道, 사바약종薩婆若種이라 한다.

선남자善男子 아혹위중생我或爲衆生 설문혜법說聞慧法 설사혜법

說思慧法 설 수혜 법說修慧法.

선남자여, 나는 중생을 위해 지혜의 법을 어떻게 듣는지, 지혜의 법을 어떻게 생각하는지, 지혜의 법을 어떻게 닦을 수 있는지, 알려준다.
이것을 문사수聞思修라 한다. 지혜의 법을 듣고 생각하고 실천하는 셋이다. 이 셋을 가졌다는 것이다.

선남자善男子 아성취차심심자재묘음해탈我成就此甚深自在妙音解脫 념념충만일체법계念念充滿一切法界.

선남자여, 나는 이런 심심자재묘음해탈甚深自在妙音解脫을 얻어 생각마다 일체 법계를 충만케 한다.
마음대로 남을 이해시킬 수 있는 그런 능력을 얻게 되었다는 것이다. 그래서 자기의 생각이 온 법계와 하나가 될 수 있는 그런 세계에 들어가게 되었다. 자기의 생각과 진리가 하나가 되었다는 말이다.
자재自在라는 말이 중요한 말이다. 자재라는 말과 가장 가까운 말은 공자의 "종심소욕불유구從心所欲不踰矩"라는 말이다. 마음대로 해도 궤도를, 진리를 벗어나지 않는다. 마음에 내키는 대로 해도 진리에서 벗어나지 않는다. 이것이 공자의 마지막 단계인데 그 마지막 단계를 불교는 자재라 한다. 결국 이것은 최고의 단계다. 불佛이 무엇인가 할 때 자재인自在人이라 한다. 우리가 『화엄경』을 시작할 때 『화엄경』의 핵심이 청정淸淨·장엄莊嚴·자재自在라 했다. 그리고 『반야심경』에서 맨 처음에 "관자재觀自在"라는 말이 나온다. 이 말은 물론 자기 자신을 보았다, 진리를 깨달았다는 말이다. 그리고 법자재法自在는 자기 마음대로 진리를 설할 수 있다는 것이다. 또 "일도출생사一道出生死 일체무애인一切無碍人" 할 때의 "일체무애인"이 소위 자재인이다. 그래서 여기 나오는 자재라는 말이 중요한 말이다.
자재가 최고의 경지인데 자재묘음해탈自在妙音解脫, 진리를 마음대로 설할 수 있을 만큼 세상의 번뇌를 벗어났다는 것이다. 그래서 그 묘음묘음, 신비한 소리가 일체 법계에 가득 차게 되었다.

시時 선재동자善財童子 백야신언白夜神言 성자증득聖者證得 기이구여其已久如.

그때 선재동자가 야신에게 말했다. 거룩하신 분, 당신은 이렇게 되는데 얼마나 오래 되었습니까.
자재까지 가면 성자聖者다. 불佛이 자재인自在人이니까 불이 성자다.

야신夜神 언言 내왕고세乃往古世 유세계有世界 수미산미진수여래須彌山微塵數如來 어중출현於中出現 기최초불其最初佛 명법해뇌음광명왕名法海雷音光明王.

야신이 말했다. 옛날에 세계가 있었는데 거기 수미산미진수須彌山微塵數 여래가 나타났는데 그 많은 부처 가운데 최초의 부처가 법해뇌음광명왕法海雷音光明王이라는 부처다.

피불출시彼佛出時 유전륜왕有轉輪王 명청정일광명면名淸淨日光明面.

그 부처가 나타났을 때 전륜왕轉輪王이 있었는데 그 이름이 청정일광명면淸淨日光明面이라는 이름이다.

시時 유비구니有比丘尼 명법륜화광名法輪化光 피시전륜성왕彼時轉輪聖王 금보현보살今普賢菩薩 시비구니是比丘尼 즉아신卽我身.

그때 비구니가 있었는데 이름은 법륜화광法輪化光이었다. 그 전륜성왕이 다른 사람이 아니라 지금의 보현보살이고 이 비구니는 곧 나의 전신이었다.

보현보살이 옛날에 그 청정일광명면이라는 전륜왕이었고 수호 야신 자기는 법륜화광이라는 비구니였다는 것이다.

기후수미산미진수여래其後須彌山微塵數如來 기최후불其最後佛 명법계성지해등名法界城智解燈 아개존중아개존중我皆尊重 청문묘법聽聞妙法 입차보살심심자재묘음해탈入此菩薩甚深自在妙音解脫.

그 후에 수미산미진수 여래 가운데 최후의 부처가 법계성지해등法界城智解燈이라는 부처님인데 나는 그들을 다 존중하여 묘법을 청하여 들었고 그래서 보살의 심심자재 묘음해탈에 들어가게 되었다.

아종시래我從是來 어생사야무명혼매제중생중於生死夜無明昏寐諸衆生中 이독각오而獨覺悟 영제중생令諸衆生 수호심성守護心城 사삼계성捨三界城 주일체지무상법성住一切智無上法城.

나는 그 이래로 모든 사람이 다 깨지 못했을 때 혼자 깨달아 모든 중생으로 하여금 그들의 마음을 지키게 하였다. 그래서 번뇌의 세계를 버리고 진리의 세계에 살게 했다.
군대에서 남들이 다 잘 때 불침번 하나가 깨서 지키는 것이나 마찬가지다. 다 자는데 자기 혼자 깨서 지키고 있었다는 것이다.

선남자善男子 아유지차심심자재묘음해탈我唯知此甚深自在妙音解脫.

선남자여, 내가 아는 것은 이런 심심자재 묘음해탈뿐이다.

여제보살마하살如諸菩薩摩訶薩 능지일체어언자성能知一切語言自性 아운하능지능설피공덕행我云何能知能說彼功德行.

그런데 다른 보살들은 능히 "일체어언자성一切語言自性"을 다 아는데 내가 어찌 그 공덕행을 알고 설하겠는가.

보살해탈심난견菩薩解脫深難見 허공여여평등상虛空如如平等相
보견무변법계내普見無邊法界內 일체삼세제여래一切三世諸如來

보살의 해탈은 깊고 깊어 보기가 어렵다. 진리의 세계는 평등상平等相이다. 그래서 한없이 넓은 법계의 안을 보고 일체 삼세의 모든 여래를 볼 수 있다.

천신심정여허공天神心淨如虛空 보리일체제번뇌普離一切諸煩惱
요지삼세무량찰了知三世無量刹 제불보살급중생諸佛菩薩及衆生.

천신天神은 마음이 깨끗하여 허공과 같고 멀리 일체의 번뇌를 벗어났다. 그래서 삼세의 무량한 세계와 모든 부처 보살 및 중생들을 알 수 있다.

선남자善男子 차불회중此佛會中 유주야신有主夜神 명개부일체수화名開敷一切樹華.

선남자여, 이 부처의 모임 가운데 개부일체수화開敷一切樹華라는 야신이 있으니 찾아가라.

39.3.38 개부開敷 야신夜神

이시爾時 선재동자善財童子 왕예개부일체수화야신소往詣開敷一切樹華夜神所 정례기족頂禮其足 이작시언而作是言 위아선설爲我宣說.

이때 선재동자는 개부일체수화 야신이 있는 곳을 찾아가 그 발 아래 엎드려 절을 하고 자기를 위해 설법을 부탁한다고 말했다.
　개부일체수화開敷一切樹華 야신夜神이다. 모든 나무에 꽃을 피게 하는 야신이다. 그러니까 봄의 야신인데 이 개부는 석가의 누이라고 한다.

야신夜神 언言 아어차사바세계我於此娑婆世界 일광이몰日光已沒 연화부합蓮華覆合 제인중등諸人衆等 영득정도令得正道 달기처소達其處所 숙야안락宿夜安樂.

　야신이 말했다. 나는 이 사바세계에서 해가 지고 연꽃이 또한 닫히는 때 모든 사람들이 바른 길을 얻어 그 처소에 도달하도록 해주고 안락한 밤을 지내도록 해준다.
　해가 지면 별이 떠서 길을 밝혀 주는 것이다. 바른 길로 집에 도착해서 밤을 편안하게 지낼 수 있도록 해주기 위해서 별이 밤새도록 빛을 비쳐준다는 것이다.

선남자善男子 약유중생若有衆生 성년호색盛年好色 교만방일憍慢放逸 오욕자자五欲自恣 아위시현노병사상我爲示現老病死相 영생공포令生恐怖 사리제악捨離諸惡.

　선남자여. 만일 중생의 어떤 젊은이가 호색하고 교만하고 방일하여 오욕五欲이 들끓으면 나는 그에게 늙고 병들어 죽는 모습을 보여주어 두려운 마음을 일으키도록 해서 모든 악을 버리도록 해준다.

부위칭탄종종선근復爲稱歎種種善根 위간린자爲慳悋者 찬탄보시讚歎布施 위파계자爲破戒者 칭양정계稱揚淨戒 유진에자有瞋恚者 교주대자敎住大慈 회뇌해자懷惱害者 영행인욕令行忍辱.

　또한 자기 속의 양심이나 선한 소질 등 좋은 뿌리를 길러가도록 했다. 구두쇠같이 인색한 사람들에게는 보시가 얼마나 좋은지 가르치고, 파계를 일삼는 자에게는 계율을 깨끗이 지키는 것이 얼마나 좋은지 가르치고, 화내고 불평하는 자에게는 사랑을 가르치고, 고뇌와 번민이 가득한 사람에게는 참고 견디며 진리를 찾아가도록 가르쳤다.

약해태자若懈怠者 영기정진令起精進 약산란자若散亂者 영수선정令修禪定 주악혜자住惡慧者 영학반야令學般若.

게으른 자에게는 열심히 정진하도록 가르치고, 마음이 흩어져 어지러운 사람에게는 선정을 닦아 정신을 통일하도록 가르치고, 악한 생각으로 나쁜 일을 도모하는 자에게는 올바른 지혜를 배우도록 가르쳤다. 이것들이 다 또한 육파라밀이다.

약유중생若有衆生 기심암매其心闇昧 무유지혜無有智慧 영주보살지파라밀令住菩薩智波羅蜜.

중생으로 그 마음이 어두워 지혜가 없는 어리석은 사람에게는 지파라밀智波羅蜜에 들어가게 해 주었다.

아이성취보살출생광대희광명해탈문我已成就菩薩出生廣大喜光明解脫門.

나는 광대희廣大喜 광명光明 해탈문解脫門을 성취했다.
지혜를 깨달아서 해탈한 것이다.

선재동자善財童子 언言 성자聖者 기이구여其已久如.

선재동자가 물었다. 성자께서는 이렇게 되기까지 얼마나 오래 되었습니까.

내왕고세乃往古世 유세계해有世界海 명보광명진금마니산名普光明
眞金摩尼山 세계해중世界海中 유세계有世界 명일체보색보광명名一
切寶色普光明.

아주 오랜 옛날에 한 세계가 있었는데 그 이름이 보광명진금마니산
普光明眞金摩尼山이었다. 또 세계해 가운데 일체보색보광명一切寶色
普光明이라는 세계가 있었다.

기중유왕其中有王 명일체법음원만개名一切法音圓滿蓋 유장자녀有
長者女 명보광명名寶光明.

그 가운데 왕이 있었는데 이름이 일체법음원만개一切法音圓滿蓋라
했다. 그에게 딸이 있었는데 이름이 보광명寶光明이라 했다.

선남자善男子 이시일체법음원만개왕자爾時一切法音圓滿蓋王者 금
비로자나여래今毘盧遮那如來 시야是也.

선남자여, 이때 일체법음원만개왕이라는 사람은 바로 지금의 비로자
나 여래인 것이다.
지금의 석가가 전에 일체법음원만개왕이었다는 것이다. 그러니까 석
가의 이름이 셋이다. 비로자나는 석가의 법신이고 아미타불은 보신이
고 석가는 응신이다.

광명왕자光明王者 정반왕淨飯王 연화광부인蓮華光夫人 마야부인
摩耶夫人 보광동녀寶光童女 즉아신시卽我身是.

광명왕光明王이라는 사람은 석가의 아버지인 정반왕淨飯王이요 연
화광부인蓮華光夫人은 석가의 어머니 마야부인摩耶夫人이며 그 딸인
보광동녀寶光童女는 바로 나의 전신이었다.

그러니까 보광동녀는 석가의 누이라는 것이다.

아유청정이我有淸淨耳 보문일체성普聞一切聲 역문불설법亦聞佛說法 환희이신수歡喜而信受.

나는 아주 깨끗한 귀를 가지고 있어 일체 소리를 널리 들을 수 있고 또한 부처의 설법을 다 듣고 기뻐하며 믿고 받아들였다.

아어무량겁我於無量劫 수습차법문修習此法門 아금위여설我今爲汝說 불자여응학佛子汝應學.

나는 옛날부터 이 법문을 잘 배우고 닦아서 내가 지금 너에게 가르치는 것이다. 불자인 너는 응당 잘 배우기 바란다.

선남자善男子 아유지차보살출생광대희광명해탈문我唯知此菩薩出生廣大喜光明解脫門.

선남자여, 나는 오직 이 광대희廣大喜 광명光明 해탈문解脫門을 알 뿐이다.

여제보살마하살如諸菩薩摩訶薩 친근공양일체제불親近供養一切諸佛 입일체지대원해入一切智大願海 아운하능지능설피공덕행我云何能知能說彼功德行.

그런데 다른 보살들은 일체 모든 부처님을 친근 공양하여 일체지대원해一切智大願海에 들어갔으니 내가 어찌 그 공덕행을 다 알고 설하겠는가.

선남자善男子 차도장중此道場中 유일야신有一夜神 명대원정진력

구호일체중생名大願精進力救護一切衆生.

선남자여, 이 도장 가운데 또 야신이 있으니 이름이 대원정진력구호일체중생大願精進力救護一切衆生이라 한다.

큰 소원을 가지고 열심히 정진하고 힘쓰는데 그것은 일체 중생을 구원하기 위해서 노력하는 것이다. 그렇게 모든 중생을 구원하기 위한 큰 원을 가지고 열심히 정진하고 노력하는 야신인데 그 야신이 바로 석가라는 것이다. 그래서 이 다음 39번 대원大願이라는 주인공은 바로 석가를 말하는 것이다.

선재동자善財童子 정례기족頂禮其足 사퇴이거辭退而去.

선재동자는 그 발 밑에 절을 하고 물러나 떠나갔다.

39.3.39 대원大願 야신夜神

선재동자善財童子 일심정례一心頂禮 합장첨앙合掌瞻仰 어선지식 於善知識 생십종심生十種心.

선재동자는 마음을 모아 절을 하고 손을 모아 선지식을 우러러보며 열 가지 마음을 냈다.

생동기심生同己心 생청정자업과심生淸淨自業果心 생장엄보살행심生莊嚴菩薩行心 생성취일체불법심生成就一切佛法心 생능생심生能生心

동기심同己心을 내고 청정자업과심淸淨自業果心을 내고 장엄보살행심莊嚴菩薩行心을 내고 성취일체불법심成就一切佛法心을 내고 능생심能生心을 냈다.

"동기심同己心"은 자기와 같아지려는 마음이다. 본래적인 자기와 현실적인 자기가 같아지고 싶다는 것이다. 물은 본래 깨끗한 것인데 지금 물이 흐려졌다. 그러니까 어떻게 하면 다시 깨끗한 물로 되느냐는 것이다. 본각本覺과 시각始覺이다. 본래는 깨끗한데 지금 더러워졌으니까 다시 시작해서 깨끗한 물로 만들어야겠다는 것이다. 그래서 다시 깨끗한 물이 되면 그것을 여래如來라 한다. 다 같은 사상이다. 본래적인 자기가 있는데 우리는 그 본래적인 자기를 상실했다. 그래서 우리는 다시 그 본래적인 자기를 찾아야 된다. 그래서 내가 다시 내가 되어야 한다. 그것을 동기심이라 한다.

"청정자업과심淸淨自業果心"은 자기가 무슨 일을 하든지 언제나 깨끗해야 된다. 더러운 마음을 가지면 안 된다는 것이다. 그리고 "생장엄보살행심生莊嚴菩薩行心"은 자기가 열심히 수양을 해서 장엄한 인격을 가지게 되어야 한다는 것이다. "생성취일체불법심生成就一切佛法心", 불법을 성취하는 마음을 가져야 된다. 진리를 깨닫는 그런 사람이 되어야 한다는 것이다. "생능생심生能生心", 모든 사람을 살릴 수 있는 그런 마음을 가져야 된다.

생출리심生出離心 생구일체복지해심生具一切福智海心 생증장심生增長心 생구일체선근심生具一切善根心 생능성변대이익심生能成辦大利益心.

세상을 벗어난 마음을 내고 모든 복福과 지혜의 바다를 갖춘 마음을 내고 증장하는 마음을 내고 일체 선근을 갖춘 마음을 내고 능히 대이익大利益을 이뤄내는 마음을 내야겠다.

악한 세상을 멀리하는 마음을 내야하고 모든 사람을 복 받게 하는 마음을 내야하고 자꾸 발전하는 마음을 가져야 되고 좋은 일이라면 무엇이나 할 수 있는 마음을 가져야 된다. 그리고 모든 사람을 이롭게 할 수 있는 그런 마음을 발전시켜야 된다.

발시심이發是心已 득피야신得彼夜神 동행同行 동념同念 동혜同慧 동취同趣 동각同覺 동근同根 동심同心 동경同境

이런 마음을 발하자 그 야신을 만나게 되었다. 그래서 야신과 동행하고 같은 마음을 갖게 되고 같은 지혜를 갖게 되고 같은 길을 취하게 되고 같은 깨달음을 갖고 같은 뿌리를 갖게 되고 같은 마음을 갖게 되고 같은 환경을 갖게 된다.

동증同證 동의同義 동용맹同勇猛 동색신同色身 동력同力 동무외동無畏 동정진同精進 동정신同淨信 동보살행同菩薩行.

그리고 같은 증거를 얻게 되고 같은 뜻을 갖게 되고 같은 용기를 갖게 되고 같은 몸을 갖게 되고 같은 힘을 갖게 되고 같은 무외심을 갖게 되고 같은 정진을 하게 되고 같은 청정한 믿음을 갖게 되고 같은 보살행을 하게 된다.

그러니까 무엇을 알고 싶다고 하면 우선 선생을 찾아야 된다. 그래서 동심同心에서 동행同行이 나오게 된다. 내가 어떻게 하면 내가 될 수 있는가. 내가 혼자서 내가 될 수는 없다. 선생을 찾아야 내가 될 수 있다. 그 선생이 결국 본래적인 자아다. 예수님이 나의 본래적인 자아다. 내가 예수를 믿는다는 것이 무엇인가 하면 내가 나의 본래적인 자아로 돌아오는 것이다. 바울로 말하면 예수님이 누구인가 하면 하나님의 형상이라는 것이다. 내 본심本心이 무엇인가. 하나님의 형상이다. 하나님의 형상을 회복하려면 선생님을 만나야 된다. 선생님이 하나님의 형상이다. 다 같은 말이다. 동심, 자기 마음을 가지기 위해서는 동행, 선생님을 찾아서 선생님과 같이 가야 된다.

아발견고의我發堅固意 지구무상각志求無上覺 금어선지식今於善知識 이기자기심而起自己心.

나는 견고한 뜻을 일으켜 최고의 깨달음을 구하겠다. 이제 선지식을 만나 자기 마음을 내야 된다.
선생님과 같이 가려면 뜻이 견고해야 된다. 좋은 선생님을 만나면 이번에 꼭 진리를 깨달아야겠다는 자기 마음을 내야 된다.

이견선지식以見善知識 집무진백법集無盡白法 멸제중죄구滅際衆罪垢 성취보리과成就菩提果.

선생님을 만나면 선생님이 가진 모든 전문 지식을 받아들여 자기 속의 모든 잘못을 없이해야 된다. 그래서 보리의 결과를 성취해야 된다.

이시爾時 선재善財 백언白言 차해탈문此解脫門 명위하등名爲何等 위기시爲幾時 구여久如.

이때 선재가 말했다. 이 해탈문의 이름은 무엇이며 어느 때 이 해탈문을 얻었고 또 얻은 지는 얼마나 오래 되었습니까.

차해탈문此解脫門 명교화중생영생선근名教化衆生令生善根 오일체법자성평등오一切法自性平等 입어제법진실지성入於諸法眞實之性 이항시현무량색신而恒示現無量色身.

이 해탈문의 이름은 "교화중생教化衆生 영생선근令生善根"이라 하는데 일체법이 자성自性 평등함을 깨닫고 제법의 진실한 성품에 들어가서 항상 무량한 색신色身을 나타내 보여주는 것이다.
모든 중생을 가르쳐서 그 사람이 가진 좋은 소질을 키워가는 것이다. 그래서 모든 최고의 진리, 최고의 본성에서는 평등이다. 누구나 하나님 앞에서는 평등이다. 이것을 평등각平等覺이라 한다. 평등각을 얻게 되어야 한다. 그래서 사람이 진실한 사람이 되어야 한다. 그래서 여러 가지 몸을 나타낸다.

불자佛子 내왕고세乃往古世 유겁有劫 시시국왕是時國王 명왈승광名曰勝光 왕유태자王有太子 명위선복名爲善伏.

불자, 오랜 옛날에 승광勝光이라는 국왕이 살았는데 그 태자는 선복善伏이라 했다.

요문옥수遙聞獄囚 초독음성楚毒音聲 변예왕소便詣王所 원수관유願垂寬宥.

멀리 감옥에서 매맞고 고문당하는 소리를 들었다. 그래서 태자는 왕에게 찾아가 죄수들을 용서해 달라고 사정을 했다.

시時 오백대신五百大臣 시사운하是事云何 유애구자有哀救者 죄역지사罪亦至死.

그때 신하들이 오백 명이 있었는데 그들이 말하길 이게 말이 되는가 죄수가 불쌍하다고 구해주는 자는 그 죄수 대신 죄를 받아서 죽어야 된다고 했다.

선남자善男子 이시태자爾時太子 아신시야我身是也 오백대신五百大臣 금데바달다등오백도당今提婆達多等五百徒黨.

선남자여, 그때 태자는 나 자신이고 오백 신하들은 지금의 데바달다提婆達多 등 오백의 무리들이다.

그때 죄인들을 구해주자고 말한 태자가 지금 대원이라는 야신이고 죽이자고 야단친 대신들이 데바달다 등 오백 명의 무리라는 것이다. 석가를 가장 괴롭혔던 사람이 데바달다였다. 석가를 몇 번이나 죽이려 했다.

여이환희신락심汝以歡喜信樂心 문차난사해탈법問此難思解脫法 아승여래호념력我承如來護念力 위여선설응청수爲汝宣說應聽受.

너는 환희와 믿음의 즐거운 마음을 가지고 이 생각하기 어려운 해탈법을 묻는구나. 내가 여래의 도움을 받아 너에게 가르칠 터이니 잘 듣기 바란다.

이시爾時 유왕명승광有王名勝光 항이정법어군생恒以正法御群生 기왕태자명선복其王太子名善伏 형체단정비중상形體端正備衆相.

이때 승광勝光이라는 왕이 있었는데 항상 정법으로써 모든 백성들을 다스렸다. 그 왕의 태자 선복善伏은 형체가 단정하고 아름다웠다.
석가가 전생에 승광왕의 태자 선복으로 있었다는 것이다.

변즉출가의불주便卽出家依佛住 수행일체종지도修行一切種智道.

그런데 즉시 출가하여 부처님을 의지하고 살면서 일체종一切種의 지智와 도道를 수행하였다.

이시爾時 변득차해탈便得此解脫 대비광제제군생大悲廣濟諸群生.

이때 문득 이 해탈을 얻었고 대비의 마음으로 모든 중생들을 널리 구제하였다.

차어불찰미진수次於佛刹微塵數 무량무변제겁해無量無邊諸劫海 소유제불현세간所有諸佛現世間 일일공양개여시一一供養皆如是.

그리고 부처님의 나라에서 한없이 무궁한 세월 동안을 지내며 세간에 출현하신 모든 부처님들을 하나하나 다 이와 같이 공양했다.

우어일일모공중又於一一毛孔中 실방무수대광명悉放無數大光明 각이종종교방편各以種種巧方便 제멸중생번뇌화除滅衆生煩惱火.

또한 하나하나의 털구멍 속에서 무수한 대광명이 나와 각각 갖가지 교묘한 방편으로 중생들이 가진 모든 번뇌의 불을 소멸시켜 없이 하였다.

약유득차해탈문若有得此解脫門 즉주무변공덕해則住無邊功德海 비여찰해미진수譬如刹海微塵數 불가사의무유량不可思議無有量.

만일 이 해탈문을 가지게 되면 끝없는 공덕의 바다에 살게 된다. 비유하면 세상이 한없이 많아 불가사의不可思議가 끝없는 것이나 마찬가지다.

선남자善男子 아유지차교화중생령생선근해탈문我唯知此敎化衆生令生善根解脫門.

선남자여, 나는 오직 이 교화중생 영생선근의 해탈문을 알 뿐이다.

여제 보살마하살如諸菩薩摩訶薩 초제세간超諸世間 아금운하능지능설피공덕 해我今云何能知能說彼功德海.

그런데 다른 보살들은 모든 세간을 초월하였으니 내가 지금 그 공덕의 바다를 어떻게 다 알고 설하겠는가.

선남자善男子 차염부제此閻浮提 유신有神 명묘덕원만名妙德圓滿 선재善財 사퇴이거辭退而去.

선남자여, 이 염부제閻浮提에 또 야신이 있으니 이름은 묘덕원만妙

德圓滿이라 한다. 선재동자는 그를 물러나 떠나갔다.

39.3.40 묘덕妙德 야신夜神

이시爾時 선재동자善財童子 점차유행漸次遊行 주편심멱피묘덕신周遍尋覓彼妙德神 선재善財 견이見已 정례기족頂禮其足 백언白言.

이때 선재동자는 점차 두루 널리 묘덕 야신을 찾아가 그를 보고 발아래 엎드려 절을 하고 말했다.

대성大聖 운하수보살행云何修菩薩行 생여래가生如來家 위세대명爲世大明.

거룩하신이여, 어떻게 보살행을 닦아 여래 집안에서 태어나고 세상을 크게 밝히는지 말씀해 주십시오.

피신답언彼神答言 선남자善男子 보살菩薩 유십종수생장有十種受生藏.

묘덕신이 대답하여 말했다. 선남자여, 보살에게는 열 가지 수생장受生藏이 있다.
'장藏'이란 창고 또는 집이다. '수생受生', 생을 받았다, 태어났다는 말이다. '수생장受生藏', 어떤 집에 태어나느냐는 것이다.

일자一者 원상공양일체제불수생장願常供養一切諸佛受生藏 이자二者 발보리심發菩提心 삼자三者 관제법문근수행觀諸法門勤修行

첫째는 언제나 일체 모든 부처님을 공양하고자 원하는 그런 집에서 태어나는 것이며 둘째는 보리심을 발하는, 즉 진리를 깨닫겠다는 그런 마음으로 태어나는 것이고 셋째는 제 법문을 관觀하여 열심히 수행하겠다는 그런 집에 태어나는 것이다.

사자四者 이심정심보조삼세以深淨心普照三世 오자五者 평등광명平等光明 육자六者 생여래가生如來家 칠자七者 불력광명佛力光明

넷째는 깊고 깨끗한 마음으로 삼세를 널리 비추는 그런 마음으로 태어나는 것이며 다섯째는 "평등광명平等光明", 모든 것을 평등하게 비칠 수 있는 그런 집에 태어나는 것이고 여섯째는 여래의 집에 태어나는 것이며 일곱째는 부처님의 힘으로 빛나는 그런 마음으로 태어나는 것이다.

팔자八者 관보지문觀普智門 구자九者 보현장엄普現莊嚴 십자十者 입여래지入如來地.

그리고 여덟째는 넓은 지혜의 문을 관하는 마음으로 태어나는 것이며 아홉째는 널리 장엄을 나타내는 마음으로 태어나는 것이며 열째는 여래지如來地에 들어가는 마음으로 태어나는 것이다.

불자佛子 어차십법於此十法 수습증장修習增長 원만성취圓滿成就 개시무량심심법장開示無量甚深法藏 교화성취일체세간敎化成就一切世間.

불자여, 이와 같은 열 가지 법을 닦고 익혀서 발전해 가서 원만함을 성취하게 되고 한없이 깊고 깊은 법장法藏을 열어 보이며 일체 세간을 교화 성취하게 된다.

최상이구청정심最上離垢淸淨心 견일체불무염족見一切佛無厭足 원진미래상공양願盡未來常供養 차명혜자수생장此明慧者受生藏.

때와 허물이 없는 최상의 청정심이 되어 모든 부처님을 보는데 싫증 냄이 없으며 미래가 다하도록 언제나 부처님을 공양하기를 바라는 것이다. 이와 같이 밝은 지혜를 가진 그런 집에 태어나기를 바란다.

선남자善男子 보살菩薩 구차십법具此十法 생여래가生如來家 위일체세간청정광명爲一切世間淸淨光明.

선남자여, 보살은 이 열 가지 법을 갖추고 여래의 집에서 태어나 일체 세간을 위해 청정한 광명을 비추고자 한다.

아종무량겁래我從無量劫來 득시자재수생해탈문得是自在受生解脫門.

나는 한없이 오랜 옛날부터 이 자재自在 수생受生 해탈문解脫門을 얻었다.

시時 선재동자善財童子 백피신언白彼神言 대천大天 득차해탈得此解脫 기이구여其已久如.

이때 선재동자는 그 묘덕신에게 말하였다. 대천이시여, 이 해탈을 얻은 지 얼마나 오래 되었습니까.

선남자善男子 내왕고세乃往古世 시유세계時有世界 기중유왕其中有王 명보염안名寶焰眼 기왕부인其王夫人 명왈희광名曰喜光.

선남자여, 아주 오랜 옛날에 세계가 있었는데 거기 보염안寶焰眼이라는 왕이 있었고 그 왕의 부인은 희광喜光이라는 사람이었다.

시유유모時有乳母 명위정광名爲淨光 피유모자彼乳母者 아신시야

我身是也.

이때 유모가 있었는데 이름은 정광淨光이었다. 그런데 그 유모가 다름 아닌 나의 전신이었다.

불자여소문佛子汝所問 제불심심경諸佛甚深境 여금응청 수汝今應聽受 아설기인연我說其因緣.

불자여, 너는 모든 부처의 깊고 깊은 경지를 물었으니 이제 내가 너에게 그 인연을 설하겠으니 그것을 잘 듣고 배우기 바란다.

아시위유모我時爲乳母 지혜극총리智慧極聰利 제천수여아諸天授與我 보살금색신菩薩金色身.

나는 그때 유모였는데 매우 지혜롭고 총명하였다. 그래서 모든 천신들이 나에게 보살의 금빛 나는 몸을 주었다.

선남자善男子 아유지차보살我唯知此菩薩 어무량겁편일체처於無量劫遍一切處 시현수생자재해탈示現受生自在解脫.

선남자여, 나는 오직 이 보살의 무량한 시간 어디서나 수생자재受生自在를 나타내 보여줄 수 있는 해탈만을 알 뿐이다.

여제보살마하살如諸菩薩摩訶薩 능이일념能以一念 위제겁장爲諸劫藏 아당운하능지능설피공덕행我當云何能知能說彼功德行.

그런데 다른 보살들은 능히 한 순간에 영원한 시간이 되니 내가 어찌 그 공덕행을 알고 설하겠는가.

선남자善男子 차가비라성此迦毘羅城 유석종녀有釋種女 명왈구파
名曰瞿波 선재善財 정례기족頂禮其足 사퇴이거辭退而去.

선남자여, 이 가비라 성에 또 석씨의 여인이 있으니 이름은 구파瞿波
라 한다. 선재동자는 그 발 아래 절을 하고 물러나 떠나갔다.
　구파는 석가의 부인이다.

39.3.41 구파瞿波 여인女人

이시爾時 선재동자善財童子 향가비라성向迦毘羅城 점차유행漸次遊
行 지보살집회至菩薩集會.

이때 선재동자는 가비라 성으로 향하여 점차 나아가 보살의 집회에
도달했다.

기중유신其中有神 호무우덕號無憂德 내영선재來迎善財 작여시언
作如是言.

그 가운데 무우덕無憂德이라는 신이 있어 선재를 환영하며 다음과
같이 말했다.

선래장부善來丈夫 유대지혜有大智慧 유대용맹有大勇猛 능수보살
불가사의자재해탈能修菩薩不可思議自在解脫.

잘 왔구나, 젊은이. 너는 지혜도 많고 용기도 많다. 그래서 보살의 신
비한 자재해탈自在解脫을 능히 수행하고 있구나.

선재善財 언言 성자聖者 아원일체중생我願一切衆生 식제열뇌息諸
熱惱 이제악업離諸惡業.

선재가 말하였다. 거룩하신 분이여, 저에게 소원이 있는데 그것은 모든 중생이 뜨거운 번뇌를 그치고 모든 죄악에서 벗어나는 것입니다.

모든 번뇌의 불이 꺼지고 그래서 모든 악업을 떠나기를 바란다는 것이다.

무우덕無憂德 설송언說頌言

무우덕이 찬송으로 말하였다.

여금출세간汝今出世間 위세대명등爲世大明燈
보위제중생普爲諸衆生 근구무상각勤求無上覺

너는 이제 세상에서 벗어나 세상을 위해 크고 밝은 등불이 되어 널리 모든 중생들을 위해 열심히 무상無上의 깨달음을 구하라.

인도 사람들은 윤회輪廻를 생각한다. 이 세상에서 열심히 노력해서 좋은 일을 해야 다음 생에 사람으로 태어나지 잘못하면 짐승으로 태어난다는 것이다. 그래서 이 세상에 사람으로 태어나는 것이 가장 소중한 것이다. 그리고 사람으로 태어났으면 부처를 만나야 수행을 할 수 있다. 그래서 부처님을 만나는 것, 선생님을 만나는 것이 또한 가장 소중한 것이다. 그러니까 이번에 선생님을 만나서 꼭 깨닫고 부처가 되라는 것이다. '대명등大明燈', 세상을 비치고 크게 밝히는 등불이 부처다. 그러기 위해서는 무상각無上覺을 구해야 된다. 깨달아야 된다는 것이다.

여수보리행汝修菩提行 정진화역연精進火亦然
용맹대정진勇猛大精進 견고불가동堅固不可動.

네가 보리행을 수행하고 보리행을 실천해서 정진하기를 불처럼 하라. 그래서 용맹하게 대정진을 하여 절대 흔들리면 안 된다.

이시爾時 선재善財 예피석녀구파지소詣彼釋女瞿波之所 정례기족頂禮其足.

이때 선재는 석씨 여인 구파가 있는 곳을 찾아가 그 발에 엎드려 절을 했다.
구파는 석가의 부인인 야수다라耶輸陀羅를 말한다.

시時 구파녀瞿波女 고선재언告善財言

이때 구파 부인이 선재에게 말했다.

여금능문보살마하살汝今能問菩薩摩訶薩 여시행법如是行法 위여선설爲汝宣說

너는 지금 보살마하살의 여시행법如是行法을 물었으니 너에게 가르쳐 주겠다.

약제보살若諸菩薩 성취십법成就十法 즉능원만인다라망보지광명보살지행則能圓滿因陀羅網普智光明菩薩之行.

만약 보살이 열 가지 법을 성취하면 능히 인다라망因陀羅網 보지광명普智光明의 보살행을 원만하게 이루게 된다.
인다라망은 그물인데 거울 혹은 보석들을 매달아놓은 그물이다. 그래서 빛이 하나 비치면 전체가 다 서로 비치게 된다. 그런 것을 인다라망이라 한다. 한 사람이 깨닫게 되면 다른 사람이 깨닫게 되고 그래서 그 깨달음으로 전체가 다 깨닫게 된다는 것이다. 모든 사람이 다 진리를 깨달으면 빛의 세계가 된다. 이상세계가 된다는 것이다.

하등위십何等爲十 소위의선지식고所謂依善知識故 득광대승해고得

廣大勝解故 득청정욕락고得淸淨欲樂故 집일체복지고集一切福智故

그 열 가지가 무엇인가. 먼저 선지식을 만나는 것이다. 선생님을 만나야 된다는 것이다. 둘째는 깊이 이해하는 것이다. 셋째는 그 진리에 대해 즐거움을 가져야 된다. 즐겁게 공부해야 된다는 것이다. 넷째는 모든 복된 진리를 가져야 된다.

어제불소於諸佛所 청문법고聽聞法故 심항불사삼세불고心恒不捨三世佛故 동어일체보살행고同於一切菩薩行故

다섯째는 부처님 계신 곳에서 부처님의 말씀을 들어야 된다. 여섯째는 마음은 언제나 삼세의 부처님을 생각해야 된다. 일곱째는 일체 보살과 함께 보살행을 수행하는 것이다.

일체여래一切如來 소호념고所護念故 대비묘원大悲妙願 개청정고皆淸淨故 능이지력能以智力 보단일체제생사고普斷一切諸生死故 시위십是爲十.

여덟째는 일체 여래가 보호하고 돌봐주는 것이다. 아홉째는 자비를 가지고 도와주겠다는 그런 원願으로 다 깨끗해지는 것이다. 열째는 지혜의 힘으로 일체 모든 생사의 문제를 다 끊어버리는 것이다. 이것이 열 가지 법이다.

생사의 문제란 번뇌를 말한다. 일체 번뇌를 다 끊어야 된다는 것이다.

약제보살若諸菩薩 성취차법成就此法 즉능원만인다라망보지광명보살지행則能圓滿因陀羅網普智光明菩薩之行.

보살이 이 법을 성취하면 능히 인다라망 보지광명 보살지행을 원만하게 이루게 된다.

보살위리제군생菩薩爲利諸群生 정념친승선지식正念親承善知識 경지여불심무태敬之如佛心無怠 차행어세제망행此行於世帝網行.

보살은 모든 군생들을 이롭게 하기 위해서 정성을 다하여 선생님을 따르게 되고 선생님을 부처님처럼 존경하며 게으르지 말고 좇아가야 된다. 이렇게 하는 것이 이 세상을 빛의 세계로 만드는 길이다.

시時 석가구파釋迦瞿波 고선재告善財 아이성취관찰일체보살삼매해해탈문我已成就觀察一切菩薩三昧海解脫門.

이때 석가 구파가 선재에게 말했다. 내가 성취한 것은 관찰일체보살觀察一切菩薩 삼매해三昧海 해탈문이다.

이시爾時 선재善財 백구파언白瞿波言 득차해탈得此解脫 기이구여其已久如.

이때 선재는 구파에게 물었다. 이 해탈을 얻은 지 얼마나 오래 되었습니까.

답언答言 아어왕세我於往世 과불찰미진수겁過佛刹微塵數劫 피시유왕彼時有王 명왈재주名曰財主 기왕태자其王太子 명위덕주名威德主.

구파가 대답했다. 내가 아주 오랜 옛날, 한없이 오랜 옛날 그 시대에 재주財主라는 왕이 있었는데 그 왕태자는 이름이 위덕주威德主라 했다.

시유모인時有母人 명위선현名爲善現 장일동녀將一童女 명구족묘덕名具足妙德.

그때 어머니가 있었는데 이름은 선현善現이고 딸이 하나 있었는데 그 이름은 구족묘덕具足妙德이라 했다.

시時 묘덕동녀妙德童女 몽도여래고夢覩如來故 기심안은其心安隱 무유포외無有怖畏 어태자전於太子前 이설송언而說頌言

그때 묘덕이라는 딸이 꿈에 여래를 보게 되어 마음이 편안해지고 공포가 사라졌다. 그래서 태자에게 다음과 같이 찬송을 했다.

아신최단정我身最端正 명문편시방名聞遍十方
지혜무등륜智慧無等倫 선달제공교善達諸工巧.

내 몸은 한없이 단정하고 이름은 사방에 퍼졌는데 지혜는 비할 데 없이 높고 모든 기술에 아주 통달했다.

태자太子 고피녀언告彼女言

태자가 그 묘덕에게 말했다.

여신극청정汝身極淸淨 공덕상구족功德相具足
아금문어여我今問於汝 여어수소주汝於誰所住.

너의 몸은 극히 깨끗하고 공과 덕을 모두 갖추었구나. 내가 지금 너에게 묻는데 너는 어디 사는가.

이시爾時 여모女母 위기태자爲其太子 설송언說頌言

제39. 입법계품入法界品

이때 묘덕의 어머니가 그 태자를 다음과 같이 찬송했다.

태자여응청太子汝應聽 아금설차녀我今說此女
기광극치성其光極熾盛 비여일초출譬如日初出.

태자, 너는 잘 들어라. 내가 지금 이 딸에 대해 말하겠다. 그는 빛나기가 한이 없어 마치 태양이 처음으로 솟는 것 같다.

이시爾時 태자太子 즉위묘덕卽爲妙德 설송언說頌言

이때 태자가 그 묘덕에게 다음과 같이 찬송했다.

아금선어여我今先語汝 영여심견고令汝心堅固
여능순아심汝能順我心 아당성여의我當成汝意.

내가 지금 먼저 네게 말하여 너로 하여금 마음을 견고케 하마. 너는 능히 나의 마음을 따르라. 내가 마땅히 너의 뜻을 이뤄주겠다.

이시爾時 동녀童女 백태자언白太子言

이때 묘덕 동녀가 태자에게 말하였다.

무량겁해중無量劫海中 지옥화분신地獄火焚身
약능권납아若能眷納我 감심수차고甘心受此苦.

한없이 오랜 세월 동안 지옥 불이 내 몸을 태운다 해도 당신께서 나를 돌보아 받아주신다면 이 고통을 기꺼이 받아들이겠습니다.
구파가 석가에게 말하는 것이다. 앞으로 영원히 지옥 불에 떨어져도 나를 돌봐주고 받아준다면 나는 그 고통을 달게 받겠다. 네가 나를 받아주기만 하면 내가 기쁜 마음으로 모든 고통을 달게 받겠다.

기모선현其母善現 어태자전於太子前 차녀극단정此女極端正 공덕장엄신功德莊嚴身 석원봉태자昔願奉太子 금의이만족今意已滿足.

그 어머니 선현이 태자에게 말하였다. 내 딸은 극히 단정하고 공덕이 장엄하다. 옛날부터 당신 받들기를 바라왔는데 이제 그 뜻이 만족하게 되었다.

불자佛子 피시태자彼時太子 금석가모니불今釋迦牟尼佛 기묘덕녀其妙德女 아신시야我身是也.

불자여, 그때의 태자가 지금의 석가모니불이요 그 묘덕이라는 딸이 나의 전신이다.

아시여태자我時與太子 관불승일신觀佛勝日身
공경공양필恭敬供養畢 즉발보리의卽發菩提意

나는 그때 태자와 함께 부처님 승일신勝日身을 보고 공경공양을 마치자 즉시 보리의 뜻을 일으키게 되었다.

아관보살신我觀菩薩身 무변겁수행無邊劫修行
일일모공량一一毛孔量 구지불가득求之不可得.

나는 보살신菩薩身을 보고 한없이 오랜 동안 수행을 하면서 하나하나의 털구멍을 보는데 아무리 해도 다 얻을 수 없었다.
한없는 지혜를 얻게 되었다는 말이다.

불자佛子 아유득차관찰보살삼매해해탈我唯得此觀察菩薩三昧海解脫.

불자여, 나는 오직 이 관찰보살觀察菩薩 삼매해三昧海 해탈만을 알 뿐이다.

여제보살如諸菩薩 구경무량제방편해究竟無量諸方便海 운하능지능설피공덕행云何能知能說彼功德行. 차세계중此世界中 유불모마야有佛母摩耶.

그런데 다른 보살들은 구경의 무량한 모든 방편의 바다를 얻었는데 내가 어찌 그 공덕행을 알고 설하겠는가. 이 세계 가운데 부처님의 어머니인 마야부인이 계시니 찾아가거라.

2003. 3. 9.

입법계품 강해(11)

십정十定

42번부터 51번까지는 십정이다. 42번은 석가의 어머니인 마야부인이다. 「십정품十定品」에서는 보광普光이라 했는데 여기서는 마야摩耶다. 그리고 「십정품」에서는 묘광妙光인데 여기서는 천광天光이고 「십정품」에서 변우遍友가 여기서는 편주遍住라고 한다. 이렇게 서로 비교하여 각각의 특징을 정리하면 다음과 같다.

(42) 보광普光 마야摩耶
(43) 묘광妙光 천광天光
(44) 변우遍友 편주遍住
(45) 선지善知 청정淸淨
(46) 현승賢勝 과엄過嚴
(47) 견고堅固 지명知明
(48) 묘월妙月 불엄佛嚴
(49) 승군勝軍 차별差別
(50) 적정寂靜 자재自在
(51) 덕생德生 무애無碍

그런데 십정이란 간단히 말해서 빛과 힘과 자유에 대한 이야기다. 빛에 대한 이야기가 42번에서 45번이고 46번에서 48번은 힘에 대한 이야기며 49에서 51번은 자유라는 것이다. 빛이란 말 대신에 청정淸淨, 힘이란 말 대신에 장엄莊嚴, 그리고 자유라는 말 대신에 자재自在라 한다. 결국 청정·장엄·자재, 이것이 십정의 내용이다. 내가 늘 말하는 히말라야 산은 힘이라는 것이고 히말라야에 얼음이나 눈이 덮여있는데 그것이 햇빛에 비치면 황금색의 장관이다. 그래서 빛이라는 것이다. 그리고 흘러내리는 강물은 자유 또는 자재다. 청정·장엄·자재인데 이것이『화엄경』의 내용이다. 에베레스트 산이 흰눈에 덮여 아주 깨끗한 것이다. 청정이다. 그리고 8,848미터로 높이 솟아있는데 8천 미터 이상 되는 봉우리가 수십 개라 한다. 이것들이 장엄한 것이다. 그리고 거기서 흘러내리는 물은 인더스 강이니 갠지스 강이니 양자 강이니 한없이 많다. 자재다.『화엄경華嚴經』이라 할 때 '화華'는 청정이요 '엄嚴'은 장엄이고 '경經'은 자재라는 것이다. 언제나 내용은 이것이다. 깨끗하다, 장엄하다, 자유롭다는 이것이다. 이것이 화엄경의 본질이면서 또한 인간의 본질이다. 어떻게 해야 사람인가 하면 우선 깨끗해야 된다. 몸과 마음이 다 깨끗해야 된다. 그리고 장엄해야 된다. 언제나 자기가 자기 자신이 되어 장엄해야지 비굴하거나 그렇게 되면 안 된다. 그리고 자재, 마음대로 할 수 있어야 된다. 생각은 깨끗하고 몸은 장엄하고 두 다리는 자유로워야 된다. 머리가 언제나 깨끗해야지 골치가 아프다거나 그렇게 되면 안 된다. 그리고 몸은 언제나 구부리거나 비틀어지지 말고 똑바로 해서 장엄해야 된다. 그리고 다리는 마음대로 걸어다닐 수 있어야 된다. 사람은 언제나 청정·장엄·자유가 되어야 한다. 그러니까『화엄경』이란 다른 것이 아니라 "나란 무엇인가" 하는데 대한 것을 가르치자는 것이다. 한마디로 "너 자신을 알라"는 것이다. 나 자신이 어떠해야 되는가. 깨끗해야 되고 장엄해야 되고 자유로워야 된다. 언제나 공, 하나, 둘이다. 태극太極이 그것이다. 둘이라 해도 되고 또는 무한이라 해도 좋다. 공(0), 하나(1), 무한(∞)이다.『주역周易』의 내용이 그것이다. 우리가 태극이라 할 때 태극이 무엇인가 하는 물음은 사람의 본질이 무엇인가 하는 것이다. 깨끗·장엄·자유, 이것이 사람의 본질이다. 그것이『화엄경』의 내용이다.『화엄경』이 이제 거의 다 끝나 가는데 아무리『화엄경』을 더 해봐야 그 소리지 다른 소리가 아니다.

　보광普光, 묘광妙光, 편주遍住, 청정淸淨은 한마디로 청정이다. 깨끗한 눈이 덮여있는데 그 황금빛이 넓게 비치고 신비하게 비치고 어디나 비친다는 것이다. 그런데 에베레스트를 보니 한없이 장엄하다. 그래서 과엄過嚴이요, 불엄佛嚴이요, 지명知明이다. 지명이란 어디서나 봐도

에베레스트라는 것이다. 장엄하다는 것은 한마디로 힘이다. 그리고 차별差別, 자재自在, 무애無碍는 자유라는 것이다. 차별, 한 사람 한 사람이 다 자유로워야 된다. 자재다. 자기 혼자 걸어갈 수 있어야 된다. 그래서 무애, 아무 걸림이 없어야 된다. 자유란 무애가 되어야지 무애가 되지 않으면 자유가 될 수 없다. 이것을 한마디로 자재라 한다. 그러니까 『화엄경』의 내용을 다시 한 번 복습하는 것이다.

39.3.42 마야부인摩耶夫人

이시爾時 선재동자善財童子 일심욕예마야부인소一心欲詣摩耶夫人所 유주성신有主城神 명왈보안名曰寶眼 작여시언作如是言.

이때 선재동자는 마야부인을 뵙고자 간절히 바랐는데 성을 맡은 신인 보안寶眼이 다음과 같이 말했다.
"주성신主城神", 성을 지키는 신이 있는데 이름이 보안이다. 성을 잘 지키려면 보배 같은 눈을 가져야 된다는 것이다.

선남자善男子 응수호심성應守護心城 응정치심성應淨治心城 응조요심성應照耀心城 응견고심성應堅固心城 응광대심성應廣大心城.

선남자여, 마음을 지켜야 되고 마음을 깨끗이 해야 되고 마음을 빛나게 해야 되고 마음을 굳게 해야 되고 마음을 넓게 해야 된다.

이시爾時 유신중신有身衆神 명연화법덕名蓮華法德 이묘음성以妙音聲 종종칭탄마야부인種種稱歎摩耶夫人.

이때 여러 몸을 가진 신들이 있었는데 이름이 연화법덕蓮華法德이었다. 그가 묘음성妙音聲으로 마야부인을 찬탄하였다.
"신중신身衆神"이란 성을 지키는 군인들이 있었다는 말이다. 말하자면 왕궁을 지키는 근위병들이다. 그들이 마야부인을 대단히 칭찬했다는 것이다.

시時 유수호보살법당나찰귀왕有守護菩薩法堂羅刹鬼王 명왈선안名曰善眼 작여시언作如是言.

이때 수호보살守護菩薩 법당法堂 나찰羅刹 귀왕鬼王이 있었는데 이름은 선안善眼이었다. 그가 이렇게 말했다.

보살菩薩 성취십법成就十法 즉득친근제선지식則得親近諸善知識 소위所謂 기심청정其心淸淨 대비평등大悲平等 취일체지趣一切智 심불퇴전心不退轉 득정혜안得淨慧眼 대자평등大慈平等 이광대안以廣大眼.

보살은 열 가지 법을 성취한다. 즉 여러 선지식을 만나서 그 마음이 청정함과 대비大悲의 평등함과 일체지에 나아감과 불퇴전의 마음과 깨끗한 혜안을 얻음과 대자大慈 평등함으로 광대廣大의 눈을 얻는 것이다.

이시爾時 선재善財 수행기교受行其敎 즉시도견대보연화卽時覩見大寶蓮華 종지용출從地涌出 광명보왕光明寶王 이위기대以爲其臺.

이때 선재동자는 그 가르침을 받아서 가는데 즉시 큰 보배 연꽃이 땅으로부터 솟아남을 보게 되었다. 그리고 광명보왕光明寶王이 그것을 토대로 하였다.

어기대상於其臺上 유일루관有一樓觀 기루관중其樓觀中 유여의보연화지좌有如意寶蓮華之座 마야부인摩耶夫人 재피좌상在彼座上 원위일체보살지모願爲一切菩薩之母.

그 토대 위에 누각이 있었고 그 누각 가운데 여의보如意寶 연화좌蓮華座가 있었는데 마야부인이 거기에 앉아서 일체 보살의 어머니가 되기를 바랐다.

모든 사람을 사랑하는 어머니가 되겠다는 것이다. 기독교로 말하면 마리아다. 마리아는 모든 인류를 사랑하는 어머니라는 것이다. 모든 보살을 사랑하는 어머니가 되겠다는 것이 마야부인의 원이다.

이시爾時 선재善財 견마야부인見摩耶夫人 대성大聖 원위아설願爲我說.

이때 선재동자가 마야부인을 보고 말하였다. 거룩하신 이여, 저에게 가르침을 주십시오.
어머니를 『시경詩經』에서 성선聖善이라 한다. 어느 어머니나 성모聖母지 성모 아닌 어머니는 없다. 어느 어머니나 성선이지 성선 아닌 어머니는 없다. 대성大聖이다.

답언答言 불자佛子 아이성취보살대원지환해탈문我已成就菩薩大願智幻解脫門 시고상위제보살모是故常爲諸菩薩母.

마야부인이 대답했다. 불자여, 나는 이미 보살의 대원大願 지환智幻 해탈문解脫門을 성취했다. 이것은 언제나 모든 보살의 어머니가 되기 때문이다.
모든 보살의 어머니가 되겠다는 것이다. 그러니까 또 한 사람의 어머니도 되는 것이다.

불자佛子 여아어차如我於此 염부제중閻浮提中 가비라성迦毘羅城 정반왕가淨飯王家 우협이생右脇而生 실달태자悉達太子.

불자여, 내가 이 염부제 가운데 가비라성 정반왕가淨飯王家에서 오른쪽 옆구리로 실달태자悉達太子를 낳았다.

염부제閻浮提는 요새로 말하여 인도를 말한다. 기독교에서는 성령으로 잉태했다고 하는데 불교에서는 옆구리에서 나왔다고 한다. 옆구리에서 나왔다는 것은 몸으로 낳은 것이 아니라 마음으로 낳았다는 말이다. 부처는 마음으로 낳은 정신의 아들이지 육체의 아들이 아니다. 기독교로 말하면 하나님의 아들이다. 하나님이 "내가 오늘 너를 낳았다." 하나님이 예수에게 하신 말씀이다. 하나님이 낳은 것이지 마리아가 낳은 것이 아니다. 실달타는 석가의 어렸을 때 이름이다. 실달타는 정신의 아들이지 육체의 아들이 아니다.

선남자善男子 여금세존如今世尊 아위기모我爲其母 왕석소유무량제불往昔所有無量諸佛 실역여시悉亦如是 이위기모而爲其母.

선남자여, 지금의 세존은 그 어머니가 나다. 옛날에는 한없이 많은 부처들이 있었는데 다 이와 같이 나는 그 어머니가 되었다.

이시爾時 선재善財 백마야부인白摩耶夫人 득차해탈得此解脫 경금기시經今幾時.

이때 선재동자는 마야부인에게 말하였다. 이 해탈을 얻은 지 지금까지 얼마나 오래 되었습니까.

답언答言 내왕고세乃往古世 유전륜왕有轉輪王 명대위덕名大威德 시유보살時有菩薩 명이구당名離垢幢 좌어도장坐於道場 장성정각將成正覺.

마야부인께서 대답하였다. 옛날 오래 전에 전륜왕이 있었는데 이름은 대위덕大威德이었다. 이때 보살이 있었는데 이름은 이구당離垢幢이었다. 그가 도장에 앉아서 정각을 이루려던 참이었다.

유일악귀有一惡鬼 지보살소至菩薩所 피대위덕전륜성왕彼大威德轉輪聖王 화작병중化作兵衆 기수배다其數倍多 제마황포諸魔惶怖 실자분산悉自奔散.

그런데 하나의 악귀가 있어서 보살이 있는 곳에 찾아왔다. 그래서 그 대위덕 전륜성왕이 병사들을 화작하였는데 그 수가 악귀들보다 몇 배나 많았다. 그래서 여러 악귀들이 두려워하며 스스로 흩어졌다.
진리를 깨달으려 하는데 악마가 찾아온 것이다. 석가도 진리를 깨닫고자 할 때 악마가 찾아왔고 예수도 마찬가지다. 그래서 "화작化作", 요술을 써서 많은 군인들을 만들었다. 그러자 모든 악마들이 두려워하며 다 도망갔다는 것이다.

고피보살故彼菩薩 득성아누다라삼먁삼보리得成阿耨多羅三藐三菩提 시시時 도장신道場神 견시사이見是事已 작시원언作是願言.

그래서 그 보살이 아누다라삼먁삼보리를 얻게 되었는데 이때 그 도장을 맡은 신이 이것들을 다 보고서 다음과 같이 소원을 말하였다.

차전륜왕此轉輪王 재재생처在在生處 내지성불乃至成佛 원아상득여기위모願我常得與其爲母.

이 전륜왕이 어디에서 태어나거나 성불을 하기까지 나는 언제나 그의 어머니가 되고 싶다.

선남자善男子 피도장신彼道場神 아신시야我身是也 전륜왕자轉輪王者 금세존비로자나今世尊毘盧遮那 시시是.

선남자여, 그 도장신이 바로 나의 전신이고 그 전륜왕이 지금의 세존 비로자나인 것이다.

선남자善男子 **아유지차보살대원지환해탈문**我唯知此菩薩大願智幻解脫門.

선남자여, 나는 오직 이 보살의 대원 지환 해탈문을 알 뿐이다.

마야부인은 지환해탈문智幻解脫門인데 여기에 대해서 "종비기지從悲起智 환생성불幻生成佛"이라 해석을 한다. 보살이 거의 깨달아 가는데 악마가 달려드니까 그 보살에 대해 슬픈 마음을 일으켜 지혜를 일으켰다. 그래서 많은 군인들을 환幻으로 일으켜 그 보살이 성불하도록 했다는 것이다. 이것을 지환해탈문이라고 하는 것이다.

여제보살如諸菩薩 **구대비장**具大悲藏 **교화중생**教化衆生 **아금운하능지능설피공덕행**我今云何能知能說彼功德行.

다른 보살들은 대비장大悲藏을 갖추고 중생을 교화하고 있으니 내가 지금 어찌 그 공덕행을 알고 설하겠는가.

선남자善男子 **어차세계삼십삼천**於此世界三十三天 **유왕**有王 **명정념**名正念 **기왕**其王 **유녀**有女 **명천주광**名天主光.

선남자여, 이 세계 33천에 왕이 있으니 이름은 정념正念이라 한다. 그 왕에게 딸이 있으니 이름이 천주광天主光이라 한다.
도솔천兜率天 33천에 왕이 있는데 그에게 천주광이라는 딸이 있다는 것이다.

39.3.43 천광天光 여인女人

이시爾時 **선재**善財 **축왕천궁**逐往天宮 **견피천녀**見彼天女 **백언**白言 **성자**聖者 **선능유회**善能誘誨 **원위아설**願爲我說.

이때 선재동자는 하늘의 궁전에 올라가서 그 천녀를 보고 말하였다.
거룩하신 이여, 저를 깨우치도록 잘 가르쳐 주십시오.

천녀天女 답언答言 선남자善男子 아득보살해탈我得菩薩解脫 명무애념청정장엄名無礙念淸淨莊嚴.

천녀가 대답하였다. 선남자여, 나는 무애념청정장엄無礙念淸淨莊嚴이라는 보살의 해탈을 얻었다.

선남자善男子 아이차해탈력我以此解脫力 억념과거憶念過去 유최승겁有最勝劫 명청연화名靑蓮華 아어피겁중我於彼劫中 공양항하사수제불여래供養恒河沙數諸佛如來.

선남자여, 나는 이 해탈의 힘으로 과거를 기억하고 생각하였다. 옛날 최승의 겁劫이 있었는데 이름이 청연화靑蓮華라는 시대였다. 나는 그 시대에 한없이 많은 부처님들을 공양하였다.
항하사恒河沙는 갠지스 강의 모래라는 것이다. 갠지스 강가의 모래만큼이나 많은 부처님들을 공양하였다는 것이다.

우억과거又憶過去 겁명선지劫名善地 아어피我於彼 공양십항하사수제불여래供養十恒河沙數諸佛如來.

또 과거를 생각해보니 선지善地라는 겁劫이 있었는데 그 시대에 나는 또 한없이 많은 열 항하사 수만큼의 부처님들을 공양하였다.

우과거겁又過去劫 명위묘덕名爲妙德 아어피我於彼 공양일불세계미진수제불여래供養一佛世界微塵數諸佛如來.

또 과거를 생각해보니 묘덕妙德이라는 겁이 있었는데 그 시대에 또 한없이 많은 부처님을 공양하였다.

우겁명무소득又劫名無所得 공양팔십사억백천나유타제불여래供養八十四億百千那由他諸佛如來 공양이십항하사수제불여래供養二十恒河沙數諸佛如來.

또 무소득無所得이라는 시대가 있었는데 그때에 한없이 많은 부처님들을 공양하였다. 84억 백천 나유타만큼의 수많은 부처님을 공양하였고 20항하사 수만큼의 많은 부처님을 공양하였다.

공양일항하사수供養一恒河沙數 팔십항하사수八十恒河沙數 육십항하사수六十恒河沙數 칠십항하사수제불여래七十恒河沙數諸佛如來.

항하사 수만큼 많은 부처님을 공양하였고 80항하사 수만큼 많은 부처님을 공양하였고 60항하사 수만큼 많은 부처님을 공양하였고 70항하사 수만큼 많은 부처님을 공양하였다.

여시선겁소유여래如是先劫所有如來 종초보살從初菩薩 내지법진乃至法盡 일체소작一切所作.

이와 같이 전에 여래가 계신 곳에서 처음 보살부터 법이 다하도록 일체의 일을 다 기억하는 것이다.

아이정엄해탈지력我以淨嚴解脫之力 개수억념皆隨憶念 명료현전明了現前 지이순행持而順行 증무해폐曾無懈廢.

나는 이렇게 정엄해탈淨嚴解脫의 힘으로 과거를 기억하는데 눈 앞에 명료하게 나타나서 붙들고 따르며 행하는데 일찍이 게으르거나 그치는 일이 없었다.

선남자善男子 아유지차무애념청정해탈我唯知此無碍念清淨解脫.

선남자여, 나는 오직 이 무애념청정해탈만을 알 뿐이다.
천광의 무애념청정해탈에 대해서는 "현전보관現前普觀 무애일념無碍一念"이라 설명한다. 진리가 나타나면 눈을 뜨게 되고 눈을 뜨게 되면 하나의 생각도 걸림이 없게 된다. 이것을 무애념無碍念이라 한다. 눈을 뜨게 되면 아무 것도 걸림이 없게 되는 것이다.

여제보살마하살如諸菩薩摩訶薩 출생사야出生死夜 낭연명철朗然明徹 영리치명永離癡冥 미상혼매未嘗惛寐 심무제개心無諸蓋 신행경안身行輕安.

그런데 다른 보살들은 생사의 밤을 벗어나 분명하고 밝게 깨쳐서 영원히 의심의 어둠을 벗어나서 일찍이 어둡거나 캄캄함이 없으니 마음은 언제나 막힌 것이 없고 몸으로 행함은 언제나 가볍고 편안하였다.

어제법성於諸法性 청정각료清淨覺了 성취십력成就十力 개오군생開悟群生 이아운하능지능설피공덕행而我云何能知能說彼功德行.

그래서 모든 법의 성품을 깨끗하게 깨달아 열 가지 힘을 성취하고 모든 중생들을 깨우치는데 내가 어찌 그 공덕행을 다 알고 설하겠는가.

선남자善男子 가비라성迦毘羅城 유동자사有童子師 명왈변우名曰遍友 선재동자善財童子 정례기족頂禮其足 사퇴이거辭退而去.

선남자여, 가비라 성에 동자가 있으니 이름은 변우遍友라 한다. 선재동자는 그 발 아래 절을 하고 물러나 떠나갔다.

39.3.44 변우遍友 동자童子

종천궁하從天宮下 점향피성漸向彼城 지변우소至遍友所 예족위요禮足圍遶 합장공경合掌恭敬 어일면입於一面立 백언白言.

하늘의 궁전에서 내려와 점차 그 가비라 성으로 향하여 변우가 있는 곳에 이르렀다. 발 아래 절을 하고 돌며 손을 모아 공경하였다. 그리고 한쪽에 바로 서서 말하였다.

성자聖者 아이선발아누다라삼막삼보리심我已先發阿耨多羅三藐三菩提心 이미지보살而未知菩薩 운하학보살행云何學菩薩行 운하수보살도云何修菩薩道.

거룩하신 이여, 저는 이미 아누다라삼막삼보리심을 발하였으나 보살이 어떻게 보살행을 배우며 어떻게 보살도를 수행하는지 모르겠습니다.

아문성자我聞聖者 선능유회善能誘誨 원위아설願爲我說.

제가 들으니 성자께서는 잘 가르쳐 주신다 하오니 저를 위해 가르침을 주십시오.

변우遍友 답언答言 선남자善男子 차유동자此有童子 명선지중예名善知衆藝 학보살자지學菩薩字智 여가문지汝可問之 당위여설當爲汝說.

변우가 대답하였다. 선남자여, 여기 동자가 있으니 이름은 선지중예善知衆藝라 하는데 보살의 글자 지혜를 배웠으니 그에게 물으면 응당 너를 위해 가르쳐 주리라.
　변우는 한마디도 안 하고 새로운 선지식만 소개하고 마는 것이다. 그래서 변우의 내용은 "편왕시방遍往十方 편주법사遍住法師"라 한다. 여기저기 돌아다니면서 법사로서 주인 노릇만 한다는 것이다. 자기는 가르치지 않고 누구를 찾아가라고 소개만 한다.

39.3.45 선지善知 동자童子

이시爾時 선재善財 즉지기소卽至其所 두정례경頭頂禮敬 백언白言 성자聖者 원위아설願爲我說.

이때 선재동자는 그 선지중예 동자를 찾아가서 절을 하고 말하였다. 거룩하신 이여, 저를 위해 가르쳐 주십시오.

시피동자時彼童子 고선재언告善財言 선남자善男子 아득보살해탈我得菩薩解脫 명 선지중예名善知衆藝.

그때 동자는 선재동자에게 말하였다. 선남자여, 나는 선지중예善知衆藝라는 보살해탈을 얻었다.

아항창지차지자모我恒唱持此之字母 창아자시唱阿字時 입반야파라밀 문入般若波羅蜜門 명이보살위력名以菩薩威力 입무차별경계入無差別境界.

나는 언제나 자모字母를 지니며 노래한다. '아阿'라는 글자를 노래할 때 반야파라밀 문으로 들어가는데 이름하기를 보살의 위력으로써 무차별 경계에 들어가는 것이라 한다.

동자童子는 갓난애다. 갓난애라 아무 것도 모르고 '아' 소리밖에는 못한다. 그것이 "창아자唱阿字", '아' 자를 부른다는 것이다. 아무리 어린아이라도 '아' 소리는 한다. 그래서 이것을 근본어根本語라고 한다. 그것은 하늘과 땅과 사람이 합쳐진 소리다. 하늘을 기역(ㄱ) 땅을 니은(ㄴ) 이라 하면 ㄷ, 가온찍기다. 가온찍기, 하늘과 땅의 핵심을 붙잡았다는 것이다. 진리를 깨달았다는 말이다. 가온찍기라는 ㄱ에서 하늘을 나타내는 ㄱ을 둥그렇게 하고 땅을 나타내는 ㄴ을 네모로 하면 옴, 아옴이 된다. "엄마 아빠" 하고 부르는 소리라 해도 좋다. "엄마 아빠" 부르는 소리가 아옴이다. 아옴, 옴이란 가온찍기를 기원한다는 뜻이다. 진리를 깨닫게 해달라는 뜻이다. 인도 사람들은 '아훔阿吽'이라 한다. 하여튼 인도 글자를 한자로 말해서 '실담悉曇'이라 한다. 실담에 50글자가 있는데 일본의 가나도 50자다. 인도의 이것을 본떠서 일본 글자도 50개를 만든 것이다. 그래서 불교의 핵심인 적멸위락寂滅爲樂이라는 것을 일본 글자 50개를 가지고 표시한 것이 있다. 이렇게 글자를 가지고 진리를 표시하는 것이 아훔이다. 말하자면 아훔에는 모든 글자가 다 들어간다는 것이다. 어린애들이 아빠 엄마 부르는 것도 아훔이다. 진리를 깨닫겠다는 것이 인간의 본질이다. 그래서 아빠 엄마를 부르는 소리가 아훔이 된다는 것이다. 아훔이라는 것을 우리로 말하면 태극음이라는 것이다. 모음의 모음이다. 그것 하나를 붙잡으면 모음이나 자음이나 모두가 거기에서 나온다는 것이다. 말하자면 뿌리라는 것이다. 뿌리를 붙잡으면 모든 것이 거기에서 나온다. 뿌리라는 것은 진리를 말한다. 진리란 무엇인가. 하늘땅에 가득한 것이 진리다. 그것이 가온이다. 그 진리를 탁 깨달아야 된다는 것이 가온찍기다. 무극이태극無極而太極이다. 진리를 깨달았다는 말이다. 다 같은 사상이다. 아멘Amen도 마찬가지다. 아멘, 아옴, 가온찍기, 다 같은 말이다. 가온찍기라야 아멘이지 가온찍기 없이 아멘이 어디 있겠는가. 가온찍기, 이것이 우리 모두의 소원이다. 그래서 어린애도 뱃속에서 나오면서부터 '아' 하고 소리를 지른다는 것이다. 그것을 "창아자"라 한다. 재미있는 말이다.

선남자善男子 아창여시자모시我唱如是字母時 차사십이반야파라밀문此四十二般若波羅蜜門 위수爲首 입무량무수반야파라밀문入無量無數般若波羅蜜門.

선남자여, 나는 이렇게 자모字母를 노래할 때 이렇듯 42 반야파라밀 문을 머리로 하여 무량 무수의 반야파라밀 문에 들어가는 것이다.

자모를 창할 때 42 반야파라밀만이 아니라 모든 이치를 다 알게 된다는 것이다. 그러니까 선지중예의 핵심은 "성자실상聲字實相 우주충만宇宙充滿"이라고 한다. 아훔, 아멘, 이렇게 '아'로 표현되는 그 세계가 결국 진리의 세계다. 성자실상聲字實相이다. 그 진리의 세계라는 것이 우주충만宇宙充滿이다. 하늘과 땅에 충만한 것이다. 우주가 그대로 아멘이요 우주가 그대로 아훔이요 우주가 그대로 , 가온찍기다. 하늘과 땅 사이에 있는 사람, 그것이 가온찍기다. 그래서 "성자실상 우주충만"이라 한다.

선남자善男子 아유지차선지중예보살해탈我唯知此善知衆藝菩薩解脫.

선남자여, 나는 오직 이런 선지중예 보살해탈만을 알 뿐이다.

여제보살마하살如諸菩薩摩訶薩 능어일체세출세간선교지법能於一切世出世間善巧之法 이지통달以智通達 도어피안到於彼岸 아운하능지능설피공덕행我云何能知能說彼功德行.

다른 보살들은 능히 일체 세간 및 출세간에 선교善巧의 법을 지혜로써 통달하여 피안에 이르렀으니 내가 어찌 그 공덕행을 다 알고 설하겠는가.

선남자善男子 차마갈제국此摩竭提國 유우바이有優婆夷 호왈현승號曰賢勝 시時 선재善財 연앙사거戀仰辭去.

선남자여, 이 마갈제국에 우바이가 있는데 이름은 현승賢勝이라 한다. 이때 선재동자는 사모하고 우러르며 그를 물러나 떠나갔다.

39.3.46 현승賢勝 우바이優婆夷

향취락성向聚落城 지현승소至賢勝所 합장공경合掌恭敬 백언白言 원위아설願爲我說.

취락성聚落城으로 향하여 현승 우바이가 있는 곳에 도달한 선재동자는 손을 모아 인사를 올리며 말하였다. 바라옵건대 저에게 가르침을 주십시오.

현승賢勝 답언答言 선남자善男子 아득보살해탈我得菩薩解脫 명무의처도장名無依處道場 기자개해旣自開解.

현승 우바이가 대답하였다. 선남자여, 나는 보살의 무의처도장無依處道場 기자개해旣自開解라는 해탈을 얻었다.
무의처 도장인데 이미 다 열려 있다는 것이다.

부위인설復爲人說 우득무진삼매又得無盡三昧 비피삼매법非彼三昧法 유진무진有盡無盡.

또 사람들에게 말하기를 또한 다함이 없는 삼매를 얻었는데 그 삼매법은 유진도 아니고 무진도 아니다.
유진有盡 무진無盡 상대를 초월한 절대의 삼매법이란 것이다.

이능출생일체지성안무진고以能出生一切智性眼無盡故 성이性耳 성비性鼻 성설性舌 성신性身 성의性意 성공덕性功德 성지혜性智慧 성신통무진고性神通無盡故.

이로써 일체지를 낳을 수 있고 그래서 영원한 눈인 성안性眼을 가지게 되었다. 또한 귀가 뚫리게 되었고 코가 뚫리게 되었고 혀가 뚫리게 되었고 몸이 뚫리게 되고 뜻이 뚫리게 되고 공덕이 뚫리고 지혜가 뚫리고 성신性神이 뚫리게 되었다.

뚫렸다는 말은 가온찍기가 되었다는 것이다. 이것의 특징을 "법무의처法無依處 화령만유化靈萬有"라 했다. 법, 진리라는 것은 무의처無依處다. 어디 기대는 것이 없다. 자유라는 말이다. 그러니까 "화령만유化靈萬有", 온 만유를 신령하게 변화시키는 것이다. 그래서 눈도 뚫리게 되고 귀도 뚫리게 되고 코도 뚫리게 되고 혀도 뚫리게 된다. 성령이 충만하지 않으면 어떻게 뚫리겠는가. 그래서 모든 만물을 다 신비하게, 신령하게 만든다는 것이다.

선남자善男子 아유지차무의처 도장해탈我唯知此無依處道場解脫.

선남자여, 나는 오직 이런 무의처 도장 해탈만을 알 뿐이다.

여제 보살마하살如諸菩薩摩訶薩 일체무착공덕행一切無着功德行 이아운하진능지설而我云何盡能知說.

그런데 다른 보살들은 일체무착一切無着 공덕행을 가졌으니 내가 어찌 그것을 능히 알고 설하겠는가.

선남자善男子 남방南方 유장자有長者 명견고해탈名堅固解脫 선재善財 사퇴남행辭退南行.

선남자여, 남쪽에 견고해탈이라는 장자가 있다. 선재동자는 인사를 하고 물러나 남쪽으로 갔다.

39.3.47 견고해탈堅固解脫 장자長者

도어피성到於彼城 예장자소詣長者所 합장공경合掌恭敬 백언白言

성자聖者 원위아설願爲我說.

선재동자는 그 성에 도착하여 견고해탈 장자를 찾아가 손을 모아 공경하며 말하였다. 거룩하신 분, 저를 위해 가르침을 주십시오.

장자長者 답언答言 선남자善男子 아득보살해탈我得菩薩解脫 명무착념청정장엄名無着念清淨莊嚴.

장자가 대답하였다. 선남자여, 나는 보살의 무착념청정장엄無着念清淨莊嚴이라는 해탈을 얻었다.

아자득시해탈이래我自得是解脫已來 어시방불소於十方佛所 근구정법勤求正法 무유휴식無有休息.

나는 이 해탈을 스스로 얻은 이래 시방의 부처님 계신 곳에서 정법을 열심히 구하는데 조금도 쉬지 않는다.

선남자善男子 아유지차무착념청정장엄해탈我唯知此無着念清淨莊嚴解脫.

선남자여, 나는 이 무착념청정장엄해탈만을 알 뿐이다.
이것의 특징을 "반야장엄般若莊嚴 일념무착一念無着"이라 한다. 반야는 지혜라는 것이다. 진리를 깨달으면 일념무착이다. 한 생각도 집착이 없어진다.

여제보살마하살如諸菩薩摩訶薩 획무소외대사자후獲無所畏大師子吼 안주광대복지지취安住廣大福智之聚 아운하능지능설피공덕행我云何能知能說彼功德行.

그런데 다른 보살들은 무소외無所畏 대사자후大師子吼를 얻어서 광대廣大 복지지취福智之聚에 안주하는데 내가 어찌 그 공덕행을 다 알고 설하겠는가.

선남자善男子 즉차성중卽此城中 유일장자有一長者 명위묘월名爲妙月 선재善財 사퇴이행辭退而行.

선남자여, 이 성 중에 묘월妙月이라는 장자가 한 분 있다. 선재는 인사하고 물러나 길을 떠났다.

39.3.48 묘월妙月 장자長者

향묘월소向妙月所 합장공경合掌恭敬 백언白言 원위아설願爲我說.

묘월 장자가 있는 곳으로 가서 합장하고 공경하며 선재는 가르침을 부탁했다.

묘월妙月 답언答言 선남자善男子 아득보살해탈我得菩薩解脫 명정지광명名淨智光明 선남자善男子 아유지차지광해탈我唯知此智光解脫.

묘월 장자가 대답하였다. 선남자여, 나는 보살의 정지광명淨智光明 해탈을 얻었다. 선남자여, 나는 오직 이런 지광해탈智光解脫만을 알 뿐이다.
이것의 특징은 "진지무망眞智無妄 비지파혹悲智破惑"이라 한다. 진리를 알면, 자기를 알면 망녕됨이 없다. 자기를 알면 인생이 허무하지 않다는 말이다. 자기를 모르면 인생이 허무한데 자기를 알면 인생이 허무한 것이 아니다. 그리고 "비지파혹悲智破惑", 다른 사람을 알면 어리석음을 깨치고 나올 수 있다. 이것을 지광해탈이라 한다. 지광智光의 '지智'는 자기를 아는 진지眞智요, '광光'은 남을 아는 비지悲智

라 한 것이다.

여제보살마하살如諸菩薩摩訶薩 증득무량해탈법문證得無量解脫法門 아운하능지능설피공덕행我云何能知能說彼功德行.

그런데 다른 보살들은 무량해탈법문을 증득했으니 내가 어찌 그 공덕행을 알고 설하겠는가.

선남자善男子 남방유성南方有城 명출생名出生 피유장자彼有長者 명무승군名無勝軍 선재사거善財辭去

선남자여, 남쪽에 출생出生이라는 성이 있는데 거기에 무승군無勝軍이라는 장자가 있다. 선재는 인사를 하고 물러나 떠나갔다.

39.3.49 무승無勝 장자長者

점향피성漸向彼城 지장자소至長者所 합장공경合掌恭敬 백언白言 원위아설願爲我說.

선재동자는 그 성으로 향하여 무승군 장자를 만나서 합장 공경하며 말하였다. 저를 위해 가르침을 주십시오.

장자長者 답언答言 선남자善男子 아득보살해탈我得菩薩解脫 명무진상名無盡相 아이증차보살해탈我以證此菩薩解脫 견무량불見無量佛 득무진장得無盡藏.

그러자 장자가 대답했다. 선남자여, 나는 보살의 무진상無盡相 해탈을 얻었다. 나는 이렇게 보살해탈을 증득하여 한없는 부처님을 보고 무진장無盡藏을 얻었다.

무진상 해탈에 대해 "주반무진主伴無盡 원융무애圓融無碍"라 해석한다. 내가 나를 안다는 것이다. 아는 사람도 나요 알려지는 사람도 나다. 너 자신을 알라는 것인데 나 자신도 나요 알려고 하는 자도 나다. 내가 나를 아는 것이다. 내가 나를 보는 것이다. 그래서 관자재觀自在라 한다. 진리를 깨달았다는 말이다. 내가 나를 아는 것을 진리를 깨달았다고 한다. 그러니까 "주반무진主伴無盡", 내가 나를 알게 되면 "원융무애圓融無碍"가 된다. 모든 일에 대해서 다 부드럽게 되고 아무 것도 걸림이 없게 된다. 자기를 알면 이 세상에 아무 것도 걸림이 없다는 것이다. 자기를 안다는 것을 또 달리 말하면 눈을 떴다는 것이다. 다같은 말이다. 눈을 떴다는 말은 주체적인 진리라는 것이다. 그런데 내가 너를 안다 할 때는 주관과 객관이다. 나와 너, 이것은 주체적인 진리가 아니다. 객관적인 진리다. 그것을 분별지라 한다. 그리고 주체적인 진리는 무분별지 혹은 통일지라 한다. 과학이란 대상을 아는 분별지요, 철학이란 대상이 아니라 나를 아는 것이다. 대상을 안다는 것은 지식이라 하는데 나를 안다는 것은 지혜다. 지혜란 쉽게 말하여 철이 드는 것이다. 나를 알았다는 것은 철이 든 것이다. 철이 들면 원융무애, 모든 사람에게 대해 다 잘하게 된다. 그러니까 분별지는 과학이요 무분별지는 철학이다. 그러니까 철학이란 대상이 없는 것이다. 대상이 있으면 과학이다. 철학이란 자기를 아는 것이니까 대상이 없다. 그래서 주반무진이라 한다. 내가 나를 알면 다함이 없다. 다함이 없다는 말은 자유자재라는 것이다.

선남자善男子 아유지차무진상해탈我唯知此無盡相解脫 여제보살마하살如諸菩薩摩訶薩 득무한지得無限智 무애변재無碍辯才 아운하능지능설피공덕행我云何能知能說彼功德行.

선남자여, 나는 오직 이 무진상 해탈만을 알 뿐이다. 그런데 다른 보살들은 무한지를 얻었고 무애변재를 얻었으니 내가 어찌 그 공덕행을 다 알고 설하겠는가.

선남자善男子 어차성남於此城南 유일취락有一聚落 유바라문有婆羅門 명최적정名最寂靜 선재사거善財辭去.

선남자여, 이 성의 남쪽에 하나의 취락이 있으니 거기에 최적정最寂靜이라는 바라문이 있다. 선재동자는 인사하고 물러나 떠나갔다.

2003. 3. 16.

입법계품 강해(12)

39.3.50 적정寂靜 바라문婆羅門

점차남행漸次南行 견최적정見最寂靜 백언白言 원위아설願爲我說.

선재동자는 남쪽으로 가서 최적정最寂靜 바라문을 만나 가르침을 청했다.
열반적정涅槃寂靜인데 삼법인三法印 가운데 하나다. 열반涅槃이란 번뇌의 불이 꺼졌다는 말이다. 죄에서 벗어난 것이다. 그리고 적정寂靜이란 진리와 하나가 되었다는 말이다. 그래서 계리무착契理無着이라 했다. 진리와 하나가 되어 집착을 벗어났다. 이제 거의 마지막이 되어 진리와 거의 하나가 되고 모든 집착에서 거의 벗어나게 되었다는 것이다.

바라문婆羅門 답언答言 선남자善男子 아득보살해탈我得菩薩解脫 명성원어名誠願語.

그 바라문이 대답했다. 선남자여, 나는 보살의 성원어誠願語 해탈을 얻었다.

과거현재미래보살過去現在未來菩薩 이시어고以是語故 내지어아누다라삼막삼보리乃至於阿耨多羅三藐三菩提.

과거 현재 미래의 보살들이 모두 이 성원어로써 마침내 아누다라삼막삼보리에 이르렀다.
'성誠'이란 정성이다. '원願'이란 간절한 소원이다. 정성을 다해서 간절히 소원하는 말이 성원어誠願語다. 불교에서의 간절한 소원이 성불成佛이다. 부처가 되겠다는 것이다. 부처란 깨달은 사람이니까 깨달은 사람이 되겠다는 것이다. 유교에서의 소원은 성인成仁이다. 어진 사람이 되겠다는 것이다. 도교에서는 성도成道라 한다. 도에 통한 사람이 되겠다는 것이다. 기독교에서는 성자聖子라 한다. 하나님의 아들이 되는 것이다. 각 종교마다 목적이 있는데 이런 것을 성원어라 할 것이다. 『반야심경般若心經』에서 맨 처음 나오는 말이 "관자재觀自在"다. 자기를 알았으면 좋겠다는 것이다. 인도사상이나 희랍사상은 같은 것이다. 결국 "너 자신을 알라"는 것이다. 관자재, 자기 자신을 알았으면 좋겠다는 말이다. 그리고 "아누다라삼막삼보리阿耨多羅三藐三菩提"는 무상정편지無上正遍智, 즉 최고의 진리라는 뜻이다. 그러니까 진리를 깨달았으면 좋겠다는 말이다. 그리고 맨 마지막에 "아제아제揭帝揭帝 바라아제般羅揭帝 바라승아제般羅僧揭帝 보리사바하菩提娑婆訶" 하고 나온다. "아제아제 바라아제 바라승아제", 가자가자 빨리 가자 더 빨리 가자. 어디로 가는가. "보리사바하", 진리의 나라로 가자는 것이다. 진리의 나라로 빨리 가자는 것이다. 『반야파라밀다심경般若波羅蜜多心經』이란 도피안到彼岸, 진리의 세계로 빨리 건너가자는 것이다. 그러니까 "관자재"나 "아누다라삼막삼보리"나 "아제아제"나 다 성원어다. 결론은 성불하자는 것이다.

무유퇴전無有退轉 무이퇴無已退 무현퇴無現退 무당퇴無當退.

진리의 세계에서 물러남이 없다. 이렇게 불퇴전이 되었는데 과거에도 물러남이 없었고 지금도 물러남이 없으며 앞으로도 물러남이 없을 것이다.
과거에도 물러서지 않았고 현재에도 물러서지 않고 미래에도 물러서지 않겠다는 것이다.

선남자善男子 아이주어성원어고我以住於誠願語故 수의소작隨意所作 막불성만莫不成滿.

선남자여, 나는 이렇게 성원어에 머물기 때문에 뜻이 짓는 바에 따라 무엇이나 원만함을 이루지 못하는 것이 없다.

생각하는 대로, 뜻대로 되지 않는 것이 없다. 열심히 진리를 깨닫기 위해 가는 것이니까 계속 발전하는 것뿐이지 뒤로 후퇴하는 법은 없다는 말이다.

선남자善男子 아유지차성어해탈我唯知此誠語解脫.

선남자여, 나는 오직 이런 성어해탈誠語解脫만을 알 뿐이다.
이런 성어해탈을 "종심소욕從心所慾 불유일구不踰一矩"라 풀이한다. 마음대로 해도 하나도 법에서 어긋나지 않는다는 것이다.

여제보살마하살如諸菩薩摩訶薩 여성원어與誠願語 행지무위行止無違 언필이성言必以誠 미증허망未曾虛妄 무량공덕無量功德 인지출생因之出生 아운하능지능설我云何能知能說.

그런데 다른 보살들은 성원어와 더불어 나아가거나 머무르거나 이치에 어긋남이 없다. 그래서 말은 꼭 정성으로 마치니 일찍이 허망함이 없고 그 공덕이 무량하여 그것으로 부처님의 세상에 태어나게 되니 내가 어찌 그것을 다 알고 설하겠는가.

선남자善男子 어차남방於此南方 유성有城 명묘의화문名妙意華門 피유동자彼有童子 명왈덕생名曰德生 유동녀有童女 명위유덕名爲有德.

선남자여, 남쪽으로 가면 묘의화문妙意華門이라는 성이 있는데 거기에 덕생동자가 살고 있으며 또한 유덕동녀가 살고 있다.

시時 선재善財 연앙이거戀仰而去.

제39. 입법계품入法界品 407

이때 선재는 그를 연모하고 우러르며 떠나갔다.

39.3.51 덕생동자童子德生 유덕동녀有德童女

이시爾時 선재善財 점차남행漸次南行 지묘의화문성至妙意華門城 견덕생동자見德生童子 유덕동녀有德童女 정례기족頂禮其足 이작시언而作是言 성자聖者 위아선설爲我宣說.

이때 선재동자는 점차 남으로 가서 묘의화문 성에 이르러 덕생동자와 유덕동녀를 만나보고 그 발에 엎드려 절을 하고 말하였다. 거룩하신 이여, 저를 위해 가르쳐주시기를 바랍니다.

시時 동자동녀童子童女 고선재언告善財言 아등我等 증득보살해탈證得菩薩解脫 명위환주名爲幻住.

이때 동자와 동녀는 선재에게 말하였다. 우리들은 환주幻住라는 보살해탈을 증득했다.
환주해탈幻住解脫, 이 세상이 하나의 꿈이라는 것이다.

득차해탈고得此解脫故 견일체세계見一切世界 개환주개幻住 인연소생고因緣所生故 업번뇌소기고業煩惱所起故 무명유애등無明有愛等 전전연생고展轉緣生故

이 해탈을 얻은 까닭에 일체 세계가 다 환주라는 것을 알게 되었다. 인연소생이기 때문이다. 업과 번뇌로 일어나기 때문이며 무명과 소유 애착 등으로 유전하는 인연소생이기 때문이다.
모든 만물은 인因과 연緣으로 되어 있으니 인과 연이 없어지면 만물이 다 없어질 것이 아닌가 하는 말이다. 햇빛과 수증기로 무지개가 만들어졌는데 햇빛과 수증기가 사라지면 무지개가 사라지듯 만물도 그렇게 인과 연이 없으면 다 사라진다는 말이다. 이 세상이란 이렇게 무지개 같은 세상이라는 것이다. 인연소생因緣所生이다. 업과 번뇌로 일어나는 세상이요 십이지인연十二支因緣의 세상이라는 것이다.

종종환연소생 고種種幻緣所生故 전도지소생 고顚倒智所生故 생로병사우비고뇌生老病死憂悲苦惱 허망분별소생 고虛妄分別所生故

갖가지 환幻으로 인한 인연소생이기 때문이요 전도지顚倒智로 일어나는 때문이다. 생로병사 우비고뇌憂悲苦惱 모두가 허망 분별에서 일어나는 때문이다.

도심도견도무명소현 고倒心倒見倒無明所現故 지단분별소성 고智斷分別所成故

생각이 전도顚倒되고 견해가 전도되어 무명無明이 나타난 까닭이요 지혜가 끊어져 분별로 이뤄지는 까닭이다.

제행원법지소성 고諸行願法之所成故 원지환소성 고願智幻所成故.

여러 행원行願의 법에서 생겨나는 까닭이요 원願과 지智의 환幻에서 생겨나는 까닭이다.

선남자善男子 환경幻境 자성自性 불가사의不可思議.

선남자여, 환幻의 경계와 자성自性은 불가사의한 것이다.
이 세계가 꿈이라고 알면 그것은 이미 꿈이 아니다. 깬 사람에게는 이 세상이 한없이 신비한 것이다. 깨지 못한 사람에게는 이 세상이 허무하지만 깬 사람에게는 이 세상이 한없이 신비한 것이다. 그러니까 불교에서는 깼느냐 못 깼느냐 그것으로 결정되는 것이다. 눈을 뜨면 이 세상이 이렇게 아름답지만 눈을 감으면 암흑이다. 한마디로 말하면 그것이다.

선남자善男子 아등이인我等二人 단능지차환주해탈但能知此幻住解脫.

선남자여, 우리들 두 사람은 다만 이런 환주해탈만을 알 뿐이다.
이것을 "지몽비몽知夢非夢 진공묘유眞空妙有"라 해석한다. 세상이 꿈인 줄 알면 꿈이 아니라는 것이다. 세상이 꿈인 줄 알고 꿈에서 깨어나면 세상은 한없이 신비하게 된다. 진공묘유가 된다.

여제보살마하살如諸菩薩摩訶薩 선입무변제사환망善入無邊諸事幻網 피공덕행彼功德行 아등운하능지능설我等云何能知能說.

그런데 다른 보살들은 끝없는 만사의 환幻 그물에 잘 들어갔으니 그 공덕행을 우리들이 어찌 다 알고 설하겠는가.
다른 보살은 이 세상이 꿈이라는 것을 더 자세히 안다는 것이다.

차남방此南方 유원有園 명대장엄名大莊嚴 미륵보살마하살彌勒菩薩摩訶薩 안처기중安處其中 여예피문汝詣彼問.

남쪽에 동산이 있는데 이름은 대장엄大莊嚴이라 한다. 거기에 미륵보살이 있는데 너는 그분을 찾아뵙고 묻기 바란다.

보살菩薩 운하행보살행云何行菩薩行 운하수보살도云何修菩薩道.

보살이 보살행을 어떻게 행하고 보살도는 어떻게 수행하는지 물어라.

하이고何以故 피보살마하살彼菩薩摩訶薩 통달일체 보살행通達一切菩薩行 능위여설일체보살행원소성공덕能爲汝說一切菩薩行願所成功德.

왜 그런가. 그 보살은 일체 보살행에 통달하였기 때문이다. 그래서 능히 너에게 일체 보살행원이 어떤 공덕을 이루는가를 가르쳐 줄 것이다.

선남자善男子 여구선지식汝求善知識 불응피권不應疲倦 유선지식임지由善知識任持 불타악취不墮惡趣 능령안주일체불법문能令安住一切佛法門.

선남자여, 너는 선지식을 구하는데 응당 피로하거나 게으르지 말라. 선지식에 모든 것을 맡기면 나쁜 일에 빠지지 않게 되고 그래서 능히 일체 부처님의 법문에 안주하게 된다.

시時 선재善財 문선지식聞善知識 여시공덕如是功德 사퇴이거辭退而去.

이때 선재동자는 선지식의 이러한 공덕을 듣고 물러나 떠나갔다.

이상으로 50명의 보통의 선지식이 다 끝나고 마지막 세 사람이 남았다. 미륵彌勒과 문수文殊와 보현普賢이 남았다.

39.3.52 미륵보살彌勒菩薩

이시爾時 선재동자善財童子 향해안국向海岸國 어비로자나장엄장대누각전於毘盧遮那莊嚴藏大樓閣前 오체투지五體投地.

이때 선재동자는 해안국으로 향하여 비로자나 장엄의 큰 누각 앞에서 땅에 엎드려 절을 했다.

차시대비청정지此是大悲淸淨智 이익세간자씨존利益世間慈氏尊
관정지중불장자灌頂地中佛長子 입여래경지주처入如來境之住處

이와 같이 대비와 청정한 지혜로 이 세상을 이롭게 하는 사랑의 주인공 미륵보살이 정수리에 부음 받고 세상에서 부처님의 장자 되어 여래의 세계 속에 들어가 사는 곳이네.
대비大悲는 사랑이요 청정지淸淨智는 지혜다. 지혜와 사랑이 넘치는 곳이다.

시계인진선지혜施戒忍進禪智慧 방편원력급신통方便願力及神通
여시대승제도법如是大乘諸度法 실구족자지주처悉具足者之住處

보시·지계·인욕·정진·선정·지혜·방편·원·력 및 신통. 이같은 대승의 모든 파라밀을 모두 다 갖춘 이가 사시는 곳이네.

보견악도군생류普見惡道群生類 수제초독무소귀受諸楚毒無所歸
방대자광실제멸放大慈光悉際滅 차애민자지주처此哀愍者之住處

나쁜 길을 가는 악한 무리들이 모든 고초를 받아 돌아갈 데 없는 그 형편을 널리 보고서 그들에게 사랑의 빛을 비춰주어 그 고통을 다 없이하는데 이렇게 사랑이 많은 사람이 사는 곳이네.

시방제불소설법十方諸佛所說法 일좌보수함령진一座普受咸令盡
진미래겁항실연盡未來劫恒悉然 차지해인지주처此智海人之住處

시방의 여러 부처님께서 설법하는 곳, 한 자리에 그것들을 다 받아들여 이해했는데 앞으로도 언제까지나 다 그렇게 되리니 이처럼 지혜가 바다 같은 그런 분이 사는 곳이네.

　미륵보살은 말세에 나타나는 부처님이라 한다. 불교에서는 정법正法, 상법像法, 말법末法이라고 시대를 구분하는데 말법 시대가 되면 다른 사람의 말은 듣지 않고 정말 미륵 같은 사랑의 부처가 나와야 해결된다는 것이다.

　　성취신통방편지成就神通方便智 수행여환묘법문修行如幻妙法門
　　시방오취실현생十方五趣悉現生 차무애자지주처此無碍者之住處.

　신통한 방편지혜를 성취해서 환幻 같은 묘한 법의 문을 닦아 시방과 오취五趣에 다 나타나니 이처럼 아무 것에도 걸림이 없는 그런 사람이 사는 곳이네.

　　불자주어차佛子住於此 보현중생전普現衆生前
　　유여일월륜猶如日月輪 편제생사암遍除生死闇

　불자가 여기서 사는 데 중생 앞에 두루 나타나 마치 해와 달처럼 생사의 어둠을 다 제거해 준다.
　생사生死가 윤회輪廻라는 것이다. 윤회의 모든 어둠을 제거해 준다는 말이다.

　　불자주어차佛子住於此 편유제세계遍遊諸世界
　　일체여래소一切如來所 무량무수겁無量無數劫

　불자가 여기서 사는데 온 세상을 돌아다니며 일체 여래가 계신 곳에 한없이 오랜 세월 공양을 한다.

　　불자주어차佛子住於此 념념입삼매念念入三昧

일일삼매문一一三昧門 천명제불경闡明諸佛境

불자가 여기서 살며 생각마다 삼매에 들어가는데 낱낱의 삼매마다 여래의 경계를 밝혀준다.

불자주어차佛子住於此 음제불법해飮諸佛法海
심입지혜해深入智慧海 구족공덕해具足功德海

불자가 여기서 살며 모든 부처님의 법 바다를 다 들여 마시고 지혜의 바다에 깊이 들어가 한없는 공덕을 다 갖춘다.

관찰중생등觀察衆生等 법등여래등法等如來等
찰등제원등剎等諸願等 삼세실평등三世悉平等.

중생을 고르게 관찰하고 법이나 여래나 나라나 모든 소원이나 다 고르게 보니 삼세가 다 평등이다.

이시爾時 선재동자善財童子 일심원견미륵보살一心願見彌勒菩薩 미륵보살彌勒菩薩 종별처래從別處來 선재견이善財見已 오체투지五體投地.

이때 선재동자는 미륵보살 만나보기를 간절히 소원했는데 미륵보살은 다른 곳에서 왔다. 선재는 미륵보살을 보고 땅에 엎드려 절을 했다.

미륵彌勒 관찰선재觀察善財 탄기공덕歎其功德 여등관선재汝等觀善財 지혜심청정智慧心淸淨 위구보리행爲求菩提行 이래지아소而來至我所.

미륵보살은 선재동자를 잘 살펴본 후 그 공덕을 찬탄했다. 너희들은 선재동자를 보아라. 그는 지혜롭고 마음이 깨끗한 사람으로 보리행을 구하여 여기 나 있는 곳까지 찾아왔다.

  문수덕운등文殊德雲等 일체제불자一切諸佛子
  영여지아소令汝至我所 시여무애처示汝無碍處

문수로부터 덕운德雲 등 여러 불자들이 너를 나 있는 곳에 이르게 하여 너에게 무애처無碍處를 보여주었다.

  위구제여래爲求諸如來 청정지경계淸淨之境界
  문제광대원問諸廣大願 이래지아소而來至我所

모든 여래의 청정한 경계를 구하고자 모든 광대한 원을 물으면서 나에게 찾아왔구나.

  여등관차인汝等觀此人 친근선지식親近善知識
  수기소수학隨其所修學 일체응순행一切應順行

너희들은 이 사람을 보라. 그는 선지식을 친근하여 그 수학하는 바를 따라서 일체를 순종하고 따라왔다.

  선재견중생善財見衆生 생로병사고生老病死苦
  위발대비의爲發大悲意 근수무상도勤修無上道

선재동자는 중생들의 생로병사의 고통을 보고 대비의 뜻을 일으켜 무상도無上道를 부지런히 닦았다.

  인개해탈승忍鎧解脫乘 지혜위리검智慧爲利劍
  능어삼유내能於三有內 파제번뇌적破諸煩惱賊

인욕의 갑옷을 입고 해탈의 수레를 타고 지혜의 칼을 가지고 모든 삼유三有 안에서 모든 번뇌의 무리들을 격파했다.

  욕생일체덕欲生一切德 욕문일체법欲問一切法
  욕단일체의欲斷一切疑 전구선지식專求善知識

그래서 일체 덕을 내고자 바라고 일체의 법을 묻고자 하고 일체의 의심을 끊고자 하고 오로지 선지식만을 구했다.

  당멸제악도當滅諸惡道 당시인천로當示人天路
  영수공덕행令修功德行 질입열반성疾入涅槃城

모든 악도를 멸하고 사람과 하늘의 길을 나타내고 공덕행을 닦아서 열반의 성으로 빨리 들어왔다.

  여행극조유汝行極調柔 여심심청정汝心甚淸淨
  소욕수공덕所欲修功德 일체당원만一切當圓滿

너의 수행은 극히 조화되었고 너의 마음은 아주 청정해졌으며 공덕을 닦고자 하는 바에 따라 일체 다 원만해졌다.

  당만제행해當滿諸行海 당지제법해當知諸法海
  당도중생해當度衆生海 여시수제행如是修諸行

모든 수행의 바다를 다 채우고 모든 법의 바다를 다 알게 되고 모든 중생들을 제도하려고 이와 같이 모든 보살행을 닦았다.

  여어제법문汝於諸法門 이득급당득已得及當得
  응생대희약應生大喜躍 무탐역무염無貪亦無厭

모든 법문을 너는 이미 얻었고 앞으로 얻을 것이다. 응당 큰 기쁨이 나와 뛰놀게 되니 탐하는 것도 없고 또한 싫어함도 없게 된다.

제근불해권諸根不懈倦 지원항결정志願恒決定
친근선지식親近善知識 불구실성만不久悉成滿

절대 게으름 없이 계속 가기로 뜻을 결정하고 선지식을 찾아라. 오래지 않아 다 원만하게 이룰 것이다.

이생보살가已生菩薩家 이구보살덕已具菩薩德
이장여래종已長如來種 당승관정위當昇灌頂位

이미 보살의 집안에 태어나서 보살의 덕을 갖추었고 여래의 종자를 키우고 있으니 앞으로 관정의 지위에 오를 것이다.
진리를 깨달아 부처의 경지에 오를 것이라는 말이다.

일체공덕행一切功德行 개종원욕생皆從願欲生
선재이료지善財已了知 상락근수습常樂勤修習

모든 공덕행은 다 그 소원하는 바람에 따라 일어나는 것, 선재동자는 이미 다 알고 계속 기쁜 마음으로 부지런히 닦아 나아갔다.

여당왕대지汝當往大智 문수사리소文殊師利所
피당령여득彼當令汝得 보현심묘행普賢深妙行.

너는 마땅히 큰 지혜이신 문수보살을 찾아가라. 그가 너에게 보현의 깊은 묘행을 알려줄 것이다.

이시爾時 미륵彌勒 칭찬선재대공덕稱讚善財大功德 선재선재 문이

聞已 환희용약歡喜踊躍.

이때 미륵은 선재의 대공덕을 칭찬했다. 선재동자는 미륵보살의 가르침을 듣고는 기뻐 뛰었다.

시時 미륵보살彌勒菩薩 마선재정摩善財頂 설송언說頌言
이때 미륵보살은 선재동자의 이마를 만지며 찬송했다.

선재선재진불자善哉善哉眞佛子 보책제근무해권普策諸根無懈倦
불구당구제공덕不久當具諸功德 유여문수급여아猶如文殊及與我.

좋고 좋구나. 진실한 불자로다. 더욱 열심히 노력해서 게으르지 말라. 오래지 않아 네가 모든 공덕을 이루어 문수나 나처럼 되리라.

선재善財 송답왈頌答曰
아념선지식我念善知識 억겁난치우億劫難値遇
금득함친근今得咸親近 이래예존소而來詣尊所.

선재가 대답으로 찬송했다. 나는 선생님을 생각하며 억겁을 지나도 만나기 어려운데 이제 선생님을 만나 선생님을 친히 뵙게 되고 선생님 계신 여기까지 왔습니다.

이시爾時 선재동자善財童子 중백미륵보살언重白彌勒菩薩言 대성大聖 운하학보살행云何學菩薩行 운하수보살도云何修菩薩道 원개위설願皆爲說.

이때 선재동자는 미륵보살에게 거듭 말했다. 대성大聖이시여, 보살행을 어떻게 배우며 보살도를 어떻게 닦는지 저에게 말씀해 주십시오.

이시爾時 미륵보살彌勒菩薩 관찰일체도장중회觀察一切道場衆會 지시선재指示善財 이작시언而作是言.

이때 미륵보살이 일체 도장에 모인 사람들을 관찰하며 선재를 가리키며 말했다.

제인자諸仁者 차장자자此長者子 용맹정진勇猛精進 구선지식求善知識 경유일백일십선식이經由一百一十善識已 연후이래지어아소然後而來至於我所.

여러 어지신 분들, 이 선재동자는 용맹하게 정진하여 선지식을 구했다. 벌써 백 열명을 만났는데 이제 나에게 찾아왔다.

이시爾時 미륵보살彌勒菩薩 칭탄선재동자稱歎善財童子 종종공덕種種功德.

이때 미륵보살이 선재동자의 여러 가지 공덕을 칭찬했다.

선재선재善哉善哉 선남자善男子 여위요익일체세간汝爲饒益一切世間 여위구호일체중생汝爲救護一切衆生 여위근구일체불법고汝爲勤求一切佛法故 발아누다라삼막삼보리심發阿耨多羅三藐三菩提心.

잘했다. 선남자여. 너는 일체 세간을 요익하게 하고 일체 중생을 구호하기 위해 일체 부처의 법을 열심히 탐구하고자 아누다라삼막삼보리심을 일으켰다.
세상과 일체 중생을 구원하기 위해 열심히 부처의 법을 탐구하며 진리를 깨달아간다는 말이다.

선남자善男子 여획선리汝獲善利 이위제불이爲諸佛 공소호념共所護念.

제39. 입법계품入法界品 419

선남자여, 너는 좋은 이로움을 얻었고 이미 모든 부처께서 함께 호념護念하는 바가 되었다.

너는 꼭 성공할 것이다. 곧 부처가 될 것이다. 그래서 모든 부처가 다 도와주게 된다는 말이다.

하이고何以故 선남자善男子 보리심자菩提心者 유여종자猶如種子 정수淨水 정목淨目 대도大道 자부慈父 자모慈母 설산雪山 허공虛空 연화蓮華 양약良藥 여의주如意珠.

왜 그런가. 선남자여, 너는 보리심을 가지고 있다. 진리를 깨닫겠다는 마음을 갖고 있는데 그 보리심은 종자요 맑은 물이요 깨끗한 눈이요 큰 길이요 아버지요 어머니요 설산이요 허공이요 연꽃이요 양약이요 여의주 같은 것이다.

보리심菩提心이 세상에서 가장 큰 보배라는 말이다.

선남자善男子 보리심자菩提心者 성취여시무량공덕成就如是無量功德.

선남자여, 보리심이란 이렇게 한없는 공덕을 성취하게 된다.

이시爾時 선재동자善財童子 백언白言 유원대성唯願大聖 개누각문開樓閣門 영아득입令我得入.

이때 선재동자가 말했다. 선생님께 바랍니다. 이 누각문을 열어서 들어가게 해 주십시오.

시時 미륵보살彌勒菩薩 전예누각前詣樓閣 탄지출성彈指出聲 기문즉개其門卽開 명선재입命善財入 선재심희善財心喜 입이환폐入已還閉.

이때 미륵보살이 누각 앞에서 손가락을 퉁겨 소리를 내자 그 문이 즉시 열리고 선재에게 들어가게 하니 선재는 기쁜 마음으로 들어갔다. 선재가 들어가자 다시 그 문이 닫혔다.

견기누각見其樓閣 광박무량廣博無量 자견기신自見其身 편재일체제누각중遍在一切諸樓閣中.

그 누각을 보니 한없이 넓었다. 자기 자신을 보니 그 몸이 일체 누각 가운데 널리 편재해 있었다.

부문일체제누각내復聞一切諸樓閣內 보망영탁寶網鈴鐸 우견일체제보경중종종형상又見一切諸寶鏡中種種形像 우부견피우발라화又復見彼優鉢羅華.

또 들으니 일체 누각 속에서 아름다운 영탁鈴鐸의 소리들을 들었다. 또 보니 일체 아름다운 거울 가운데 갖가지 형상이 나타났다. 또 보니 거기 우발라화가 피어있었다.

이시爾時 선재동자善財童子 득견시방청정안고得見十方淸淨眼故 어일체누각일일물중於一切樓閣一一物中 실견여시悉見如是.

이때 선재동자가 시방의 깨끗한 눈을 얻게 되었다. 그래서 모든 누각의 하나하나의 물건 속에서 다 이와 같은 것을 보게 되었다.

이시爾時 미륵보살彌勒菩薩 즉섭신력卽攝神力 입누각중入樓閣中 탄지작성彈指作聲 고선재언告善財言.

이때 미륵보살이 즉시 신통력을 거두어 누각 가운데로 들어가 손가락 퉁기는 소리를 내며 선재동자에게 말했다.

선남자善男子 여주보살汝住菩薩 불가사의자재해탈不可思議自在解脫.

선남자여, 너는 보살의 불가사의한 자재해탈自在解脫에 머무르게 되었다.

성자聖者 차해탈문此解脫門 기명하등其名何等.

거룩하신 이여, 이 해탈문의 이름은 무엇입니까.

미륵彌勒 고언告言 차해탈문此解脫門 명입삼세일체경계불망념지장엄장名入三世一切境界不忘念智莊嚴藏.

미륵보살이 말했다. 이 해탈문의 이름은 입삼세일체경계入三世一切境界 불망념지장엄장不忘念智莊嚴藏이라 한다.

어떤 세계에 들어가서도, 어디서나 절대 지혜의 장엄장莊嚴藏을 잊어버리지 않고 기억한다는 것이다. 네 속에 부처님이 있다는 것을 잊어먹으면 안 된다는 말이다. 모든 사람 속에 다 부처님이 계신다는 말이다. 우리가 부처님을 찾는다 하지만 결국 내 속에 있는 부처님을 발견하는 것이다. 우리가 맑은 물을 찾는다고 하지만 물은 다 본래 맑은 물이다. 본래 맑은 물인데 그 물이 더러워져 있으니까 우리가 맑히자는 것이지 이제부터 맑은 물을 찾아가자는 것은 아니다. 성불成佛한다고 하지만 부처는 본래 내가 부처다. 내가 본래 부처인데 그 부처를 상실했다가 다시 회복하는 것뿐이다. 본래 내가 인仁이다. 본래 내가 선善이다. 성선설性善說이다. 그런데 내가 그 선을 상실했으니 그것을 다시 회복하자는 것이다. 본래 내가 하나님의 형상인데 내가 그것을 잊어먹었으니까 다시 회복하자는 것이다. 그러니까 우리는 없는 것을 만들어가거나 찾아가는 것이 아니라 이미 있는 것을 다시 회복하자는 것이다.

선남자善男子 차해탈문중此解脫門中 유불가설불가설해탈문有不可說不可說解脫門 일생보살지소능득一生菩薩之所能得.

선남자여, 이 해탈문 가운데는 한없이 많은 해탈문이 있다. 일생 보살이 능히 얻게 되는 해탈이다.

선재善財 문언問言 차장엄사此莊嚴事 하처거야何處去耶.

선재가 물었다. 이 장엄한 일이 어디로 갔습니까.

미륵彌勒 답언答言 어래처거於來處去.

미륵이 대답하였다. 온 데로 갔다.

대성大聖 종하처래從何處來.

거룩하신 이여, 어디서 왔습니까.

미륵彌勒 언言 제보살諸菩薩 무래무거無來無去.

미륵이 대답하였다. 모든 보살은 무無에서 왔다가 무로 돌아가는 것이다.

"무래무거無來無去", 이것이 불교의 핵심이다. 서양철학으로 말하면 존재에서 왔다가 존재로 돌아간다는 말이다. 하나님에게서 왔다가 하나님께로 돌아간다. 나는 하늘에서 와서 다시 하늘로 돌아간다. 무래무거, 이 말은 온 데도 없고 간 데도 없다는 말이 아니라 무에서 왔다가 무로 돌아간다는 것이다. 이런 것을 절대무絶對無라 한다. 우리는 왔다 가는 것이지 났다 죽는 것이 아니다. 가온찍기라는 말이다. 진리를 깨달았다는 말인데 무극이태극無極而太極이라는 말도 한다. 진리를 깨달았다는 것이 무엇인가. 나는 왔다 가는 것이지 났다 죽는 것이 아니라는 것을 깨닫는 것이다. 왔다가 가는 것이다. 비가 하늘에서 와서 샘물로 나왔다가 하늘로 돌아간다. 하나의 큰 원圓으로 돌아가는 것이다. 생사生死라는 작은 선분線分은 큰 원의 일부일 뿐인데 생사를 선분으로 착각하는 것이다. 생사를 났다가 죽는다고 착각하는 것이다. 그래서 원불교圓佛敎라는 것이 있다. 다 돌아간다는 것이다. 어디까지나 생사를 벗어나야 된다. "일도출생사一道出生死"다. 도道라는 것은 돌아가야지 생사에 멎으면 안 된다. 원이라야지 선분이 되면 안 된다. 무에서 왔다가 무로 돌아가는 것이다. 이렇게 돌아간다는 것을 깨닫는 것을 가온찍기라 한다. 직선이 아니라 원이라는 것을 깨닫는 것이다. 직선이 되면 가운데 점을 찍을 수가 없다. 그래서 과거심도 불가득不可得이요 현재심도 불가득이요 미래심도 불가득이다. 그런데 원이 되면 가운데 점을 찍을 수 있다. 그래서 과거·현재·미래가 다 없어진다. 그것이 가온찍기다. 그래서 일일호일日日好日이다. 하루하루가 다 좋은 날이다. 하루가 아침, 낮, 저녁, 밤, 이렇게 돌아가는 것이다. 일년은 춘하추동春夏秋冬으로 돌아간다. 시작도 없고 끝도 없다. 계속 돌아가는 것이다. 그래서 하루를 사나 백 년을 사나 마찬가지다. 하루 속에 영원이 있다. 찰나 속에 영원이 있다. 하루를 살면 그것이 영원이다. 또 살아보고 또 살아봐야 그것이 그것이다. 그러니까 하루 살면 족한 것이지 더 살 필요가 어디 있는가. 하루 속에 영원이 들어 있는 것이다. 그래서 하루만 살면 그것으로 족하다는 것이다. 언제나 우리는 여기서 산다. 언제나 무에서 왔다가 무로 돌아가는 것이다.

선재동자善財童子 언言 성자聖者 하자何者 시보살생처是菩薩生處.

선재동자가 말했다. 거룩하신 이여, 무엇이 보살의 사는 곳입니까.

답언答言 유십종생처有十種生處 보리심菩提心 심심深心 제지諸地 대원大願 대비大悲 여리관찰如理觀察

대답하여 말했다. 열 가지 사는 곳이 있다. 보리심, 깊은 마음, 모든 진리의 땅, 진리를 깨닫겠다는 대원大願, 큰 사랑, 진리의 관찰이다.

대승大乘 교화중생敎化衆生 지혜방편智慧方便 수행일체법修行一切法.

또한 대승, 교화중생, 지혜방편, 그리고 일체법을 수행하는 것이다.

선남자善男子 보살마하살菩薩摩訶薩 이반야파라밀以般若波羅蜜 위모爲母 방편선교方便善巧 위부爲父.

선남자여, 보살마하살은 반야파라밀을 어머니로 생각하며 방편선교 方便善巧를 아버지로 생각한다.

보살菩薩 여시초범부지如是超凡夫地 입보살위入菩薩位 생여래가 生如來家.

보살은 이와 같이 범부의 경지를 초월해서 보살의 지위에 들어가 여래의 집에서 살게 된다.

득자재고得自在故 어일체취於一切趣 통달무애通達無碍.

그래서 자유자재를 얻게 되어 어디서나 통달하여 일체 걸림이 없다.

선남자善男子 여당왕예문수사리 선지식 소汝當往詣文殊師利善知識所 문수사리文殊師利 당위여설일체공덕當爲汝說一切功德.

선남자여, 너는 문수사리 선지식이 계신 곳을 찾아가라. 문수사리께서 너에게 일체 공덕에 대해 가르쳐줄 것이다.

여선소견제지식汝先所見諸善知識 문보살행聞菩薩行 입해탈문入解脫門 만족대원滿足大願 개시문수위신지력皆是文殊威神之力.

너는 먼저 모든 선지식을 찾아서 보살행을 배웠고 해탈문에 들어가 대원大願을 가득 채웠는데 이것들이 다 문수사리의 크고 신비한 능력이다.

선재善財 정례기족頂禮其足 사퇴이거辭退而去.

선재동자는 그 발 아래 절을 하고 물러나 떠나갔다.

39.3.53 문수보살文殊菩薩

이시爾時 선재동자善財童子 점차이행漸次而行 경유일백일십여성이經由一百一十餘城已 도보문국소마나성到普門國蘇摩那城 주선구역周旋求覓.

이때 선재동자는 점차 다가가서 백 십여 개의 성을 지나 보문국 소마나 성에 도착하여 문수사리를 찾아다녔다.

시시是時 문수사리文殊師利 요신우수遙伸右手 안선재정按善財頂.

이때 문수사리는 멀리서 바른 손을 길게 펼쳐서 선재의 머리를 쓰다듬었다.

시시是時 문수사리文殊師利 영선재동자令善財童子 성취아승지법문成就阿僧祇法門

이때 문수사리는 선재동자로 하여금 한없이 많은 법문들을 다 알 수 있게 해 주었다.

구족무량대지광명具足無量大智光明 영득보살무변제다라니令得菩
薩無邊際陀羅尼 무변제원無邊際願 무변제삼매無邊際三昧 무변제신통
無邊際神通 무변제지無邊際智

그래서 선재동자에게 무한한 지혜의 빛을 발하게 하고 또 보살의 많
은 다라니를 얻게 해 주었다. 또한 그지없는 원願과 삼매三昧, 신통神
通, 지智 이런 것들을 다 얻게 하여 주었다.

영입보현행도장令入普賢行道場 급치선재자소주처及置善財自所住
處 문수사리文殊師利 환섭불현還攝不現.

그리고 보현행 도장에 들어가게 해 주었다. 그리고 선재가 스스로 있
던 곳에 놓아두고 문수사리는 물러나 보이지 않았다.

39.3.54 보현보살普賢菩薩

증장취구일체지혜增長趣求一切智慧 관찰보현해탈경계觀察普賢解
脫境界

더욱 더 일체 지혜를 구하고 키워 나아가며 보현보살의 해탈경계를
관찰하였다.

갈앙욕견보현보살渴仰欲見普賢菩薩 즉어차금강장보리장비로자
나여래사자좌전일체보 연화장좌상卽於此金剛藏菩提場毘盧遮那如來
師子座前一切寶蓮華藏座上 기등허공계광대심起等虛空界廣大心.

그렇게 보현보살을 뵙고자 갈망하고 우러르자 즉시 이 금강장 보리

장 비로자나 여래 사자좌 앞 일체보 연화장 자리 위에서 허공 같은 넓은 마음을 일으켰다.

선재동자善財童子 기여시심起如是心 보현보살普賢菩薩 견십종서상見十種瑞相 소위견일체불찰청정所謂見一切佛刹淸淨

선재동자가 이 같은 마음을 일으키자 보현보살의 열 가지 상서로운 모습을 보았는데 말하자면 일체 부처님 나라의 청정함을 본 것이다.

견십종광명상見十種光明相 소위견일체세계소유미진所謂見一切世界所有微塵 일일진중一一塵中 출일체세계미진수불광명망운出一切世界微塵數佛光明網雲 주편조요周遍照耀.

열 가지 광명을 보게 되었는데 말하자면 일체 세계의 먼지 하나하나 속에 일체 세계의 한없는 부처님의 광명망의 구름이 나와 널리 비치는 것을 보았다.
먼지가 없으면 빛을 볼 수가 없다. 먼지 때문에 온 세계에 빛이 가득 비치게 되었다.

시時 선재동자善財童子 즉작시념卽作是念 아금필견보현보살我今必見普賢菩薩 증익선근增益善根.

이때 선재동자는 곧 이런 생각을 했다. 나는 이제 보현보살을 꼭 만나서 선근을 더욱 키워야겠다.
"증익선근增益善根", 자기가 타고난 근본의 뿌리를 꼭 붙잡겠다는 것이다.

시時 선재동자善財童子 즉견보현보살卽見普賢菩薩 재여래전중회지중在如來前衆會之中 좌보연화사자지좌坐寶蓮華師子之座.

이때 선재동자는 즉시 보현보살을 보았는데 그가 여래 앞 많은 대중이 모인 가운데의 보배로운 연화 사자좌에 앉아있는 것을 보게 되었다.

견보현신見普賢身 일일모공一一毛孔 출일체세계미진수광명운出一切世界微塵數光明雲 편법계허공계일체세계遍法界虛空界一切世界.

그리고 보현의 몸을 보았는데 털구멍 하나하나에서 미진수 광명운의 빛이 나와 일체 세계에 그 빛이 가득 찼다.

제멸일체중생고환除滅一切衆生苦患 영제보살令諸菩薩 생대환희生大歡喜.

그래서 일체 중생의 모든 괴로움을 없애 주고 모든 보살에게 큰 기쁨을 주었다.

선재동자善財童子 견보현보살見普賢菩薩 여시무량불가사의대신통력如是無量不可思議大神通力 즉득십종지파라밀卽得十種智波羅蜜.

선재동자는 보현보살을 보았는데 이렇게 한없는 신통력을 보고 곧 열 가지 지혜 파라밀을 얻게 되었다.

선재동자善財童子 기득시이旣得是已 보현보살普賢菩薩 즉신우수卽伸右手 마촉기정摩觸其頂 기마정이旣摩頂已.

선재동자가 이런 빛과 힘을 얻자 보현보살이 손을 내밀어 선재의 머리를 쓰다듬었다.

선재善財 즉득일체불찰미진수삼매문卽得一切佛刹微塵數三昧門 득일체불찰미진수일체지정광명得一切佛刹微塵數一切智淨光明.

선재는 곧 모든 세계의 미진수 같은 삼매문을 얻게 되었고 또 모든 세계의 미진수 같은 온갖 지혜의 깨끗한 빛을 얻게 되었다.

이시爾時 보현보살普賢菩薩 고선재언告善財言 여견아차신통력불汝見我此神通力不.

이때 보현보살이 선재동자에게 말하였다. 너는 나의 이 같은 신통력을 보지 않느냐.

유연이견唯然已見 대성大聖 차부사의대신통사此不思議大神通事 유시여래지소능지唯是如來之所能知.

예, 보고 있습니다. 거룩하신 이여, 이 같은 부사의한 대신통의 일은 오직 여래만이 알 수 있는 것입니다.

보현普賢 고언告言 아어과거불가설불가설불찰미진수겁我於過去不可說不可說佛刹微塵數劫 행보살행行菩薩行 구일체지求一切智

보현보살이 말하였다. 나는 아주 옛날에 보살행을 다 닦아 일체지를 구했다.

아소구법我所求法 개위구호일체중생皆爲救護一切衆生

내가 법을 구한 것은 모두 다 일체 중생을 구호하기 위함이다.
깨닫는 것은 부처님이 깨닫고 중생을 구원하는 것은 보살이 구원한다는 것이다. 그래서 자꾸 "나무아미타불 관세음보살"이라 한다. 여래가 깨닫고 보살이 구원한다는 사상이다.

교화중생教化衆生 영향아누다라삼막삼보리令向阿耨多羅三藐三菩提.

또 중생들을 교화하여 아누다라삼먁삼보리로 향하게 하였다.

당시지시當是之時 선재동자善財童子 즉차제득보현보살則次第得普賢菩薩 제행원해諸行願海 여보현등與普賢等.

이때를 당하여 선재동자는 차례로 보현보살의 모든 행원의 바다를 얻어 보현과 같아지게 되었다.

여제불등與諸佛等 일신一身 충만일체세계充滿一切世界

또한 모든 부처와 같아지게 되었고 한 몸이 일체 세계에 충만하게 되었다.
빛이 온 우주에 가득 차듯이 선재의 지혜가 온 우주에 가득 빛나게 되었다는 말이다.

찰등刹等 행등行等 정각등正覺等 신통등神通等 법륜등法輪等 변재등辯才等 언사등言辭等

나라에도 같아지고 부처의 행도 같아지고 정각도 같아지고 신통도 같아지고 법륜도 같아지고 변재도 같아지고 언사도 같아졌다.

음성등音聲等 역무외등力無畏等 불소주등佛所住等 대자비등大慈悲等

음성도 같아지고 역무외도 같아지고 부처님의 사는 곳도 같아지고 대자대비도 같아지게 되었다.

불가사의해탈자재不可思議解脫自在 실개동등悉皆同等.

불가사의 해탈 자재를 얻어 모두가 다 부처님과 같아지게 되었다.

이시爾時 보현보살普賢菩薩 설송언說頌言

이때 보현보살이 찬송하며 말하였다.

여등응제제혹구汝等應除諸惑垢 일심불란이제청一心不亂而諦聽
아설여래구제도我說如來具諸度 일체해탈진실도一切解脫眞實道

너희들은 모든 의혹의 때를 없이하고 일심으로 마음을 흩트리지 말고 잘 들어라. 나는 여래의 모든 파라밀을 다 말한다. 모든 해탈의 진실한 도를 말하겠다.

불지광대동허공佛智廣大同虛空 보편일체중생심普遍一切衆生心
실료세간제망상悉了世間諸妄想 불기종종이분별不起種種異分別

부처의 지혜는 한없이 넓어 허공과 같다. 그래서 일체 중생심에 다 펼 수가 있다. 세상의 모든 망상을 다 알고 깨우쳐줄 수 있지만 절대 분별심을 일으키지 않는다.

수중생심종종행隨衆生心種種行 왕석제업서원력往昔諸業誓願力
영기소견각부동令其所見各不同 이불본래무동념而佛本來無動念

중생의 마음과 여러 가지 행, 옛날의 모든 업과 서원의 힘에 따라 그들의 소견은 다 다르지만 부처님 본래의 생각에는 움직임이 없다.

혹유처처견불좌或有處處見佛坐 충만시방제세계充滿十方諸世界
혹유기심불청정或有其心不清淨 무량겁중불견불無量劫中不見佛

어떤 이는 어디서나 부처님이 앉아 계시고 시방 모든 세계에 가득함을 보게 되지만 어떤 이는 그 마음이 깨끗하지 못해 무량의 겁 중에도 부처님을 보지 못한다.

혹견청정대보살或見淸淨大菩薩 충만삼천대천계充滿三千大千界
개이구족보현행皆已具足普賢行 여래어중엄연좌如來於中儼然坐

어떤 이는 청정한 대보살이 삼천 대천 세계에 가득 찬 것을 보는데 다 이미 보현행을 갖추고 여래가 그 속에 엄연히 앉아계신다.

일일모단불가설一一毛端不可說 제불구상삼십이諸佛具相三十二
보살권속공위요菩薩眷屬共圍遶 종종설법도중생種種說法度衆生

하나하나의 털 끝에서 한없이 많은 모든 부처님이 다 32호상을 갖추고 있는데 보살권속들이 함께 다 둘러앉은 가운데 중생들을 위해 갖가지 설법을 하고 있다.

허공진여급실제虛空眞如及實際 열반법성적멸등涅槃法性寂滅等
유유여시진실법唯有如是眞實法 가이현시어여래可以顯示於如來.

허공 진여 및 실제, 열반 법성 적멸 등 오직 이와 같은 진실법이 있어야 이로써 여래를 보여줄 수가 있다.

무無 진여眞如 실제實際, 이것이 부처님의 세계다. 열반涅槃 법성法性 적멸寂滅, 다 같은 말이다. 진리의 세계를 열반이라 법성이라 한다. 만물의 본질이다. 그것이 진리다. 진리와 하나가 되었다는 말이다. 그래서 진실법眞實法이 나타나고 그래서 여래如來가 나타나게 된다.

2003. 3. 23.

제40. 보현행원품普賢行願品

보현행원품 강해

40.1 이시爾時 보현보살마하살普賢菩薩摩訶薩 칭탄여래승공덕이 稱歎如來勝功德已 고제보살告諸菩薩 급선재언及善財言.

이때 보현보살마하살이 여래의 뛰어난 공덕을 칭송하고 찬탄하였다. 그리고 여러 보살들과 선재동자에게 말하였다.

여래공덕如來功德 불가궁진不可窮盡 약욕성취차공덕문若欲成就此 功德門 응수십종광대행원應修十種廣大行願.

여래의 공덕은 어떻게 말로 다할 수가 없다. 여러분이 이 공덕문을 성취하고자 바란다면 열 가지 행원을 닦아 실천해야 된다.
공덕功德이란 말은 기독교로 말하여 은혜로 번역하는 것이 좋겠다.

하나님의 은혜는 한없이 크다는 것이다. 열 가지 행원行願을 닦아서 실천해야 되는데 그 열 가지에 대해서 이통현李通玄의 『신화엄경합론新華嚴經合論』에는 다음과 같이 설명을 했다.

(1) 여대일전如對日前 상수예경常修禮敬
(2) 칭양찬탄稱揚讚歎 상속부단相續不斷
(3) 행법공양行法供養 성취공양成就供養
(4) 유탐진치由貪瞋痴 성심참회誠心懺悔
(5) 난행고행難行苦行 아개수희我皆隨喜
(6) 전정법륜轉正法輪 무유궁진無有窮盡
(7) 반열반자般涅槃者 막입열반莫入涅槃
(8) 박피위지剝皮爲紙 서사경전書寫經典
(9) 수순중생隨順衆生 수순제불隨順諸佛
(10) 극중고과極重苦果 아개대수我皆代受

일자一者 예경제불禮敬諸佛 이자二者 칭찬여래稱讚如來 삼자三者 광수공양廣修供養 사자四者 참회업장懺悔業障 오자五者 수희공덕隨喜功德

하나는 모든 부처님을 공경하는 것이요, 둘은 여래를 칭찬하는 것이요, 셋은 널리 공양을 닦는 것이요, 넷은 모든 죄업을 참회하는 것이요, 다섯은 공덕을 기뻐하는 것이다.

첫째는 모든 부처님을 공경하는 것이다. 이것을 이통현은 "여대일전如對日前 상수예경常修禮敬"이라 설명했다. 태양을 마주 대하듯 여래를 언제나 공경하라는 것이다. 둘째는 여래를 칭찬하는 것인데 "칭양찬탄稱揚讚歎 상속부단相續不斷"이라 설명했다. 칭양하고 찬탄해서 계속 이어가야지 끊어지면 안 된다는 것이다. 셋째는 "광수공양廣修供養"이다. 이것은 "행법공양行法供養 성취공양成就供養"이라 설명했다. 석가의 말씀을 실천하고 석가의 말씀을 성취하는 그런 공양을 하라는 것이다. 넷째는 자기의 모든 죄를 참회하라는 것이다. "유탐진치 由貪瞋痴 성심참회誠心懺悔"다. 죄가 탐진치에서 나온다. 탐욕貪慾과 진에瞋恚와 치정癡情인데 성심참회, 진실로 정성을 다해서 그것을 고치라는 것이다. 다섯째는 "수희공덕隨喜功德"이다. 나쁜 것을 고치려면 난행고행이 있어야 된다. 그래서 "난행고행難行苦行 아개수희我皆隨喜"라 설명했다. 악을 고치기 위해서 난행고행을 하는데 나는 그것들을 다 기쁨으로 따르겠다는 것이다.

육자六者 청전법륜請轉法輪 칠자七者 청불주세請佛住世 팔자八者 상수불학常隨佛學 구자九者 항순중생恒順衆生 십자十者 보개회향普皆廻向.

여섯은 전법륜을 청하는 것이요, 일곱은 부처님이 세상에 머무시길 청하는 것이요, 여덟은 언제나 부처님의 가르침을 따르는 것이요, 아홉은 항상 중생과 일치하는 것이요, 열은 널리 모든 것을 회향하는 것이다.

여섯째는 전법륜轉法輪을 청하는 것인데 설법을 청하는 것이다. "전정법륜轉正法輪 무유궁진無有窮盡", 설법을 청하는데 끝이 없다. 일곱째는 부처님이 이 세상에 머무시길 청하는 것이다. "반열반자般涅槃者 막입열반莫入涅槃"이다. 반열반般涅槃, 죽어서도 하늘에 올라가지 말고 이 세상에 그냥 있어달라는 것이다. 기독교로 말하면 성령으로 우리와 함께 있어달라는 것이다. 부활해서 승천하지 말고 우리와 함께 있어달라는 것이다. 여덟째는 "상수불학常隨佛學"이다. 언제나 부처님의 가르침을 배우고 따르는 것이다. 이것은 "박피위지剝皮爲紙 서사경전書寫經典"이라 설명했다. 옛날에는 종이가 없으니까 가죽에 글을 썼다. 짐승을 잡아서 가죽을 벗기면 그것을 종이로 삼아 경전을 베끼라는 말이다. 옛날에는 경전 베끼는 일을 굉장히 소중하게 생각했다. 인쇄술이 없기도 했지만 한 줄 한 줄 써 가는 동안에 깊이 생각하게 된다. 한 구절씩 적어가다 보면 그 말씀이 내 마음에 와서 닿도록 생각이 깊어지는 것이다. 그래서 경전 필사하는 일을 중요하게 생각했다. 아홉째는 언제나 중생을 따르라는 것이다. "수순중생隨順衆生 수순제불隨順諸佛"이다. 중생을 따르려면 부처님을 따라야 된다. 부처님을 따라야 중생을 따르게 되는 것이다. 하나님을 사랑하는 사람이라야 이웃을 사랑하게 되지 하나님을 사랑하지 않는 사람은 이웃을 사랑할 수가 없는 것이다. 열째는 "보개회향普皆廻向"이다. 부처님께 돌리고 중생에게 돌리고 하나님께 돌리고 다 돌리는 것이다. 그렇게 돌리기 위해서는 "극중고과極重苦果 아개대수我皆代受", 한없이 괴로운 짐을 져야 된다. 사도 바울이 전도하는 것도 굉장한 짐을 지는 것이다. 그 짐을 다 지면서 전도하는 것이다.

이렇게 열 가지인데 이 열 가지를 다 합쳐보면 결국 불법승佛法僧 삼보三寶가 된다. 부처님을 공경하라는 것, 부처님의 가르침을 실천하라는 것, 그리고 모든 중생들을 사랑하라는 것이다. 불법승인데 '승僧'이라는 것은 중이라는 뜻이 아니라 교단인데 말하자면 모든 중생들이다. 그러니까 '불佛'이 선생님이라면 '법法'은 교과서요 '승'은 학생들이다. 그래서 선생님을 존경하고 교과서를 배워서 알아야 되고 학생들을 가르쳐야 된다. 이 셋이 중요한 것이다. 배우고 가르치려면 선생님이 있어야 된다. 선생님이 제일 중요하고 선생님께 배우는 것이 중요하고 또 자기만 아는 것이 아니라 학생들에게 가르쳐야 된다. 이것을 삼보라 한다. 세 가지 보배라는 것이다. 불교만이 아니라 모든 종교가 마찬가지다. 선생님이 있어야 되고 선생님의 가르침이 있어야 되고 그 가르침을 전하는 것이 있어야 된다. 배우려면 성경이 있어야 되고 가르치려면 교회가 있어야 된다. 그래서 선생님과 성경과 교회라는 셋이 언제나 같이 붙어있다는 것이다. 교회가 없으면 가르칠 데가 없다. "두세 사람이라도 내 이름으로 모인 곳에 내가 있다"는 말은 거기가 교회라는 말이다. 어디서나 교회가 있는 곳에서는 가르치게 되고 성경이 있는 곳에는 배우게 되고 성경을 말씀하신 하나님께 대해서는 존경하게 되는 것이다. 이런 것을 삼보라 하는데 모든 종교만이 아니라 학교도 또한 마찬가지다. 선생님이 있고 교과서가 있고 학생이 있어서 학교가 된다. 나라도 마찬가지다. 정치한다는 것도 모든 국민들을 가르치는 일이지 가르치는 일이 없이 정치라는 것은 없다. 가르치려면 법이라는 것이 있어야 된다. 헌법이 있고 민법이니 형법이니 법이 있다. 헌법이 있으려면 우리 민족의 고유한 정신이 있어야 된다. 우리 헌법을 보면 맨 처음에 삼일정신이 나온다. 우리나라에 삼일정신이라는 것이 있어야 되고 헌법이 있어야 되고 정치가 있어야 나라가 된다. 국가도 그렇고 세계도 그렇고 학교도 그렇고 집도 그렇고 다 마찬가지다. 삼보라는 것이 어디서나 중요한 것이다. 부처님을 존경하라는 것, 법을 배워야 된다는 것, 그리고 중생을 위해서 한없는 고통을 참아야 된다, 즉 가르쳐야 된다는 것이다. 보현의 행원이라는 것을 달리 말하면 이렇게 세 가지다. 선생님을 존경하고 말씀을 깨닫고 다른 사람에게 그것을 가르치라는 것이다.

40.2 선재善財 백언白言 운하예경云何禮敬 내지회향內至廻向.

선재동자가 말하였다. 부처님을 존경하고 모든 것을 회향하기까지 열 가지를 어떻게 하는 것입니까.
열 가지 보살의 행원의 내용이 무엇인가 하는 질문인데 결국 이 불법승 세 가지가 그 내용이란 것이다.

선남자善男子 시위보살마하살是爲菩薩摩訶薩 십종대원十種大願 구족원만具足圓滿 약제보살若諸菩薩 어차대원於此大願 수순취입隨順趣入 즉능성숙일체중생則能成熟一切衆生.

선남자여, 이렇게 하는 것이 보살마하살의 열 가지 대원大願을 원만하게 구족하는 것이다. 만약 보살이 이 열 가지를 차례로 발전시키면 능히 일체 중생을 성숙하게 한다.

즉능수순則能隨順 아뇩다라삼먁삼보리阿耨多羅三藐三菩提 즉능성만즉능성만滿 보현보살제행원해普賢菩薩諸行願海.

그런즉 능히 아누다라삼막삼보리에 수순하게 되고 능히 보현보살의 모든 행원의 세계를 원만하게 완성하게 된다.
성숙한 인격으로 자라게 되고 그래서 결국 진리를 깨닫는 세계에까지 이르게 된다. 그렇게 해서 보현보살의 십대 행원이 성취하게 된다.

시고是故 선남자善男子 여어차의汝於此義 응여시지應如是知.

이렇기 때문에 선남자여, 너는 이 뜻을 이같이 확실히 알아야 된다.

선남자善男子 피제중생彼諸衆生 약문약신차대원왕若聞若信此大願王 수지독송受持讀誦 광위인설廣爲人說 소유공덕所有功德 제불세존除佛世尊 여무지자餘無知者.

선남자여, 모든 중생들이 이 대원왕大願王을 알고 믿고 그래서 가르침을 받아 지녀 읽고 암송하고 그래서 다른 사람에게 널리 알려줘야 된다. 그 공덕은 부처님을 제하고는 다른 사람들은 아무도 알 수가 없다.
보현의 십대 행원을 실천하는 그 공덕이 한없이 깊다는 말이다. 십대 행원의 공덕은 굉장히 깊다. 부처님을 존경하고 그 말씀을 깨닫고 다른 사람에게 가르치는 그 공덕은 한없이 깊다는 것이다.

시고여등是故汝等 문차원왕聞此願王 막생의념莫生疑念 응당제수應當諦受 수이능독受已能讀 독이능송讀已能誦 송이능지誦已能持 내지서사乃至書寫 광위인설廣爲人說.

그러므로 너희들은 이 보현보살의 십대 행원을 듣고 의심하지 말라. 진짜로 받아들이고 받아서는 자꾸 읽고 암송하고 그래서 능히 지니게 되고 그래서 글로 써서 널리 다른 사람에게 가르쳐야 한다.

시제인등是諸人等 어일념중於一念中 소유행원所有行願 개득성취皆得成就 소획복취所獲福聚 무량무변無量無邊.

이렇게 사람들이 한 순간의 생각 속에도 이 행원을 다 성취하면 그 얻은 복의 꾸러미는 한량없이 크다.

능어번뇌대고해중能於煩惱大苦海中 발제중생拔濟衆生 영기출리令其出離 개득왕생皆得往生 아미타불극락세계阿彌陀佛極樂世界.

그래서 능히 제아무리 어려운 번뇌의 세상 속에서도 모든 중생을 건져내서 구제하여 그들로 모든 생사 고통을 떠나게 해서 다 극락세계로 가게 한다.

소유시방세계중所有十方世界中 삼세일체인사자三世一切人師子
아이청정신어의我以淸淨身語意 일체편례진무여一切遍禮盡無餘

이 모든 세계 속에서 모든 사람의 스승이 되는 부처님에게 나는 몸과 마음과 뜻을 다해서 정성으로 예배를 했다.

아석소조제악업我昔所造諸惡業 개유무시탐진치皆由無始貪瞋癡
종신어의지소생從身語意之所生 일체아금개참회一切我今皆懺悔

내가 과거에 지은 모든 잘못은 다 탐진치의 삼악으로 말미암아 내 몸과 말과 뜻으로 지은 것이다. 이제 나는 이 모든 것을 다 참회한다.
탐진치貪瞋癡로 말미암아 몸과 말과 뜻이 다 더러워졌다. 그래서 이것을 깨끗하게 하기 위해 참회를 한다는 말이다.

근수청정파라밀勤修淸淨波羅蜜 항불망실보리심恒不忘失菩提心
멸제장구무유여滅除障垢無有餘 일체묘행개성취一切妙行皆成就

청정한 파라밀을 부지런히 실천해서 언제나 진리를 깨닫겠다는 마음을 절대 잃지 않는다. 그래서 내 속에 있는 때와 욕심을 다 남김없이 없애서 일체 묘행을 다 성취하겠다.
깨끗한 사람으로 거듭나겠다는 말이다.

일체여래유장자一切如來有長子 피명호왈보현존彼名號曰普賢尊
아금회향제선근我今廻向諸善根 원제지행실동피願諸智行悉同彼

여래께서 훌륭한 제자를 가졌는데 그 제자 가운데 제일이 보현보살이다. 나는 이제 모든 정성을 다해서 나도 역시 그 보현과 같은 지혜와 실천력을 가지겠다.
보현과 같아져야 되겠다는 행원이다.

아위편정보현행我爲遍淨普賢行 문수사리제대원文殊師利諸大願
만피사업진무여滿彼事業盡無餘 미래제겁항무권未來際劫恒無倦.

나는 보현행을 두루 실천하고 문수사리의 모든 소원도 다 만족시켜야겠다. 그래서 언제까지나 게으름 없이 실천해 가야겠다.

40.3 이시爾時 보현보살마하살普賢菩薩摩訶薩 어여래전於如來前 설차보현광대원왕청정게이說此普賢廣大願王淸淨偈已.

이때 보현보살이 여래 앞에서 이 보현보살의 광대원왕청정게廣大願王淸淨偈를 다 설했다.

선재동자善財童子 용약무량踊躍無量 일체보살一切菩薩 개대환희

皆大歡喜.

선재동자는 그 가르침을 듣고 한없이 기뻐했다. 그래서 일체 보살이 다 기뻐했다.

여래如來 찬언讚言 선재선재善哉善哉.

여래가 칭찬하며 말했다. 좋다. 아주 좋다.

맨 처음 『화엄경』을 공부하면서 했던 것을 다시 복습한다. 『화엄경』의 이름은 "대방광불화엄경大方廣佛華嚴經"이라 했다. 대방광大方廣이 무엇인가 할 때 이실법계理實法界라 했다. 이실법계가 되기 위해서는 불佛이 있어야 된다. 그래서 공(0), 하나(1), 무한(∞)이라는 것이 『화엄경』이다. 공, 하나, 무한인데 이것을 또는 청정淸淨· 장엄莊嚴· 자재自在라 했다. '화華'는 얼음이라 했다. 그리고 '엄嚴'이란 장엄이다. '경經'이란 말씀이 얼마든지 흘러 내려온다는 것이다. 자재라는 것이다. 그래서 얼음, 에베레스트, 강물이다. 강물이 있어야 모든 만물이 자랄 수 있고 모든 농사를 지을 수 있어 정말 이실법계가 된다. 극락세계가 된다. 만일 물이 없으면 사막이다. 물이 있어야 에덴동산이 된다. 법法이라는 물이 흘러 내려야 이상세계라는 승僧이 된다. 물이 흘러내리려면 불佛이 있어야 된다. 높은 산이라야지 낮은 산이면 안 된다. 큰 스승이라야 된다. 이렇게 불佛· 법法· 승僧인데 이것을 삼보三寶라 한다. 이 셋이 가장 소중한 것이다.

높은 산이 되어야 얼음이 얼고 얼음이 얼어야 사시사철 물이 흘러 내린다. 얼음이 없으면 물이 계속 흘러 내릴 수 없다. 그런데 얼음이 덮여 있으려면 높은 산이 되어야 한다. 4천미터 이상 높은 산이 되어야 언제나 얼음이 덮이게 된다. 이것이 중요한데 이것을 소위 유심연기唯心緣起라 한다. 얼음이 있어야 불佛이 되고 불이 되어야 물이 흘러 이실법계가 된다. 그래서 유심연기唯心緣起, 불佛, 이실법계理實法界,

이 세 가지가 『화엄경』의 핵심이다.

『화엄경』에서 맨 처음에 비로자나毘盧遮那라는 불佛이 나왔고 그 다음에 연화장蓮華藏이라는 세계가 나왔다. 이것이 소위 이실법계다. 그 다음에 계속 나온 것이 유심연기라는 것이다. 맨 처음이 불에 대한 이야기가 나오고 그 다음에는 연화장 세계라는 이실법계가 나오고 그 다음에는 유심연기에 대한 것이 나온 것이다. 어떻게 하면 불이 되느냐는 것이다. 그래서 도솔천兜率天이니 야마천夜摩天이니 그런 것이 나왔는데 이것들이 다 유심연기를 말하는 것이다. 어떻게 불이 되느냐는 것이다. 그래서 십신十信, 십주十住, 십행十行, 십회향十廻向, 십지十地, 십정十定, 이런 것들이 나왔는데 이 가운데 중요한 것은 십신十信, 십주十住, 십행十行, 십지十地라는 넷이다. 십주十住라는 지知와 십행十行이라는 행行이 하나가 되어 지행일치知行一致가 되어야 십지十地가 된다. 그러니까 지에 들어가기 전에 십신十信이 있어야 된다. 그래서 대승기신大乘起信이다. 큰 선생이 있어야 믿음이 생긴다. 왜 예수를 믿는가. 예수가 큰 선생이니까 믿게 되는 것이다. 그래서 선생님을 가지게 되는데 선생님에게서 나오는 것이 말씀이다. 말씀을 듣고 말씀을 알게 된다. 말씀을 알게 되면 말씀을 실천하게 된다. 말씀을 실천하게 되면 우리도 선생님과 같은 위치에 오르게 된다. 그래서 우리가 또 다른 사람을 가르치게 된다. 그래서 제일 중요한 것이 십신, 십주, 십행, 십지라는 것이다.

어떻게 부처가 되는가? 유심연기唯心緣起다. 여기서 '심心'이란 쉽게 말해서 절대자라는 것이다. 절대자를 만나야 부처가 된다. 소크라테스로 말하면 이상세계가 나오기 위해서는 반드시 철인哲人이 있어야 되는데 철인은 어떻게 철인이 되는가 하면 절대자와 부딪혀야 된다는 것이다. 절대자와 만나야 된다. 절대자라는 말 대신에 비로자나불이라 한다. 비로자나불이라 하지만 다른 말로 하면 큰 선생이다. 큰 선생을 만나야 불이 되지 그렇지 않으면 안 된다. 우리가 영어를 잘 하려면 미국 사람을 만나야 된다. 유심연기라는 말이 그것이다. 미국 사람을 만나야 내가 영어를 하게 된다는 것이다. 미국 사람을 만나서 영어를 알아야 되고, 영어를 쓸 수도 있어야 되고, 말할 수도 있어야 되고, 들을 수도 있어야 된다. 듣는 문제, 아는 문제, 쓰는 문제, 말하는 문제가 다 해결되어야 한다. 귀로 듣고, 눈으로 보고, 코로 행하고, 입으로 말하는 것이다. 이목구비耳目口鼻가 합친 것이 마음 '심心'이다. 그러니까 유심연기의 내용이 무엇인가 하면 이목구비, 귀가 뚫리고, 눈이 뚫리고, 코가 뚫리고, 입이 뚫려야 부처가 된다는 것이다.

부처가 어떤 사람인가? 귀가 뚫리고, 눈이 뚫리고, 코가 뚫리고, 입이 뚫린 사람이 부처다. 이 네 가지가 다 뚫리면 장자莊子는 마음이 뚫렸다고 한다. 마음이 뚫려야 그것이 선생이다. 마음이 뚫려야 그것이 인격자요 선생이요 부처라는 것이다. 마음이 뚫려야 선생이 되고 선생이 나와야 물이 흘러내린다. 그래서 결국 유심연기, 불, 이실법계 이렇게 된다. 이것이 『화엄경』의 모든 것이다.

십신, 십주, 십행, 십지라는 것인데 여기서 또 중요한 것이 십지다. 십지를 보면 환희지歡喜地, 이구지離垢地, 발광지發光地, 염혜지焰慧地, 난승지難勝地, 현전지現前地, 원행지遠行地, 부동지不動地, 선혜지善慧地, 법운지法雲地다. 다른 것은 몰라도 십지만은 알아두는 것이 좋다. 환희歡喜는 무엇인가. 선생님을 만났을 때가 제일 기쁘다는 것이다. 제일 중요한 것이 선생을 가지는 것이다. 선생님을 만나야 나의 때를 벗어날 수 있다. 이구지離垢地다. 그래서 조금씩 눈치가 생기기 시작한다. 발광지發光地다. 그래서 생각을 자꾸 하게 된다. 염혜지焰慧地다. 생각을 자꾸 하게 되어야 난승難勝이다. 자기를 조금씩 이길 수 있는 힘이 조금씩 생긴다.

선생님을 만나야 때를 벗고 철이 들기 시작하고 조금씩 깊이 생각하게 된다. '염혜焰慧'는 지혜를 가지고 번뇌의 불꽃을 없앤다는 것이다. 또는 지혜의 불꽃으로 번뇌의 장작을 태운다는 것이다. 마찬가지 말이다. 지혜를 가지고 번뇌를 태워 없애는 것이다. 그것을 염혜라 한다. 그 다음이 난승難勝이다. 사람이 제일 이기기 어려운 것이 무엇인가 하면 자기 자신이다. 난승, 자기 자신을 이기기 어려운 것인데 그래서 중요한 것이 현전現前이다. 내 힘으로는 도저히 이길 수 없는데 절대 타자가 나타나서 그 힘으로 이긴다. 절대자에 부딪혀야 된다고 했는데 자기를 이기려면 절대 타자를 만나야 된다는 것이다. 우리 기독교로 말하면 하나님을 만나야 된다, 그리스도를 만나야 된다, 성령을 만나야 된다는 그것이다. 절대 타자요 형이상이요 실재라는 것이다. 내 힘으로는 안 되고 나보다 더 강한 어떤 힘이 내게 와서 부딪혀야 된다. 절대자와 부딪혀야 내가 부처가 되지 부딪히지 않으면 부처가 될 수 없다. 우리는 그것을 근본경험根本經驗이라 한다.

　현전이라는 말을 요새로 말하면 근본경험이다. 기독교로 말하면 성령강림이다. 혹은 하나님을 만났다는 것이다. 또는 예수님이 내 안에 살아 계신다는 것이다. 다 근본경험을 말하는 것이다. 그것이 우리에게 제일 필요한 것이다. 나는 믿음을 밑힘이라 한다. 밑힘이란 근본경험을 말하는데 이런 근본경험이 없이는 믿음이 안 된다는 것이다. 그래서 제일 중요한 것이 현전이라는 것이다. 그래서 절대자와 내가 하나가 되면 원행遠行이다. 얼마든지 갈 수 있다. 비행기를 타면 얼마든지 갈 수 있다. 원행이다. 그리고 절대자와 하나가 되면 부동不動이다. 절대 흔들리지 않게 된다.

　절대자와 만나지 못하면 자꾸 흔들리는데 절대자와 만나게 되면 흔들리지 않는다. 그래서 부동이라는 말을 할 때 '무공용無功用'이라는 말을 쓴다. 내가 노력해서 되는 것이 아니라 절대자의 힘으로 된다는 것이다. 그것을 소위 무공용이라 한다. 미국을 간다 할 때 배를 타고 가면 배만 있어도 안 되고 바람이 불어야 되고 물이 있어야 된다. 배를 타야 되고, 바람이 불어야 되고, 물이 들어와야 된다. 이런 것을 기독교에서는 삼위일체라 한다. 성부, 성자, 성령, 이 셋이 있어야 된다. 나는 배를 타고 가만 앉아있으면 된다. 내가 바람을 불게 하는 것도 아니고 물을 들어오게 하는 것도 아니다. 일체가 타력他力이다. 기독교에서는 타력이라는 말을 하는데 불교에서는 무엇이라 하는지 모르겠다. 『신화엄경합론』에 이런 것을 공空, 무상無相, 무원無願이라 했다.

"무애지현전無碍知現前 공무상무원空無相無願"

'공空'은 눈이 떴다는 것이다. 깨달았다는 것이다. '무상無相'은 진여眞如, 진리라는 것이다. 진리와 하나가 되면 얼마든지 갈 수가 있다는 것이다. 원행遠行이다. 그리고 '무원無願', 원하는 것이 없다는 것이다. 부동不動이다. 더 갈 데가 없으니까 우뚝 선 것이다. 그래서 공, 무상, 무원이라 했다. 공이라는 말 대신에 무애無碍라 해서 무애無碍, 무상無相, 무원無願, 이렇게 말한 것이다. 기독교로 말하면 하나님, 그리스도, 성령의 힘인데 이것을 불교에서는 없을 '무無'라는 한 글자로 처리하고 만다. 없을 무라는 것은 없다는 것이 아니다. 절대무絶對無라는 것이다. 그래서 없을 무라는 것은 존재存在라는 말이나 같은 뜻이 되고 만다. '없는 것이 없다'는 말은 다 있다는 말이 된다. 또 존재, '있고 있다'는 말은 없는 것이 된다. 우리는 하나님이라 하지만 불교에서는 무無라 한다. 그러니까 무애지無碍知라는 말은 하나님의 지라는 것이다. "무애지현전無碍知現前", 하나님이 나타났다는 말이다. "무애지현전"이 무엇인가 공空이다.

  기독교는 적극적인 표현으로써 '있고 있다'고 하고, 불교는 소극적인 표현으로 '없고 없다'고 한다. 미국 사람들은 음식을 차려놓고 시원치 않아도 정성을 다해서 준비했다고 한다. 이것이 참 맛있다, 나도 먹을 테니 너도 먹어보라, 이렇게 적극적으로 말한다. 그런데 우리는 산해진미를 차려놓고도 아무 것도 차린 것이 없다, 맛이 없다, 미안하다, 이런 식으로 말한다. 동양 사람들은 자꾸 부정적인 표현을 쓰는데 따지고 보면 내용은 서로 같은 것이다. 그러니까 동양에서 무無라 하는 것은 없다는 것이 아니라 절대무로서 존재라는 것이다. 결국 무라는 것은 하나님이 나타난 것이다.

  무애無碍, 무상無相, 무원無願인데 불교에서 제일 중요하게 생각하는 것이 무엇인가 하면 눈을 뜨는 것이다. 보는 것이다. 그래서 무無, 공空, 이런 말은 눈을 뜨는 것, 각覺을 말한다. 부처라는 말이 각이라는 뜻이다. 그러니까 제일 나쁜 것이 무엇인가 하면 무명無明이다. 눈을 감은 것이 제일 나쁜 것이다. 눈을 감으면 어디나 걸린다. 집착이라는 것이다. 눈을 감으면 붙잡아야지 그렇지 않으면 견딜 수 없다. 그래서 눈을 감으면 집착이다. 십이지인연十二支因緣의 내용이 그것이다. 무명無明 행행, 눈을 감고 가면 그 다음에는 다 집착이란 것이다. 촉觸·수受·애愛·취取 등등 모두 집착을 말하는 것이다. 눈을 감은 결과는 집착이라는 것이다. 집착으로 끝나는가 하면 그렇지 않고 쓰러지게 된다. 그것을 고苦라 한다. 고는 무엇인가. 노사老死라 하는데 생로병사다. 이것이 고에 속하는 것이다. 눈을 감으면 집착이 되고 집착이 되면 고라는 것이다. 그래서 눈을 뜨면 집착에서 벗어나고 집착에서 벗어나면 고에서 벗어난다는 것이다.

그러니까 공空, 눈을 뜨면 무상無相, 집착에서 벗어나게 된다. 무상이란 집착에서 벗어났다는 것이다. 그래서 무원無願이다. 고에서 벗어났다는 것이다. 고통에서 벗어났으니까 더 원하는 것이 없다. 무상, 집착에서 벗어났으니까 더 붙잡을 상이 없다. 공空, 무無, 눈을 떴다는 것이다.

현전지現前地에 보면 "공해탈空解脫 무상해탈無相解脫 무원해탈無願解脫"이라는 말이 있다. 무원해탈은 고에서 벗어났다는 것이요, 무상해탈이란 집착에서 벗어났다는 것이요, 공해탈은 무명에서 벗어났다는 말이다. 장님이 눈을 뜨게 되었으니까 공이라 하고, 이제 지팡이가 필요없게 되었으니까 무상이라 하고, 이제 쓰러지지 않게 되었으니까 무원이라 한 것이다. 이것이 불교의 핵심이다.

무無가 현전現前해서, 즉 바람이 불고 물이 차서 배를 타고 내가 가는 것이다. 바람이 없고 물이 없고 배가 없으면 나는 꼼짝 못한다. 무라는 것이 무엇인가. 바람이요 배요, 물이 무다. 무애無碍, 무상無相, 무원無願이다. 무애는 눈을 뜨는 것, 무상은 집착이 없어지는 것, 무원은 고가 없어지는 것이다. 이것이 해탈이다. 이것이 구원을 받은 것이다. 우선 눈을 뜨는 것이 제일 중요하다. 눈을 떠야 집착이 없어지고 고가 없어진다. 눈을 떠야 코도 뚫리게 되고 입도 열리게 된다. 그런데 눈을 뜨려면 귀가 뚫려야 된다. 귀가 뚫려야 눈이 뚫리게 된다.

선생을 만나는 것이 환희歡喜다. 선생을 만나야 현전現前이 나오고 원행遠行이 나오고 부동不動이 나오게 된다. 현전이 눈을 뜨는 것이고, 원행은 무상이라는 것이고, 부동은 무원이라는 것이다. 어떻게 해석하건 내용은 다 같은 것이다. 무공용無功用이라 할 때도 세 가지다. 인간의 힘으로 되면 그것은 종교라 할 수가 없다. 그것은 과학이다. 인간의 힘으로 안 되는 것이니까 우리는 그것을 종교라 한다. 내 힘으로 된다면 걱정할 것이 어디 있는가. 나는 나를 움직일 수가 없다. 『무문관無門關』에서 "자기가 자기를 들 수 있는가" 하는 질문이 있다. 내가 나를 들 수 있는가. 들 수 없다. 반드시 절대자가 나를 들어야 된다. 그러니까 절대자와 부딪히지 않으면 내가 될 수 없는 것이다. 석가라는 사람도 절대자에 부딪힌 사람이요, 예수도 절대자에 부딪힌 사람이요 다 절대자에 부딪힌 사람이다. 절대자에 부딪히지 않고는 실존實存이 될 수 없는 것이다. 그래서 유심연기라는 이것이 반드시 필요하다. 기독교로 말하면 하나님이 있어야 되고, 그리스도가 있어야 되고, 성령이 있어야 된다. 하나님이 있어야 현전이 되고, 그리스도가 있어야 원행이 되고, 성령이 있어야 부동이 된다. 철학으로 말하면 형이상形而上이다. 하나님, 그리스도, 성령이 있어야 되지 그렇지 않으면 내가 될 수가 없다. 부동이 되어야 선혜善慧, 진짜 지혜를 가지게 된다. 그리고 법운法雲이다. 법신자재法身自在가 되는 것이다.

　법신자재란 내가 법의 몸이 되는 것이다. 영어라 하면 영어가 내 몸에 와서 붙는 것이다. 내가 영어의 법신이 되는 것이다. 밤에 잘 때도 영어로 꿈을 꾸면 영어의 법신이 된 것이다. 그런데 낮에는 영어를 하지만 밤에 자면서 꿈 속에서는 한국말을 한다면 아직 영어가 안 된 것이다. 색즉시공色卽是空이라야 된다. 깨 있을 때가 색色이요 잠잘 때가 공空이다. 잘 때나 깰 때나 영어로 말하게 되는 것이 색즉시공이다. 이렇게 되면 소위 영어의 법신이다. 그렇게 되어야 영어를 마음대로 할 수가 있다. 자유자재다. 어떻게 해야 선생이 되는가. 법신자재라야 된다. 우리가 깨도 그리스도요, 자도 그리스도요, 살아도 그리스도요, 죽어도 그리스도라 하는데 이것도 법신자재라는 말이다. 공空, 무상無相, 무원無願이다. 그래서 십지라는 것이 우리에게 가장 중요한 것인데 결국 나 자신이 십지라는 말이다.

2003. 3. 30.

제38. 이세간품離世間品

38.1 이시爾詩 세존世尊 재마갈제국在摩竭提國 아란야법阿蘭若法 보리장중菩提場中 보광명전普光明殿 좌연화장坐蓮華藏 사자지좌師子之座. 묘오개만妙悟皆滿 이행영절二行永絶 달무상법達無相法 요일체행了一切行 진일체의盡一切疑 구족여래평등해탈具足如來平等解脫. 등허공계等虛空界 여불가설백천억보살與不可說百千億菩薩 구俱 개일생皆一生 당득아누다라삼막삼보리當得阿耨多羅三藐三菩提 기명왈其名曰 보현普賢 보안등普眼等.

38.2 이시爾時 보현보살普賢菩薩 입광대삼매入廣大三昧 명불화장엄名佛華莊嚴 보혜보살普慧菩薩 문보현언問普賢言 불자佛子 원위연설願爲演說.
(1) 하등何等 위보살마하살의爲菩薩摩訶薩依
(2) 하등何等 위력지爲力持
(3) 하등何等 위여보주爲如寶住
(4) 하등何等 위신업爲身業
(5) 하등何等 위관찰爲觀察

38.3 십신十信
이시爾時 보현보살普賢菩薩 고보혜언告普慧言 불자佛子 보살마하살菩薩摩訶薩.
(1) 유십종의有十種依
 이보리심以菩提心 항불망실恒不忘失
(2) 유십종기특상有十種奇特想
 어일체법於一切法 생출리상生出離想
(3) 유십종행有十種行
 일체중생행一切衆生行 보령성숙普令成熟
(4) 유십종선지식有十種善知識
 영주보리심선지식令住菩提心善知識
(5) 유십종근정진有十種勤精進

　　　　　교화일체중생근정진敎化一切衆生勤精進
(6) 유십종심득안은有十種心得安隱
　　　　자주보리심自住菩提心 타주보리심他住菩提心
(7) 유십종성취중생有十種成就衆生
　　　　이설법以說法 성취중생成就衆生
(8) 유십종계有十種戒
　　　　불사보리심계不捨菩提心戒
(9) 유십종수기법有十種受記法
　　　　영불염사제보살행永不厭捨諸菩薩行 자지수기自知受記
(10) 유십종입보살有十種入菩薩
　　　　입제파라밀入諸波羅蜜
(11) 유십종입여래有十種入如來
　　　　입무변성정각入無邊成正覺
(12) 유십종입중생행有十種入衆生行
　　　　입일체중생교화조복入一切衆生教化調伏
(13) 유십종입세계有十種入世界
　　　　입염세계入染世界
(14) 유십종입겁有十種入劫
　　　　입일체겁즉일념入一切劫卽一念
(15) 유십종설삼세有十種說三世
　　　　설삼세즉일념說三世卽一念
(16) 유십종지삼세有十種知三世
　　　　지제어언知諸語言
(17) 유십종무피염심有十種無疲厭心
　　　　공양일체제불供養一切諸佛
(18) 유십종차별지有十種差別智
　　　　지중생차별지知衆生差別智
(19) 유십종다라니有十種陀羅尼
　　　　문지다라니聞持陀羅尼 불망실不忘失

(20) 유십종불有十種佛

38.4 십주十住

불고비구佛告比丘 연기법자緣起法者 비아소작非我所作 역비여인작亦非餘人作. 연然 피여래彼如來 출세급미출세出世及未出世 법계상주法界常主. 피여래彼如來 자각차법自覺此法 성등정각成等正覺. 위제중생爲諸衆生 분별연설分別演說 개발현시開發現示.

소위所謂 차유고피유此有故彼有 차기고피기此起故彼起 위연무명謂緣無明 행내지노생사行乃至老生死 순대고취집純大苦聚集. 무명멸無明滅 고행멸내지苦行滅乃至 순대고취멸純大苦聚滅. 이시爾時 보살菩薩 역순逆順 십이인연十二因緣 여실지如實知 여실견이如實見已 즉어좌상성卽於座上成 아누다라삼막삼보리阿耨多羅三藐三菩提 부지진제不知眞諦 명무명名之無明.

38.4.1 발심주發心住

(1) 불자佛子 보살마하살菩薩摩訶薩 발십종보현심發十種普賢心
　　발대자심發大慈心 구호일체중생救護一切衆生
(2) 유십종보현행법有十種普賢行法
　　원입일체願入一切 파라밀보현행법波羅蜜普賢行法
(3) 이십종관중생以十種觀衆生
　　몰생사해沒生死海 기대비起大悲
(4) 유십종발보리심인연有十種發菩提心因緣
　　제멸일체중생고취除滅一切衆生苦聚

38.4.2 치지주治持住

(1) 발무상보리심發無上菩提心 위오입일체지지고爲悟入一切智智故 친근공양친근공양親近供養善知識時 응기십종심應起十種心
　　일향심一向心
(2) 기여시심起如是心 즉득십종청정則得十種淸淨
　　지혜청정智慧淸淨 사리일체우치암捨離一切愚痴闇

38.4.3 수행주修行住
(1) 유십종파라밀有十種波羅蜜
　　시파라밀施波羅蜜 실사일체제소유悉捨一切諸所有
(2) 유십종지수각有十種智隨覺
　　삼세제불三世諸佛 개동일행이득출리皆同一行而得出離

38.4.4 생귀주生貴住
(1) 유십종증지有十種證知
　　지일체법재일념知一切法在一念

38.4.5 구족방편주具足方便住
(1) 유십종력有十種力
　　어일체선지식於一切善知識 항불사리존중심력恒不捨離尊重心力

38.4.6 정심주淨心住
(1) 유십종평등有十種平等
　　어일체중생평등於一切衆生平等
(2) 유십종불법실의구有十種佛法實義句
　　일체법一切法 단연기但緣起

38.4.7 불퇴주不退住
(1) 설십종법說十種法
　　설일체보살說一切菩薩 학일체불평등學一切佛平等 일체여래一切如來 경계상응법境界相應法
(2) 유십종지有十種持
　　지일체여래소설법持一切如來所說法

38.4.8 동진주童眞住
(1) 유십종변재有十種辯才

어일체법於一切法 무의암변재無疑闇辯才
(2) 유십종자재有十種自在
　　교화조복일체중생자재敎化調伏一切衆生自在

38.4.9 법왕자주法王子住
(1) 유십종무착有十種無着
　　어일체중생於一切衆生 무착無着
(2) 유십종평등심有十種平等心
　　어일체여래지혜於一切如來智慧

38.4.10 관정주灌頂住
(1) 유십종출생지혜有十種出生智慧
　　지삼세일체중생知三世一切衆生 불종부단출생지혜佛種不斷出生智慧
(2) 유십종변화有十種變化
　　일체성정각一切成正覺

38.5 십행十行
광명무한량光明無限量 세간무능수世間無能數 유한상부지有限尙不知 하황맹명자何況盲冥者 여래역시如來亦如是 공덕광무량功德光無量 무량무수겁無量無數劫 막능분별지莫能分別智.

보살작여시념菩薩作如是念 중생장야衆生長夜 유전생사流轉生死 동몽범부童蒙凡夫 부지수도不知修道 아당주야我當晝夜 정근학문精勤學問 수지일체受持一切 제불법장諸佛法藏 구경성취究竟成就 무상보리심無上菩提心 광위중생廣爲衆生 설진실법說眞實法 보령일체普令一切 성취무상도成就無上道.

38.5.1 환희행歡喜行
불자佛子 보살마하살菩薩摩訶薩 유십종력지有十種力持 유십종대흔위有十種大欣慰 유십종심입불법有十種深入佛法.
(1) 유십종력지有十種力持

불력지佛力持
(2) 유십종대흔위有十種大欣慰

아당어불가설불가설겁我當於不可說不可說劫 행보살행行菩薩行 상여일체제불보살常與一切諸佛菩薩 이득공구而得共俱 여시사유如是思惟 심대흔위心大欣慰
(3) 유십종심입불법有十種深入佛法

입일체보살종종행入一切菩薩種種行

38.5.2 요익행饒益行
(1) 유십종의지有十種依止

의지심입일체依止深入一切 파라밀波羅蜜 행보살행行菩薩行

38.5.3 무위역행無違逆行
(1) 유십종발무외심有十種發無畏心

발무외심發無畏心 항복일체마降伏一切魔

38.5.4 무굴요행無屈撓行
(1) 발십종무의심發十種無疑心

어일체불법於一切佛法 심무의혹心無疑惑
(2) 유십종불가사의有十種不可思議

수보살도修菩薩道 이시현강신而示現降神 입태탄생入胎誕生 출가고행出家苦行 왕예도장往詣道場 항복중마降伏衆魔 성최정각成最正覺 전정법륜轉正法輪 입반열반入般涅槃 신변자재神變自在 무유휴식無有休息 불사비원不捨悲願 구호중생求護衆生 불가사의不可思議
(3) 유십종교밀어有十種巧蜜語

어일체보살於一切菩薩 신통변현神通變現 성등정각成等正覺
(4) 유십종교분별지有十種巧分別智

일체중생행교분별지一切衆生行巧分別智

38.5.5 이치난행離癡亂行

(1) 유십종입삼매有十種入三昧
    견일체불見一切佛
(2) 유십종편입有十種遍入
    일체여래종종공양편입一切如來種種供養遍入
(3) 유십종해탈문有十種解脫門
    어자신중於自身中 견일체세계해탈문見一切世界解脫門
(4) 유십종신통有十種神通
    일념一念 편입불가설불가설세계방편지통遍入不可說不可說世界方便智通

38.5.6 보현행普賢行

(1) 유십종명有十種明
    지혜광대智慧廣大 불가경동不可傾動 당성정각當成正覺 어생사해於生死海 평등제도平等濟度 일체중생一切衆生 선교지명善巧智明
(2) 유십종해탈有十種解脫
    번뇌해탈煩惱解脫

38.5.7 무착행無着行

(1) 유십종원림有十種園林
    생사시원림生死是園林 무염사고無厭捨故
(2) 유십종궁전有十種宮殿
    보리심菩提心 시보살궁전是菩薩宮殿 항불망실고恒不忘失故

38.5.8 난득행難得行

(1) 유십종소락有十種所樂
    낙전법륜樂轉法輪 최멸일체이도법고摧滅一切異道法故
(2) 유십종장엄有十種莊嚴
    역장엄力莊嚴 불가괴고不可壞故

부록 457

38.5.9 선법행善法行
(1) 발십종부동심發十種不動心
　　어일체소유於一切所有 실개능사부동심悉皆能捨不動心
(2) 유십종불사심대심有十種不捨深大心
　　불사친근일체선지식심대심不捨親近一切善知識深大心

38.5.10 진실행眞實行
(1) 유십종지혜관찰有十種智慧觀察
　　지일체불법지혜광명무유장애知一切佛法智慧光明無有障碍
(2) 유십종설법有十種說法
　　설일체법說一切法 개실출리皆悉出離
(3) 유십종청정有十種淸淨
　　단의청정斷疑淸淨
(4) 유십종인有十種印
　　지知 고고苦苦 괴고壞苦 행고行苦 전구불법專求佛法 불생해태不生懈怠 행보살행行菩薩行 무유피해無有疲懈 불경불외不驚不畏 불공불포不恐不怖 불사대원不捨大願 구일체지求一切智 견고불퇴堅固不退 구경아누다라삼막삼보리究竟阿耨多羅三藐三菩提 시위제일인是爲第一印
(5) 유십종지광조有十種智光照
　　지정당성아누다라삼막삼보리지광조知定當成阿耨多羅三藐三菩提智光照
(6) 유십종무등주有十種無等住
　　보살마하살菩薩摩訶薩 수수행원만雖修行圓滿 이부증보리而不證菩提 하이고何以故 보살菩薩 작여시념作如是念 아지소작我之所作 본위중생本爲衆生 시고是故 아응구처생사我應久處生死 방편이익方便利益 개령안주무상불도皆令安住無上佛道 시위제십무등주是爲第十無等住
(7) 발십종무하열심發十種無下劣心
　　아당항복我當降伏 일체천마一切天魔 급기권속及其眷屬
(8) 유십종여산증상심有十種如山增上心
　　상작의권수일체지법常作意勸修一切智法

(9) 유십종입보리여해지有十種入菩提如海智
　　입일체무량중생入一切無量衆生

38.6 십회향十廻向
여래如來 불출세不出世 무유열반無有涅槃 이본대원력以本大願力 현현자재법顯現自在法 시법난사의是法難思義 비심지경계非心之境界 구경피안지究竟彼岸智 내견제불경乃見諸佛境. 비여정만월譬如淨滿月 보현일체수普現一切水 영상수무량影像數無量 본월미증익本月未增益.

여시무애지如是無碍智 성취등정각成就等正覺 응현일체자應現一切者 불심초무이佛心初無二 무량생사중無量生死中 미증발도심未曾發道心 약문견여래若聞見如來 구족불보살具足佛菩薩 총달명혜자聰達明慧者 약발이도심若發爾道心 여막생의혹汝莫生疑惑.

38.6.1 구호일체중생救護一切衆生 이중생상離衆生相 회향廻向
불자佛子 보살마하살菩薩摩訶薩 어아누다라삼막삼보리於阿耨多羅三藐三菩提
(1) 유십종여보주有十種如寶住
　　지염리번뇌知厭離煩惱 지지식번뇌知止息煩惱 지방호번뇌知防護煩惱 지제단번뇌知除斷煩惱 수보살행修菩薩行 부증실제不證實際 구경도어실제피안究竟到於實除彼岸 방편선교方便善巧 선학소학善學所學 영주석원행令住昔願行 개득성만皆得成滿 신불피권시제오身不疲倦是第五
(2) 발십종여금강대승서원심發十種如金剛大乘誓願心
　　일체제법一切諸法 무유변제無有邊際 불가궁진不可窮盡 아당이진삼세지我當以盡三世智 보개각료普皆覺了 무유유여無有遺餘 시위제일是爲第一
(3) 유십종대발기有十種大發起
　　아당공양공경일체제불我當供養恭敬一切諸佛 시위제일是爲第一
(4) 유십종구경대사有十種究竟大事
　　사유일체불법思惟一切佛法 구경대사究竟大事

38.6.2 불괴회향不壞廻向

(1) 유십종불괴신有十種不壞信
　　어일체불於一切佛 불괴신不壞信
(2) 유십종득수기有十種得授記
　　일체보살행一切菩薩行 자재득수기自在得授記

38.6.3 등일체불회향等一切佛廻向
(1) 유십종선근회향有十種善根廻向
　　이아선근以我善根 동선지식성만同善知識成滿 여시성취如是成就 막별성취莫別成就
(2) 유십종득지혜有十種得智慧
　　어일념중於一念中 실능왕예불가설불찰悉能往詣不可說佛剎 득지혜得智慧

38.6.4 지일체처회향至一切處廻向
(1) 유십종발무량무변광대심有十種發無量無邊廣大心 관찰일체여래묘음觀察一切如來妙音 발무량무변광대심發無量無邊廣大心

38.6.5 무진공덕장회향無盡功德藏廻向
(1) 유십종복장有十種伏藏
　　지일체제불보살知一切諸佛菩薩 시발생환희정신장是發生歡喜淨信藏

38.6.6 수순견고일체선근회향隨順堅固一切善根廻向
(1) 유십종율의有十種律儀
　　어일체불법於一切佛法 불생비방율의不生誹謗律儀

38.6.7 등수순일체중생회향等隨順一切眾生廻向
(1) 유십종자재有十種自在
　　명자재命自在 어불가설각於不可說却 주수명住壽命

38.6.8 진여상회향眞如相廻向

(1) 유십종무애용有十種無碍用

　　위일체중생爲一切衆生 시현보살행무애용示現菩薩行無碍用
(2) 유십종국토무애용有十種國土無碍用

　　일체찰입일모공무애용一切刹入一毛孔無碍用
(3) 유십종법무애용有十種法無碍用

　　이일체법以一切法 실입불법悉入佛法 영제중생令諸衆生 개득오해무애용皆得悟解無碍用
(4) 유십종신무애용有十種身無碍用

　　일불신一佛身 입일체불신무애용入一切佛身無碍用
(5) 유십종원무애용有十種願無碍用

　　설일구법說一句法 편일체법계遍一切法界 흥대정법운興大正法雲 요해탈전광耀解脫電光 진실법뢰음震實法雷音 우감로미우雨甘露味雨 이대원력以大願力 충흡일체제중생계무애용充洽一切諸衆生界無碍用
(6) 유십종경계무애용有十種境界無碍用

　　재열반경계在涅槃境界 이불사생사경계무애용而不捨生死境界無碍用
(7) 유십종지무애용有十種智無碍用

　　어념념중於念念中 현성정각現成正覺 시현중생示現衆生 무유단절無有斷絶 무애용無碍用
(8) 유십종신통무애용有十種神通無碍用

　　어일체중생심념중於一切衆生心念中 성취불가설무상보리成就不可說無上菩提 개오일체중생심무애용開悟一切衆生心無碍用
(9) 유십종신력무애용有十種神力無碍用

　　이일모以一毛 격불가수금강위산擊不可數金剛圍山 지이유행일체세계持以遊行一切世界 불령중생不令衆生 생공포심무애용生恐怖心無碍用
(10) 유십종역무애용有十種力無碍用

　　여래역무애용如來力無碍用 도탈일체중생고度脫一切衆生故

38.6.9 무박무착해탈회향無縛無着解脫廻向
(1) 유십종유희有十種遊戲

부록　461

어성정각신於成正覺身 시현수보살행신示現修菩薩行身 이역불감성보리신而亦不減成菩提身 시보살유희是菩薩遊戲
- (2) 유십종경계有十種境界

    시현무변법계문示現無邊法界門 영중생득입令衆生得入 시보살경계是菩薩境界
- (3) 유십종력有十種力

    심심력深心力 불잡일체세정고不雜一切世精故

38.6.10 등법계무량회향等法界無量廻向

- (1) 유십종무외有十種無畏

    보살마하살菩薩摩訶薩 실능문지일체언설悉能聞持一切言說 작여시념作如是念. 설유중생設有衆生 무량무변無量無邊 종시방래從十方來 이백천대법以百千大法 이문어아而問於我 아어피문我於彼問 불견미소不見微少 난가답상難可答相 이불견고以不見故 심득무외心得無畏
- (2) 유십종불공법有十種不共法

    보살菩薩 불유타교不由他教 자연수행육파라밀自然修行六波羅蜜 상락대시常樂大施 불생간린不生慳悋 항지정계恒持淨戒 무소훼범無所毀犯 구족인욕具足忍辱 심부동요心不動搖 유대정진有大精進 미증퇴전未曾退轉 선입제선善入諸禪 영무산란永無散亂 교수지혜巧修智慧 실제악견悉除惡見 시위제일是爲第一 불유타교不由他教 수순파라밀도隨順波羅蜜道 수육도불공법修六度不共法
- (3) 유십종업有十種業

    일체제불업一切諸佛業 실능공양고悉能供養故
- (4) 유십종신有十種身

    견고신堅固身 일체중마一切衆魔 불능괴고不能壞故

38.7 십지十地

무량겁해수공덕無量劫海修功德 공양시방일체불供養十方一切佛
교화무변중생해教化無邊衆生海 노사나불성정각盧舍那佛成正覺

불신충만어법계佛身充滿於法界 보현일체중생전普現一切衆生前
수연부감미부주隨緣赴感靡不周 이항처차보리좌而恒處此菩提座
노사나불대지혜盧舍那佛大智慧 광명편조무유량光明遍照無有量
여실관찰진제법如實觀察眞諦法 보조일체제법문普照一切諸法門
여래공덕난사의如來功德難思議 중생견자번뇌멸衆生見者煩惱滅
득견부동자재존得見不動自在尊 능생무량열락심能生無量悅樂心.

38.7.1 환희지歡喜地
(1) 유십종신업有十種身業

   어자신중於自身中 보현일체청정불찰普現一切清淨佛刹 일체중생一切衆生 어중성도신업於中成道身業
(2) 유십종신有十種身

   제파라밀신諸波羅蜜身 실정수행고悉正修行故
(3) 유십종어有十種語

   감로어甘露語 영일체중생令一切衆生 실청량고悉清凉故
(4) 유십종정수어업有十種淨修語業

   환희용약歡喜踊躍 찬탄여래讚歎如來 정수어업淨修語業
(5) 득십종수호得十種守護

   여래법왕위수如來法王爲首 일체법사一切法師 개실수호皆悉守護
(6) 능성변십종대사能成辨十種大事

   일체중생一切衆生 개령환희皆令歡喜
(7) 유십종심有十種心

   여대해심如大海心 일체제불一切諸佛 무량무변無量無邊 대지법수大智法水 실류입고悉流入故
(8) 유십종발심有十種發心

   발아당도탈發我當度脫 일체중생심一切衆生心
(9) 유십종주편심有十種周遍心

   주편일체자재심周遍一切自在心 일념보현성불고一念普現成佛故
(10) 유십종근有十種根

환희근歡喜根 견일체불見一切佛 신불괴고信不壞故

38.7.2 이구지離垢地
(1) 유십종심심有十種深心
　　수일체제불법심심修一切諸佛法深心
(2) 유십종증상심심有十種增上深心
　　불퇴전증상심심不退轉增上深心 적집일체선근고積集一切善根故
(3) 유십종근수有十種勤修
　　보시근수布施勤修 실사일체悉捨一切 불구보고不求報故
(4) 유십종결정해有十種決定解
　　견고결정해堅固決定解 최파일체마업고摧破一切魔業故
(5) 유십종결정해有十種決定解 지제세계知諸世界
　　지일체세계知一切世界 일음보편一音普遍 영제중생令諸衆生 각별료지各別了知 심생환희心生歡喜
(6) 유십종결정해有十種決定解 지중생계知衆生界
　　지일체중생知一切衆生 위현여래상호적정위고爲現如來相好寂靜威儀 개오중생開悟衆生

38.7.3 발광지發光地
(1) 유십종습기有十種習氣
　　교화중생습기敎化衆生習氣
(2) 유십종취有十種取
　　취여래取如來 수보살행修菩薩行 위공양고爲供養故
(3) 유십종수有十種修
　　수제파라밀修諸波羅蜜
(4) 유십종성취불법有十種成就佛法
　　불리선지식不離善知識
(5) 유십종퇴실불법有十種退失佛法
　　경만선지식輕慢善知識 퇴실불법退失佛法

38.7.4 염혜지焰慧地
(1) 유십종리생도有十種離生道
　　이세간생離世間生 이사차생피而死此生彼 기보살행起菩薩行
(2) 유십종결정법有十種決定法
　　결정심입불보리決定深入佛菩提
(3) 유십종출생불법도有十種出生佛法道
　　심심신해深心信解 시출생불법도是出生佛法道 지불자재고知佛自在故
(4) 유십종대장부명호有十種大丈夫名號
　　명위부사의살타名爲不思議薩埵 일념성불고一念成佛故
(5) 유십종도有十種道
　　일도一道 시보살도是菩薩道 불사독일보리심고不捨獨一菩提心故

38.7.5 난승지難勝地
(1) 유십종무량도有十種無量道
　　중생계衆生界 무진고無盡故 보살도菩薩道 역무량亦無量
(2) 유십종무량조도有十種無量助道
　　보살승여래력菩薩承如來力 적집조도積集助道 역무량亦無量

38.7.6 현전지現前地
(1) 유십종무량수도有十種無量修道
　　부증불감수不增不減修 여본성고如本性故

38.7.7 원행지遠行地
(1) 유십종장엄도有十種莊嚴道
　　이도일체세간피안已到一切世間彼岸 어제세법於諸世法 실무소착悉無所着 이역불사도중생행而亦不捨度衆生行
(2) 유십종족有十種足
　　낙법족樂法足 문지일체불소설법聞持一切佛所說法 불피해고不疲懈故
(3) 유십종수有十種手

부록　465

항지지보수恒持智寶手 개법광명開法光明 파번뇌암고破煩惱闇故

38.7.8 부동지不動地
(1) 유십종복有十種腹
　　청정심복清淨心腹 이제악고離諸惡故
(2) 유십종장有十種藏
　　부단불종不斷佛種 시보살장是菩薩藏 개시불법開示佛法 무량위덕고無量威德故
(3) 유십종심有十種心
　　대용건심大勇健心 최파일체제마군고摧破一切諸魔軍故

38.7.9 선혜지善慧地
(1) 유십종피갑有十種被甲
　　피대자갑被大慈甲 구호일체중생고救護一切衆生故
(2) 유십종기장有十種器仗
　　지혜智慧 시보살기장是菩薩器仗 소멸일체번뇌고消滅一切煩惱故

38.7.10 법운지法雲地
(1) 유십종수有十種首
　　교화일체중생수教化一切衆生首 이일체중생以一切衆生 위제자고爲弟子故
(2) 유십종안有十種眼
　　법안法眼 견일체법여실상고見一切法如實相故
(3) 유십종이有十種耳
　　문보살도聞菩薩道 환희용약歡喜踊躍
(4) 유십종비有十種鼻
　　약문일체보살행향若聞一切菩薩行香 이평등혜以平等慧 입여래지入如來地
(5) 유십종설有十種舌
　　찬탄제불讚歎諸佛 무진공덕설無盡功德舌
(6) 유십종신有十種身

　　　　인신人身 위교화일체제인고爲敎化一切諸人故
(7) 유십종의有十種意
　　　　무난의無亂意 일체번뇌부잡고一切煩惱不雜故
(8) 유십종행有十種行
　　　　설법행說法行 이익중생고利益衆生故
(9) 유십종주有十種住
　　　　아란야주阿蘭若住 증대선정고證大禪定故
(10) 유십종좌有十種坐
　　　　사자좌師子坐 능설법고能說法故
(11) 유십종와有十種臥
　　　　삼매와三昧臥 신심유연고身心柔軟故
(12) 유십종소주처有十種所住處
　　　　이념혜以念慧 위소주처爲所住處 인법성만고忍法成滿故
(13) 유십종소행처有十種所行處
　　　　이파라밀以波羅蜜 위소행처爲所行處 만족일체지지滿足一切智智

38.8 등각等覺
(1) 유십종관찰有十種觀察
　　　　득지혜관찰得智慧觀察 여리설법고如理說法故
(2) 유십종보관찰有十種普觀察
　　　　보관일체제불지법普觀一切諸佛之法 속득성취일체지고速得成就一切智故
(3) 유십종분신有十種奮迅
　　　　용건분신勇健奮迅 능어생사대전진중能於生死大戰陣中 최멸일체번뇌원고摧滅一切煩惱怨故
(4) 유십종사자후有十種師子吼
　　　　창언唱言 아당필정성정등각我當必定成正等覺 시보리심대사자후是菩提心大師子吼
(5) 유십종청정시有十種淸淨施
　　　　평등시平等施 불간중생고不揀衆生故

(6) 유십종청정계有十種淸淨戒

　　신청정계身淸淨戒 호신삼악고護身三惡故

(7) 유십종청정인有十種淸淨忍

　　불생에해청정인不生恚害淸淨忍 기심부동고其心不動故

(8) 유십종청정정진有十種淸淨精進

　　신청정정진身淸淨精進 승사공양承事供養 제불보살諸佛菩薩 급제사장及
　　諸師長 존중복전尊重福田 불퇴전고不退轉故

(9) 유십종청정선有十種淸淨禪

　　득진선우청정선得眞善友淸淨禪 시교정도고示敎正道故

(10) 유십종청정혜有十種淸淨慧

　　일념상응금강지一念相應金剛智 요일체법평등청정혜了一切法平等淸淨
　　慧 득일체법최존지고得一切法最尊智故

(11) 유십종청정자有十種淸淨慈

　　능지해탈청정자能至解脫淸淨慈 보사중생普使衆生 제멸일체제번뇌고除滅
　　一切諸煩惱故

(12) 유십종청정비有十種淸淨悲

　　무피염청정비無疲厭淸淨悲 대일체중생수고代一切衆生受苦 불이위노고不
　　以爲勞故

(13) 유십종청정희有十種淸淨喜

　　견일체불見一切佛 공경공양恭敬供養 무유염족無有厭足 법계평등청정희
　　法界平等淸淨喜

(14) 유십종청정사有十種淸淨捨

　　일체중생一切衆生 공경공양恭敬供養 불생애착청정사不生愛着淸淨捨

(15) 유십종의有十種義

　　다문의多聞義 견고수행고堅固修行故

(16) 유십종법有十種法

　　이욕법離欲法 일체탐욕개단고一切貪欲皆斷苦

(17) 유십종복덕조도구有十種福德助道具

　　권중생기보리심勸衆生起菩提心 시보살복덕조도구是菩薩福德助道具 부

　　　　단삼보종고不斷三寶種故
(18) 유십종지혜조도구有十種智慧助道具
　　　　친근다문진선지식親近多聞眞善知識 공경공양恭敬供養 존중예배尊重禮
　　　　拜 종종수순種種隨順 불원기교不遠其敎
(19) 유십종명족有十種明足
　　　　이전도견명족離顚倒見明足
(20) 유십종구법有十種求法
　　　　정진구법精進求法 원리해만고遠離懈慢故
(21) 유십종명료법有十種明了法
　　　　득무애불괴신得無碍不壞信 각법자성覺法自性 시수신행인是隨信行人 명
　　　　료법明了法
(22) 유십종수행법有十種修行法
　　　　공경존중恭敬尊重 제선지식수행법諸善知識修行法
(23) 유십종마有十種魔
　　　　삼매마三昧魔 구탐미고久耽昧故
(24) 유십종마업有十種魔業
　　　　비방정법誹謗正法 불락청문不樂聽聞 가사득문假使得聞 변생훼자便生毀
　　　　呰 견인설법見人說法 불생존중不生尊重 언자설시言自說是 여설실비餘
　　　　說悉非 시위마업是爲魔業
(25) 유십종사리마업有十種捨離魔業
　　　　귀의시방일체제불歸依十方一切諸佛 기구호상起救護想
(26) 유십종견불有十種見佛
　　　　업보불業報佛 심신견深信見
(27) 유십종불업有十種佛業
　　　　수시개도隨時開導
(28) 유십종만업有十種慢業
　　　　호기과만好起過慢 자고능물自高陵物 불견기실不見己失 부지자단不知自短
(29) 즉득십종지업則得十種智業
　　　　불사보리심不捨菩提心 상념제불常念諸佛

(30) 유십종마소섭지有十種魔所攝持
해태심懈怠心
(31) 득십종불소섭지得十種佛所攝持
관심심법觀甚深法 득무량과得無量果
(32) 유십종법소섭지有十種法所攝持
지부정사유고知不正思惟故 기어무명起於無明 무명기고無明起故 내지노사기乃至老死起 부정사유멸고不正思惟滅故 무명멸無明滅 무명멸고無明滅故 내지노사멸乃至老死滅 법소섭지法所攝持

38.9 묘각妙覺

일가부좌一跏趺坐 편만시방遍滿十方 일체세계一切世界 일발언음一發言音 실능연설悉能演說 일체불법一切佛法 방일광명放一光明 실능보조悉能普照 일체세계一切世界

일신실능一身悉能 현일체신現一切身 불리본처不離本處 실편시현悉遍示現 일체세간一切世間.

비여여의보譬如如意寶 수만일체원隨滿一切願 약유소구자若有所求者 개실만기의皆悉滿其意. 보왕불생념寶王不生念 아요익세간我饒益世間 소공덕중생小功德衆生 불견차보왕不見此寶王 제불여래법신諸佛如來法身 평등편일체처平等遍一切處 무유작의고無有作意故 이설자연而說自然 단但 의중생심依衆生心 현중생심자現衆生心者 유여어경猶如於鏡 경약유구鏡若有垢 색상불현色像不現 중생심유구衆生心有垢 법신불현法身不現.

38.9.1 보살菩薩 주도솔천住兜率天 십종소작업十種所作業

주도솔住兜率天 입삼매入三昧 명광명장엄名光明莊嚴 신방광명身放光明 편조삼천대천세계遍照三千大千世界. 수중생심隨衆生心 이종종음以種種音 이위설법而爲說法 중생문이衆生聞已 신심청정信心淸淨. 명종命終 생어도솔천중生於兜率天中 권기령발보리지심勸其令發菩提之心.

38.9.2 보살菩薩 하생시下生時 현십종사現十種事

470 화엄경

보살菩薩 어도솔천於兜率天 하생지시下生之時 종어족하從於足下 방대광명放大光明 명안락장엄名安樂莊嚴 보조삼천대천세계普照三千大千世界. 일체악취一切惡趣 제난중생諸難衆生 촉사광자觸斯光者 막불개득莫不皆得 이고안락離苦安樂. 득안락이得安樂已 실지장유悉知將有 기특대인奇特大人 출흥어세出興於世. 시위제일是爲第一 소시현사所示現事.

38.9.3 보살菩薩 시현처태示現處胎 유십종사有十種事
보살菩薩 입모태시入母胎時 정념정지正念正知 무유미혹無有迷惑. 주모태이住母胎已 심항정념心恒正念 역무착란亦無錯亂 시위제삼사是爲第三事

38.9.4 유십종심미세취有十種甚微細趣
재모태중在母胎中 시현전법륜示現轉法輪

38.9.5 출생出生
(1) 유십종생有十種生
    원리우치遠離愚癡 정념정지생正念正知生
(2) 유십종有十種 시현미소심자서示現微笑心自誓
    보살념언菩薩念言 일체세간一切世間 몰재욕니沒在欲泥 제아일인除我一人 무능면제無能勉濟 여시지이如是知已 희흡미소심자서熙恰微笑心自誓
(3) 유십종有十種 시행칠보示行七步
    현보살력고現菩薩力故

38.9.6 보살재가菩薩在家
(1) 십종十種 현처동자지現處童子地
    위현득불가피爲現得佛加被 몽법광명고蒙法光明故
(2) 십종十種 현처왕궁現處王宮
    욕령부모친척권속欲令父母親戚眷屬 만소원고滿所願故

38.9.7 보살출가菩薩出家

(1) 십종十種 시현출가示現出家
　　시현출가示現出家 위수순신락성인도爲隨順信樂聖人道
(2) 십종十種 시행고행示行苦行
　　시행고행示行苦行 위령중생爲令衆生 낙구법고樂求法故

38.9.8 보살성도菩薩成道

(1) 유십종有十種 왕예도장往詣道場
　　예도장시詣道場時 조요일체세계照耀一切世界
(2) 유십종有十種 좌도장시坐道場時
　　좌도장시坐道場時 제멸일체제악취고除滅一切諸惡趣苦
(3) 유십종有十種 기특미증유사奇特未曾有事
　　보살菩薩 좌도장시坐道場時 시방세계일체여래十方世界一切如來 개현기전皆現其前 함거우수咸擧右手 이칭찬언而稱讚言 선재선재善哉善哉 무상도사無上導師
(4) 유십종有十種 시현항마示現降魔
　　소위위탁세중생所謂爲濁世衆生 낙어투전樂於鬪戰 욕원보살위덕력고欲願菩薩威德力故 시현항마示現降魔
(5) 유십종有十種 성여래력成如來力
　　초과일체중마번뇌업고超過一切衆魔煩惱業故

38.9.9 여래전대법륜如來轉大法輪

(1) 유십종有十種 전대법륜轉大法輪
　　능령중생能令衆生 심개정신心皆淨信
(2) 십종十種 어중생심於衆生心 종백정법種白淨法
　　지혜자재智慧自在 수소발언隨所發言 실개오고悉開悟故

38.9.10 여래열반如來涅槃

(1) 유십종有十種 시반열반示般涅槃
　　여래관십종의如來觀十種義 시대열반示大涅槃 시안은처是安隱處 무포외고

無怖畏故

38.10 법문명칭法門名稱 권학勸學
　초제세간超諸世間 이이승도離二乘道 불여일체제중생공不與一切諸衆生共 실능조료일체법문悉能照了一切法門 증장중생출세선근增長衆生出世善根 이세간법문품離世間法門品.

38.11 상서祥瑞
　설차품시說此品時 아승지세계阿僧祇世界 개대진동皆大震動 대광보조大光普照.

38.12 제불증명諸佛證明
　아등제불我等諸佛 실공동심悉共同心 호지차경護持此經 미증문자未曾聞者 개당득문皆當得聞. 불자佛子 차법문此法門 명보살광대청정행名菩薩廣大淸淨行 무량제불無量諸佛 소공선설所共宣說 능령지자能令智者 요무량의了無量義. 개생환희皆生歡喜 영일체보살令一切菩薩 대원대행大願大行 개득상속皆得相續. 불자佛子 약유중생若有衆生 득문차법得聞此法 문이신해聞已信解 해이수행解已修行 필득질성아누다라삼막삼보리必得疾成阿耨多羅三藐三菩提.

38.13 이시爾時 시방제불十方諸佛 개현보현보살전皆現普賢菩薩前 찬언讚言 선재선재善哉善哉 불자佛子 내능설차제보살마하살乃能說此諸菩薩摩訶薩 공덕행처功德行處 결정의화決定義華 보입일체불법普入一切佛法 출세간법문품出世間法門品.

38.14 중송重頌

38.14.1 찬탄심광덕讚嘆深廣德
시계인진선지혜施戒忍進禪智慧 방편자비희사등方便慈悲喜捨等
백천만겁상수행百千萬劫常修行 피인공덕인응청彼人功德仁應聽

천만억겁구보리千萬億劫求菩提 소유신명개무린所有身命皆無悋
원익군생불위기願益群生不爲己 피자민행아금설彼慈愍行我今說.

38.14.2 비유譬喩
기심불고하其心不高下 구도무염권求道無厭倦
보사제중생普使諸衆生 주선증정법住善增淨法
지혜보요익智慧普饒益 여수여하천如樹如河泉
역여어대지亦如於大地 일체소의처一切所依處.

38.14.3 환희중생歡喜衆生
보살여연화菩薩如蓮華 자근안은경慈根安隱莖
지혜위중예智慧爲衆蘂 계품위향결戒品爲香潔
불방법광명佛放法光明 영피득개부令彼得開敷
불착유위수不着有爲水 견자개흔락見者皆欣樂.

38.14.4 절사인미折邪引迷
보살견중생菩薩見衆生 삼독번뇌병三毒煩惱病
종종제고뇌種種諸苦惱 장야소전박長夜所煎迫
위발대비심爲發大悲心 광설대치문廣說對治門
팔만사천종八萬四千種 멸제중고환滅除衆苦患.

38.14.5 고심견고행高深堅固行
보살지혜해菩薩智慧海 심광무애제深廣無涯際
정법미영흡正法味盈洽 각분보충만覺分寶充滿
보살수미산菩薩須彌山 초출어세간超出於世間
신통삼매봉神通三昧峯 대심안부동大心安不動.

38.14.6 관기여익觀機與益
보살정법일菩薩正法日 출현어세간出現於世間

계품원만륜戒品圓滿輪 신족속질행神足速疾行
보살지광월菩薩智光月 법계이위륜法界以爲輪
유어필경공遊於畢竟空 세간무불견世間無不見.

38.14.7 자재수치自在修治
보살대법왕菩薩大法王 공덕장엄신功德莊嚴身
상호개구족相好皆具足 인천실첨앙人天悉瞻仰
보살자재천菩薩自在天 초과생사지超過生死地
경계상청정境界常淸淨 지혜무퇴전智慧無退轉.

38.14.8 청정무구淸淨無垢
보살지혜심菩薩智慧心 청정여허공淸淨如虛空
무성무의처無性無依處 일체불가득一切不可得
유대자재력有大自在力 능성세간사能成世間事
자구청정행自具淸淨行 영중생역연令衆生亦然.

38.14.9 주편요익周遍饒益
보살방편지菩薩方便地 요익제중생饒益諸衆生
보살자비수菩薩慈悲水 완척제번뇌浣滌諸煩惱
보살지혜화菩薩智慧火 소제혹습신燒諸惑習薪
보살무주풍菩薩無住風 유행삼유공遊行三有空.

38.14.10 속박신체수행束縛身體修行
보살여진보菩薩如珍寶 능제빈궁액能濟貧窮厄
보살여금강菩薩如金剛 능최전도견能摧顚倒見
묘행위증채妙行爲繒綵 장엄어지혜莊嚴於智慧
참괴작의복慚愧作衣服 보복제군생普覆諸群生.

38.14.11 운재運載

보살무애승菩薩無碍乘 건지출삼계巾之出三界
보살대력상菩薩大力象 기심선조복其心善調伏
보살신족마菩薩神足馬 등보초제유騰步超諸有
보살설법룡菩薩說法龍 보우중생심普雨衆生心.

38.14.12 작용作用
보살우담화菩薩優曇華 세간난치우世間難值遇
보살대용장菩薩大勇將 중마실항복衆魔悉降伏
보살여묘약菩薩如妙藥 멸제번뇌병滅除煩惱病
보살여설산菩薩如雪山 출생지혜약出生智慧藥.

38.14.13 여불각등如佛覺等
보살등어불菩薩等於佛 각오제군생覺悟諸群生
불심기유타佛心豈有他 정각각세간正覺覺世間
보살무량력菩薩無量力 세간막능괴世間莫能壞
보살무외지菩薩無畏智 지중생급법知衆生及法.

38.14.14 초월중생超越衆生
일체제세간一切諸世間 색상각차별色相各差別
음성급명자音聲及名字 실능분별지悉能分別知
여시등공덕如是等功德 보살실성취菩薩悉成就
요성개무성了性皆無性 유무무소착有無無所着.

38.14.15 허설권청許說勸聽
여시일체지如是一切智 무진무소의無盡無所依
아금당연설我今當演說 영중생환희令衆生歡喜
일신능시현一身能示現 무량차별신無量差別身
무심무경계無心無境界 보응일체중普應一切衆.

38.14.16 업業

일음중구연一音中具演 일체제언음一切諸言音
중생어언법衆生語言法 수류개능작隨類皆能作
보살신무변菩薩身無邊 보현일체처普現一切處
상공경공양常恭敬供養 최승양족존最勝兩足尊.

38.14.17 무결장엄無缺莊嚴

향화중기락香華衆妓樂 당번급보개幢幡及寶蓋
항이심정심恒以深淨心 공양어제불供養於諸佛
불리일불회不離一佛會 보재제불소普在諸佛所
어피대중중於彼大衆中 문난청수법問難聽受法.

38.14.18 수행원만修行圓滿

혹현초발심或現初發心 이익어세간利益於世間
혹현구수행或現久修行 광대무변제廣大無邊際
시계인정진施戒忍精進 선정급지혜禪定及智慧
사범사섭등四梵四攝等 일체최승법一切最勝法.

38.14.19 시현제상示現諸相

혹좌보리수或坐菩提樹 자연성정각自然成正覺
혹현전법륜或現轉法輪 혹현시구도或現始求道
혹현위불신或現爲佛身 연좌무량찰宴坐無量刹
혹수불퇴도或修不退道 적집보리구積集菩提具.

38.14.20 시처원융時處圓融

심입무수겁深入無數劫 개실도피안皆悉到彼岸
무량겁일념無量劫一念 일념무량겁一念無量劫
어일미진중於一微塵中 보견일체불普見一切佛
시방일체처十方一切處 무처이불유無處而不有.

38.14.21 수기설법隨機說法
여지일무량如知一無量 일체실역연一切悉亦然
수기소통달隨其所通達 교제미학자教諸未學者
요달일체행了達一切行 무래역무거無來亦無去
기지기행이既知其行已 위설무상법爲說無上法.

38.14.22 적용신속寂用迅速
잡염청정행雜染清淨行 종종실료지種種悉了知
일념득보리一念得菩提 성취일체지成就一切智
보살신통지菩薩神通智 공력이자재功力已自在
능어일념중能於一念中 왕예무변찰往詣無邊刹.

38.14.23 자비지혜慈悲智慧
비여공환사譬如工幻師 시현종종색示現種種色
어피환중구於彼幻中求 무색무비색無色無非色
중생번뇌심衆生煩惱心 응지역여시應知亦如是
보살기자민菩薩起慈愍 구지령출리救之令出離.

38.14.24 지혜자비智慧慈悲
심식유여환心識猶如幻 시현종종사示現種種事
여시지제온如是知諸蘊 지자무소착智者無所着
삼취개청정三聚皆清淨 삼세실명달三世悉明達
대자민중생大慈愍衆生 일체무장애一切無障碍.

38.14.25 공덕무궁功德無窮
유입차법문由入此法門 득성여시행得成如是行
아설기소분我說其少分 공덕장엄의功德莊嚴義
궁어무수겁窮於無數劫 설피행무진說彼行無盡
아금설소분我今說少分 여대지일진如大地一塵.

38.14.26 십신행법十信行法
의어불지주依於佛智住 기어기특상起於奇特想
수행최승행修行最勝行 구족대자비具足大慈悲
차별지총지差別智總持 통달진실의通達眞實義
사유설무비思惟說無比 적정등정각寂靜等正覺.

38.14.27 십주행법十住行法
발어보현심發於普賢心 급수기행원及修其行願
자비인연력慈悲因緣力 취도의청정趣道意淸淨
수행파라밀修行波羅蜜 구경수각지究竟隨覺智
증지역자재證知力自在 성무상보리成無上菩提.

38.14.28 십행행법十行行法
주지일체겁住持一切劫 지자대흔위智者大欣慰
심입급의지深入及依止 무외무의혹無畏無疑惑
소주무등비所住無等比 기심불하열其心不下劣
입지여대산立志如大山 종덕약심해種德若深海.

38.14.29 십회향행법十廻向行法
여실안주법如實安住法 피갑서원심被甲誓願心
발기어대사發起於大事 구경무능괴究竟無能壞
득수보리기得授菩提記 안주광대심安住廣大心
비장무궁진秘藏無窮盡 각오일체법覺悟一切法.

38.14.30 십지행법十地行法
보살심초발菩薩心初發 급이심주편及以心周遍
제근무산동諸根無散動 획득최승근獲得最勝根
이퇴입정위離退入正位 결정증적멸決定證寂滅
출생불법도出生佛法道 성취공덕호成就功德號.

38.14.31 원만행법圓滿行法
소행급관찰所行及觀察 보조여래경普照如來境
편관중생행遍觀衆生行 분신급효후奮迅及哮吼
항마성정각降魔成正覺 전무상법륜轉無上法輪
소현실이종所現悉已終 입어대열반入於大涅槃.

38.14.32 보살행菩薩行
피제보살행彼諸菩薩行 무량겁수습無量劫修習
광대무유변廣大無有邊 아금설소분我今說少分.

38.14.33 세계자재世界自在
수령무량중雖令無量衆 안주불공덕安住佛功德
중생급법중衆生及法中 필경무소취畢竟無所取
구족여시행具足如是行 유희제신통遊戲諸神通
모단치중찰毛端置衆刹 경어억천겁經於億千劫.

38.14.34 삼업자재三業自在
어일모공중於一毛孔中 방무량광명放無量光明
멸제악도고滅諸惡道苦 위설무상법爲說無上法
보살이일음菩薩以一音 일체개능연一切皆能演
보사제군생普使諸群生 문지대환희聞之大歡喜.

38.14.35 삼세자재三世自在
과거일체겁過去一切劫 안치미래금安置未來今
미래현재겁未來現在劫 회치과거세廻置過去世
미래급현재未來及現在 일체시방불一切十方佛
미불어신중靡不於身中 분명이현현分明而顯現.

38.14.36 신지자재身智自在

심지변화법深知變化法 선응중생심善應衆生心
시현종종신示現種種身 이개무소착而皆無所着
요지제상망了知諸想網 어상득자재於想得自在
시수보살행示修菩薩行 일체방편사一切方便事.

38.14.37 경계난측境界難測
시현여시등示現如是等 광대제신변廣大諸神變
여시제경계如是諸境界 거세막능지擧世莫能知
수순중생심隨順衆生心 영득진실도令得眞實道
신어급여심身語及與心 평등여허공平等如虛空.

38.14.38 탁사표법託事表法
정계위도향淨戒爲塗香 중행위의복衆行爲衣服
법증엄정계法繒嚴淨髻 일체지마니一切智摩尼
사유위채녀思惟爲采女 감로위미식甘露爲美食
해탈미위장解脫味爲漿 유희어삼승遊戱於三乘.

38.14.39 보살행菩薩行
차제보살행此諸菩薩行 미묘전증상微妙轉增上
무량겁수행無量劫修行 기심불염족其心不厭足
공양일체불供養一切佛 엄정일체찰嚴淨一切刹
보령일체중普令一切衆 안주일체지安住一切智.

38.14.40 권학勸學
욕구차공덕欲具此功德 급제상묘법及諸上妙法
욕사제중생欲使諸衆生 이고상안락離苦常安樂
욕령신어의欲令身語意 실여제불등悉與諸佛等
응발금강심應發金剛心 학차공덕행學此功德行.

제39. 입법계품入法界品

39.1 세존世尊의 사자빈신삼매師子頻申三昧

이시爾時 세존世尊 재실라벌국서다림급고독원대장엄중각在室羅筏國逝多林給孤獨園大莊嚴重閣 여보살마하살오백인與菩薩摩訶薩五百人 구구俱. 보현보살普賢菩薩 문수사리보살文殊師利菩薩 이위상수而爲上首 차제보살此諸菩薩 개실성취보현행원皆悉成就普賢行願. 경계무애境界無碍 현신무량現身無量 정안무장淨眼無障 지처무한至處無限 광명무제光明無際 설법무진說法無盡 등허공계等虛空界. 무소의지無所依止 제멸치예除滅癡翳 등허공지等虛空智 급여오백성문중及與五百聲聞衆 구구俱 급여무량제세주及與無量諸世主 구구俱.

이시爾時 세존世尊 입사자빈신삼매入師子頻申三昧. 이시爾時 부이불신력고復以佛神力故 기서다림其逝多林 홀연광박忽然廣博. 이시爾時 동방東方 유세계有世界 유보살有菩薩 명비로자나원광명名毘盧遮那願光明 내향불소來向佛所 남방南方 명불가괴정진왕名不可壞精進王 서방西方 명보승무상위덕왕名普勝無上威德王 북방北方 명무애승장왕名無碍勝藏王 동북방東北方 명화현법계원월왕名化現法界願月王 동남방東南方 명법혜광염왕名法慧光焰王 서남방西南方 서북방西北方 하방下方 상방上方 여세계해미진수보살與世界海微塵數菩薩 구구俱. 우시于時 상수제대성문上首諸大聲聞 개실불견여래신력皆悉不見如來神力. 하이고何以故 여래경계如來境界 난견난지難見難知.

이시爾時 비로자나원광명보살毘盧遮那願光明菩薩 설송언說頌言
　여등응관찰汝等應觀察 불도부사의佛道不思議
　어차서다림於此逝多林 시현신통력示現神通力
　제대명칭사諸大名稱士 무량삼매력無量三昧力
　소현제신변所現諸神變 법계실충만法界悉充滿.
　법계차별원지신통왕보살法界差別願智神通王菩薩 설송언說頌言
　석가무상존釋迦無上尊 구일체공덕具一切功德
　견자심청정見者心淸淨 회향대지혜廻向大智慧

여래능영단如來能永斷 일체중생의一切衆生疑
수기심소락隨其心所樂 보개령만족普皆令滿足.

39.2 보현普賢과 문수文殊

이시爾時 보현보살普賢菩薩 보관일체보살중회普觀一切菩薩衆會 설송언說頌言

일일모공중一一毛孔中 미진수찰해微塵數刹海
실유여래좌悉有如來坐 개구보살중皆具菩薩衆
보현일체찰普現一切刹 등입제불회等入諸佛會
안좌일체찰安坐一切刹 청문일체법聽聞一切法.

이시爾時 세존世尊 종미간백호상從眉間白毫相 방대광명放大光明 보조시방일체세계해제불국토普照十方一切世界海諸佛國土.

이시爾時 문수사리보살文殊師利菩薩 설송언說頌言

여응관차서다림汝應觀此逝多林 이불위신광무제以佛威神廣無際
일체장엄개시현一切莊嚴皆示現 시방법계실충만十方法界悉充滿
일체보현제불자一切普賢諸佛子 백천겁해장엄찰百千劫海莊嚴刹
기수무량등중생其數無量等衆生 막불어차림중견莫不於此林中見.

이시爾時 피제보살彼諸菩薩 이불삼매광명조고以佛三昧光明照故 즉시卽時 득입여래삼매得入如來三昧. 일일개득미진수대비문一一皆得微塵數大悲門 종종방편種種方便 교화조복敎化調伏. 혹현불가설불찰미진수단파라밀문或現不可說佛刹微塵數檀波羅蜜門 시파라밀문尸波羅蜜門 제파라밀문提波羅蜜門 비리야파라밀문毘梨耶波羅蜜門 선정해탈문禪定解脫門 원만지광명문圓滿智光明門 개오일체중생문開悟一切衆生門. 불자佛子 차서다림일체보살此逝多林一切菩薩 위욕성숙제중생고爲欲成熟諸衆生故 교화성취일체중생敎化成就一切衆生 이역불리차서다림여래지소而亦不離此逝多林如來之所.

이시爾時 문수사리文殊師利 출자주처出自住處 내예불소來詣佛所 종종공양種種供養 사퇴남행辭退南行 왕어인간往於人間. 이시爾時 문수사리보살文殊師利菩薩 권제비구勸諸比丘 발아누다라삼먁삼보리심이發阿耨多羅三藐三菩提心已 점차남행漸次南行. 경력인간經歷人間 지복성동至福城東 주장엄당사라림중住莊

부록 483

嚴幢娑羅林中. 시時 복성인福城人 무량대중無量大衆 종기성출從其城出 내예기소來詣其所. 시時 유우바새有優婆塞 명왈대지名曰大智 여오백우바새권속與五百優婆塞眷屬 구俱. 부유오백동자復有五百童子 소위선재동자所謂善財童子 내예문수사리來詣文殊師利 정례기족頂禮其足.

이시爾時 문수사리동자文殊師利童子 지복성인知福城人. 실이래집悉已來集 수기심락隨其心樂 이자재대비以自在大悲 기설법심起說法心 이광대변재以廣大辯才. 장위설법將爲說法 부어시시復於是時 관찰선재觀察善財 이하인연以何因緣 이유기명而有其名.

지차동자知此童子 초입태시初入胎時. 어기택내於其宅內 자연이출칠보누각自然而出七寶樓閣. 선재동자善財童子 처태십월處胎十月 연후탄생然後誕生. 형체지분形體支分 단정구족端正具足. 부어택중復於宅中 자연이유오백보기自然而有五百寶器 종종제물種種諸物 자연영만自然盈滿. 고故 부모친속父母親屬 공호차아共呼此兒 명왈선재名曰善財.

문수사리보살文殊師利菩薩 여시관찰선재동자이如是觀察善財童子已. 위선재자爲善財童子 설차법이說此法已 은근권유殷勤勸喻 발아누다라삼막삼보리심發阿耨多羅三藐三菩提心. 우령억념과거선근又令憶念過去善根 작시사이거作是事已去.

이시爾時 선재동자善財童子 일심근구아누다라삼막삼보리一心勤求阿耨多羅三藐三菩提 설송왈說頌曰

　　삼유위성곽三有爲城郭　교만위원장憍慢爲垣牆
　　제취위문호諸趣爲門戶　애수위지참愛水爲池塹
　　우치암소복愚癡闇所覆　탐에화치연貪恚火熾然
　　마왕작군주魔王作君主　동몽의지주童蒙依止住
　　묘지청정일妙智淸淨日　대비원만륜大悲圓滿輪
　　능갈번뇌해能竭煩惱海　원사소관찰願賜少觀察
　　묘지청정월妙智淸淨月　대비무구륜大慈無垢輪
　　일체실시안一切悉施安　원수조찰아願垂照察我
　　선정삼매상禪定三昧廂　지혜방편액智慧方便軶
　　조복불퇴전調伏不退轉　영아재차승令我載此乘

지혜만시방智慧滿十方 장엄편법계莊嚴遍法界
보흡중생원普洽衆生願 영아재차승令我載此乘
사섭원만륜四攝圓滿輪 총지청정광總持清淨光
여시지혜일如是智慧日 원시아령견願示我令見
이입법왕위已入法王位 이착지왕관已着智王冠
이계묘법회已繫妙法繪 원능자고아願能慈顧我.

39.3 선지식善知識 53인

39.3.1 문수文殊

이시爾時 문수사리보살文殊師利菩薩 여상왕회如象王廻 관선재동자觀善財童子 작여시언作如是言 선재선재善哉善哉 선남자善男子 여이발아누다라삼막삼보리심汝已發阿耨多羅三藐三菩提心 부욕친근제선지식復欲親近諸善知識 문보살행問菩薩行 수보살도修菩薩道.

선남자善男子 친근공양제선지식親近供養諸善知識 시구일체지최초인연是具一切智最初因緣. 시고어차是故於此 물생피염勿生疲厭 선재공덕장善哉功德藏 능래지아소能來至我所 발기대비심發起大悲心 근구무상각勤求無上覺 이발광대원已發廣大願 제멸중생고除滅衆生苦 보위제세간普爲諸世間 수행보살행修行菩薩行.

이시爾時 문수사리보살文殊師利菩薩 고선재동자언告善財童子言 선재善哉 선남자善男子 여이발아누다라삼막삼보리심汝已發阿耨多羅三藐三菩提心 구보살행求菩薩行 시사위난是事爲難. 선남자善男子 약욕성취일체지지若欲成就一切智智 응결정구진선지식應決定求眞善知識 물생피해勿生疲懈 물생염족勿生厭足 어선지식於善知識 소유교회所有教誨 개응수순皆應隨順. 선남자善男子 어차남방於此南方 유일국토有一國土 명위승락名爲勝樂 유일비구有一比丘 명왈덕운名曰德雲.

39.3.2 덕운비구德雲比丘

이시爾時 선재동자善財童子 문시어이聞是語已 사퇴남행辭退南行 향승낙국향向

勝樂國 등묘봉산登妙峯山 견피비구見彼比丘 서보경행徐步經行.
　시時 덕운비구德雲比丘 고선재동자언告善財童子言 여이능발아누다라삼막삼보리심汝已能發阿耨多羅三藐三菩提心. 부능청문제보살행復能請問諸菩薩行 여시지사如是之事 난중지난難中之難 구보살시현해탈문求菩薩示現解脫門. 구보살求菩薩 관찰유위무위觀察有爲無爲 심무소착心無所着 아득자재결정해력我得自在決定解力 신안청정信眼淸淨. 아유득차억념我唯得此憶念 일체제불一切諸佛 경계지혜境界智慧 광명보견법문光明普見法門. 기능료지豈能了知 제대보살諸大菩薩 무변지혜無邊智慧 청정행문淸淨行門. 남방유국南方有國 명왈해문名曰海門 피유비구彼有比丘 명위해운名爲海雲.

(1) 원신願身
　　지광보조智光普照 장엄궁전莊嚴宮殿, 염일체중생念一切衆生 원리전도遠離顚倒
(2) 지신智身
　　영안주력令安住力 십력지十力智, 영안주법令安住法 요법지了法智
(3) 법신法身
　　조요제방법照耀諸方法 보주평등불해普周平等佛海, 인불가견처人不可見處 체불가견體不可見 자재신통自在神通
(4) 역지신力持身
　　주어제겁主於諸劫 상시위常時爲, 주일체시住一切時 친근동주親近同住
(5) 의생신意生身
　　주일체찰무등住一切刹無等, 주일체세계견불住一切世界見佛
(6) 화신化身
　　주일체경住一切境 화주제경化周諸境, 주적멸제불열반住寂滅諸佛涅槃
(7) 위세신威勢身
　　주원리일념무주住遠離一念無住, 주광대충편법계住廣大充遍法界
(8) 보리신菩提身
　　주미세일모다불住微細一毛多佛, 주장엄정각신변住莊嚴正覺神變
(9) 복덕신福德身

주능사방광연법住能事放光演法, 주자재심住自在心 수락현형隨樂現形
(10) 장엄신莊嚴身
주자업응화현영住自業應化現影, 주신변연화개부住神變蓮華開敷

39.3.3 해운비구海雲比丘

선재동자善財童子 일심사유선지식교一心思惟善知識教 정념관찰지혜광명문正念觀察智慧光明門 점차남행漸次南行 해운비구소海雲比丘所. 해운海雲 언言 부종선근不種善根 즉불능발則不能發 아뇩다라삼막삼보리심阿耨多羅三藐三菩提心 요득보문要得普門 선근광명善根光明 구진실도具眞實道 삼매지광三昧智光. 사선지식事善知識 발대자심發大慈心 영일체중생令一切衆生 멸제고滅諸苦 발지혜심發智慧心 보입일체지혜해고普入一切智慧海故.

아주차해문국我住此海門國 십유이년十有二年 상이대해常以大海 위기경계爲其境界 소위사유대해所謂思惟大海 광대무량廣大無量 심심난측甚深難測 점차심광漸次深廣 무량중보無量衆寶 적무량수積無量水. 수색부동水色不同 무량중생지소주처無量重生之所住處 용수종종대신중생容受種種大身衆生 능수대운소우지우能受大雲所雨之雨 무증무감無增無減.

시時 차해지하此海之下 유대연화有大蓮華 홀연출현忽然出現 견피연화지상見彼蓮華之上 유일여래有一如來 결가부좌結跏趺坐 즉신우수即申右手 마아정摩我頂 위아연설보안법문爲我演說普眼法門. 차보안법문此普眼法門 일품중일문一品中一門 일문중일법一門中一法 일법중일의一法中一義 일의중일구一義中一句 부득소분不得少分 하황능진何況能盡.

아어피불소我於彼佛所 천이백세千二百歲 수지여시보안법문受持如是普眼法門 아유지차보안법문我唯知此普眼法門 운하능지능설피공덕행云何能知能說彼功德行. 종차남행육십유순從此南行六十由旬 명위해안名爲海岸 피유비구彼有比丘 명왈선주名曰善住 점차남행漸次南行 구멱선주求覓善住.

39.3.4 선주비구善住比丘

견차비구見此比丘 어허공중래왕경행於虛空中來往經行 선재동자善財童子 작여시언作如是言. 미지보살未知菩薩 운하수행불법云何修行佛法 적집불법積集

佛法 비구불법備具佛法 훈습불법熏習佛法 증장불법增長佛法 총섭불법總攝佛法 구경불법究竟佛法 정치불법淨治佛法 심정불법深淨佛法 통달불법通達佛法.

선주비구善住比丘 고선재언告善財言 아이성취보살무애해탈문我已成就菩薩無碍解脫門 아이득차신통력我以得此神通力. 어허공중於虛空中 혹행혹주或行或住 아유지차보속질공양제불我唯知此普速疾供養諸佛 성취중생무애해탈문成就衆生無碍解脫門.

여제보살如諸菩薩 지대비계持大悲戒 파라밀계波羅蜜戒 대승계大乘戒 보살도상응계菩薩道相應戒 무장애계無障碍戒 불퇴휴계不退墮戒 불사보리심계不捨菩提心戒. 여시공덕如是功德 이아운하능지능설而我云何能知能說. 종차남방從此南方 유국有國 명달리비차名達里鼻茶 기중유인其中有人 명왈미가名曰彌伽.

39.3.5 미가장자彌伽長子

이시爾時 선재善財 점차남행漸次南行 구멱미가求覓彌伽 어시사중於市肆中 좌어설법사자지좌坐於說法師子之座. 십천인중十千人衆 소공위요所共圍遶 설륜자장엄법문說輪字莊嚴法門. 선재善財 언言 아이선발아누다라삼막삼보리심我已先發阿耨多羅三藐三菩提心.

미가彌伽 거좌하사자좌遽卽下師子座 어선재소於善財所 오체투지五體投地 산금은화散金銀華 이위공양以爲供養 연후기립然後起立 이칭탄언而稱歎言. 선남자善男子 약유능발아누다라삼막삼보리심若有能發阿耨多羅三藐三菩提心 즉위부단일체불종則爲不斷一切佛種. 위성숙일체중생爲成熟一切衆生 응지보살應知菩薩 소작심난所作甚難 견보살자見菩薩者 배갱난유배갱更難有. 보살菩薩 위일체중생제爲一切衆生拯濟 발제고난고拔諸苦難故.

미가어시彌伽於是 고선재언告善財言 아이획득묘음다라니我已獲得妙音陀羅尼. 능분별지삼천대천세계중제천어언能分別知三千大千世界中諸天語言 아유지차보살묘음다라니광명법문我唯知此菩薩妙音陀羅尼光明法門. 여제보살如諸菩薩 능보입일체중생能普入一切衆生 종종상해種種想海 여시공덕如是功德 아금운하능지능설我今云何能知能說. 종차남행從此南行 유일취락有一聚落 명왈주림名曰住林 피유장자彼有長者 명왈해탈名曰解脫 여예피문汝詣彼問 보살菩薩 운하수보살행云何修菩薩行.

이시爾時 선재동자善財童子 사유제보살무애해다라니광명장엄문思惟諸菩薩無碍解陀羅尼光明莊嚴門 점차유행십유이년漸次遊行十有二年 지주림성至住林城. 주편추구해탈장자周遍推求解脫長者 백언白言 성자聖者 선지식자善知識者 난가득견難可得見. 아금회우我今會遇 위득선리爲得善利 성자聖者 아이선발아누다라삼막삼보리심我已先發阿耨多羅三藐三菩提心 위욕사일체불고爲欲事一切佛故 위욕수일체불법고爲欲受一切佛法故 위욕여일체제보살중爲欲與一切諸菩薩衆 동일체고同一體故. 아문성자我聞聖者 선능유회제보살중善能誘誨諸菩薩衆 능이방편能以方便 천명소득闡明所得 시기도로示其道路 운하학보살행云何學菩薩行 수보살도修菩薩道.

39.3.6 해탈장자解脫長子

시時 해탈장자解脫長者 이과거선근력以過去善根力 불위신력佛威神力 문수사리동자억념력고文殊師利童子憶念力故. 즉입보살삼매문卽入菩薩三昧門 명보섭일체불찰무변선다라니名普攝一切佛刹無邊旋陀羅尼 입차삼매이入此三昧已 득청정신得淸淨身. 어기신중於其身中 현현시방각십불찰미진수불顯現十方各十佛刹微塵數佛 여시일체如是一切 어기신중於其身中 실개현현悉皆顯現 무소장애無所障碍.

이시爾時 해탈장자解脫長者 종삼매기從三昧起 고선재동자언告善財童子言 아이입출여래무애장엄해탈문我已入出如來無碍莊嚴解脫門 득불보리得佛菩提 현대신통現大神通 편왕일체시방법계遍往一切十方法界.

여시일체如是一切 실유자심悉由自心 시고是故 선남자善男子 응이선법應以善法 부조자심扶助自心 응이법수應以法水 윤택자심潤澤自心 응어경계應於境界 정치자심淨治自心 응이정진應以精進 견고자심堅固自心 응이인욕應以忍辱 탄탕자심坦蕩自心 응이지증應以智證 결백자심潔白自心 응이지혜應以智慧 명리자심明利自心 응이불자재應以佛自在 개발자심開發自心 응이불평등應以佛平等 광대자심廣大自心 응이불십력應以佛十力 조찰자심照察自心.

선남자善男子 아유어차여래무애장엄해탈문我唯於此如來無碍莊嚴解脫門 이득입출而得入出. 여제보살마하살如諸菩薩摩訶薩 득무애지得無碍智 주무애행住無碍行 여시묘행如是妙行 이아운하능지능설而我云何能知能說. 선남자善男子

종차남행從此南行 유일국토有一國土 명마리가라名摩利伽羅 피유비구彼有比丘 명왈해당名曰海幢 여예피문汝詣彼問.

39.3.7 해당비구海幢比丘

선재동자善財童子 정례頂禮 해탈장자족解脫長者足 어선지식於善知識 기자부상起慈父想 사퇴이거辭退而去 점차남행漸次南行 주편구멱해당비구周遍求覓海幢比丘. 내견기재경행지측乃見其在經行地側 결가부좌結跏趺坐 입어삼매入於三昧 이출입식離出入息 무별사각無別思覺 신안부동身安不動. 종기족하從其足下 출무수백천억장자거사바라문중出無數百千億長者居士婆羅門衆 개이종종제장엄구皆以種種諸莊嚴具 장엄기신莊嚴其身. 종기양슬從其兩膝 출무수찰제리중出無數刹帝利衆 개실총혜皆悉聰慧 종기요간從其腰間 출등중생수무량선인出等衆生數無量仙人. 종기양협從其兩脇 출부사의용出不思議龍 종흉전만자중從胸前卍字中 출무수아수라왕出無數阿修羅王 종기배상從其背上 출무수성문독각出無數聲聞獨覺.

종기양견從其兩肩 출무수야차나찰왕出無數夜叉羅刹王 종기복從其腹 출무수긴나라왕出無數緊那羅王 종기면문從其面門 출무수전륜성왕出無數轉輪聖王. 종기양목從其兩目 출무수일륜出無數日輪 종기미간백호상중從其眉間白毫相中 출무수제석出無數帝釋 종기액상從其額上 출무수범천出無數梵天. 종기두상從其頭上 출무량제보살중出無量諸菩薩衆 종기정상從其頂上 출무수여래신出無數如來身 충만법계充滿法界. 해당비구海幢比丘 우어기신일체모공又於其身一切毛孔 일일개출一一皆出 미진수광명망微塵數光明網.

이시爾時 선재동자善財童子 일심관찰해당비구一心觀察海幢比丘 심생갈앙深生渴仰 억념피삼매해탈憶念彼三昧解脫 찬언讚言 성자聖者 희유기특希有奇特 여차삼매如此三昧 최위심심最爲甚深 성자聖者 차삼매자此三昧者 명위하등名爲何等.

해당비구海幢比丘 언言 차삼매此三昧 명보안사득名普眼捨得 우명반야파라밀경계청정광명又名般若波羅蜜境界淸淨光明. 아이수습반야파라밀고我以修習般若波羅蜜故 득차삼매得此三昧 입차삼매시入此三昧時 요지일체세계了知一切世界 무소장애無所障碍 아유지차일반야파라밀삼매광명我唯知此一般若波羅蜜三

昧光明 여제보살如諸菩薩 입지혜해入智慧海 아하능지기묘행我何能知其妙行.

선남자善男子 종차남행從此南行 유일주처有一住處 명왈해조名曰海潮 피유원림彼有園林 어기원중於其園中 유우바이有優婆夷 명왈휴사名曰休捨 여왕피문汝往彼問. 시時 선재동자善財童子 사퇴이행辭退而行.

39.3.8 휴사休捨 우바이優婆夷

이시爾時 선재동자善財童子 지해조처至海潮處 견보장엄원見普莊嚴園 중보원장衆寶垣牆 주잡위요周帀圍遶 원중園中 부유광대궁전復有廣大宮殿. 시時 휴사우바이休捨優婆夷 좌진금좌坐眞金座 선재동자善財童子 왕예기소往詣其所 백언白言 성자聖者 운하학보살행云何學菩薩行 운하수보살도云何修菩薩道. 휴사休捨 고언告言 선남자善男子 아유득보살일해탈문我唯得菩薩一解脫門 약유견문억념어아若有見聞憶念於我 여아동주與我同住 공급아자供給我者 실부당연悉不唐捐.

선재善財 백언白言 성자聖者 발아누다라삼막삼보리심發阿耨多羅三藐三菩提心 위구근야爲久近耶. 답언答言 아억과거어연등불소我憶過去於然燈佛所 수행범행修行梵行 공경공양恭敬供養 문법수지聞法受持 정수범행淨修梵行 어차이왕於此已往 불지소지佛智所知 비아능측非我能測. 선남자善男子 보살초발심菩薩初發心 무유량無有量 충만일체법계고充滿一切法界故.

선재동자善財童子 언言 성자聖者 구여久如 당득아누다라삼막삼보리當得阿耨多羅三藐三菩提. 답언答言 선남자善男子 보살菩薩 불위교화조복일중생고不爲敎化調伏一衆生故 발보리심發菩提心 욕발일체중생번뇌습해欲拔一切衆生煩惱習海 실무여고悉無餘故 발보리심發菩提心 발일체중생번뇌습기진拔一切衆生煩惱習氣盡 아원내만我願乃滿.

선재동자善財童子 언言 차해탈此解脫 명위하등名爲何等. 답언答言 선남자善男子 차해탈此解脫 명이우안은당名離憂安隱幢. 선남자善男子 아유지차일해탈문我唯知此一解脫門 여제보살마하살如諸菩薩摩訶薩 기심여해其心如海 실능용수일체불법悉能容受一切佛法 이아운하능지능설피공덕행而我云何能知能說彼功德行.

선남자善男子 어차남방於此南方 유일국토有一國土 명나라소名那羅素 중유선인中有仙人 명비목구사名毘目瞿沙. 시時 선재동자善財童子 비읍류누悲泣流涙 작시사유作是思惟 득보리난得菩提難 우선지식난遇善知識難 사퇴이행辭退而行.

이시爾時 선재동자善財童子
수순사유보살정교隨順思惟菩薩正教 수순사유보살정행隨順思惟菩薩淨行
생증장보살복력심生增長菩薩福力心 생명견일체제불심生明見一切諸佛心
생출생일체제불심生出生一切諸佛心 생증장일체대원심生增長一切大願心
생보견시방제법심生普見十方諸法心 생명조제법실성심生明照諸法實性心
생보산일체장애심生普散一切障碍心 생관찰법계무암심生觀察法界無闇心
생청정의보장엄심生清淨意寶莊嚴心 생최복일체중마심生摧伏一切衆魔心.

39.3.9 비목毘目 선인仙人

점점유행漸漸遊行 주편최구비목구사周遍推求毘目瞿沙 선재동자善財童子 견피선인見彼仙人 부초이좌敷草而坐 영도일만領徒一萬. 선재善財 견이見已 작언作言 아금득우진선지식我今得遇眞善知識 운하학보살행云何學菩薩行 운하수보살도云何修菩薩道.

시時 비목구사毘目瞿沙 즉신우수卽申右手 마선재정摩善財頂 집선재수執善財手. 즉시선재卽時善財 자견기신自見其身 왕시방십불찰미진수세계중往十方十佛刹微塵數世界中 견피불찰見彼佛刹 급기중회及其衆會 역문피불亦聞彼佛 일문일구一文一句 개실통달皆悉通達. 이시爾時 위보살무승당해탈지광명조고爲菩薩無勝幢解脫智光明照故 득비로자나장삼매광명得毘盧遮那藏三昧光明. 시時 피선인彼仙人 방선재수放善財手 선재동자善財童子 즉자견신卽自見身 환재본처還在本處.

선인仙人 언言 선남자善男子 아유지차보살무승당해탈我唯知此菩薩無勝幢解脫 여제보살마하살如諸菩薩摩訶薩 성취일체수승삼매成就一切殊勝三昧 아운하능지능설피공덕행我云何能知能說彼功德行. 선남자善男子 어차남방於此南方 유일취락有一聚落 명이사나名伊沙那 유바라문有婆羅門 명왈승열名曰勝熱 여예피문汝詣彼問.

39.3.10 승열勝熱 바라문婆羅門

　념선지식念善知識 점차유행漸次遊行 지이사나취락至伊沙那聚落 견피승열見彼勝熱 수제고행修諸苦行. 유도산有刀山 고준무극高峻無極 등피산상登彼山上 투신입화投身入火. 선재동자善財童子 정예기족頂禮其足 아문성자我聞聖者 원위아설願爲我說. 바라문婆羅門 언言 선남자善男子 여금약능상차도산汝今若能上此刀山 투신화취投身火聚 제보살행諸菩薩行 실득청정悉得清淨.

　시時 선재善財 작여시념作如是念 득인신난得人身難 득치불난得値佛難 문불법난聞佛法難 봉진선지식난逢眞善知識難 수법행난隨法行難 차장비마此將非魔 마소사야魔所使耶. 작시념시作是念時 십천범천十千梵天 재허공중在虛空中 작여시언作如是言 선남자善男子 막작시념莫作是念. 부유무량욕계제천復有無量欲界諸天 창여시언唱如是言 차바라문此婆羅門 오열적신시五熱炙身時 기화광명其火光明 조아비등일체지옥照阿鼻等一切地獄 제소수고諸所受苦 실령휴식悉令休息.

　이시爾時 선재善財 문여시법聞如是法 발기진실선지식심發起眞實善知識心 유원성자唯願聖者 용아회과容我悔過.

　시時 바라문婆羅門 설송언說頌言

　　약유제보살若有諸菩薩 순선지식교順善知識教
　　일체무의구一切無疑懼 안주심부동安住心不動
　　당지여시인當知如是人 필획광대리必獲廣大利
　　좌보리수하坐菩提樹下 성어무상각成於無上覺.

　이시爾時 선재동자善財童子 즉등도산卽登刀山 자투화취自投火聚 미지중간未至中間 즉득보살선주삼매卽得菩薩善住三昧. 재촉화염纔觸火焰 우득보살적정락신통삼매又得菩薩寂靜樂神通三昧.

　선재善財 백언白言 심기성자甚奇聖者 여시도산如是刀山 급대화취及大火聚 아신我身 촉시觸時 안은쾌락安隱快樂. 시時 바라문婆羅門 고선재언告善財言 선남자善男子 아유득차보살무진륜해탈我唯得此菩薩無盡輪解脫 여제보살마하살如諸菩薩摩訶薩 대공덕염大功德焰 능소일체중생견혹能燒一切衆生見惑 이아운하능지능설피공덕행而我云何能知能說彼功德行. 선남자善男子 어차남방於此南方 유성有城 명사자분신名師子奮迅 중유동녀中有童女 명왈자행名曰慈行 여예피문汝詣彼問.

39.3.11 자행慈行 동녀童女
점차남행漸次南行 주편추구자행동녀周遍推求慈行童女 주비로자나장전住毘盧遮那藏殿 이범음성以梵音聲 이연설법而演說法 차시반야파라밀보장엄문此是般若波羅蜜普莊嚴門. 선재善財 백언白言 성자聖者 차반야파라밀보장엄문此般若波羅蜜普莊嚴門 경계운하境界云何.

동녀童女 답언答言 선남자善男子 아입차반야파라밀보장엄문我入此般若波羅蜜普莊嚴門 수순취향隨順趣向 사유관찰思惟觀察 억지분별시憶持分別時 득보문다라니得普門陀羅尼. 백만아승지다라니문百萬阿僧祇陀羅尼門 개실현전皆悉現前 소위불찰다라니문所謂佛刹陀羅尼門 법다라니문法陀羅尼門 중생다라니문衆生陀羅尼門 복덕다라니문福德陀羅尼門 지혜다라니문智慧陀羅尼門 업다라니문業陀羅尼門 자심청정다라니문自心淸淨陀羅尼門.

선남자善男子 아유지차반야파라밀보장엄문我唯知此般若波羅蜜普莊嚴門 여제보살마하살如諸菩薩摩訶薩 기심광대其心廣大 등허공계等虛空界. 입어법계入於法界 복덕성만福德成滿 주출세법住出世法 원세간행遠世間行 지안무예智眼無翳 보관법계普觀法界. 혜심광대慧心廣大 유여허공猶如虛空 일체경계一切境界 실개명견悉皆明見 획무애지대광명장獲無碍地大光明藏 선능분별일체법의善能分別一切法義 행어세행行於世行 불염세법不染世法 능익어세能益於世 비세소괴非世所壞 보작일체세간의지普作一切世間依止 보지일체중생심행普知一切衆生心行. 수기소응隨其所應 이위설법而爲說法 어일체시於一切時 항득자재恒得自在 이아운하능지능설피공덕행而我云何能知能說彼功德行.

어차남방於此南方 유일국토有一國土 명위삼안名爲三眼 피유차구彼有此丘 명왈선견名曰善見 선재동자善財童子 사유보살소주행심심思惟菩薩所住行甚深.

39.3.12 선견비구善見比丘
지삼안국至三眼國 주편구멱선견비구周遍求覓善見比丘 견재림중見在林中 경행왕반經行往返 장년미모壯年美貌. 단정가희端正可喜 기발감청其髮紺靑 우선불난右旋不亂 정유육계頂有肉髻 피부금색皮膚金色 경문삼도頸文三道 액광평정

額廣平正. 안목수광眼目修廣 여청연화如靑蓮華 순구단결脣口丹潔 여빈파과如頻婆果 선재동자善財童子 백언白言 원위아설願爲我說.

선견善見 답언答言 아년我年 기소旣少 출가우근出家又近 아차생중我此生中 어삼십팔항하사불소於三十八恒河沙佛所 정수범행淨修梵行. 혹유불소或有佛所 일일일야一日一夜 칠일칠야七日七夜 일세백세一歲百歲 내지불가설불가설대겁乃至不可說不可說大劫. 청문묘법聽聞妙法 수행기교受行其敎 이입일체행삼매력以入一切行三昧力. 정수일체제보살행淨修一切諸菩薩行 이보현승출리력以普賢乘出離力 청정일체불파라밀淸淨一切佛波羅蜜. 우선남자又善男子 아경행시我經行時 일념중一念中 일체시방一切十方 개실현전皆悉現前 지혜청정고智慧淸淨故. 일념중一念中 불가설불가설일체삼세해不可說不可說一切三世海 개실현전皆悉現前 득료지得了知 일체세계중一切世界中 일체삼세분위지광명원력고一切三世分位智光明願力故.

아유지차보살수순등해탈문我唯知此菩薩隨順燈解脫門 여제보살마하살如諸菩薩摩訶薩 여금강등如金剛燈 아운하능지능설피공덕행我云何能知能說彼功德行. 어차남방於此南方 유일국토有一國土 명왈명문名曰名聞 유일동자有一童子 명자재주名自在主. 시時 선재동자善財童子 위욕구경보살용맹청정지행爲欲究竟菩薩勇猛淸淨之行 사퇴이거辭退而去.

39.3.13 자재동자自在童子

이시爾時 선재동자善財童子 주편구멱자재주동자周遍求覓自在主童子 재하저상在河渚上 십천동자十千童子 소공위요所共圍遶 취사위희聚沙爲戲. 선재善財 견이見已 백언白言 성자聖者 원위해설願爲解說.

자재주自在主 언言 선남자善男子 아석증어문수사리동자소我昔曾於文殊師利童子所 수학서수산인등법修學書數算印等法 즉득오입일체공교신통지법문卽得悟入一切工巧神通智法門. 선남자善男子 아인차법문고我因此法門故 득지세간서수산인계처등법得知世間書數算印界處等法 역능료치풍간소수귀매소착亦能療治風癎消瘦鬼魅所着. 여시소유일체제병如是所有一切諸病 역선조련종종선약亦善調鍊種種仙藥 아역능지보살산법我亦能知菩薩算法. 소위일백낙차所謂一百洛叉 위일구지爲一俱胝 구지구지俱胝俱胝 위일아유다爲一阿庾多 차우불가설불가설此又不可說不可說 위일불가설불가설전爲一不可說不可說轉 역능산지시방소유일체세계亦能算知十方所有一切世界.

선남자善男子 아유지차일체공교대신통지광명법문我唯知此一切工巧大神通智光明法門 여제보살마하살如諸菩薩摩訶薩 능지일체제중생수能知一切諸衆生數 아하능설기공덕我何能說其功德. 선남자善男子 어차남방於此南方 유일대성有一大城 명왈해주名曰海住 유우바이有優婆夷 명위구족명위具足.

시時 선재善財 사퇴이거辭退而去. 이시爾時 선재동자善財童子 관찰사유선지식교觀察思惟善知識敎 유여거해猶如巨海 수대운우受大雲雨 무유염족無有厭足. 여시사유如是思惟 점차유행漸次遊行 지해주성至海住城 차우바이此優婆夷 재차성중소주택내在此城中所住宅內.

39.3.14 구족具足 우바이優婆夷

선재善財 입이入已 견우바이見優婆夷 처어보좌處於寶座 성년호색盛年好色 단정가희端正可喜 위덕광명威德光明 제불보살除佛菩薩 여무능급餘無能及. 백언白言 성자聖者 원위아설願爲我說.

피즉고언彼卽告言 선남자善男子 아득보살무진복덕장해탈문我得菩薩無盡福德藏解脫門. 능어여시일소기중能於如是一小器中 수제중생隨諸衆生 종종욕락種種欲樂 출생종종미미음식出生種種美味飮食 실령충만悉令充滿. 가사시방세계일체중생假使十方世界一切衆生 수기욕락隨其欲樂 실령충만悉令充滿 이기음식而其飮食 무유궁진無有窮盡 역불감소亦不減少.

선남자善男子 차대수유且待須臾 여당자견汝當自見 설시어시說是語時 선재善財 견무량중생見無量衆生 수기소수隨其所須 급시음식給施飮食 실사충족悉使充足. 선남자善男子 아유지차무진복덕장해탈문我唯知此無盡福德藏解脫門 여제보살마하살如諸菩薩摩訶薩 일체공덕一切功德 유여대해猶如大海 아운하능지능설피공덕행我云何能知能說彼功德行. 선남자善男子 남방南方 유성有城 명왈대흥名曰大興 피유거사彼有居士 명왈명지名曰明智. 선재善財 사퇴이거辭退而去.

39.3.15 명지明智 거사居士

이시爾時 선재동자善財童子 득무진장엄복덕장해탈광명이得無盡莊嚴福德藏解脫光明已 점차이행漸次而行 지대흥성至大興城 주편추구명지거사周遍推求明智居士. 이시爾時 선재善財 견피거사見彼居士 재기성내시사구도칠보대상在其城內市四衢道七寶臺上 처무수보장엄지좌處無數寶莊嚴之座. 기좌묘호其座妙好 청정마니淸淨摩尼 이위기신以爲其身. 이시爾時 선재善財 정례기족頂禮其足 백언白言 성자聖者 아위이익일체중생고我爲利益一切衆生故 발아누다라삼막삼보리심發阿耨多羅三藐三菩提心 운하학보살행云何學菩薩行 운하수보살도云何修菩薩道.

장자長者 고언告言 선남자善男子 여견아차중인부汝見我此衆會人不. 아이령기발아누다라삼막삼보리심我已令其發阿耨多羅三藐三菩提心 생여래가生如來家 증장백법增長白法 안주무량제파라밀安住無量諸波羅蜜 학불십력學佛十力 실능구호일체중생悉能救護一切衆生. 선남자善男子 아득수의출생복덕장해탈문我得隨意出生福德藏解脫門 범유소수凡有所須 실만기원悉滿其願 소위의복영락所謂衣服瓔珞 상마차승象馬車乘 화향당개華香幢蓋 음식탕약飮食湯藥 방사옥택房舍屋宅 상좌등거牀座燈炬 노비우양奴婢牛羊 급제시사及諸侍使. 선남자善男子 차대수유且待須臾 여당자견汝當自見 설시어시說是語時 무량중생無量衆生 구래집회俱來集會 각수소욕各隨所欲 이유구청而有求請.

이시爾時 거사居士 지중보집知衆普集 수유계념須臾繫念 앙시허공仰視虛空 여기소수如其所須 실종공하悉從空下 일체중회一切衆會 보개만족普皆滿足. 이시爾時 거사居士 고언告言 아유지차수의출생복덕장해탈문我唯知此隨意出生福德藏解脫門 여제보살마하살如諸菩薩摩訶薩 성취보수成就寶手 편복일체시방국토遍覆一切十方國土 이자재력以自在力 보우일체자생지구普雨一切資生之具. 아운하능지능설피제공덕자재신력我云何能知能說彼諸功德自在神力. 어차남방於此南方 유일대성有一大城 명사자궁名師子宮 피유장자彼有長者 명법보계名法寶髻.

39.3.16 보계장자寶髻長者

이시爾時 선재동자善財童子 향사자성向師子城 주편추구보계장자周遍推求寶髻長者 견차장자見此長者 정례기족頂禮其足. 이시爾時 장자長者 집선재수執

善財手 장예소거將詣所居 시기사택示其舍宅 청정광명淸淨光明 진금소성眞金所成 십층팔문十層八門. 선재善財 이입入已 차제관찰次第觀察 견최하층見最下層 시제음식施諸飮食 견제이층見第二層 시제보의施諸寶衣 견제십층見第十層 일체여래一切如來 충만기중充滿其中. 이시爾時 선재善財 백언白言 성자聖者 하연치차청정중회何緣致此淸淨衆會 종하선근種何善根 획여시보獲如是報.

장자長者 고언告言 선남자善男子 아념과거我念過去 과불찰미진수겁過佛刹微塵數劫 유세계有世界 명원만장엄名圓滿莊嚴. 불호佛號 무변광명법계보장엄왕無邊光明法界普莊嚴王 여래응정등각십호원만如來應正等覺十號圓滿. 피불입성彼佛入城 아주악음我奏樂音 병소일환향幷燒一丸香 이이공양而以供養 이차공덕以此功德 회향삼처廻向三處 위영리일체빈궁곤고謂永離一切貧窮困苦.

선남자善男子 아유지차보살무량복덕보장해탈문我唯知此菩薩無量福德寶藏解脫門 여제보살마하살如諸菩薩摩訶薩 득부사의공덕보장得不思議功德寶藏 아운하능지능설피공덕행我云何能知能說彼功德行. 어차남방於此南方 유일국토有一國土 명왈등근名曰藤根 기토유성其土有城 명왈보문名曰普門 중유장자中有長者 명위보안名爲普眼.

선재善財 사퇴이거辭退而去 연후然後 견피장자見彼長者 백언白言 운하학보살행云何學菩薩行 운하수보살도云何修菩薩道.

39.3.17 보안장자普眼長者

장자長者 고언告言 선남자善男子 아지일체중생제병我知一切衆生諸病 풍황담열風黃痰熱 귀매고독鬼魅蠱毒 내지수화소상해乃至水火之所傷害. 여시일체소생제질如是一切所生諸疾 아실능이방편구료我悉能以方便救療 위탐욕다자爲貪欲多者 교부정관敎不淨觀. 진에다자瞋恚多者 교자비관敎慈悲觀 우치다자愚癡多者 교기분별종종법상敎其分別種種法相 등분행자等分行者 위기현시수승법문爲其顯示殊勝法門. 위욕령기발보리심爲欲令其發菩提心 칭양일체제불공덕稱揚一切諸佛功德 위욕령기현청정신爲欲令其現淸淨身 수중생심실사환희隨衆生心悉使歡喜 칭양찬탄지파라밀稱揚讚歎智波羅蜜 위욕령기획어구경정묘지신爲欲令其獲於究竟淨妙之身.

선남자善男子 아유지차령일체중생보견제불환희법문我唯知此令一切衆生普見諸

佛歡喜法門 여제보살마하살如諸菩薩摩訶薩 여대약왕如大藥王 영식일체생사포외永息一切生死怖畏 최괴일체노사대산摧壞一切老死大山 안주평등적멸지락安住平等寂滅之樂 아운하능지능설피공덕행我云何能知能說彼功德行. 선남자善男子 어차남방於此南方 유일대성有一大城 명다라당名多羅幢 피중유왈彼中有王 명무염족名無厭足.

이시爾時 선재동자善財童子 억념사유선지식교憶念思惟善知識教 점차유행漸次遊行 지다라당성至多羅幢城 문무염족왕問無厭足王. 제인諸人 답언答言 차왕此王 좌사자좌坐師子座 선포법화宣布法化 벌기죄악罰其罪惡 개령영단살도사음皆令永斷殺盜邪淫 역령금지망언양설악구기어亦令禁止妄言兩舌惡口綺語 우사원리탐진사견又使遠離貪瞋邪見.

39.3.18 무염족왕無厭足王

요견피왕遙見彼王 좌나라연금강지좌坐那羅延金剛之座 아승지보阿僧祇寶 이위기족以爲其足 십천대신十千大臣 전후위요前後圍遶 부유십만맹졸復有十萬猛卒 형모추악形貌醜惡 집지기장執持器仗 중생견자衆生見者 무불공포無不恐怖. 무량중생無量衆生 범왕교칙犯王教勅 수기소범隨其所犯 이치벌지以治罰之 혹단수족或斷手足 혹절이비或截耳鼻 혹이탕자或以湯煮 혹이화분或以火焚 비여중합대지옥중譬如衆合大地獄中.

선재善財 견이見已 작여시념作如是念. 아위이익일체중생령자我爲利益一切衆生令者 차왕此王 멸제선법滅諸善法 작대죄업作大罪業 핍뇌중생逼惱衆生. 작시념시作是念時 공중유천空中有天 이고지언而告之言 선남자善男子 여당억념보안장자선지식교汝當憶念普眼長者善知識教.

시時 선재동자善財童子 즉예왕소卽詣王所 정례기족頂禮其足 원위아설願爲我說. 시時 아나라왕阿那羅王 집선재수執善財手 장입궁중將入宮中 명지동좌命之同坐 고언告言 선남자善男子 여응관아소주궁전汝應觀我所住宮殿 선재善財 여어如語 즉편관찰卽遍觀察 견기궁전見其宮殿 광대무비廣大無比 개이묘보지소합성皆以妙寶之所合成. 시時 아나라왕阿那羅王 고선재언告善財言 아약실작여시악업我若實作如是惡業 운하이득여시과보云何而得如是果報.

선남자善男子 아득보살여환해탈我得菩薩如幻解脫 선남자善男子 아차국토我

此國土 소유중생所有衆生 다행살도多行殺盜 내지사견乃至邪見 작여방편作餘方便 불능령기사리악업不能令其捨離惡業. 선남자善男子 아위조복피중생고我爲調伏彼衆生故 화작악인化作惡人 조제죄업造諸罪業 수종종고受種種苦 영기일체작악令其一切作惡 중생견시사이衆生見是事已 단기소작일체악업斷其所作一切惡業.

선남자善男子 아유득차여환해탈我唯得此如幻解脫 여제보살마하살如諸菩薩摩訶薩 득무생인得無生忍 지제유취知諸有趣 실개여환悉皆如幻. 아운하능지능설피공덕행我云何能知能說彼功德行 어차남방於此南方 유성有城 명묘광名妙光 왕명대광王名大光. 이시爾時 선재동자善財童子 점차유행漸次遊行 내지묘광대성乃至妙光大城.

39.3.19 대광왕大光王

입묘광성入妙光城 견차대성見此大城 이금은유리以金銀瑠璃 파려진주玻瓈眞珠 칠보소성七寶所成. 피대광왕彼大光王 상처기중常處其中 견대광왕見大光王 좌여의마니보연화장광대장엄사자지좌坐如意摩尼寶蓮華藏廣大莊嚴師子之座. 감유리보紺瑠璃寶 이위기족以爲其足 종종지보種種智寶 충만기중充滿其中. 시時 선재동자善財童子 정례기족頂禮其足 아문성자我聞聖者 원위아설願爲我說.

시時 고언告言 선남자善男子 아정수보살대자당행我淨修菩薩大慈幢行 아만족보살대자당행我滿足菩薩大慈幢行. 선남자善男子 아이차법我以此法 위왕爲王 이차법以此法 영중생안주자심令衆生安住慈心 이자위주以慈爲主 구족자력具足慈力 절생사류絶生死流 입진법해入眞法海. 선남자善男子 아국토중일체중생我國土中一切衆生 개어아소皆於我所 무유공포無有恐怖. 선남자善男子 약유중생若有衆生 빈궁곤핍貧窮困乏 아개고장我開庫藏 자기소취恣其所取.

선남자善男子 차국토중일체중생此國土中一切衆生 오탁세시五濁世時 낙작제악樂作諸惡 아심애민我心哀愍 이욕구호而欲救護 입어보살대자위수수순세간삼매지문入於菩薩大慈爲首隨順世間三昧之門. 입차삼매시入此三昧時 피제중생彼諸衆生 소유포외심所有怖畏心 뇌해심惱害心 원적심冤敵心 쟁논심諍論心 여시제심如是諸心 실자소멸悉自消滅. 하이고何以故 입어보살대자위수수순세간삼매入於菩薩大慈爲首隨順世間三昧 법여시고法如是故.

시時 대광왕大光王 종삼매기從三昧起 고선재언告善財言 아유지차보살대자위수수순세간삼매문我唯知此菩薩大慈爲首隨順世間三昧門 여제보살마하살如諸菩薩摩訶薩 위고개자심보음제중생고爲高蓋慈心普蔭諸衆生故 아운하능지기행我云何能知其行 능설기덕能說其德. 어차남방於此南方 유일왕도有一王都 명왈안주名曰安住 유우바이有優婆夷 명왈부동名曰不動. 선재동자善財童子 사퇴이거辭退而去.

39.3.20 부동不動 우바이優婆夷

시時 선재동자善財童子 종피삼매지광명기從彼三昧智光明起 점차유행漸次遊行 지안주성至安住城. 주편추구부동우바이周遍推求不動優婆夷 무량인중無量人衆 함고지언咸告之言 선남자善男子 부동우바이不動優婆夷 신시동녀身是童女 재기가내在其家內 부모수호父母守護 연설묘법演說妙法.

선재동자善財童子 전예기소前詣其所 공경합장恭敬合掌 일심관찰一心觀察 견기형색見其形色 단정수묘端正殊妙 시방세계十方世界 일체여인一切女人 무유능급無有能及 시방중생十方衆生 견차여인見此女人 개무염족皆無厭足. 선재동자善財童子 견차여인見此女人 기신자재其身自在 기신모공其身毛孔 항출묘향恒出妙香 심생환희心生歡喜 이송찬왈以頌讚曰 수호청정계守護淸淨戒 수행광대인修行廣大忍 정진불퇴전精進不退轉 광명조세간光明照世間. 선재동자善財童子 설차송이說此頌已 백언白言 성자聖者 원위아설願爲我說.

시時 부동우바이不動優婆夷 이보살유연어以菩薩柔軟語 열의어悅意語 위유선재慰喩善財. 여이능발아누다라삼막삼보리심汝已能發阿耨多羅三藐三菩提心. 선남자善男子 아득보살난최복지혜장해탈문我得菩薩難摧伏智慧藏解脫門 내지구일체법무피염삼매문乃至求一切法無疲厭三昧門.

선재善財 언言 성자聖子 경계운하境界云何. 동녀童女 언言 차처난지此處難知. 선재善財 백언白言 위아선설爲我宣說. 우바이優婆夷 언言 과거세중過去世中 유겁有劫 명이구名離垢 시유국왕時有國王 명왈전수名曰電授 유유일녀唯有一女 즉아신卽我身. 아어야분我於夜分 어루상於樓上 앙관성수仰觀星宿 어허공중於虛空中 견피여래見彼如來. 불신佛身 보방대광명망普放大光明網 주편시방周遍十方 무소장애無所障碍 불신모공佛身毛孔 개출묘향皆出妙香.

선남자善男子 이시여래爾時如來 지아심념知我心念 즉고아언卽告我言 여응발불가괴심汝應發不可壞心 멸제번뇌滅諸煩惱 응발정사유심應發正思惟心 보생일체불법광명普生一切佛法光明. 선남자善男子 아어피불소我於彼佛所 문여시법聞如是法 구일체지求一切智 구불십력求佛十力 구불광명求佛光明 기심견고其心堅固 유여금강猶如金剛. 선남자善男子 아발시심이래我發是心已來 상불생어념욕지심尙不生於念欲之心 황행기사況行其事. 선남자善男子 아종시래我從是來 상견제불常見諸佛. 선남자善男子 아득보살구일체법무염족장엄문我得菩薩求一切法無厭足莊嚴門 아득일체법평등지총지문我得一切法平等地摠持門 현부사의자재신변現不思議自在神變 여욕견불汝欲見不.

선재善財 언言 유唯 아심원견我心願見. 이시爾時 부동우바이不動優婆夷 좌어용장사자지좌坐於龍藏師子之座 입구일체법무염족장엄삼매문入求一切法無厭足莊嚴三昧門 입여시등일만삼매문入如是等一萬三昧門 일일여래一一如來 방광명망放光明網 주편법계周遍法界.

시時 부동우바이不動優婆夷 종삼매기從三昧起 아유득차구일체법무염족삼매광명我唯得此求一切法無厭足三昧光明 여제보살마하살如諸菩薩摩訶薩 여금시조如金翅鳥 유행허공遊行虛空 무소장애無所障礙 아운하능지능설피공덕행我云何能知能說彼功德行. 어차남방於此南方 유일대성有一大城 명무량도살라名無量都薩羅 기중其中 유일출가외도有一出家外道 명왈변행名曰遍行. 시時 선재동자善財童子 사퇴이거辭退而去.

39.3.21 변행遍行 외도外道

이시爾時 선재善財 어부동우바이소於不動優婆夷所 득문법이得聞法已 점점유행漸漸遊行 지도살라성至都薩羅城 처처심멱변행외도處處尋覓遍行外道. 성동城東 유산有山 명왈선득名曰善得 선재동자善財童子 어중야시於中夜時 견차산정見此山頂 광명조요光明照耀 여일초출如日初出 이등피산而登彼山. 견차외도見此外道 어기산상평탄지처於其山上平坦之處 서보경행徐步經行 색상원만色相圓滿 위광조요威光照耀 십천범중지소위요十千梵衆之所圍遶.

왕예기소往詣其所 두정례족頭頂禮足 성자聖者 원위아설願爲我說. 변행遍行 답언答言 아이안주지일체처보살행我已安住至一切處菩薩行 이성취보문반야파라밀

已成就普門般若波羅蜜. 차도살라성중此都薩羅城中 일체방소一切方所 제인중중제인중諸人衆中 아개이방편我皆以方便 이위설법而爲說法 유령문자唯令聞者 여실수행如實修行 여시시방무량세계제중생해如是十方無量世界諸衆生海 아실어중我悉於中 이종종방편以種種方便 종종법문種種法門 이위설법而爲說法 영득이익令得利益.

선남자善男子 아유지차지일체처보살행我唯知此至一切處菩薩行 여제보살如諸菩薩 이변화신以變化身 보입제취普入諸趣. 어일체처於一切處 개현수생皆現受生 보현일체중생지전普現一切衆生之前 청정광명淸淨光明 편조세간遍照世間 이무아지以無我智 주편조요周遍照耀 이대비장以大悲藏 일체관찰一切觀察 아운하능지능설피공덕행我云何能知能說彼功德行. 선남자善男子 어차남방於此南方 유일국토有一國土 명위광대名爲廣大 유죽향장자有鬻香長者 명우발라화名優鉢羅華.

시時 선재동자善財童子 정례기족頂禮其足 사퇴이거辭退而去 점차유행漸次遊行. 지광대국至廣大國 예장자소詣長者所 정례기족頂禮其足 백언白言 성자聖者 미지보살未知菩薩 운하학보살행云何學菩薩行 운하수보살도云何修菩薩道 이능출생일체지지而能出生一切智智.

39.3.22 우발優鉢 장자長者

장자長者 고언告言 선남자善男子 아선별지일체제향我善別知一切諸香 역지조합일체향법亦知調合一切香法. 선남자善男子 인간人間 유향有香 명왈상장名曰象藏 인용투생因龍鬪生. 약소일환若燒一丸 즉기대향운卽起大香雲 미복왕도彌覆王都 어칠일중於七日中 우세향우雨細香雨 약착신자若着身者 신즉금색身則金色.

약인풍취若因風吹 입궁전중入宮殿中 중생후자衆生齅者 칠일칠야七日七夜 환희충만歡喜充滿 신심쾌락身心快樂 무유제병無有諸病 불상침해不相侵害 이제우고離諸憂苦 불경불포不驚不怖 불란불에不亂不恚 자심상향慈心相向 지의청정志意淸淨. 아지시이我知是已 이위설법而爲說法 영기결정발아뇩다라삼먁삼보리심令其決定發阿耨多羅三藐三菩提心. 선남자善男子 마라야산摩羅耶山 출전단향出栴檀香 명왈우두名曰牛頭 약이도신若以塗身 설입화갱說入火坑 화불능소

火不能燒.

　선남자善男子 아유지차조화향법我唯知此調和香法 여제보살如諸菩薩 원리일체제악습기遠離一切諸惡習氣 불염세욕不染世欲 이지혜향而智慧香 이자장엄而自莊嚴 아하능지기묘행我何能知其妙行 설기공덕說其功德. 선남자善男子 어차남방於此南方 유일대성有一大城 명왈누각名曰樓閣 중유선사中有船師 명바시라名婆施羅. 시時 선재동자善財童子 사퇴이거辭退而去.

39.3.23 바시婆施 선사船師

　기지피성旣至彼城 견기선사見其船師 재성문외해안상주在城門外海岸上住 설대해법說大海法. 선재善財 견이見已 이작시언而作是言 성자聖者 원위아설願爲我說.

　선남자善男子 아재차성해안로중我在此城海岸路中 정수보살대비당행淨修菩薩大悲幢行. 선남자善男子 아관염부제내빈궁중생我觀閻浮提內貧窮衆生 위요익고위요익고爲饒益故 수제고행修諸苦行 수기소원隨其所願 실령만족悉令滿足. 선이세물先以世物 충만기의充滿其意 부시법재復施法財 영기환희令其歡喜 영수복행令修福行 영생지도令生智道 영견일체제불해令見一切諸佛海 입일체지지해入一切智智海.

　선남자善男子 아지해중일체실주我知海中一切實洲 일체실처一切實處 일체실류一切實類. 역선별지일월성수亦善別知日月星宿 운행도수運行度數 수지대소水之大小 풍지역순風之逆順. 여시일체안위지상如是一切安危之相 무불명료無不明了 가행즉행可行則行 가지즉지可止則止. 선남자善男子 아이성취여시지혜我以成就如是智慧 상능이익일체중생常能利益一切衆生. 약유중생若有衆生 득견아신得見我身 문아법자聞我法者 영기영불포생사해令其永不怖生死海 필득입어일체지해必得入於一切智海 필능소갈제애욕해必能消竭諸愛欲海. 능이지광能以智光 조삼세해照三世海 능진일체能盡一切 중생고해衆生苦海 능정일체能淨一切 중생심해衆生心海.

　선남자善男子 아유득차대비당행我唯得此大悲幢行 여제보살마하살如諸菩薩摩訶薩 선능유섭생사대해善能遊涉生死大海 불염일체不染一切 제번뇌해諸煩惱海 아운하능지능설피공덕행我云何能知能說彼功德行. 어차남방於此南方 유성

有城 명가락名可樂 중유장자中有長者 명무상승名無上勝. 시時 선재동자善財童子 정례기족頂禮其足 사퇴이거辭退而去 점차경력漸次經歷 도피성내到彼城內.

39.3.24 무승無勝 장자長者
견무상승見無上勝 재기성동대장엄당무우림중在其城東大莊嚴幢無憂林中 무량상인無量商人 백천거사지소위요百千居士之所圍遶. 이단인간종종사무理斷人間種種事務 인위설법因爲說法 영기영발일체아만令其永拔一切我慢. 이시爾時 선재동자善財童子 관피장자觀彼長者 위중설법이爲衆說法已 이신투지以身投地 정례기족頂禮其足 백언白言 성자聖者 아시선재我是善財 아전심구보살지행我專尋求菩薩之行.

시피장자時彼長者 고선재언告善財言 선남자善男子 아성취지일체처보살행문我成就至一切處菩薩行門 무의무작신통지력無依無作神通之力. 선남자善男子 운하위지일체처보살행문云何爲至一切處菩薩行門. 선남자善男子 아어차삼천대천세계我於此三千大千世界 제중생중諸衆生中 이위설법而爲說法 영사비법令捨非法 영식쟁론令息諍論 영해계박令解繫縛. 영단살생令斷殺生 영생환희令生歡喜 영점성숙令漸成熟 영입불법令入佛法 아위중생我爲衆生 설여시법說如是法.

선남자善男子 아유지차지일체처수보살행청정법문我唯知此至一切處修菩薩行淸淨法門 무의무작신통지력無依無作神通之力 여제보살마하살如諸菩薩摩訶薩 구족일체자재신통具足一切自在神通 보입삼세普入三世 경계무제境界無際 아운하능지능설피공덕행我云何能知能說彼功德行. 선남자善男子 어차남방於此南方 유일국토有一國土 명왈수나名曰輸那 기국其國 유성有城 유비구니有比丘尼 명사자빈신名師子頻申. 선재동자善財童子 정례기족頂禮其足 사퇴이거辭退而去.

39.3.25 사자빈신師子頻申 비구니比丘尼
이시爾時 선재동자善財童子 점차유행漸次遊行 지피국성至彼國城 주편추구周遍推求.
유무량인有無量人 함고지언咸告之言 차비구니此比丘尼 재승광왕지소사시일광원중在勝光王之所捨施日光園中. 선재동자善財童子 주편관찰周遍觀察 견기원중見其園中 유일대수有一大樹 견사자빈신비구니見師子頻申比丘尼 편좌수하遍坐樹下 유여연화猶如蓮花 심무소외心無所畏.

소설법문所說法門 역각차별亦各差別 명보문삼매지광명문名普門三昧智光明門. 일체불원취一切佛願聚 이구륜離垢輪 적정장엄寂靜莊嚴 생일체지경계生一切智境界 묘화장妙華藏 비로자나장毘盧遮那藏. 보장엄지普莊嚴地 편법계경계신遍法界境界身 무소득력장엄無所得力莊嚴 무애륜無碍輪 금강지나라연장엄金剛智那羅延莊嚴.

선재동자善財童子 견여시등일체제취소유중생見如是等一切諸趣所有衆生 득불퇴전得不退轉 하이고何以故. 차비구니此比丘尼 입보안사득반야바라문入普眼捨得般若波羅門 설일체불법說一切佛法 법계차별法界差別 산괴일체장애륜散壞一切障碍輪. 생일체중생선심生一切衆生善心 수승장엄殊勝莊嚴 무애진실장無碍眞實藏 법계원만法界圓滿 심장心藏 보출생장반야바라문普出生藏般若波羅門. 약유중생若有衆生 내지아소來至我所 아즉위설반야파라밀我卽爲說般若波羅蜜 아견일체중생我見一切衆生 청일체어언聽一切語言. 견일체여래見一切如來 주지일체법륜住持一切法輪 일념편지일체법一念遍知一切法.

선남자善男子 아유지차성취일체지해탈我唯知此成就一切智解脫 여제보살마하살如諸菩薩摩訶薩 심무분별心無分別 보지제법普知諸法 아운하능지능설피공덕행我云何能知能說彼功德行. 어차남방於此南方 유일국토有一國土 명왈험난名曰險難 중유여인中有女人 명바수밀다名婆須蜜多. 선재동자善財童子 사퇴이거辭退而去.

39.3.26 바수婆須 여인女人

이시爾時 선재동자善財童子 대지광명大智光明 조계기심照啓其心 사유관찰思惟觀察 견제법성見諸法性 점차유행漸次遊行 지험난국보장엄성至險難國寶莊嚴城 심멱바수밀다녀尋覓婆須蜜多女. 이시爾時 선재善財 견차여인見此女人 안모단엄顔貌端嚴 색상원만色相圓滿 피부금색皮膚金色 목발감청目髮紺青 종기신출광대광명從其身出廣大光明.

피즉고언彼卽告言 선남자善男子 아득보살해탈我得菩薩解脫 명리탐욕제名離

貪欲際 수기욕락隨其欲樂 이위현신而爲現身. 약천견아若天見我 아위천녀我爲天女 형모광명形貌光明 수승무비殊勝無比 여시내지인비인등如是乃至人非人等. 견아자見我者 아즉위현인비인녀我卽爲現人非人女 수기락욕隨其樂欲 개령득견皆令得見. 약유중생若有衆生 욕의소전欲意所纏 내예아소來詣我所 아위설법我爲說法 피문법이彼聞法已 즉리탐욕則離貪欲 득보살무착경계삼매得菩薩無着境界三昧.

선남자善男子 아유지차보살리탐제해탈我唯知此菩薩離貪際解脫 여제보살마하살如諸菩薩摩訶薩 성취무변교방편지成就無邊巧方便智 아운하능지능설피공덕행我云何能知能說彼功德行. 어차남방於此南方 유성有城 명선도名善度 중유거사中有居士 명비슬지라名鞞瑟胝羅.

39.3.27 비슬鞞瑟 거사居士

이시爾時 선재동자善財童子 점차유행漸次遊行 지선도성至善度城 예거사택詣居士宅 정례기족頂禮其足. 성자聖者 원위아설願爲我說.

거사居士 고언告言 선남자善男子 아득보살해탈我得菩薩解脫 명불반열반제名不般涅槃際. 선남자善男子 여래如來 이반열반已般涅槃 현반열반現般涅槃 당반열반當般涅槃. 아지시방我知十方 일체세계一切世界 제불여래諸佛如來 필경무유반열반자畢竟無有般涅槃者 유제위욕조복중생唯除爲欲調伏衆生 이시현이而示現耳.

선남자善男子 아개전단좌여래탑문시我開栴檀座如來塔門時 득삼매得三昧 명불종무진名佛種無盡. 아입차삼매我入此三昧 견차세계見此世界 일체제불一切諸佛 소위가섭불所謂迦葉佛 내지불가설불가설세계미진수불乃至不可說不可說世界微塵數佛.

선남자善男子 아유득我唯得 차보살소득불반열반제해탈此菩薩所得不般涅槃際解脫 여제보살마하살如諸菩薩摩訶薩 이일념지以一念智 보지삼세普知三世 아운하능지능설피공덕행我云何能知能說彼功德行. 어차남방於此南方 유산有山 명보달락가名補怛洛迦 피유보살彼有菩薩 명관자재名觀自在.

해상유산다성현海上有山多聖賢 중보소성극청정衆寶所成極淸淨
화과수목개편만華果樹木皆遍滿 천류지소실구족泉流池沼悉具足

용맹장부관자재勇猛丈夫觀自在 위리중생주차산爲利衆生住此山
여응왕문제공덕汝應往問諸功德 피당시여대방편彼當示汝大方便.

39.3.28 자재보살自在菩薩
이시爾時 선재동자善財童子 점차유행漸次遊行 지어피산至於彼山 엄곡지중巖谷之中 관자재보살觀自在菩薩 어금강보석상於金剛寶石上 결가부좌結跏趺坐.
보살菩薩 고언告言 아이성취我已成就 보살대비행해탈문菩薩大悲行解脫門. 보현일체중생지전普現一切衆生之前 혹이보시或以布施 애어愛語 이행利行 동사同事 혹현색신或現色身 혹현종종부사의색정광명망或現種種不思議色淨光明網 혹이음성或以音聲 혹이위의或以威儀 혹위설법或爲說法 혹현신변或現神變 혹위화현동류지형或爲化現同類之形 여기공거與其共居 이성숙지而成熟之.
선남자善男子 아수행차대비행문我修行此大悲行門 상원구호일체중생常願救護一切衆生 이험도포離險道怖 이열뇌포離熱惱怖 이미혹포離迷惑怖 이계박포離繫縛怖 이살해포離殺害怖 이빈궁포離貧窮怖 이불활포離不活怖 이악명포離惡名怖 이어사포離於死怖 이대중포離大衆怖 이악취포離惡趣怖 이흑암포離黑闇怖 이천리포離遷移怖 이애별포離愛別怖 이원회포離冤會怖 이핍박신포離逼迫身怖 이핍박심포離逼迫心怖 이우비포離憂悲怖.
선남자善男子 아유득차보살대비행문我唯得此菩薩大悲行門 여제보살마하살如諸菩薩摩訶薩 이정보현일체원已淨普賢一切願 아운하능지능설피공덕행我云何能知能說彼功德行. 이시爾時 동방東方 유일보살有一菩薩 명왈정취名曰正趣.

39.3.29 정취보살正趣菩薩
선재善財 왕예피소往詣彼所 백언白言 성자聖者 원위아설願爲我說. 정취보살正趣菩薩 언言 선남자善男子 아득보살해탈我得菩薩解脫 명보문속질행名普門速疾行. 아종동방묘장세계보승생불소我從東方妙藏世界普勝生佛所 이래차토而來此土 어피불소於彼佛所 득차법문得此法門. 아우보견피세계중일체중생我又普見彼世界中一切衆生 실지기심悉知其心 실지기한悉知其恨 수기욕해隨其欲解 현신설법現身說法. 혹방광명或放光明 혹시재보或施財寶 종종방편種種方便

508 화엄경

교화조복敎化調伏 무유휴식無有休息. 여종동방如從東方 남서북방南西北方 사유상하四維上下 역부여시亦復如是.

선남자善男子 아유득차보살보질행해탈我唯得此菩薩普疾行解脫 능질주편도일체처能疾周遍到一切處 여제보살마하살如諸菩薩摩訶薩 보어시방普於十方 무소부지無所不至 아운하능지능설피공덕행我云何能知能說彼功德行. 어차남방於此南方 유성有城 명타라발저名墮羅鉢底 기중유신其中有神 명왈대천名曰大天. 선재善財 사퇴이거辭退而去.

39.3.30 대천신大天神

이시爾時 선재동자善財童子 점차유행漸次遊行 지어피성至於彼城 추문대천推問大天 인함고언人咸告言 재차성내在此城內 현광대신現廣大身 위중설법爲衆說法. 선재善財 지대천소至大天所 정례기족頂禮其足 성자聖者 원위아설願爲我說.

이시爾時 대천大天 장서사수長舒四手 취사대해수取四大海水 자세기면自洗其面 지제금화持諸金華 이산선재以散善財 이고지언而告之言 선남자善男子 일체보살一切菩薩 난가득견難可得見 선남자善男子 아이성취보살해탈我已成就菩薩解脫 명위운망名爲雲網.

선재善財 언언 운망해탈雲網解脫 경계운하境界云何. 이시대천爾時大天 어선재전於善財前 시현금취示現金聚 개여대산皆如大山 부시현일체화復示現一切華 개여산적皆如山積. 선남자善男子 가취차물可取此物 공양여래供養如來 수제복덕修諸福德 병시일체幷施一切 섭취중생攝取衆生 영기수학단파라밀令其修學檀波羅蜜 능사난사能捨難捨. 선남자善男子 여아위여시현차물如我爲汝示現此物 교여행시敎汝行施 위일체중생爲一切衆生 실역여시悉亦如是.

선남자善男子 아유지차운망해탈我唯知此雲網解脫 여제보살마하살如諸菩薩摩訶薩 유여제석猶如帝釋 이능최복일체번뇌已能摧伏一切煩惱 아운하능지능설피공덕행我云何能知能說彼功德行. 선남자善男子 차염부제마갈제국보리장중此閻浮提摩竭提國菩提場中 유주지신有主地神 기명안주其名安住. 선재善財 사퇴이거辭退而去.

39.3.31 안주安住 지신地神

이시爾時 선재동자善財童子 점차유행漸次遊行 취마갈제국보리장내안주신소趣摩竭提國菩提場內安住神所. 시時 안주지신安住地神 고선재언告善財言 선래동자善來童子 여어차지汝於此地 증종선근曾種善根 아위여현我爲汝現 여욕견불汝欲見不. 이시爾時 선재善財 백언白言 성자聖者 유연욕견唯然欲見.

시時 안주지신安住地神 이족안지以足按地 백천억아승지보장百千億阿僧祇寶藏 자연용출自然涌出. 고언告言 선남자善男子 금차보장今此寶藏 수축어여隨逐於汝 시여왕석선근과보是汝往昔善根果報 시여복력지소섭수是汝福力之所攝受 여응수의汝應隨意 자재수용自在受用.

선남자善男子 아득보살해탈我得菩薩解脫 명불가괴지혜장名不可壞智慧藏 상이차법常以此法 성취중생成就衆生. 선남자善男子 내왕고세乃往古世 불호묘안佛號妙眼 어피불소於彼佛所 득차법문得此法門. 아어차법문我於此法門 수습증장修習增長 상견제불常見諸佛 미증사리未曾捨離.

선남자善男子 아유지차불가괴지혜장법문我唯知此不可壞智慧藏法門 여제보살마하살如諸菩薩摩訶薩 상수제불常隨諸佛 능지일체제불소설能持一切諸佛所說 입일체불심심지혜入一切佛甚深智慧 아운하능지능설피공덕행我云何能知能說彼功德行. 선남자善男子 차염부제마갈제국가비라성此閻浮提摩竭提國迦毘羅城 유주야신有主夜神 명바사바연저名婆珊婆演底. 선재善財 사퇴이거辭退而去.

39.3.32 바사婆珊 야신夜神

이시爾時 선재善財 일심사유안주신교一心思惟安住神敎 점차유행漸次遊行 지어피성至於彼城 종동문입從東門入 변견일몰便見日沒 갈앙욕견피주야신渴仰欲見彼主夜神. 작시념시作是念時 견피야신見彼夜神 어허공중於虛空中 처보누각향연화장사자지좌處寶樓閣香蓮華藏師子之座 신진금색身眞金色 일체성수一切星宿 병연재체炳然在體. 선재동자善財童子 심대환희心大歡喜 이신투지以身投地 예야신족禮夜神足 유원시아일체지도唯願示我一切智道.

시時 피야신彼夜神 고선재언告善財言 아득보살파일체중생치암법광명해탈我得菩薩破一切衆生癡闇法光明解脫. 선남자善男子 아어악혜중생我於惡慧衆生 기대자심起大慈心 어불선업중생於不善業衆生 기대비심起大悲心 어작선업중생於

作善業衆生 기어희심起於喜心 어선악이행중생於善惡二行衆生 기불이심起不二心 어잡염중생於雜染衆生 기령생청정심起令生淸淨心 어사도중생於邪道衆生 기령생정행심起令生正行心 어열해중생於劣解衆生 기령흥대해심起令興大解心 어락생사중생於樂生死衆生 기령사륜전심起令捨輪轉心 어주이승도중생於住二乘道衆生 기령주일체지심起令住一切智心 위재육지일체중생爲在陸地一切衆生 어야암중於夜闇中 조공포자遭恐怖者 현작일월現作日月 급제성수及諸星宿 멸번뇌암滅煩惱闇 입일체지평탄정도入一切智平坦正道 도무외처필경안락到無畏處畢竟安樂.

아차해탈문我此解脫門 생정법광명生淨法光明 능파우치암能破愚癡闇 대시이연설待時而演說. 아석무변겁我昔無邊劫 근행광대자勤行廣大慈 보복제세간普覆諸世間 불자응수학佛子應修學. 아목심청정我目甚淸淨 보견시방찰普見十方刹 역견기중불亦見其中佛 보리수하좌菩提樹下坐. 아이대신통我以大神通 진동무량찰震動無量刹 기신실편왕其身悉遍往 조피난조중調彼難調衆.

선남자善男子 아유지차我唯知此 보살파일체중생암법광명해탈菩薩破一切衆生闇法光明解脫 여제보살마하살如諸菩薩摩訶薩 성취보현무변행원成就普賢無邊行願 아하능지기묘행我何能知其妙行 설기공덕說其功德. 선남자善男子 차염부제마갈제국보리장내此閻浮提摩竭提國菩提場內 유주야신有主夜神 명보덕정광名普德淨光.

이시爾時 선재동자善財童子 향바사바연저신向婆珊婆演底神 이설송왈而說頌曰

　　견여청정신見汝淸淨身 상호초세간相好超世間
　　여문수사리如文殊師利 역여보산왕亦如寶山王
　　여법신청정汝法身淸淨 삼세실평등三世悉平等
　　세계실입중世界悉入中 성괴무소애成壞無所碍
　　아관일체취我觀一切趣 실견여형상悉見汝形像
　　일일모공중一一毛孔中 성월각분포星月各分布
　　일일모공내一一毛孔內 각현무수신各現無數身
　　시방제국토十方諸國土 방편도중생方便度衆生.

39.3.33 보덕普德 야신夜神

이시爾時 선재동자善財童子 점차유행漸次遊行 지보덕정광야신소至普德淨光夜神所. 정례기족頂禮其足 이작시언而作是言 운하성취보살지云何成就菩薩地.

야신夜神 답언答言 보살菩薩 성취십법成就十法 일자一者 득청정삼매得淸淨三昧 상견일체불常見一切佛 이자二者 득청정안得淸淨眼 삼자三者 지일체여래무량무변공덕대해知一切如來無量無邊功德大海 사자四者 지등법계무량제불법광명해知等法界無量諸佛法光明海 오자五者 지일체여래일일모공知一切如來一一毛孔 방등중생수대광명해放等衆生數大光明海 육자六者 견일체여래일일모공見一切如來一一毛孔 출일체보색광명염해出一切寶色光明焰海 칠자七者 어념념중於念念中 출현일체불변화해出現一切佛變化海 팔자八者 득불음성得佛音聲 동일체중생언음해同一切衆生言音海 구자九者 지일체불무변명호해知一切佛無邊名號海 십자十者 지일체불조복중생부사의자재력知一切佛調伏衆生不思議自在力.

선남자善男子 아여시我如是 요지일체여래시了知一切如來時 어보살적정선정낙보유보해탈문於菩薩寂靜禪定樂普遊步解脫門 분명료달分明了達. 일심부동一心不動 수습초선修習初禪 희심열예喜心悅豫 수제이선修第二禪 염리생사厭離生死 수제삼선修第三禪 중고열뇌衆苦熱惱 수제사선修第四禪 이청정지보입법계以淸淨智普入法界.

선남자善男子 아유득차보살적정선정낙보유보해탈문我唯得此菩薩寂靜禪定樂普遊步解脫門 여제보살마하살如諸菩薩摩訶薩 구족보현소유행원具足普賢所有行願 아운하능지능설피공덕행我云何能知能說彼功德行. 선남자善男子 거차불원去此不遠 유일야신有一夜神 명희목관찰중생名喜目觀察衆生. 이시爾時 보덕정광야신普德淨光夜神 위선재자爲善財童子 이설송왈而說頌曰

약유신해심若有信解心 진견삼세불盡見三世佛

피인안청정彼人眼淸淨 능입제불해能入諸佛海

제불출세간諸佛出世間 양등중생수量等衆生數

종종해탈경種種解脫境 비아소능지非我所能知

일체제보살一切諸菩薩 입불일모공入佛一毛孔

여시묘해탈如是妙解脫 비아소능지非我所能知.
시時 선재동자善財童子 정례기족頂禮其足 사퇴이거辭退而去.

39.3.34 희목喜目 야신夜神

발의욕예희목관찰중생야신소發意欲詣喜目觀察衆生夜神所. 이시爾時 선재동자善財童子 즉예희목관찰중생야신소卽詣喜目觀察衆生夜神所 견피야신見彼夜神 입대세력보희당해탈入大勢力普喜幢解脫. 어기신상일일모공於其身上一一毛孔 출무량종변화신운出無量種變化身雲 이묘언음以妙言音 이위설법而爲說法 개령환희皆令歡喜.

소위출무량화신운所謂出無量化身雲 행단파라밀行檀波羅蜜 내외실시內外悉施. 설지정계說持淨戒 무유결범無有缺犯 설능인수일체중고說能忍受一切衆苦 설용맹정진說勇猛精進 수일체지조도지법修一切智助道之法. 입제선정제삼매락入諸禪定諸三昧樂 제멸일체소유번뇌除滅一切所有煩惱 개지혜경계開智慧境界 갈일체중생의해竭一切衆生疑海 영기흔락발보리의令其欣樂發菩提意.

여시방편如是方便 교화중생敎化衆生 념념중念念中 시제보살일체행원示諸菩薩一切行願 수무상행修無上行 불퇴전력不退轉力 연설일체보살지행演說一切菩薩智行 소위설입일체중생계해지所謂說入一切衆生界海智 시현여시지파라밀示現如是智波羅蜜 영제중생令諸衆生 개대환희皆大歡喜. 여시설시如是說時 어념념중於念念中 영무량중생令無量衆生 생천인중生天人中 부귀자재富貴自在 출생사해出生死海 주住.

선재동자善財童子 게찬왈偈讚曰
　　무량무수겁無量無數劫 학불심심법學佛甚深法
　　수기소응화隨其所應化 현현묘색신顯現妙色身
　　색신묘무비色身妙無比 청정여보현淸淨如普賢
　　수제중생심隨諸衆生心 시현세간상示現世間相.
희목관찰중생주야신喜目觀察衆生主夜神 이송답왈以頌答曰
　　아념과거세我念過去世 과어찰진겁過於刹塵劫
　　찰호마니광刹號摩尼光 겁명적정음劫名寂靜音
　　여시등제불如是等諸佛 아실증공양我悉曾供養

연미득혜안然未得慧眼 입어해탈해入於解脫海.

선남자善男子 어여의운하於汝意云何 피시전륜성왕명彼時轉輪聖王名 능소융불종자能紹隆佛種者 기이인호豈異人乎 문수사리동자文殊師利童子 시야是也. 이시爾時 야신夜神 각오아자覺悟我者 보현보살지소이普賢菩薩之所化耳. 아어이시我於爾時 위왕보녀爲王寶女 몽피야신蒙彼夜神 각오어아覺悟於我 영아견불令我見佛 상생인천常生人天. 득차대세력보희당보살해탈得此大勢力普喜幢菩薩解脫 이차해탈以此解脫 여시이익일체중생如是利益一切衆生.

선남자善男子 아유득차대세력보희당해탈문我唯得此大勢力普喜幢解脫門 여제보살마하살如諸菩薩摩訶薩 어념념중於念念中 보예일체제여래소普詣一切諸如來所 아운하능지능설피공덕행我云何能知能說彼功德行. 차중회중此衆會中 유일야신有一夜神 명보구중생묘덕名普救衆生妙德. 선재善財 사퇴이거辭退而去.

39.3.35 보구普救 야신夜神

이시爾時 선재동자善財童子 어희목관찰중생야신소於喜目觀察衆生夜神所 문보희당해탈문聞普喜幢解脫門 왕예보구중생묘덕야신소往詣普救衆生妙德夜神所. 시피야신時彼夜神 위선재동자爲善財童子 시현보살조복중생해탈신력示現菩薩調伏衆生解脫神力. 어양미간於兩眉間 방대광명放大光明 기광其光 입선재정入善財頂 충만기신充滿其身.

아선재득견我善財得見 여시대신력如是大神力 기심생환희其心生歡喜 설게이찬탄說偈而讚歎. 아견존묘신我見尊妙身 중상이장엄衆相以莊嚴 비여공중성譬如空中星 일체실엄정一切悉嚴淨. 아승희목교我承喜目教 영득예존소令得詣尊所 견존미간상見尊眉間相 방대청정광放大清淨光. 아견보구천我見普救天 어피무량찰於彼無量刹 일체제불소一切諸佛所 보개왕공양普皆往供養.

이시爾時 선재동자善財童子 백보구중생묘덕야신언白普救衆生妙德夜神言 천신天神 수하등행修何等行 이득청정而得清淨. 내왕고세乃往古世 유전륜왕有轉輪王 명비로자나묘보연화계名毘盧遮那妙寶蓮華髻 기유일녀其有一女 명보지염묘덕안名普智焰妙德眼. 시時 전륜왕轉輪王 여기보녀與其寶女 구승허공俱昇虛空 방대광명放大光明. 여래출세간如來出世間 보구제군생普救諸群生 여등응속기汝等應速起 왕예도사소往詣導師所. 여등함응발汝等咸應發 광대정진심廣

大精進心 예피여래소詣彼如來所 공경이공양恭敬而供養. 이시爾時 전륜성왕轉輪聖王 개오일체중생이開悟一切衆生已.

시時 전륜왕녀지보염묘덕안轉輪王女普智焰妙德眼 즉해신상제장엄구卽解身上諸莊嚴具 지이산불持以散佛 선남자善男子 어의운하於意云何. 이시爾時 비로자나장묘보연화계전륜성왕자毘盧遮那藏妙寶蓮華髻轉輪聖王者 기이인호豈異人乎 금미륵보살今彌勒菩薩. 시時 묘덕안동녀자妙德眼童女者 즉아신卽我身 아어피시我於彼時 신위동녀身爲童女 보현보살普賢菩薩 영아발어아누다라삼막삼보리심令我發於阿耨多羅三藐三菩提心. 영아득견묘덕당불令我得見妙德幢佛 해신영락解身瓔珞 산불공양散佛供養 견불신력見佛神力 문불설법聞佛說法 즉득보살보현일체세간조복중생해탈문卽得菩薩普現一切世間調伏衆生解脫門.

선재청아설善財聽我說 심심난견법甚深難見法 보조어삼세普照於三世 일체차별문一切差別門. 아념과거세我念過去世 과찰미진겁過剎微塵劫 차전유일겁次前有一劫 명원만청정名圓滿淸淨. 불찰미진겁佛剎微塵劫 소유불출현所有佛出現 아개증공양我皆曾供養 입차해탈문入此解脫門.

선남자善男子 아유지차보살보현일체세간조복중생해탈我唯知此菩薩普現一切世間調伏衆生解脫 여제보살마하살如諸菩薩摩訶薩 집무변행集無邊行 아운하능지능설피공덕행我云何能知能說彼功德行. 선남자善男子 거차불원去此不遠 유주야신有主夜神 명적정음해名寂靜音海. 시時 선재동자善財童子 사퇴이거辭退而去.

39.3.36 적정寂靜 야신夜神

이시爾時 선재동자善財童子 왕적정음해야신소往寂靜音海夜神所 정례기족頂禮其足 작시언作是言 성자聖者 운하수보살도云何修菩薩道. 선남자善男子 아득보살념념출생광대희장엄해탈문我得菩薩念念出生廣大喜莊嚴解脫門.

선재善財 언言 대성大聖 차해탈문此解脫門 위하사업爲何事業 행하경계行何境界 기하방편起何方便 작하관찰作何觀察 선재동자善財童子 백적정음해야신언白寂靜音海夜神言 대성大聖 운하수행云何修行 득차해탈得此解脫.

야신夜神 언言 수행십대법장修行十大法藏 득차해탈得此解脫 일수보시광대법장一修布施廣大法藏 이수정계二修淨戒 삼수감인三修堪忍 사수정진四修精進

오수선정五修禪定 육수반야六修般若 칠수방편七修方便 팔수제원八修諸願 구수제력九修諸力 십수정지광대법장十修淨智廣大法藏 즉능획득여시해탈則能獲得如是解脫.

선재청아설善財聽我說 청정해탈문淸淨解脫門 문이생환희聞已生歡喜 근수령구경勤修令究竟. 상존중부모常尊重父母 공경이공양恭敬而供養 여시무휴해如是無休懈 입차해탈문入此解脫門. 노병빈궁인老病貧窮人 제근불구족諸根不具足 일체개민제一切皆愍濟 영기득안은令其得安隱. 원진미래겁願盡未來劫 보위제군생普爲諸群生 멸제생사고滅除生死苦 득불구경락得佛究竟樂.

선남자善男子 아유지차념념출생광대희장엄해탈我唯知此念念出生廣大喜莊嚴解脫 여제보살마하살如諸菩薩摩訶薩 심입일체법계해深入一切法界海 아운하능지능설피공덕행我云何能知能說彼功德行. 차보리장여래회중此菩提場如來會中 유주야신有主夜神 명수호일체성증장위력名守護一切城增長威力. 아인선우교我因善友敎 내예천신소來詣天神所 견신처보좌見神處寶座 신량무유변身量無有邊. 무변제찰해無邊諸刹海 불해중생해佛海衆生海 실재일진중悉在一塵中 차존해탈력此尊解脫力.

시時 선재동자善財童子 정례기족頂禮其足 사퇴이거辭退而去. 아시여래我視如來 어념념중於念念中 방대광명放大光明 충만법계充滿法界 기견시이已見是已 생대환희生大歡喜.

39.3.37 수호守護 야신夜神

이시爾時 선재동자善財童子 행예수호일체성야신소行詣守護一切城夜神所 견피야신見彼夜神 정례기족頂禮其足 작시언作是言 성자聖者 위아선설爲我宣說.

선남자善男子 아득보살심심자재묘음해탈我得菩薩甚深自在妙音解脫 위대법사爲大法師 무소괘애無所罣碍. 선능개시제불법장고善能開示諸佛法藏故 구대서원대자비력具大誓願大慈悲力 영일체중생令一切衆生 주보리심住菩提心. 능작일체이중생사能作一切利衆生事 적집선근積集善根 무유휴식無有休息 위일체중생조어지사爲一切衆生調御之師 영일체중생令一切衆生 주사바야도住薩婆若道. 선남자善男子 아혹위중생我或爲衆生 설문혜법說聞慧法 설사혜법說思慧法 설수혜법說修慧法. 선남자善男子 아성취차심심자재묘음해탈我成就此甚深自在

妙音解脫 념념충만일체법계念念充滿一切法界.

시시 선재동자善財童子 백야신언白夜神言 성자증득聖者證得 기이구여其已久
如. 야신夜神 언언 내왕고세乃往古世 유세계有世界 수미산미진수여래須彌山微
塵數如來 어중출현於中出現 기최초불其最初佛 명법해뇌음광명왕名法海雷音
光明王. 피불출시彼佛出時 유전륜왕有轉輪王 명청정일광명면名淸淨日光明
面. 시시時 유비구니有比丘尼 명법륜화광名法輪化光 피시전륜성왕彼時轉輪聖王
금보현보살今普賢菩薩 시비구니是比丘尼 즉아신卽我身.

기후수미산미진수여래其後須彌山微塵數如來 기최후불其最後佛 명법계성지해등
名法界城智解燈 아개존중我皆尊重 청문묘법聽聞妙法 입차보살심자재묘음해탈
入此菩薩甚深自在妙音解脫. 아종시래我從是來 어생사야무명혼매제중생중於
生死夜無明昏寐諸衆生中 이독각오而獨覺悟 영제중생令諸衆生 수호심성守
護心城 사삼계성捨三界城 주일체지무상법성住一切智無上法城.

선남자善男子 아유지차심심자재묘음해탈我唯知此甚深自在妙音解脫 여제보살
마하살如諸菩薩摩訶薩 능지일체어언자성能知一切語言自性 아운하능지능설피공
덕행我云何能知能說彼功德行.

　보살해탈심난견菩薩解脫深難見 허공여여평등상虛空如如平等相
　보견무변법계내普見無邊法界內 일체삼세제여래一切三世諸如來
　천신심정여허공天神心淨如虛空 보리일체제번뇌普離一切諸煩惱
　요지삼세무량찰了知三世無量刹 제불보살급중생諸佛菩薩及衆生.

선남자善男子 차불회중此佛會中 유주야신有主夜神 명개부일체수화名開敷一
切樹華.

39.3.38 개부開敷 야신夜神

이시爾時 선재동자善財童子 왕예개부일체수화야신소往詣開敷一切樹華夜神
所 정례기족頂禮其足 이작시언而作是言 위아선설爲我宣說.

야신夜神 언언 아어차사바세계我於此娑婆世界 일광이몰日光已沒 연화부합蓮
華覆合 제인중등諸人衆等 영득정도令得正道 달기처소達其處所 숙야안락宿夜
安樂. 선남자善男子 약유중생若有衆生 성년호색盛年好色 교만방일憍慢放逸
오욕자자五欲自恣 아위시현노병사상我爲示現老病死相 영생공포令生恐怖 사리

제악捨離諸惡. 부위칭탄종종선근復爲稱歎種種善根 위간린자爲慳悋者 찬탄보시 讚歎布施 위파계자爲破戒者 칭양정계稱揚淨戒 유진에자有瞋恚者 교주대자敎 住大慈 회뇌해자懷惱害者 영행인욕令行忍辱 약해태자若懈怠者 영기정진令起 精進 약산란자若散亂者 영수선정令修禪定 주악혜자住惡慧者 영학반야令學般 若. 약유중생若有衆生 기심암매其心闇昧 무유지혜無有智慧 영주보살지파라밀令 住菩薩智波羅蜜. 아이성취보살출생광대희광명해탈문我已成就菩薩出生廣大喜 光明解脫門.

선재동자善財童子 언言 성자聖者 기이구여其已久如. 내왕고세乃往古世 유세 계해有世界海 명보광명진금마니산名普光明眞金摩尼山 세계해중世界海中 유세 계有世界 명일체보색보광명名一切寶色普光明. 기중유왕其中有王 명일체법음원 만개名一切法音圓滿蓋 유장자녀有長者女 명보광명名寶光明.

선남자善男子 이시일체법음원만개왕자爾時一切法音圓滿蓋王者 금비로자나여래 今毘盧遮那如來 시야是也. 광명왕자光明王者 정반왕淨飯王 연화광부인蓮華 光夫人 마야부인摩耶夫人 보광동녀寶光童女 즉아신시卽我身是. 아유청정이我 有淸淨耳 보문일체성普聞一切聲 역문불설법亦聞佛說法 환희이신수歡喜而信 受. 아어무량겁我於無量劫 수습차법문修習此法門 아금위여설我今爲汝說 불자 여응학佛子汝應學.

선남자善男子 아유지차보살출생광대희광명해탈문我唯知此菩薩出生廣大喜光 明解脫門 여제보살마하살如諸菩薩摩訶薩 친근공양일체제불親近供養一切諸佛 입일체지대원해入一切智大願海 아운하능지능설피공덕행我云何能知能說彼功德 行. 선남자善男子 차도장중此道場中 유일야신有一夜神 명대원정진력구호일체중생 名大願精進力救護一切衆生. 선재동자善財童子 정례기족頂禮其足 사퇴이거 辭退而去.

39.3.39 대원大願 야신夜神

선재동자善財童子 일심정례一心頂禮 합장첨앙合掌瞻仰 어선지식於善知識 생 십종심生十種心. 생동기심生同已心 생청정자업과심生淸淨自業果心 생장엄보살 행심生莊嚴菩薩行心 생성취일체불법심生成就一切佛法心 생능생심生能生心 생출리심生出離心 생구일체복지해심生具一切福智海心 생증장심生增長心 생구일체선근심生具一切善根心 생능성변대이익심生能成辨大利益心.

발시심이發是心已 득피야신得彼夜神 동행同行 동념同念 동혜同慧 동취同趣 동각同覺 동근同根 동심同心 동경同境 동증同證 동의同義 동용맹同勇猛 동색신同色身 동력同力 동무외同無畏 동정진同精進 동정신同淨信 동보살행同菩薩行. 아발견고의我發堅固意 지구무상각志求無上覺 금어선지식今於善知識 이기자기심而起自己心. 이견선지식以見善知識 집무진백법集無盡白法 멸제중죄구滅際衆罪垢 성취보리과成就菩提果.

이시爾時 선재善財 백언白言 차해탈문此解脫門 명위하등名爲何等 위기시爲幾時 구여久如. 차해탈문此解脫門 명교화중생령생선근名教化衆生令生善根 오일체법자성평등悟一切法自性平等 입어제법진실지성入於諸法眞實之性 이항시현무량색신而恒示現無量色身.

불자佛子 내왕고세乃往古世 유겁有劫 시시국왕是時國王 명왈승광名曰勝光 왕유태자王有太子 명위선복名爲善伏. 요문옥수遙聞獄囚 초독음성楚毒音聲 변예왕소便詣王所 원수관유願垂寬宥. 시時 오백대신五百大臣 시사운하是事云何 유애구자有哀救者 죄역지사罪亦至死. 선남자善男子 이시태자爾時太子 아신시야我身是也 오백대신五百大臣 금제바달다등오백도당今提婆達多等五百徒黨.

여이환희신락심汝以歡喜信樂心 문차난사해탈법問此難思解脫法 아승여래호념력我承如來護念力 위여선설응청수爲汝宣說應聽受. 이시爾時 유왕명승광有王名勝光 항이정법어군생恒以正法御群生 기왕태자명선복其王太子名善伏 형체단정비중상形體端正備衆相. 변즉출가의불주便卽出家依佛住 수행일체종지도修行一切種智道. 이시爾時 변득차해탈便得此解脫 대비광제군생大悲廣濟諸群生.

차어불찰미진수次於佛刹微塵數 무량무변제겁해無量無邊諸劫海 소유제불현세간所有諸佛現世間 일일공양개여시一一供養皆如是. 우어일일모공중又於一一毛孔中 실방무수대광명悉放無數大光明 각이종종교방편各以種種巧方便 제멸중생번뇌화除滅衆生煩惱火. 약유득차해탈문若有得此解脫門 즉주무변공덕해則住無邊功德海 비여찰해미진수譬如刹海微塵數 불가사의무유량不可思議無有量.

선남자善男子 아유지차교화중생령생선근해탈문我唯知此教化衆生令生善根解脫門 여제보살마하살如諸菩薩摩訶薩 초제세간超諸世間 아금운하능지능설피공덕해我今云何能知能說彼功德海. 선남자善男子 차염부제此閻浮提 유신有神 명묘덕원만名妙德圓滿. 선재善財 사퇴이거辭退而去.

39.3.40 묘덕妙德 야신夜神

이시爾時 선재동자善財童子 점차유행漸次遊行 주편심멱피묘덕신周遍尋覓彼妙德神 선재善財 견이見已 정례기족頂禮其足 백언白言 대성大聖 운하수보살행云何修菩薩行 생여래가生如來家 위세대명爲世大明.

피신답언彼神答言 선남자善男子 보살菩薩 유십종수생장有十種受生藏. 일자一者 원상공양일체제불수생장願常供養一切諸佛受生藏 이자二者 발보리심發菩提心 삼자三者 관제법문근수행觀諸法門勤修行 사자四者 이심정심보조삼세以深淨心普照三世 오자五者 평등광명平等光明 육자六者 생여래가生如來家 칠자七者 불력광명佛力光明 팔자八者 관보지문觀普智門 구자九者 보현장엄普現莊嚴 십자十者 입여래지入如來地.

불자佛子 어차십법於此十法 수습증장修習增長 원만성취圓滿成就 개시무량심심법장開示無量甚深法藏 교화성취일체세간敎化成就一切世間. 최상이구청정심最上離垢淸淨心 견일체불무염족見一切佛無厭足 원진미래상공양願盡未來常供養 차명혜자수생장此明慧者受生藏. 선남자善男子 보살菩薩 구차십법具此十法 생여래가生如來家 위일체세간청정광명爲一切世間淸淨光明. 아종무량겁래我從無量劫來 득시자재수생해탈문得是自在受生解脫門.

시時 선재동자善財童子 백피신언白彼神言 대천大天 득차해탈得此解脫 기이구여其已久如. 선남자善男子 내왕고세乃往古世 시유세계時有世界 기중유왕其中有王 명보염안名寶焰眼 기왕부인其王夫人 명왈희광名曰喜光. 시유유모時有乳母 명위정광名爲淨光 피유모자彼乳母者 아신시야我身是也. 불자여소문佛子汝所問 제불심심경諸佛甚深境 여금응청수汝今應聽受 아설기인연我說其因緣. 아시위유모我時爲乳母 지혜극총리智慧極聰利 제천수여아諸天授與我 보살금색신菩薩金色身.

선남자善男子 아유지차보살我唯知此菩薩 어무량겁편일체처於無量劫遍一切處 시현수생자재해탈示現受生自在解脫 여제보살마하살如諸菩薩摩訶薩 능이일념能以一念 위제겁장爲諸劫藏 아당운하능지능설피공덕행我當云何能知能說彼功德行. 선남자善男子 차가비라성此迦毘羅城 유석종녀有釋種女 명왈구파名曰

瞿波. 선재善財 정례기족頂禮其足 사퇴이거辭退而去.

39.3.41 구파瞿波 여인女人

이시爾時 선재동자善財童子 향가비라성向迦毘羅城 점차유행漸次遊行 지보살집회至菩薩集會. 기중유신其中有神 호무우덕號無憂德 내영선재來迎善財 작여시언作如是言. 선래장부善來丈夫 유대지혜有大智慧 유대용맹有大勇猛 능수보살불가사의자재해탈能修菩薩不可思議自在解脫. 선재善財 언言 성자聖者 아원일체중생我願一切衆生 식제열뇌息諸熱惱 이제악업離諸惡業.

무우덕無憂德 설송언說頌言
　여금출세간汝今出世間 위세대명등爲世大明燈
　보위제중생普爲諸衆生 근구무상각勤求無上覺
　여수보리행汝修菩提行 정진화역연精進火亦然
　용맹대정진勇猛大精進 견고불가동堅固不可動.

이시爾時 선재善財 예피석녀구파지소詣彼釋女瞿波之所 정례기족頂禮其足. 시時 구파녀瞿波女 고선재언告善財言 여금능문보살마하살汝今能問菩薩摩訶薩 여시행법如是行法 위여선설爲汝宣說 약제보살若諸菩薩 성취십법成就十法 즉능원만인다라망보지광명보살지행則能圓滿因陀羅網普智光明菩薩之行.

하등위십何等爲十 소위의선지식고所謂依善知識故 득광대승해고得廣大勝解故 득청정욕락고得淸淨欲樂故 집일체복지고集一切福智故 어제불소於諸佛所 청문법고聽聞法故 심항불사삼세불고心恒不捨三世佛故 동어일체보살행고同於一切菩薩行故 일체여래一切如來 소호념고所護念故 대비묘원大悲妙願 개청정고皆淸淨故 능이지력能以智力 보단일체제생사고普斷一切諸生死故 시위십是爲十.

약제보살若諸菩薩 성취차법成就此法 즉능원만인다라망보지광명보살지행則能圓滿因陀羅網普智光明菩薩之行. 보살위리제군생菩薩爲利諸群生 정념친승선지식正念親承善知識 경지여불심무태敬之如佛心無怠 차행어세제망행此行於世帝網行. 시時 석가구파釋迦瞿波 고선재告善財 아이성취관찰일체보살삼매해해탈문我已成就觀察一切菩薩三昧海解脫門.

이시爾時 선재善財 백구파언白瞿波言 득차해탈得此解脫 기이구여其已久如. 답언答言 아어왕세我於往世 과불찰미진수겁過佛刹微塵數劫 피시유왕彼時有王

부록　521

명왈재주名曰財主. 기왕태자其王太子 명위덕주名威德主. 시유모인時有母人 명위선현名爲善現 장일동녀將一童女 명구족묘덕名具足妙德. 시 묘덕동녀妙德童女 몽도여래고夢覩如來故 기심안은其心安隱 무유포외無有怖畏 어태자전於太子前 이설송언而說頌言

  아신최단정我身最端正 명문편시방名聞遍十方

  지혜무등륜智慧無等倫 선달제공교善達諸工巧.

  태자太子 고피녀언告彼女言 여신극청정汝身極淸淨 공덕상구족功德相具足 아금문어여我今問於汝 여어수소주汝於誰所住.

  이시爾時 여모女母 위기태자爲其太子 설송언說頌言

  태자여응청太子汝應聽 아금설차녀我今說此女

  기광극치성其光極熾盛 비여일초출譬如日初出.

  이시爾時 태자太子 즉위묘덕卽爲妙德 설송언說頌言

  아금선어여我今先語汝 영여심견고令汝心堅固

  여능순아심汝能順我心 아당성여의我當成汝意.

  이시爾時 동녀童女 백태자언白太子言 무량겁해중無量劫海中 지옥화분신地獄火焚身

  약능권납아若能眷納我 감심수차고甘心受此苦. 기모선현其母善現 어태자전於太子前 차녀극단정此女極端正 공덕장엄신功德莊嚴身 석원봉태자昔願奉太子 금의이만족今意已滿足.

  불자佛子 피시태자彼時太子 금석가모니불今釋迦牟尼佛 기묘덕녀其妙德女 아신시야我身是也. 아시여태자我時與太子 관불승일신觀佛勝日身 공경공양필恭敬供養畢 즉발보리의卽發菩提意. 아관보살신我觀菩薩身 무변겁수행無邊劫修行 일일모공량一一毛孔量 구지불가득求之不可得.

  불자佛子 아유득차관찰보살삼매해해탈我唯得此觀察菩薩三昧海解脫 여제보살如諸菩薩 구경무량제방편해究竟無量諸方便海 운하능지능설피공덕행云何能知能說彼功德行 차세계중此世界中 유불모마야有佛母摩耶.

39.3.42 마야부인摩耶夫人

  이시爾時 선재동자善財童子 일심욕예마야부인소一心欲詣摩耶夫人所 유주성신

有主城神 명왈보안名曰寶眼 작여시언作如是言 선남자善男子 응수호심성應守護心城 응정치심성應淨治心城 응조요심성應照耀心城 응견고심성應堅固心城 응광대심성應廣大心城. 이시爾時 유신중신有身衆神 명연화법덕名蓮華法德 이묘음성以妙音聲 종종칭탄마야부인種種稱歎摩耶夫人.

시時 유수호보살법당나찰귀왕有守護菩薩法堂羅刹鬼王 명왈선안名曰善眼 작여시언作如是言 보살菩薩 성취십법成就十法 즉득친근제선지식則得親近諸善知識 소위所謂 기심청정其心淸淨 대비평등大悲平等 취일체지趣一切智 심불퇴전心不退轉 득정혜안得淨慧眼 대자평등大慈平等 이광대안以廣大眼.

이시爾時 선재善財 수행기교受行其敎 즉시도견대보연화卽時覩見大寶蓮華 종지용출從地涌出 광명보왕光明寶王 이위기대以爲其臺. 어기대상於其臺上 유일루관有一樓觀 기루관중其樓觀中 유여의보연화지좌有如意寶蓮華之座 마야부인摩耶夫人 재피좌상在彼座上 원위일체보살지모願爲一切菩薩之母.

이시爾時 선재善財 견마야부인見摩耶夫人 대성大聖 원위아설願爲我說. 답언答言 불자佛子 아이성취보살대원지환해탈문我已成就菩薩大願智幻解脫門 시고상위제보살모是故常爲諸菩薩母. 불자佛子 여아어차염부제중가비라성정반왕가如我於此閻浮提中迦毘羅城淨飯王家 우협이생실달태자右脇而生悉達太子. 선남자善男子 여금세존如今世尊 아위기모我爲其母 왕석소유무량제불往昔所有無量諸佛 실역여시悉亦如是 이위기모而爲其母.

이시爾時 선재善財 백마야부인白摩耶夫人 득차해탈得此解脫 경금기시經今幾時. 답언答言 내왕고세乃往古世 유전륜왕有轉輪王 명대위덕名大威德 시유보살時有菩薩 명이구당名離垢幢 좌어도장坐於道場 장성정각將成正覺. 유일악귀有一惡鬼 지보살소至菩薩所 피대위전륜성왕彼大威德轉輪聖王 화작병중化作兵衆 기수배다其數倍多 제마황포諸魔惶怖 실자분산悉自奔散 고피보살故彼菩薩 득성아누다라삼막삼보리得成阿耨多羅三藐三菩提.

시時 도장신道場神 견시사이見是事已 작시원언作是願言 차전륜왕此轉輪王 재재생처在在生處 내지성불乃至成佛 원아상득여기위모願我常得與其爲母. 선남자善男子 피도장신彼道場神 아신시야我身是也 전륜왕자轉輪王者 금세존비로자나今世尊毘盧遮那 시是.

선남자善男子 아유지차보살대원지환해탈문我唯知此菩薩大願智幻解脫門. 여제보살如諸菩薩 구대비장具大悲藏 교화중생敎化衆生 아금운하능지능설피공덕행我今云何能知能說彼功德行. 선남자善男子 어차세계삼십삼천於此世界三十三天 유왕有王 명정념名正念 기왕其王 유녀有女 명천주광名天主光.

39.3.43 천광天光 여인女人

이시爾時 선재善財 축왕천궁逐往天宮 견피천녀見彼天女 백언白言 성자聖者 선능유회善能誘誨 원위아설願爲我說.

천녀天女 답언答言 선남자善男子 아득보살해탈我得菩薩解脫 명무애념청정장엄名無碍念淸淨莊嚴. 선남자善男子 아이차해탈력我以此解脫力 억념과거憶念過去 유최승겁有最勝劫 명청연화名靑蓮華 아어피겁중我於彼劫中 공양항하사수제불여래供養恒河沙數諸佛如來. 우억과거又憶過去 겁명선지劫名善地 아어피我於彼 공양십항하사수제불여래供養十恒河沙數諸佛如來. 우과거겁又過去劫 명위묘덕名爲妙德 아어피我於彼 공양일불세계미진수제불여래供養一佛世界微塵數諸佛如來.

우겁명무소득又劫名無所得 공양팔십사억백천나유타제불여래供養八十四億百千那由他諸佛如來. 공양이십항하사수제불여래供養二十恒河沙數諸佛如來. 공양일항하사수供養一恒河沙數 팔십항하사수八十恒河沙 육십항하사수六十恒河沙數 칠십항하사수제불여래七十恒河沙數諸佛如來. 여시선겁소유여래如是先劫所有如來 종초보살從初菩薩 내지법진乃至法盡 일체소작一切所作 아이정엄해탈지력我以淨嚴解脫之力 개수억념皆隨憶念 명료현전明了現前 지이순행持而順行 증무해폐曾無懈廢.

선남자善男子 아유지차무애념청정해탈我唯知此無碍念淸淨解脫 여제보살마하살如諸菩薩摩訶薩 출생사야出生死夜 낭연명철朗然明徹 영리치명永離癡冥 미상혼매未嘗惛寐 심무제개心無諸蓋 신행경안身行輕安 어제법성於諸法性 청정각료淸淨覺了 성취십력成就十力 개오군생開悟群生 이아운하능지능설피공덕행而我云何能知能說彼功德行. 선남자善男子 가비라성迦毘羅城 유동자사有童子師 명왈변우名曰遍友. 선재동자善財童子 정례기족頂禮其足 사퇴이거辭退而去.

39.3.44 변우遍友 동자童子

종천궁하從天宮下 점향피성漸向彼城 지변우소至遍友所 예족위요禮足圍遶 합
장공경合掌恭敬 어일면입於一面立 백언白言 성자聖者 아이선발아누다라삼막삼보리
심我已先發阿耨多羅三藐三菩提心 이미지보살而未知菩薩 운하학보살행云何
學菩薩行 운하수보살도云何修菩薩道.

아문성자我聞聖者 선능유회善能誘誨 원위아설願爲我說. 변우遍友 답언答言
선남자善男子 차유동자此有童子 명선지중예名善知衆藝 학보살자지學菩薩字智
여가문지汝可問之 당위여설當爲汝說.

39.3.45 선지善知 동자童子

이시爾時 선재善財 즉지기소卽至其所 두정례경頭頂禮敬 백언白言 성자聖者
원위아설願爲我說. 시피동자時彼童子 고선재언告善財言 선남자善男子 아득보살
해탈我得菩薩解脫 명선지중예名善知衆藝. 아항창지차자모我恒唱持此之字
母 창아자시唱阿字時 입반야파라밀문入般若波羅蜜門 명이보살위력名以菩薩威
力 입무차별경계入無差別境界. 선남자善男子 아창여시자모시我唱如是字母時
차사십이반야파라밀문此四十二般若波羅蜜門 위수爲首 입무량무수반야파라밀문入
無量無數般若波羅蜜門.

선남자善男子 아유지차선지중예보살해탈我唯知此善知衆藝菩薩解脫 여제보살
마하살如諸菩薩摩訶薩 능어일체세출세간선교지법能於一切世出世間善巧之法
이지통달以智通達 도어피안到於彼岸 아운하능지능설피공덕행我云何能知能說彼
功德行. 선남자善男子 차마갈제국此摩竭提國 유우바이有優婆夷 호왈현승號曰
賢勝. 시時 선재善財 연앙사거戀仰辭去.

39.3.46 현승賢勝 우바이優婆夷

향취락성向聚落城 지현승소至賢勝所 합장공경合掌恭敬 백언白言 원위아설願
爲我說. 현승賢勝 답언答言 선남자善男子 아득보살해탈我得菩薩解脫 명무의처
도장名無依處道場 기자개해旣自開解. 부위인설復爲人說 우득무진삼매又得無
盡三昧 비피삼매법非彼三昧法 유진무진有盡無盡. 이능출생일체지성안무진고以能
出生一切智性眼無盡故 성이性耳 성비性鼻 성설性舌 성신性身 성의性意 성
공덕性功德 성지혜性智慧 성신통무진고性神通無盡故.

선남자善男子 아유지차무의처도장해탈我唯知此無依處道場解脫 여제보살마하살如諸菩薩摩訶薩 일체무착공덕행一切無着功德行 이아운하진능지설而我云何盡能知說. 선남자善男子 남방南方 유장자有長者 명견고해탈名堅固解脫. 선재善財 사퇴남행辭退南行.

39.3.47 견고해탈堅固解脫 장자長者

도어피성到於彼城 예장자소詣長者所 합장공경合掌恭敬 백언白言 성자聖者 원위아설願爲我說. 장자長者 답언答言 선남자善男子 아득보살해탈我得菩薩解脫 명무착념청정장엄名無着念淸淨莊嚴. 아자득시해탈이래我自得是解脫已來 어시방불소於十方佛所 근구정법勤求正法 무유휴식無有休息.

선남자善男子 아유지차무착념청정장엄해탈我唯知此無着念淸淨莊嚴解脫 여제보살마하살如諸菩薩摩訶薩 획무소외대사자후獲無所畏大師子吼 안주광대복지지취安住廣大福智之聚 아운하능지능설피공덕행我云何能知能說彼功德行. 선남자善男子 즉차성중卽此城中 유일장자有一長者 명위묘월名爲妙月. 선재善財 사퇴이행辭退而行.

39.3.48 묘월妙月 장자長者

향묘월소向妙月所 합장공경合掌恭敬 백언白言 원위아설願爲我說. 묘월妙月 답언答言 선남자善男子 아득보살해탈我得菩薩解脫 명정지광명名淨智光明.

선남자善男子 아유지차지광해탈我唯知此智光解脫 여제보살마하살如諸菩薩摩訶薩 증득무량해탈법문證得無量解脫法門 아운하능지능설피공덕행我云何能知能說彼功德行. 선남자善男子 남방유성南方有城 명출생名出生 피유장자彼有長者 명무승군名無勝軍 선재사거善財辭去.

39.3.49 무승無勝 장자長者

점향피성漸向彼城 지장자소至長者所 합장공경合掌恭敬 백언白言 원위아설願爲我說. 장자長者 답언答言 선남자善男子 아득보살해탈我得菩薩解脫 명무진상名無盡相 아이증차보살해탈我以證此菩薩解脫 견무량불見無量佛 득무진장得無盡藏.

선남자善男子 아유지차무진상해탈我唯知此無盡相解脫 여제보살마하살如諸菩薩摩訶薩 득무한지得無限智 무애변재無碍辯才 아운하능지능설피공덕행我云何能知能說彼功德行. 선남자善男子 어차성남於此城南 유일취락有一聚落 유바라문有婆羅門 명최적정名最寂靜 선재사거善財辭去.

39.3.50 적정寂靜 바라문婆羅門

점차남행漸次南行 견최적정見最寂靜 백언白言 원위아설願爲我說. 바라문婆羅門 답언答言 선남자善男子 아득보살해탈我得菩薩解脫 명성원어名誠願語. 과거현재미래보살過去現在未來菩薩 이시어고以是語故 내지어아누다라삼막삼보리乃至於阿耨多羅三藐三菩提. 무유퇴전無有退轉 무이퇴無已退 무현퇴無現退 무당퇴無當退. 선남자善男子 아이주어성원어고我以住於誠願語故 수의소작隨意所作 막불성만莫不成滿.

선남자善男子 아유지차성어해탈我唯知此誠語解脫 여제보살마하살如諸菩薩摩訶薩 여성원어與誠願語 행지무위行止無違 언필이성言必以誠 미증허망未曾虛妄 무량공덕無量功德 인지출생因之出生 아운하능지능설我云何能知能說. 선남자善男子 어차남방於此南方 유성有城 명묘의화문名妙意華門 피유동자彼有童子 명왈덕생名曰德生 유동녀有童女 명위유덕名爲有德. 시時 선재善財 연앙이거戀仰而去.

39.3.51 덕생동자童子德生 유덕동녀有德童女

이시爾時 선재善財 점차남행漸次南行 지묘의화문성至妙意華門城 견덕생동자見德生童子 유덕동녀有德童女 정례기족頂禮其足 이작시언而作是言 성자聖者 위아선설爲我宣說.

시時 동자동녀童子童女 고선재언告善財言 아등我等 증득보살해탈證得菩薩解脫 명위환주名爲幻住. 득차해탈고得此解脫故 견일체세계見一切世界 개환주皆幻住 인연소생고因緣所生故 업번뇌소기고業煩惱所起故 무명유애등無明有愛等 전전연생고展轉緣生故 종종환연소생고種種幻緣所生故 전도지소생고顚倒智所生故 생로병사우비고뇌生老病死憂悲苦惱 허망분별소생고虛妄分別所生故 도심도견도무명소현고倒心倒見倒無明所現故 지단분별소성고智斷分別所成故 제행원법지소성고諸行願法之所成故 원지환소성고願智幻所成故. 선남자善男子 환경幻境 자성自性 불가사의不可思議.

　선남자善男子 아등이인我等二人 단능지차환주해탈但能知此幻住解脫 여제보살마하살如諸菩薩摩訶薩 선입무변제사환망善入無邊諸事幻網 피공덕행彼功德行 아등운하능지능설我等云何能知能說. 차남방此南方 유원有園 명대장엄名大莊嚴 미륵보살마하살彌勒菩薩摩訶薩 안처기중安處其中 여예피문汝詣彼問 보살菩薩 운하행보살행云何行菩薩行 운하수보살도云何修菩薩道.

　하이고何以故. 피보살마하살彼菩薩摩訶薩 통달일체보살행通達一切菩薩行 능위여설일체보살행원소성공덕能爲汝說一切菩薩行願所成功德. 선남자善男子 여구선지식汝求善知識 불응피권不應疲倦 유선지식임지由善知識任持 불타악취不墮惡趣 능령안주일체불법문能令安住一切佛法門. 시時 선재善財 문선지식聞善知識 여시공덕如是功德 사퇴이거辭退而去.

39.3.52 미륵보살彌勒菩薩

　이시爾時 선재동자善財童子 향해안국向海岸國 어비로자나장엄장대누각전於毘盧遮那莊嚴藏大樓閣前 오체투지五體投地.

　　차시대비청정지此是大悲淸淨智 이익세간자씨존利益世間慈氏尊
　　관정지중불장자灌頂地中佛長子 입여래경지주처入如來境之住處
　　시계인진선지혜施戒忍進禪智慧 방편원력급신통方便願力及神通
　　여시대승제도법如是大乘諸度法 실구족자지주처悉具足者之住處
　　보견악도군생류普見惡道群生類 수제초독무소귀受諸楚毒無所歸
　　방대자광실제멸放大慈光悉際滅 차애민자지주처此哀愍者之住處
　　시방제불소설법十方諸佛所說法 일좌보수함령진一座普受咸令盡
　　진미래겁항실연盡未來劫恒悉然 차지해인지주처此智海人之住處
　　성취신통방편지成就神通方便智 수행여환묘법문修行如幻妙法門
　　시방오취실현생十方五趣悉現生 차무애자지주처此無碍者之住處.
　불자주어차佛子住於此 보현중생전普現衆生前
　　유여일월륜猶如日月輪 편제생사암遍除生死闇
　불자주어차佛子住於此 편유제세계遍遊諸世界

일체여래소一切如來所 무량무수겁無量無數劫
불자주어차佛子住於此 념념입삼매念念入三昧
일일삼매문一一三昧門 천명제불경闡明諸佛境
불자주어차佛子住於此 음제불법해飮諸佛法海
심입지혜해深入智慧海 구족공덕해具足功德海
관찰중생등觀察衆生等 법등여래등法等如來等
찰등제원등刹等諸願等 삼세실평등三世悉平等.

이시爾時 선재동자善財童子 일심원견미륵보살一心願見彌勒菩薩 미륵보살彌勒菩薩 종별처래從別處來 선재견이善財見已 오체투지五體投地. 미륵彌勒 관찰선재觀察善財 탄기공덕歎其功德 여등관선재汝等觀善財 지혜심청정智慧心淸淨 위구보리행爲求菩提行 이래지아소而來至我所.

문수덕운등文殊德雲等 일체제불자一切諸佛子
영여지아소令汝至我所 시여무애처示汝無碍處
위구제여래爲求諸如來 청정지경계淸淨之境界
문제광대원問諸廣大願 이래지아소而來至我所
여등관차인汝等觀此人 친근선지식親近善知識
수기소수학隨其所修學 일체응순행一切應順行
선재견중생善財見衆生 생로병사고生老病死苦
위발대비의爲發大悲意 근수무상도勤修無上道
인개해탈승忍鎧解脫乘 지혜위리검智慧爲利劒
능어삼유내能於三有內 파제번뇌적破諸煩惱賊
욕생일체덕欲生一切德 욕문일체법欲問一切法
욕단일체의欲斷一切疑 전구선지식專求善知識
당멸제악도當滅諸惡道 당시인천로當示人天路
영수공덕행令修功德行 질입열반성疾入涅槃城
여행극조유汝行極調柔 여심심청정汝心甚淸淨
소욕수공덕所欲修功德 일체당원만一切當圓滿
당만제행해當滿諸行海 당지제법해當知諸法海
당도중생해當度衆生海 여시수제행如是修諸行

여어제법문汝於諸法門 이득급당득已得及當得
응생대희약應生大喜躍 무탐역무염無貪亦無厭
제근불해권諸根不懈倦 지원항결정志願恒決定
친근선지식親近善知識 불구실성만不久悉成滿
이생보살가已生菩薩家 이구보살덕已具菩薩德
이장여래종已長如來種 당승관정위當昇灌頂位
일체공덕행一切功德行 개종원욕생皆從願欲生
선재이료지善財已了知 상락근수습常樂勤修習
여당왕대지汝當往大智 문수사리소文殊師利所
피당령여득彼當令汝得 보현심묘행普賢深妙行.

이시爾時 미륵彌勒 칭찬선재대공덕稱讚善財大功德 선재善財 문이聞已 환희용약歡喜踊躍.

시時 미륵보살彌勒菩薩 마선재정摩善財頂 설송언說頌言

선재선재진불자善哉善哉眞佛子 보책제근무해권普策諸根無懈倦
불구당구제공덕不久當具諸功德 유여문수급여아猶如文殊及與我.

선재善財 송답왈頌答曰

아념선지식我念善知識 억겁난치우億劫難值遇
금득함친근今得咸親近 이래예존소而來詣尊所.

이시爾時 선재동자善財童子 중백미륵보살언重白彌勒菩薩言 대성大聖 운하학보살행云何學菩薩行 운하수보살도云何修菩薩道 원개위설願皆爲說. 이시爾時 미륵보살彌勒菩薩 관찰일체도장중회觀察一切道場衆會 지시선재指示善財 이작시언而作是言 제인자諸仁者 차장자자此長者子 용맹정진勇猛精進 구선지식求善知識 경유일백일십선식이經由一百一十善識已 연후이래지어아소然後而來至於我所.

이시爾時 미륵보살彌勒菩薩 칭탄선재동자稱歎善財童子 종종공덕種種功德. 선재선재善哉善哉 선남자善男子 여위요익일체세간汝爲饒益一切世間 여위구호일체중생汝爲救護一切衆生 여위근구일체불법고汝爲勤求一切佛法故 발아누다라삼막삼보리심發阿耨多羅三藐三菩提心. 선남자善男子 여획선리汝獲善利 이위제불已爲諸佛 공소호념共所護念.

하이고何以故 선남자善男子 보리심자菩提心者 유여종자猶如種子 정수淨水 정목淨目 대도大道 자부慈父 자모慈母 설산雪山 허공虛空 연화蓮華 양약良藥 여의주如意珠. 선남자善男子 보리심자菩提心者 성취여시무량공덕成就如是無量功德.

이시爾時 선재동자善財童子 백언白言 유원대성唯願大聖 개누각문開樓閣門 영아득입令我得入. 시時 미륵보살彌勒菩薩 전예누각前詣樓閣 탄지출성彈指出聲 기문즉개其門卽開 명선재입命善財入 선재심희善財心喜 입이환폐入已還閉. 견기누각見其樓閣 광박무량廣博無量 자견기신自見其身 편재일체제누각중遍在一切諸樓閣中. 부문일체제누각내復聞一切諸樓閣內 보망영탁寶網鈴鐸 우견일체제보경중종종형상又見一切諸寶鏡中種種形像 우부견피우발라화又復見彼優鉢羅華. 이시爾時 선재동자善財童子 득견시방청정안고得見十方淸淨眼故 어일체누각일일물중於一切樓閣一一物中 실견여시悉見如是.

이시爾時 미륵보살彌勒菩薩 즉섭신력卽攝神力 입누각중入樓閣中 탄지작성彈指作聲 고선재언告善財言 선남자善男子 여주보살汝住菩薩 불가사의자재해탈不可思議自在解脫. 성자聖者 차해탈문此解脫門 기명하등其名何等. 미륵彌勒 고언告言 차해탈문此解脫門 명입삼세일체경계불망념지장엄장名入三世一切境界不忘念智莊嚴藏. 선남자善男子 차해탈문중此解脫門中 유불가설불가설해탈문有不可說不可說解脫門 일생보살지소능득一生菩薩之所能得.

선재善財 문언問言 차장엄사此莊嚴事 하처거야何處去耶. 미륵彌勒 답언答言 어래처거於來處去. 대성大聖 종하처래從何處來. 미륵彌肋 언言 제보살諸菩薩 무래무거無來無去.

선재동자善財童子 언言 성자聖者 하자何者 시보살생처是菩薩生處. 답언答言 유십종생처有十種生處 보리심菩提心 심심深心 제지諸地 대원大願 대비大悲 여리관찰如理觀察 대승大乘 교화중생敎化衆生 지혜방편智慧方便 수행일체법修行一切法. 선남자善男子 보살마하살菩薩摩訶薩 이반야파라밀以般若波羅蜜 위모爲母 방편선교方便善巧 위부爲父. 보살菩薩 여시초범부지如是超凡夫地 입보살위入菩薩位 생여래가生如來家. 득자재고得自在故 어일체취於一切趣 통달무애通達無碍.

선남자善男子 여당왕예문수사리선지식소汝當往詣文殊師利善知識所 문수사리文殊師利 당위여설일체공덕當爲汝說一切功德. 여선소견제지식汝先所見諸善

知識 문보살행聞菩薩行 입해탈문入解脫門 만족대원滿足大願 개시문수위신지력
皆是文殊威神之力. 선재善財 정례기족頂禮其足 사퇴이거辭退而去.

39.3.53 문수보살文殊菩薩

이시爾時 선재동자善財童子 점차이행漸次而行 경유일백일십여성이經由一百一
十餘城已 도보문국소마나성到普門國蘇摩那城 주선구멱周旋求覓.

시시是時 문수사리文殊師利 요신우수遙伸右手 안선재정按善財頂. 시시是時
문수사리文殊師利 영선재동자令善財童子 성취아승지법문成就阿僧祗法門 구족
무량대지광명具足無量大智光明 영득보살무변제다라니令得菩薩無邊際陀羅尼
무변제원無邊際願 무변제삼매無邊際三昧 무변제신통無邊際神通 무변제지無邊
際智 영입보현행도장令入普賢行道場 급치선재자소주처 及置善財自所住處 문수
사리文殊師利 환섭불현還攝不現.

39.3.54 보현보살普賢菩薩

증장취구일체지혜增長趣求一切智慧 관찰보현해탈경계觀察普賢解脫境界 갈앙
욕견보현보살渴仰欲見普賢菩薩 즉어차금강장보리장비로자나여래사자좌전일체보연화장
좌상卽於此金剛藏菩提場毘盧遮那如來師子座前一切寶蓮華藏座上 기
등허공계광대심起等虛空界廣大心.

선재동자善財童子 기여시심起如是心 보현보살普賢菩薩 견십종서상見十種瑞
相 소위견일체불찰청정所謂見一切佛刹淸淨 견십종광명상見十種光明相 소위견
일체세계소유미진所謂見一切世界所有微塵 일일진중一一塵中 출일체세계미진수
불광명망운出一切世界微塵數佛光明網雲 주편조요周遍照耀.

시時 선재동자善財童子 즉작시념卽作是念 아금필견보현보살我今必見普賢菩
薩 증익선근增益善根. 시時 선재동자善財童子 즉견보현보살卽見普賢菩薩 재여
래전중회지중在如來前衆會之中 좌보연화사자지좌坐寶蓮華師子之座. 견보현신
見普賢身 일일모공一一毛孔 출일체세계미진수광명운出一切世界微塵數光明雲
편법계허공계일체세계遍法界虛空界一切世界. 제멸일체중생고환除滅一切衆生
苦患 영제보살令諸菩薩 생대환희生大歡喜.

선재동자善財童子 견보현보살見普賢菩薩 여시무량불가사의대신통력如是無量不
可思議大神通力 즉득십종지파라밀卽得十種智波羅蜜. 선재동자善財童子 기득

시이旣得是已 보현보살普賢菩薩 즉신우수卽伸右手 마촉기정摩觸其頂 기마정이旣摩頂已. 선재善財 즉득일체불찰미진수삼매문卽得一切佛刹微塵數三昧門 득일체불찰미진수일체지정광명得一切佛刹微塵數一切智淨光明.

이시爾時 보현보살普賢菩薩 고선재언告善財言 여견아차신통력불汝見我此神通力不. 유연이견唯然已見 대성大聖 차부사의대신통사此不思議大神通事 유시여래지소능지唯是如來之所能知. 보현普賢 고언告言 아어과거불가설불가설불찰미진수겁我於過去不可說不可說佛刹微塵數劫 행보살행行菩薩行 구일체지求一切智 아소구법我所求法 개위구호일체중생皆爲救護一切衆生 교화중생敎化衆生 영향아누다라삼먁삼보리令向阿耨多羅三藐三菩提.

당시지시當是之時 선재동자善財童子 즉차제득보현보살則次第得普賢菩薩 제행원해諸行願海 여보현등與普賢等 여제불등與諸佛等 일신一身 충만일체세계充滿一切世界 찰등刹等 행등行等 정각등正覺等 신통등神通等 법륜등法輪等 변재등辯才等 언사등言辭等 음성등音聲等 역무외등力無畏等 불소주등佛所住等 대자비등大慈悲等 불가사의해탈자재不可思議解脫自在 실개동등悉皆同等.

이시爾時 보현보살普賢菩薩 설송언說頌言
여등응제제혹구汝等應除諸惑垢 일심불란이제청一心不亂而諦聽
아설여래구제도我說如來具諸度 일체해탈진실도一切解脫眞實道
불지광대동허공佛智廣大同虛空 보편일체중생심普遍一切衆生心
실료세간제망상悉了世間諸妄想 불기종종이분별不起種種異分別
수중생심종종행隨衆生心種種行 왕석제업서원력往昔諸業誓願力
영기소견각부동令其所見各不同 이불본래무동념而佛本來無動念
혹유처처견불좌或有處處見佛坐 충만시방제세계充滿十方諸世界
혹유기심불청정或有其心不淸淨 무량겁중불견불無量劫中不見佛
혹견청정대보살或見淸淨大菩薩 충만삼천대천계充滿三千大千界
개이구족보현행皆已具足普賢行 여래어중엄연좌如來於中儼然坐
일일모단불가설一一毛端不可說 제불구상삼십이諸佛具相三十二
보살권속공위요菩薩眷屬共圍遶 종종설법도중생種種說法度衆生
허공진여급실제虛空眞如及實際 열반법성적멸등涅槃法性寂滅等
유유여시진실법唯有如是眞實法 가이현시어여래可以顯示於如來

제40. 보현행원품普賢行願品

40.1 이시爾時 보현보살마하살普賢菩薩摩訶薩 칭탄여래승공덕이稱歎如來勝功德已 고제보살告諸菩薩 급선재언及善財言 여래공덕如來功德 불가궁진不可窮盡 약욕성취차공덕문若欲成就此功德門 응수십종광대행원應修十種廣大行願.

일자一者 예경제불禮敬諸佛 이자二者 칭찬여래稱讚如來 삼자三者 광수공양廣修供養 사자四者 참회업장懺悔業障 오자五者 수희공덕隨喜功德 육자六者 청전법륜請轉法輪 칠자七者 청불주세請佛住世 팔자八者 상수불학常隨佛學 구자九者 항순중생恒順衆生 십자十者 보개회향普皆廻向.

40.2 선재善財 백언白言 운하예경云何禮敬 내지회향乃至廻向.

선남자善男子 시위보살마하살是爲菩薩摩訶薩 십종대원十種大願 구족원만具足圓滿 약제보살若諸菩薩 어차대원於此大願 수순취입隨順趣入 즉능성숙일체중생則能成熟一切衆生 즉능수순아누다라삼막삼보리則能隨順阿耨多羅三藐三菩提 즉능성만보현보살제행원해則能成滿普賢菩薩諸行願海. 시고是故 선남자善男子 여어차의汝於此義 응여시지應如是知.

선남자善男子 피제중생彼諸衆生 약문약신차대원왕若聞若信此大願王 수지독송受持讀誦 광위인설廣爲人說 소유공덕所有功德 제불세존除佛世尊 여무지자餘無知者. 시고여등是故汝等 문차원왕聞此願王 막생의념莫生疑念 응당제수應當諦受 수이능독受已能讀 독이능송讀已能誦 송이능지誦已能持 내지서사乃至書寫 광위인설廣爲人說. 시제인등是諸人等 어일념중於一念中 소유행원所有行願 개득성취皆得成就 소획복취所獲福聚 무량무변無量無邊. 능어번뇌대고해중能於煩惱大苦海中 발제중생拔濟衆生 영기출리令其出離 개득왕생아미타불극락세계皆得往生阿彌陀佛極樂世界.

소유시방세계중所有十方世界中 삼세일체인사자三世一切人師子 아이청정신어의我以淸淨身語意 일체편례진무여一切遍禮盡無餘

아석소조제악업我昔所造諸惡業 개유무시탐진치皆由無始貪瞋癡
종신어의지소생從身語意之所生 일체아금개참회一切我今皆懺悔
근수청정파라밀勤修淸淨波羅蜜 항불망실보리심恒不忘失菩提心
멸제장구무유여滅除障垢無有餘 일체묘행개성취一切妙行皆成就
일체여래유장자一切如來有長子 피명호왈보현존彼名號曰普賢尊
아금회향제선근我今廻向諸善根 원제지행실동피願諸智行悉同彼
아위편정보현행我爲遍淨普賢行 문수사리제대원文殊師利諸大願
만피사업진무여滿彼事業盡無餘 미래제겁항무권未來際劫恒無倦.

40.3 이시爾時 보현보살마하살普賢菩薩摩訶薩 어여래전於如來前 설차보현광대원왕청정게이說此普賢廣大願王淸淨偈已. 선재동자善財童子 용약무량踊躍無量 일체보살一切菩薩 개대환희皆大歡喜. 여래如來 찬언讚言 선재선재善哉善哉.

찾아보기

책이름

「국가론」 292
「논어論語」 150
「다석일지多夕日誌」 150
「대방광불화엄경大方廣佛華嚴經」 442
「무문관無門關」 448
「반야심경般若心經」 355, 406
「반야파라밀다심경般若波羅蜜多心經」 406
「파라밀다심경波羅蜜多心經」 155, 247
「법화경法華經」 308
「베다Veda」 129
「벽암록碧巖錄」 302
「시경詩經」 287, 387
「신화엄경합론新華嚴經合論」 296, 435, 445
「우파니샤드Upanishad」 129
「원각경圓覺經」 135
「장자莊子」 11
「주역周易」 52, 70, 148, 156, 384
「중용中庸」 14
「화엄경」 34, 71, 178, 234, 246, 348, 355, 384 443, 444

「고린도전서」 150

(ㄱ)

가온찍기(亼) 215, 217, 223, 395, 397, 423

가온찍기의 방법 220
각覺 32, 38, 106, 111, 112, 158, 215
간디Mohandas K. Gandhi 323
개념概念 27
거인욕존천리去人慾存天理 347
거저 126
걸식乞食 211
견성성불見性成佛 15
고집멸도苦集滅道 38
공(0), 하나(1), 둘(2) 37
공(0), 하나(1), 무한(∞) 442
공空, 무상無相, 무원無願 445, 448
공양일체제불供養一切諸佛 25
관觀 38, 111
관세음보살觀世音菩薩 나무아미타불南無阿彌陀佛 287, 310, 430
관자재觀自在 310, 406, 355
관자재보살, 관세음보살 310
광명보조光明普照 89, 91
구원 285
구족여래평등해탈具足如來平等解脫 14
구호중생救護衆生 285
궁신窮神 지화知化 성덕盛德 70, 123, 127
궁신지화窮神知化, 하나님의 아들, 거듭난다 53
교이불권敎而不倦 141
귀의歸依, 194

그리스도 90
근본경험根本經驗 445
근본어根本語 395
근본지根本智 254, 354
기독교의 핵심 140
기복신앙 247
기체氣體 211
김종우 목사 26
깨닫는다 11, 33, 36, 82, 155
깨달았다 23, 158, 209, 308, 446
꼭대기 54, 175, 177

(ㄴ)

나는 길이요 진리요 생명 178
나무南無 194
나알알나 158, 167
난곡蘭谷 김응섭金應燮 22
내 존재 이유 14
내촌감삼內村鑑三(Uchimura Kanzo) 26
너 자신을 알라 35, 384, 403, 406
노사나불盧舍那佛 89
노자老子 71, 287
노하우know-how 58
능변여상能變如常 148

(ㄷ)

다라니陀羅尼 25, 246
다산茶山 정약용丁若鏞 215
다석多夕 유영모柳永模 26, 150, 195, 216
달 72-73
대승기신大乘起信 19, 176, 286, 443

대승의 특징 77
대승정신 84, 236
데미우르고스Demiurgos 52
데카르트Rene Descartes 105
도道 287
도피안到彼岸 406
동심同心 동행同行 365
득의망어得意忘語 25
등각等覺 107

(ㅁ)

맹자孟子 16, 101
묘각妙覺 107, 123
무無, 공空, 각覺 446
무無, 하나님, 그리스도, 성령의 힘 446
무공용無功用 445, 448
무교회無敎會 26
무극無極(0), 태극太極(·), 양의兩儀(∽) 37
무극이태극無極而太極 215, 221, 396, 423
무량겁일념無量劫一念 일념무량겁一念
　無量劫 155
무명無明 446
무명無明 생로병사生老病死, 각覺 상락
　아정常樂我靜 219
무명無明, 무명멸無明滅 39
무명無明, 무지無知 38
무상정편지無上正遍智 17, 39, 138, 406
무아無我 148, 283
무애無碍, 무상無相, 무원無願 446, 447
무애념無碍念 393
무애지현전無碍知現前 공무상무원空無
　相無願 445

무외자재無畏自在 179
무위無爲 351
무위자연無爲自然 285
무유작의無有作意, 무유공덕無有功德,
　무위자연無爲自然 126
무자성無自性 148
문사수聞思修 355
문수보살文殊菩薩 426
문제의식 27
미륵보살彌勒菩薩 411
믿음 176, 185, 194

(ㅂ)

반열반般涅槃 307
번뇌즉보리煩惱卽菩提 230
법法, 물物 80
법계法界 70, 171
법계연기法界緣起 34
법륜 216
법보시法布施 115
법신 · 보신 · 응신 177
법신法身 89
법신자재法身自在 448
법열法悅 150
법운십덕法雲十德 92
법자재法自在 355
변즉불변變卽不變 149
변화 속의 불변 148
보견법문普見法門, 덕운의 법문 200
보리심菩提心 63, 420
보살도菩薩道 77, 140, 175
보살도菩薩道, 52단계 229

보살원菩薩願 107
보살의 사는 곳 424
보살장菩薩藏 102
보살행菩薩行 23, 68, 175, 192
보현행 68
보시布施; 재시財施 법시法施 292
보안법문普眼法門, 해운의 법문 208
보현보살普賢菩薩 427
보현의 행원 438
본각本覺, 시각始覺, 여래如來 35, 364
부동자不動者, 부동不動의 동자動者 285
부주열반不住涅槃 부주생사不住生死 291
부주차안不住此岸 부주피안不住彼岸 290
부처 15, 70, 73, 87, 90, 106, 110
부처, 중생 53
부처가 되는 방법 11, 229
부처의 핵심, 생사生死, 고苦 61
불佛 355
불공법不共法 87, 136
불교의 핵심 38, 71, 447
불교의 핵심, 무래무거無來無去 423
불교의 핵심, 지혜와 실천과 사랑 334
불교의 핵심, 파라밀波羅蜜 86, 106
불법승佛法僧 삼보三寶 437, 442
불법의 핵심, 연기 44
불성佛性 302
비구比丘, 비구니比丘尼 211
비로자나불毘盧遮那佛 89
빈신사자頻申獅子 179
빛, 힘, 숨 209

(ㅅ)

사람의 특징, 빛과 힘과 숨 178
사람이 되자 178
사무량四無量; 자비희사慈悲喜捨 115, 140, 153
사바약해薩婆若海, 사바약도薩婆若道, 사바약종薩婆若種 354
사법인四法印 62
사섭四攝; 보시布施, 애어愛語, 이행利行, 동사同事 153, 191
사자좌師子座 13
사자후師子吼 113
사자후獅子吼 165
사제四諦; 고집멸도苦集滅道 27
사차원 124, 127
사홍서원四弘誓願 109, 177
삼고三苦; 고고苦苦 괴고壞苦 행고行苦 66
삼마디Samadhi, 삼마파티Samapatti, 디야나Dhyana 135
삼매마三昧魔, 침공沈空 119
삼위일체 33
삼위일체, 성부 성자 성령 445
삼유三有; 욕계欲界, 색계色界, 무색계無色界 145
삼취三聚, 삼취계三聚戒 160
상구보리上求菩提 하화중생下化衆生 140
상신실명喪身失命 141
색즉시공色卽是空 37, 448
생각한다 14-15
생명의 근원, ? 217
생사즉열반生死卽涅槃, 번뇌즉보리煩惱卽菩提 230

샹카라Adi Shankara 224
서라벌, 호도문물好道聞物 172
석가의 이름 361
선분線分, 원圓 424
선생 284, 365, 444
선재동자 186, 217
설법 176
성性 14, 16, 108
성性, 명命 101
성기性起 32
성문·연각·보살·불타 11
성불成佛 422
성선설性善說 302, 422
성원어誠願語, 성불成佛 성인成仁 성도成道 성자聖子 405
성철性徹 247
세존 175, 177
소크라테스Socrates 36, 308
손기정孫基禎 123
수기授記 78
스탠리 존스Eli Stanley Jones 26
시간·공간·인간 156
시간성時間性 32, 37
시간즉 공간, 색즉공色卽空, 생즉사生卽死 37
신만성불信滿成佛 19, 30, 39
신통지神通智 158
신해행증信解行證 89
실유불성悉有佛性 302
실존實存 11, 448
실존철학, 유기체 철학 37
심心 444

심心, 도道, 하나님 48
심心, 불佛, 이실법계理實法界 34
심불급중생心佛及衆生 시삼무차별是三無差別 52
심불중생心佛衆生 시삼무차별是三無差別 71
심즉리心卽理 지행일치知行一致 치양지致良知 158
십계十戒 268
십신十信, 십주十住, 십행十行, 십지十地 11, 89, 443
십신十身, 십불十佛, 불신佛身 197
십이지인연十二支因緣 32, 34, 219, 409, 447
십자가 116, 141
십자가, 부활, 성육신 26
십자가가 곧 부활 148
십정十定 383
십정十定, 등각等覺 묘각妙覺 229
십종파라밀十種波羅蜜 50
십주十住 194
십주十住; 십불十佛 229
십지 444
십지十地 선지식善知識 334
십파라밀十波羅蜜 86, 348
십파라밀十波羅蜜, 십야신十夜神, 십지十地 303
십팔불공법十八不共法 87, 93
십행十行 232, 250

(ㅇ)

아난阿難 구족제자具足弟子 308
아누다라삼막삼보리阿耨多羅三藐三菩提 39, 127, 138, 406
아리스토텔레스Aristotle 285
아멘Amen 218
안심입명安心立命 11
야수다라耶輸陀羅 323
양지良知 113
어머니 287
언무부드 무버unmoved mover 285
얼음, 에베레스트, 강물 442
얼음과 산과 물 177
에베레스트 174, 179, 185, 384
여래如來, 불타佛陀, 세존世尊 179
여래의 핵심, 법계 35
여의보如意寶, 여의주, 마니주 125
연각緣覺 32, 209
연각의 핵심 39
연기緣起 34, 125
연기의 핵심, 사차원 37
연화장蓮華藏 13
열반적정涅槃寂靜; 거인욕존천리去人慾存天理 148, 307
열반적정涅槃寂靜; 계리무착契理無着 346, 405
영생永生/영원한 생명 176, 309
영생永生, 찰나와 영원이 부딪히는 것 155
예수 178
오성悟性, 감성感性, 이성理性, 영성靈性 101
오체투지五體投地 216
왕양명王陽明 113, 158, 307
요성개무성了性皆無性 유무무소착有無

찾아보기 541

無所着 148
요한 웨슬레John Wesley 33, 49
용수보살龍樹菩薩 233
우담바라優曇波羅 284
우담화優曇華 146
우바이優婆夷, 우바새優婆塞 228
우주관, 세계관, 인생관 33
우주의 중심 215
원불교圓佛敎 424
유기체有機體 123, 151
유심게唯心偈 50
유심연기唯心緣起 32, 443
유심연기唯心緣起, 불佛, 이실법계理實
　法界 71, 112, 442
육도윤회六道輪廻 325
육신통六神通 211, 230
육차원 156
육파라밀六波羅蜜 50, 86, 107, 113,
　140, 153
윤회설輪回說 73
이데아치온ideation, 직관直觀 35
이사무애법계理事無碍法界 171
이상국가 205
이순신李舜臣 308
이통현李通玄 296, 435
인印, 인가認可 66
인간의 본질 384, 396
인다라망 376
인생의 삼 단계 82
인연소생因緣所生 34, 409
일도출생사一道出生死 424
일도출생사一道出生死 일체무애인一切

無碍人 13, 246, 355
일일호일日日好日 424
일즉일체一卽一切 73, 78, 123, 150,
　157, 204
일즉일체一卽一切 일체즉일一切卽一 81
입지立志 20

(ㅈ)

자재自在, 자재인自在人 355
자지수기自知受記 22
장생長生 영생永生, 육신 법신 307
장자莊子 444
적멸寂滅 위락爲樂 148
전법륜轉法輪 154
절대무絕對無 423
절대무絕對無, 존재存在 446
절대자 443, 445, 448
점심點心 215
제행무상諸行無常 제법무아諸法無我 열
　반적정涅槃寂靜 148
젬마 갈가니 224
존심양성存心養性 82
종심소욕從心所慾 불유일구不踰一矩 407
종심소욕불유구從心所欲不踰矩 53, 355
종심전從心轉; 궁신지화窮神知化, 부처
　가 되는 방법 52-53
주문呪文 247
주자朱子 215
주체적 진리, 객관적 진리 209, 403
죽는 것이 곧 사는 것 148
죽음에의 존재, 죽음의 체험 32
죽음은 없다 129

줄탁동시崒啄同時 22
중도中道 13
중도中道, 중보仲保 290
중정지도中正之道 14
즉신성불卽身成佛, 전신법계全身法界 226
즉유증무卽有証無 72
지知 · 행行 · 법法 157
지몽비몽知夢非夢 진공묘유眞空妙有 410
지행일치知行一致 112, 157, 171
진공묘유眞空妙有 410
진리 112, 116, 214
진리, 생명, 도道 209
진리를 깨달았다 25, 215, 403, 423
진리의 근원; 태극도(☯), 법륜(卍) 218
진리즉실존眞理卽實存 158
진리파지眞理把持 323
진심眞心, 망심妄心 128

(ㅊ)

차별지差別智 254
차유고피유此有故彼有 차기고피기此起故彼起 37
찰나 속에 영원이 있다 155, 424
찰나즉 영원 24
창조적 지성 51-52
천명지위성天命之謂性 14, 302
천상천하유아독존天上天下唯我獨尊 132
천재일우千載一遇 284
철인 36
철학과 도덕과 종교 177
청전靑田 이상범李象範 124
청정淸淨 · 장엄莊嚴 · 자재自在 177, 383, 442

체득體得 38, 89
초발심시편성정각初發心時便成正覺 39
초발심즉初發心卽 편성정각便成正覺 40
총본塚本 26
총지摠持 25, 246
출가 323
치암癡闇, 치정癡情, 남녀관계 322
칭명불교稱名佛敎 정토종淨土宗 310

(ㅋ)

키엘케골Soren Kierkegaard 82, 155

(ㅌ)

타력他力 445
탈혼脫魂 224
태극太極 214
태극太極: 공(0), 하나(1), 무한(∞) 384
태극도太極圖 214
태극점 215
태극지시리太極只是理 215
통일지, 분별지 403

(ㅍ)

파라밀波羅蜜 155, 184
파번뇌破煩惱 211
팔정도八正道 107
평등각平等覺 366
평등상平等相 358
포마혹佈魔惑 211
플라톤Plato 52, 292

(ㅎ)

하나 · 둘 · 셋 27, 33

하나님, 그리스도, 성령 33, 248
하나님의 사랑 126
하나님의 형상 365, 422
하이데거Martin Heidegger 32, 37
학이불염學而不厭 교이불권敎而不倦 141
학이시습지불역열호不亦說學而時習之乎 150
한 몸 81, 125, 150
해탈, 구원 447
해탈解脫 15, 135
헤겔G.W.F. Hegel의 변증법 148
헤라클레이토스Heraclitus 148
화신化身, 열반신涅槃身 203
화이트헤드Alfred N. Whitehead 37
환희歡喜 현전現前 원행遠行 부동不動 447
회광반조廻光返照, 회향廻向 71
효孝 349
희사喜捨 64, 75
힌두교와 불교 129

(Ω)

Ω, 아옴, 아훔阿吽, 실담悉曇, 아멘Amen 396